U0578032

谢辰生文博文集

谢辰生文博文集

彭卿云　主编

文物出版社

主　编　彭卿云

副主编　叶淑穗

图书在版编目（CIP）数据

谢辰生文博文集／彭卿云主编　—北京：文物出版社，
2010.9

　ISBN 978-7-5010-2509-1

　Ⅰ.谢…　Ⅱ.彭…　Ⅲ.文物保护－中国－文集

Ⅳ.K87-53

　中国版本图书馆CIP数据核字（2009）第065784号

谢辰生文博文集

封面设计　周小玮

责任印制　张道奇

责任编辑　王　戈

出版发行　文物出版社

地　　址　北京市东直门内北小街2号楼

　　　　　　邮政编码　100007

　　　　　　http://www.wenwu.com

　　　　　　E-mail:web@wenwu.com

印　　刷　北京达利天成印刷装订有限责任公司

经　　销　新华书店

版　　次　2010年9月第1版第1次印刷

开　　本　787×1092　1/16

印　　张　31.5

书　　号　ISBN 978-7-5010-2509-1

定　　价　180元

　　谢辰生，1922年生于北京，著名文物专家、国家文物局顾问、中国文物学会名誉会长、国家历史文物名城专家委员会委员。年轻时师从郑振铎，参与了《中国历史参考图谱》、《甲午以后流入日本文物之目录》的编辑出版。1949年进入文化部文物局，参与起草了新中国成立后的一系列主要文物法规，曾主持起草1982年《中华人民共和国文物保护法》、撰写《中国大百科全书·文物博物馆》文物部分前言、第一次明确提出文物的定义。

一 20世纪30年代，谢家
兄弟姐妹合影。从
右至左依次为谢国
祥（十弟）、谢辰生
（老八）、谢絮清（四
姐）、谢国振（七哥）、
谢国捷（六哥）

二 1952年，靳以参加第二届
赴朝慰问团赴朝鲜进行战
地访问。谢辰生与靳以
（左一）于朝鲜阳德合影

三 1953年春，文化部文物局文物处同志与郑振铎局长（前排左三）于北海团城合影。前排从右至左依次为姚寿璋、罗哲文、陈明达、张珩、郑振铎、谢元璐、丁燕贞，后排从右至左依次为臧华云、徐邦达、谢辰生、张金铭、罗福颐、郑云回、傅忠谟、张良竹

四 1977年，谢辰生和夫人王惠贞摄于家中

五 1978年，谢辰生与王冶秋（右一）、高履芳（左一）伉俪在江苏无锡商讨图书出版事宜

六 20世纪70年代，与叶选平（右一）、麦英豪（左一）在广州合影

七　1982年到墨西哥参加世界文化政策大会，途经美国旧金山唐人街，谢辰生（右三）与朱天（左一）、朱穆之（右二）、司徒慧敏（右一）等合影

八 1990年，与陕西省委书记张勃兴（左一）陪同全国政协主席李瑞环同志（右一）考察西安文物工作

九 1993年，陪同全国政协副主席钱伟长（左一）率领全国政协"三峡文物保护视察团"考察三峡

一〇 1993年，在台湾与台北故宫博物院院长秦孝仪（右一）对弈交谈

一一 1995年，古代书画鉴定小组成员于北京达园宾馆重聚，商讨《中国古代书画
　　 图目》出版事宜。从右至左依次为傅熹年、徐邦达、启功、谢稚柳、杨仁
　　 恺、刘九庵、谢辰生
一二 20世纪90年代初，参加圆明园遗址保护讨论会，会后摄于大水法遗址
一三 20世纪90年代，考察丽江古城后，摄于玉龙雪山

一四　2004年，至江苏苏州参加第28届世界遗产大会，与郑孝燮（右一）在大会会场合影

一五　2005年，参加敦煌研究院建院六十周年暨常书鸿诞辰一百周年纪念会，与樊锦诗（右一）在石窟考察现场探讨文物保护规划方案

目　　录

一　理论探索

谢辰生文博文集

二　书信

三 新闻专访及其他

序一

文如其人　事如其人

金冲及

　　谢辰生同志文物工作文集的出版，对中国文物考古界来说，是很有价值的事情。这是一位在国家文物领导部门奋战了六十多年的耆宿，集中他多年来在实践中的真切探索和深入思考，形成的文字结集。它的价值，我想至少有这样几点：

　　第一，这本文集像一面镜子那样，清晰地反映出新中国六十多年的文物工作是怎样一步一步走过来的。

　　新中国文物工作取得的成就是举世公认的。这样辉煌的成就是怎么取得的，它走过了一条怎样的道路，并不是人们都清楚地了解，对后人来说，将更是如此。

　　谢辰生同志在这方面堪称是最有发言权的历史见证人。新中国一成立，他就来到刚刚建立起来的文化部文物事业管理局工作。从此，新中国文物工作发展的全过程他都经历过，并且始终处在全局的高度来审视，并积极参与这个过程的每一步发展。从 1950 年政务院颁布的最早的有关文物工作的重要法规《禁止珍贵文物图书出口暂行办法》、《古迹、珍贵文物及稀有生物保护办法》、《古文化遗址及古墓葬之调查发掘暂行办法》，1961 年国务院颁布的《文物保护管理暂行条例》，到 1982 年全国人民代表大会常务委员会通过颁布的《中华人民共和国文物保护法》，他都是重要执笔人。由于他六十多年来所处的这种独特地位，使他对新中国文物工作的发展进程有全面的了解，对各个时期工作中的热点问题有敏锐的感受。这在当今中国也许已没有人能同他相比。

他的文章，大多是应当时的实际需要而写的，充满着浓重的时代气息。翻开这本文集，仿佛把以往的一幕幕历史又在我们眼前重新再现。我们看到：建国初期国家文物管理部门怎样辛勤地到各地去考察文物工作，进行文物普查；随着大规模经济建设的开始，配合基本建设，怎样在建国伊始便着力于有领导地做好文物保护和考古发掘工作；各地博物馆相继建立时，怎样确定博物馆发展的方向，做到为科学研究和广大人民服务；"文化大革命"期间，文物考古工作为什么在如此艰难险恶的环境中仍能取得那样巨大的成就；进入改革开放的新时期后，又怎样随着时代潮流的发展，妥善处理文物工作面对的许多新情况和新问题（如怎样在发挥文物作用中把提高社会效益放在首位，怎样解决好文物保护和旅游开发的关系，怎样把文物工作纳入法制管理的轨道、打击文物走私和盗掘等等）。文集中回忆周恩来总理和新中国成立初期文物、博物馆工作主要领导人郑振铎、王冶秋等几篇文章，更把新中国文物博物馆事业的开拓和奠基历程作出了比较完整而清晰的概述。

"温故而知新"是古人的遗训。历史不可能割断。中国今天的文物保护和管理工作，是在前人所做一切的基础上继续前进的。许多问题如果不弄清楚它的来龙去脉，绝不能处理好。前人在探索前进的实践中做过的思考和积累的经验，不管是正确的或不完全正确的，对后人都有重要的借鉴作用。真正有志于做好祖国文物保护和管理工作的人，我想对这本文集的价值是绝不会忽视的。

第二，文物工作在我国的现实生活和学术领域中虽已成为人们十分注目的对象，但它又是一门年轻的、前人没有作过多少系统论述的学科。文集的一个突出特点，就是它并不只是就事论事地叙述一些经过，更不使读者感到书中的论说因时过境迁而失去意义，而是能从理论的高度，对文物工作作出系统的考察和富有创见的概括。

要这样做，需要具备许多条件。谢辰生同志能够胜任愉快地做到这一点并不使人奇怪。他不仅是一个有着丰富经验的实际工作者，而且是一个知识渊博、好学深思的学者。他在工作中不满足于就事论事地处理一些具体事情，总是在不断思考一些深层次、带根本性的问题，力求作出新的理论概括，用来指导实际工作。

中国的文物考古工作有着自己的特点。四十多年前，我就听他发过这样的议论：文物工作并不是"玩古董"，而是考察历史真相（特别是上古历史）的重要手段；与西欧早期首先着眼于文物的艺术价值不同，中国人从来不仅重视它的艺术价值，更加重视它的历史价值。这个看法，已经言简意赅地抓住了文物的本质特征。改革开放初期，当他为《中国大百科全书·文物博物馆》的文物部分撰写前言时，首先对什么是文物作了这样的概括："文物是人类在历史发展过程中遗留下的遗物、遗迹。各类文物从不同的侧面反映了各个历史时期人类的社会活动、社会关系、意识形态以及认识自然、利用自然和当时生态环境的状况，是人类宝贵的历史文化遗产。"文物的基本特征是什么？他指出有两条："第一，必须是由人类创造的，或者是与人类活动有关的；第二，必须是已经成为历史的过去，不可能再重新创造的。"用这两条尺度来衡量，就可以把文物同非文物明确地区分开来。进而他对文物的定义，作了以下的阐述："当代中国根据文物的特征，结合中国保存文物的具体情况，把文物一词作为人类社会历史发展进程中遗留下来的，由人类创造或者与人类活动有关的一切有价值的物质遗存的总称。"尽管在世界上对文物的定义和范围仍有着不尽相同的认识，我认为谢辰生同志所作的这个概括是站得住脚的，至少反映了大多数中国文物考古工作者在实践中逐步形成的共识。

把文物的定义和特征确定下来，它的价值和作用也就清楚了。谢辰生同志指出：文物主要有历史价值、艺术价值和科学价值，人们对文物价值的认识不是一次完成的，而是随着社会发展、人们科学文化水平的提高而不断深化的。其中，他特别着重文物的历史价值，这样写道："文物是帮助人们认识和恢复历史本来面貌的重要依据，特别是对没有文字记载的人类远古历史，它成了人们了解、认识这一历史阶段人类活动和社会发展的主要依据。"从对文物价值的这种认识出发，他对应该怎样处理好文物的保护和利用、社会效益和经济效益、统一管理和分工负责等关系，都提出了明确的指导原则。

他特别强调，要把保护文物提到保持民族文化特性、民族生存的高度。这也就是他曾说过的："每个国家和民族都有自己独特的文化传统，而且这些文化传统往往成为人们为维护民族独立和争取解放斗争的精神支柱。各个国家和民族的文物体现了各自长期形成的共同心理素质、意识形态、生活习俗等特点，在一定意义上说，文物是民族文化的象征。因此，文物对于一个国家及其各族人民，能产生强大的凝聚力和激励作用，这也是文物价值的一个重要内容。""文物具有直观、形象、生动的特点，其教育作用和感染力是其他教育手段所难以代替的。"

书中像这类可以发人深思的论断还有很多，这里不可能也不需要一一复述，读者完全可以自己在阅读时随时留意和玩味。

第三，人们常说"文如其人"。这部文集中处处洋溢着一个真正的文物工作者对事业的那种炽热的责任感和执著的追求精神，谈起来感人至深，令人难忘。

我认识谢辰生同志已经四十五年，其中密切共事十年，相知甚深。他把祖国文物的保护和管理工作看得像自己的生命一样。为了这个事业，他数十年如一日，从来没有吝惜过自己的时间和精力，常常可以把自己个人的得失安危置之度外。

读他的文章，可以感受到他对文物事业的那片赤胆忠心。他不是在冷冰冰地说理，而是满怀激情地在那里倾吐，坦率地诉说自己的喜悦和忧虑。他在纪念郑振铎（西谛）的文章中，赞扬郑先生"爱憎分明，刚正不阿"，无论对人、对事、对事业，"绝不随波逐流，见风使舵，放弃原则"。他大声疾呼地要求文物工作者："一定要以西谛先生为榜样，像他那样对自己的伟大祖国，对祖国珍贵的文化遗产，爱得那么深切，爱得那么执著！以责任在身、当仁不让的精神，全面、准确、坚决地贯彻党中央确定的'保护为主，抢救第一'的工作方针和'有效保护，合理利用，加强管理'的原则，与一切破坏祖国文化遗产的现象作不懈的斗争"。他自己正是那样做的，这些话也可以作为对他自己的恰切写照。

在文集中保存下他给中央领导同志的几封信和他担任全国政协委员时所写的几个提案，很值得读读。他在全国政协七届一次会议的提案中，指出近几年来各地文物走私活动猖獗，因而诱发盗掘古墓、盗窃博物馆馆藏文物的犯罪活动恶性发展，以及在大规模建设中对古建筑乱拆乱改等现象后，痛心地呼吁："总之，某些文物正处于存亡绝续的关键时刻，必须引起各级政府领导、各有关部门以及全社会的重视和关切，迅速采取果断措施，加强文物保护工作。否则，几千年留存下来的祖国文化遗产有可能在我们这一代人手中遭受严重损失，我们将成为愧对祖先、愧对子孙的历史罪人。"在1980年他给胡耀邦同志的一封信里，陈明有关王冶秋同志和国家文物局的一些事实，并且说："以上反映的基本事实，我敢以身家性命来保证。"他还加重语气地说了一段话："记得过去主席说如今共产党员不如海瑞者多矣。当时我曾暗自想应当补充一句：而今领导不如李世民者多矣。其实魏征的存在是以有李世民为前提的。如果李世民不能容忍魏征，恐怕魏征就只能变成比干了。"我们今天不正是十分需要这种为着事业的利益而敢于坦率直言的精神吗？

谢辰生同志文集的价值，当然不止我前面所说的这三点。一切可以留待读者自己在看完这本书后来作判断。书中的文字都保持原样，没有作改动，其中难免留下过去年代的某些痕迹。我想读者对这些都会理解，因为它恰好证明这是当时历史的见证。

2000 年 2 月于北京

这篇序言，是十年前应出版社的要求为本书写的。十年过去了，谢辰生同志已年近九旬，而且身患重病，但他仍一如既往，视文物保护工作如生命，奔走呼号，提出许多中肯的意见，引起中央领导人和有关各方面的重视，起着别人难以替代的作用。这种精神实在令人感动，可以从中看到中国知识分子身上以天下为己任、甘于作出无私奉献的优秀传统。现在，这本文集将要出版，重读十年前所写序言，不胜感慨系之。

这次只是作了少量文字订正（包括原来写的"半个世纪"得改为"六十多年"），其他一仍其旧。

2010 年 4 月于北京

序二

文物事业执著的守望者

《谢辰生文博文集》就要出版了，这是文博界同仁翘首企盼的一大喜事。前不久，我去医院看望他老人家，先生特意嘱咐我为他的文集写一篇序，诚惶诚恐中，我颔首允诺。

谢辰生先生是我国文物战线一位令人敬佩的老同志、老专家。早在解放前夕他就跟随著名作家、学者郑振铎先生开始了祖国文物的抢救保护工作，及至新中国建立，先生满腔热情、毅然决然投身新中国文物保护事业。六十多年来，谢辰生先生始终高举文物保护大旗，坚持文物保护原则，执著笃行，兢兢业业，为新中国文物保护事业作出了突出贡献。耄耋之年，他依然情系文博，心系发展，为祖国文化遗产事业奔走呼号、忘我工作。

谢辰生先生是我国文物保护政策法规、理论研究的先行者。新中国成立之初，中华大地满目疮痍，百废待举，文物保护最急迫的任务就是抢救饱经战争摧残的文化遗产，迅速制定系列法规制度，坚决阻止文物流失境外。作为国家文物局最早的工作人员之一，年轻的谢辰生被委以重任，在郑振铎、王冶秋两位老领导的关心、指导下开始了文物保护法规建设的开创性工作。在之后的几十年里，他博览群书孜孜追求，不仅担当了我国文物保护法令最早的执笔者，而且成为参与量最多的制订者。

1950 年，由他执笔起草的《禁止珍贵文物图书出口暂行办法》、《古文化遗址及古墓葬调查发掘暂行办法》、《关于保护古文物遗址的指示》等首批文物法令，由中华人民共和国中央人民政府政务院颁发。1956 年，他参与起草的《关于在农业生产建设中保护文物的通知》由国务院颁发。1961 年，他负责起草的《文物保护暂行条例》由国务院颁布。1982 年，他负责起草的第一部《中华人民共和国文物保护法》由全国人民代表大会常务委员会通过并颁布实施。截至 20 世纪 90 年代，新中国大部分重要文物法令的草案都出自他手。

谢辰生先生是我国文物保护理论的探索者。掀开先生文集首页，文集的开篇作《文物保护与科学研究的历史发展概述》——《中国大百科全书·文物博物馆》文物部分前言，以广阔的视野，平实的论述，系统阐述了中外文物保护和研究发展的历史，第一次系统、明确地阐述了"文物"的定义。时至今日，其中的许多观点论述依然价值不衰，仍有现实指导意义。文集的第二篇《新中国文物保护工作五十年》一文，集先生五十年文物工作之经验与研究成果，洋洋洒洒，侃侃而谈，读来令人回味无穷。《正确处理文物保护与基本建设的矛盾》、《坚持科学发展观，保护民族瑰宝》、《关于认识文物价值的一点看法》、《认真贯彻〈文物保护工程管理办法〉》等系列篇章，站在时代的高度，与时俱进，从不同方面、不同角度展开论述，文中既有对文物保护共性问题的深入探讨，亦有对文物保护、文物修缮等个性问题的积极思索，理论与实践相结合，原则与实际相统一，平实中尽现真知灼见。

谢辰生先生是我国文物保护的呼号者。在大规模经济建设与文化遗产保护矛盾凸现的特殊时期，在文化遗产价值被扭曲、文物受到侵害的关键时刻，人们总能看到谢辰生先生四处疾呼的身影，听到他凿凿有据的呐喊。2000 年，浙江舟山市民众强烈要求保护历史街区。谢辰生先生不顾酷暑高温，随建设部和国家文物局调查组赴定海旧城拆迁现场考察，并和郑孝燮、罗哲文先生一道亲自到中央人民广播电台做专题录音节目，批评毁坏中国唯一海岛历史文化名城的违法行为，直呼"刀下留城"。2003 年 9 月，他上书中央领导，紧急呼吁保护北京历史文化名城。胡锦涛总书记、温家宝总理作出重要批示，北京历史文化名城保护得以加强。2005 年，他和十名著名文物专家联合倡议设立我国"文化遗产日"，引起中央领导同志高度重视，国务院发出通知，规定 2006 年起每年 6 月第二个星期六为我国文化遗产日。2006 年 10 月，他就南京、常州古城保护问题上书温家宝总理，有力推动了《历史文化名城名镇名村保护条例》的出台。

作为全国政协第七届委员会委员，谢辰生先生积极参政议政，对加强文物保护工作提出了许多有益的提案和建议。《采取果断措施加强文物保护》、《建议焦枝铁路洛阳段避开龙门石窟保护区，以利文物保护》、《坚持以社会效益为最高准则》等提案、发言，旗帜鲜明、切中时弊，为促进我国文物事业发展付出了大量心血。

谢辰生先生是我国文物保护者的楷模。从追求革命理想的青年学生，到成为著名的文物专家，六十年来，谢辰生先生始终如一，视文物保护如生命。步入耄耋之年，尽管重症在身，健康每况愈下，谢辰生先生依然执著于文物保护事业，奔走于大江南北、长城内外。面对大规模城市建设中一座座古城、民居濒临损毁的严峻现实，谢辰生先生更是心急如焚、奔走呼吁。家里的电话成了文物保护的热线，哪个四合院要拆，哪里的老城墙要拆，哪儿的古街道要拆，只要文物保护志愿者一个求救电话，他就会为之奔走、呼号！

谢辰生先生对祖国文化遗产事业无私奉献、始终不渝的孜孜言行，已经成为了他生命中最为宝贵的重要组成部分，已经成为全国文物战线最值得学习和发扬的崇高精神。先生的文集是六十多年来他对文物工作的深刻理解，是他对文物保护工作的切身体会，是他对文物事业发展的理论贡献和智慧结晶。字里行间浸透了他对文博事业的殷殷挚爱，对民族文化的深深眷顾。细细品读如聆教诲，如沐春风，催人奋进。在先生文集付梓前我有幸先睹为快，写下一点自己粗浅的感受，不成敬意，权且为序。

2010 年 7 月 12 日

序三

人生的足迹　事业的见证

彭卿云

　　谢辰生先生的《文博文集》的编辑出版，至少起始于十年前。那时他就约我为之说些前言性质的话，以帮助读者理解文集的内容和意义。作为国家文物局第三代或者第四代老兵，特别是同作者相识四十多年、共事三十余年的经历，深感这是义不容辞的事情，应该欣然从命。但是，这个文集时空跨度之大，内容涉及之广，背景蕴涵之深，都同国家文物保护事业紧密联系在一起，它确是新中国六十年文物事业发展的实录，是当代中国文物保护政策、法规、理论不断走向成熟、完备的见证。谢辰生先生作为新中国文物事业自始至今的参与者和见证人之一，对中国文物事业的炽热、忠诚、执著，有目共睹，有口皆碑。20 世纪 60 年代初期，我们同在文化部工作，并且同住一幢楼，开门相见，相识较早。"文化大革命"伊始，文化部斗"黑帮"、挖"黑线"，山头林立，群雄割据，闹得天昏地暗；破权威，扫"四旧"，不破不立之风，愈演愈烈。自此，文物成为横扫对象，故宫关门保安全，鲁迅手稿面临丢失与毁灭的危险，各地文物被封、被砸事件频频告急。就在这紧急关头，谢辰生先生与其他同仁一起挺身而出，大声疾呼要保护文物，要划清文物与"四旧"的界限，并且及时向中央领导同志汇报、告急。经过迂回曲折的多方努力，终于在"文化大革命"高峰时期，1967 年 5 月 14 日，中共中央颁发了由他执笔草拟的《关于在无产阶级"文化大革命"中保护文物图书的几点意见》，重申过去保护文物的政策、法规，给广大文物工作者以极大的支持和鼓舞。这是一个不同凡响的重要事件，也是谢辰生先生对保护国家文物执著、勇敢精神的集中体现。这个文件的发出，挽狂澜于既倒，使大量珍贵历史文物免遭毁灭之灾！从此，许多人对谢辰生先生有了更多的了解，深为他的胆识所感佩。

谢辰生先生和文物局其他"开局元老"们的健在，是文物事业之甚幸。其言其行在文物事业发展历程中都是历史的见证，时代的镜子；其人其事都是事业的活字典、活信息。新中国文物工作六十年的风雨历程，他们都同步同行，了如指掌。决策出台的来龙去脉，事件发生的前因后果，成功与失误，经验与教训……在至今还没有系统、全面的文字记述之前，其价值与作用都无可替代，弥足珍贵！因而多年来，许多尊重历史、富有远见的中央领导同志都把他们视为"活文物"、"活国宝"，要求对他们多加保护，充分发挥他们的特殊作用。

谢辰生先生的文集所储存的史料信息，从不同的侧面或角度和文物事业息息相关，不可分割。其中所涉及的人和事，都是直书实录，原质原样，都是了解文物事业发展的第一手史料。他的文章、谈话、讲演、书信等等，都是因事而做，有的放矢；都是遵事业之命，应现实之需；都是工作、实践、斗争的产物，具有强烈的现实针对性和可借鉴性。其中有些篇章不仅是珍贵的史料，而且还渗透了作者伸张正义、坚持原则的无畏精神。他力保老局长王冶秋，为他辩诬、平反、恢复名誉，不遗余力。他在给中央领导人的书信中所表现的坦诚和勇气，实在令人感动。王冶秋与"四人帮"原本就是战士与苍蝇之别，遭到"四人帮"和某些好事之徒的攻击与诋毁，毫不足怪。他一生清廉，为人正派，对革命功勋卓著，特别是对新中国文物事业的贡献，更为国内外所称颂。因此，为王冶秋说话，就是维护党的事业，主持公道，坚持真理。在维护"社会公平、正义比阳光还要光辉"的今天，尤其值得人们尊敬和学习。

谢辰生先生的文集，不是理论专著，但却富有理论色彩。许多篇章谈现实、谈事实、谈经验、谈政策，都是摆事实，讲道理，讲文物与文物工作的特殊性。其理论内涵，既有深度，又有高度；既有宏观，又不失细微。他为《中国大百科全书·文物博物馆》撰写的关于文物部分的序言是新中国文物事业从实践到理论、从开创到成熟的全面总结，是对文物工作的方针、政策、法规发展历程的理论阐述，被人称为文物工作者必读的名篇。文物工作本来就是一项多部门、多门类、多学科的综合工程，完全有理由建立并且事实已经存在的文物管理学科。改革开放以来，新的学科门类蓬勃兴起，各式各样的"管理学"更令人眼花缭乱，为各项事业的规范化、理论化作出了重要贡献。文物管理学建设与研究也因此而逐渐兴盛、成长起来，有力地推动着文物事业的发展。谢辰生先生文集中的大量论述，是文物管理工作的理论基础，开启文物管理科学研究之先河，获得广大文物工作者的好评。

从 1972 年起，我同谢辰生先生在国家文物局共事至今。他在工作中的言行与事迹，大多为我所亲历目睹。他对事业的追求与付出，我也多有所知。他确实无愧为"责任在身，当仁不让"的文物卫士。六十年来，他始终站在工作的第一线，或上书中央，直言利弊、是非，以供决策之需；或面对领导，坦陈得失、取舍，争取可靠支持；或在谈判、论证桌上，慷慨陈词，据理力争；或在文物破坏现场，怒斥犯罪行径，研讨防范措施；或登台演讲，畅谈经验、成果，宣传政策、法规；或奔波山野，调查研究，索取决策依据；或夜以继日，赶写文件、报告，处理紧急事件；或奋笔疾书，诉诸媒体，呼唤舆论监督，呼唤全民文物保护意识……这一切都是他六十年的事业，六十年的心血，六十年的人生，六十年的足迹，六十年的情怀，斑斑历历，都记录在文集之中，读者可以自行品评、借鉴。十几年前，在他办公桌上的玻璃板下，压着他和其兄谢国桢的一首自勉诗："革命何妨与世争，平生从未竞峥嵘。贯迎风暴难偕俗，垂老犹能做壮兵。"如今，他已年当耄耋，垂垂老矣，然而确确实实"垂老犹能做壮兵"。

谢辰生先生离退十多年来，以其自身资历、经验的优势，一如既往，全身心地投入文物保护、文物法制建设、制止文物破坏等多方面的活动，对许多重大问题提出了富有创建性的意见，受到当地党政部门和中央领导同志的重视和支持，因而有力地推动了国家文物保护管理工作。特别是在北京筹办奥运期间，他面对重重阻力和困难，凭借自身素有的胆识，对北京古城文物遗存的保护维修提出了多项正确意见，同样在市与中央领导人的高度重视与支持下，得到贯彻实施，为实现"人文奥运"作出了特殊贡献，在全国文物界引起了热烈的回响。他虽然离退多年，又久为重病缠扰，然而思路之敏捷，精力之充沛，不是当年，胜似当年。他的思维、心境，他对事业的执著、贡献与影响力更是与时俱进，与日俱增，与年岁成正比。如此等等，我曾同他开过玩笑，说他是"无限风光在晚年"。古人有形容冬草之句："对离披之苦节，反蘸葳而有情。""挺秀色于冰涂，厉贞心于寒道"。这很近似于谢辰生先生的精神境界。然而，谢辰生先生在文物界却不是幽隐罗生的小草，而是一颗冬日常青的苍松。白发萧萧，赤心耿耿；披肝沥胆，鞠躬尽瘁！

谢辰生先生作为新中国文物事业自始至终的参与者和见证人，曾经长期同郑振铎、王冶秋一起工作，对这两位新中国文物事业的奠基人的文物保护思想、理论、实践以及为人处世的道德、品质、才气都有着深刻的了解和领会，而且都奉为师长，尊为表率，深受其教益与影响。自此，谢辰生先生自觉或不自觉地继承了他们视祖国文物为生命的风格、品德，并且坚持以行动证明自己就是他们的事业最有力的继承者之一。谢辰生先生如此忘我地献身文物事业，其源盖出于郑、王两位领导人的培养和影响，其力盖发自深沉的爱国情怀。

六十年来，他同局内其他至今仍然奔波在文物保护第一线的"开局元老"们一样，除了对祖国文物事业的热爱与专一，绝没有第二嗜好，第二追求，第二事业，确确是献出青春，献出终身；承前辈创业之遗风，续文明复兴之盛事；历风波而斗志弥坚，奋蹄轮而老当益壮。作为后来者，自当引为型范。为此，敢献刍章，用申芹意，以示感佩而已。

2009 年 4 月 19 日

一 理论探索

文物保护与科学研究的
历史发展概述[*]

文物是人类在历史发展过程中遗留下来的遗物、遗迹。各类文物从不同的侧面反映了各个历史时期人类的社会活动、社会关系、意识形态以及认识自然、利用自然和当时生态环境的状况，是人类宝贵的历史文化遗产。文物的保护管理和科学研究，对于人们认识自己的历史和创造力量，揭示人类社会发展的客观规律，认识并促进当代和未来社会的发展，具有重要的意义。

文物的保护管理，涉及社会不同职能的各个部门；文物的科学研究，涉及社会科学、自然科学、工程技术科学等领域的多种学科。保护管理和科学研究是相互联系、相互促进、相辅相成的。因此，文物的保护管理和科学研究，是一项系统的综合性科学。

一 文物的定义

在中国"文物"二字联系在一起使用始见于《左传》。《左传·桓公二年》记载："夫德，俭而有度，登降有数，文物以纪之，声明以发之；以临照百官，百官于是乎戒惧而不敢易纪律。"之后，《后汉书·南匈奴传》有："制衣裳、备文物"。以上所说的"文、物"原指的是当时的礼乐典章制度与现代所指文物的含义是不同的。到唐代骆宾王诗

---

* 本文系《中国大百科全书·文物博物馆》文物部分撰写的前言，标题为作者后拟。

"文物俄迁谢，英灵有盛衰"；杜牧诗"六朝文物草连空，天淡云闲今古同"，这里所说的"文物"一词，已接近于现代所指文物的含义，系指前代的遗物了。北宋中叶（11世纪），以青铜器、石刻为主要研究对象的金石学兴起，以后又逐渐扩大到研究其他各种古代器物，把这些器物统称之为"古器物"或"古物"。在明代和清初比较普遍使用的名称是"古董"或"骨董"。到清乾隆年间（18世纪）又开始使用"古玩"一词。这些不同的名称，含义基本相同，但在很多场合，古董、骨董和古玩是指书画、碑帖以外的古器物。

中华民国时期，古物的概念包括的内容比过去广泛。1930年（民国十九年）国民政府颁布的《古物保存法》明确规定："本法所称古物是指与考古学历史学古生物学及其他与文化有关之一切古物而言。"说明其概念已远远超出过去所称"古物"、"古董"的范围。

20世纪30年代中，"文物"一词又重被使用。1935年，北平市政府编辑出版了《旧都文物略》。同年，成立了专门负责研究、修整古代建筑的"北平文物整理委员会"。这里"文物"的概念已包括了不可移动的文物。

中华人民共和国成立后，由中央人民政府政务院以及后来的国务院所颁布的一系列有关保护文物的法规，都沿用了"文物"一词。直到1982年全国人民代表大会常务委员会公布了《中华人民共和国文物保护法》，才把"文物"一词及其包括的内容用法律形式固定下来。其范围实际上包括了可移动的和不可移动的一切历史文化遗存，在年代上已不仅限于古代，而是包括了近、现代，直到当代。

世界各国对不同类别的文物，各有其通常使用的名称，但尚无概括所有类别文物的统称。欧洲在17世纪英文和法文中都使用Antique一词，此词一说源于拉丁文ante，原意是古代的、从前的。另一说则认为英文这个字是直接来源于法文，开始作为名词使用时，主要是指古希腊、古罗马的文化遗物，后来才逐渐发展成泛指各个时代的艺术品。其词义接近于中国所谓的古物、古董。日文所说的"有形文化财"，近似于中国所指的文物，但其含义和范围又不尽相同。在国际社会，由联合国教育科学文化组织（UNESCO，以下简称教科文组织）会议通过的一些有关保护文物的国际公约中，一般把文物称为"文化财产（Cultural Property）"或者"文化遗产（Cultural Heritage）"，二者所指的内容并不是等同的。从公约所列举的具体内容来看，前者是指可以移动的文物，后者是指不可移动的文物。埃及使用的阿拉伯文 الأثر（单数）آثار（复数）一词，与中国所称文物的概念是基本相同的。1983 年埃及颁布的《文物保护法》规定，在埃及国土上出现的或与其历史有联系的，一百年以前的，包括可移动的和不可移动的，具有历史意义和价值的实物，都属于文物。同时，还规定在一百年以内的有价值的实物，可根据文化主管部门的建议指定为文物。

关于文物的年代下限，在国际上起初曾定为 1830 年，起源于 1930 年美国的关税条例。该条例规定凡 1830 年以前制作的艺术品可以免税。以后在国际上，不少国家把这一年定为文物的年代下限，后来美国在 1966 年通过了新的关税条例，又规定"自免税进口报单提出之日起，凡一百年以前制作的文物"概予免税进口。因而目前按国际上一般惯例，文物是指一百年以前制作的具有历史、艺术、科学价值的实物。但是也有的国家根据自己的具体情况另作规定，如希腊就把 1450 年作为文物的年代下限。

目前，各个国家对文物的称谓并不一致，其所指含义和范围也不尽相同，因而迄今尚未形成一个对文物共同确认的统一定义。

文物是指具体的物质遗存，它的基本特征是：第一，必须是由人类创造的，或者是与人类活动有关的；第二，必须是已经成为历史的过去，不可能再重新创造的。

当代中国根据文物的特征，结合中国保存文物的具体情况，把文物一词作为人类社会历史发展进程中遗留下来的、由人类创造或者与人类活动有关的一切有价值的物质遗存的总称。

二　文物的价值和作用

文物的价值是客观的，是文物本身所固有的。总的来说，文物主要有历史价值、艺术价值和科学价值。文物的作用，是文物价值的具体体现。文物对社会所能起到的积极作用主要有教育作用、借鉴作用和为科学研究提供资料的作用。文物的价值和作用，其间有联系，又有区别。人们对文物价值的认识不是一次完成的，而是随着社会发展，人们科学文化水平的不断提高而不断深化的。文物作用的大小，取决于文物价值的高低，因而文物的作用也会随着人们对文物价值认识的深化而变化。有时同样的文物，在不同的时间、地点、条件下，其价值也会发生变化。这种变化通常不是改变或降低了文物的固有价值，而是增添了新的价值。这种情况只有在特定的条件下才会发生。

文物是一定历史时期人类社会活动的产物，无不具有时代的特点。一切文物都具有历史价值。不同类别的文物，从不同的侧面分别反映了当时社会的生产力、生产关系、经济基础、上层建筑以及社会生活和自然环境的状况。各种类别文物的产生、发展和变化的过程，反映了社会的变革、科学技术的进步、人们物质生活和精神生活的发展变化。总的来说，文物是帮助人们认识和恢复历史本来面貌的重要依据，特别是对没有文字记载的人类远古历史，它成了人们了解、认识这一历史阶段人类活动和社会发展的主要依据。

历史文献资料和文物都是历史科学的研究对象，二者可以相互印证，比较研究，促进历史科学的发展。由于历史文献的作者、辑录者往往受到时代和他们本身认识甚至是主观上偏见的局限，他们不可能全面地、科学地记录当时的一切社会现象和史实。文物则是在历史长河中突破了时间和空间的局限而遗留下来的幸存者，是说明当时历史的具体而真实的实物见证。它可以证实历史文献的正确记载，纠正文献记载的讹误，补充文献记载的缺佚。恩格斯在《论日耳曼人古代历史》中指出，"在塔西佗和托勒密以后，关于日耳曼尼亚内地情况和事件的文字史料便中断了。但是我们得到了其他一系列更明确的史料，这就是可以归入我们研究的各时代的许多古代文物……凡是托勒密的证明中断的地方，出土的文物都能接下去加以证明"。这充分说明了文物可以补史的重要作用。但是文物的历史价值并不限于它能起到证史、正史和补史作用，更重要的是文物反映了当时人类的各种活动，不仅反映了人类是怎样活动的以及在什么历史背景和思想支配下，进行这些活动的，而且还反映了这些活动之间的社会关系和产生的社会效果。

每个国家和民族都有自己独特的文化传统，而且这些文化传统往往成为人们为维护民族独立和争取解放而斗争的精神支柱。各个国家和民族的文物体现了各自长期形成的共同心理素质、意识形态、生活习俗等特点，在一定意义上说，文物是民族文化的象征。因此，文物对于一个国家及其各族人民能产生强大的凝聚力和激励作用，这也是文物价值的一个重要内容。

文物的价值是通过科学研究认识的。发挥文物作用的一个重要方面是通过教育手段实现的。文物具有直观、形象、生动的特点，其教育作用和感染力是其他教育手段所难以代替的。当中国人民面对凝结着先人劳动和智慧的丰富历史文物，看到他们在当时的社会条件下所表现的惊人创造力，看到他们在科学技术、文化艺术等方面的许多辉煌成就，必然会激起为振兴国家而斗争的巨大爱国热情。因此，文物就成为对人民进行爱国主义教育的生动教材。同时，运用文物，通过各种形式，开展广泛的文化交流，也有利于促进各国人民之间的了解和友谊。

在各种类别的文物中，有大量的文物具有艺术价值。这些文物不仅有在人类进入文明社会以后的绘画、雕塑等造型艺术作品，而且远在早期人类活动中，就已经出现了艺术创作和审美意识的萌芽。在欧洲发现的旧石器时代的洞穴壁画和象牙或兽骨的雕刻品被称为"洞穴艺术"。在中国的原始社会，人类为自己生存需要而制作具有实用功能的生产工具、生活器皿时，同时也就孕育了艺术，这些生产工具和生活器皿在造型和纹饰上都具有一定的艺术价值，如彩陶纹饰不仅有写实的图像，而且有像水纹、漩涡纹、三角形等抽象的几何纹。尽管对这些纹饰的变化和它反映的社会内容与观念形态，有不同的见解和解释，但它毕竟是以艺术形式来表现的，以后青铜器的造型和纹饰，以及各时代的陶瓷器，不同质地的各种各样的装饰、美术工艺品等，无不具有艺术价值。甚至作为居住或其他用途的如宫殿、庙宇等各种建筑物，也在注意实用功能的同时，力求适应人们美的要求而形成了建筑艺术。所有这些都是美术史研究的重要资料。同时，在现实生活中，它们还可以供人们鉴赏，给人们以美的启迪、美的享受，丰富人们的精神生活。

任何一个国家和民族的文化艺术创作，只有继承自己的文化艺术传统，创造出具有民族形式的文化艺术，才会被人民群众所易于并乐于接受。在中国丰富的古代文物中，有大量巧夺天工、绚丽多彩的艺术珍品，是人们认识和了解中华民族文化艺术传统的重要资料。因为各种传统的艺术形式，尽管有文献记载的描述，但它不可能有具体的形象，只有文物才能具体地把各种传统艺术形式形象地展示出来。如果没有各个时代遗留的绘画、雕塑和古建筑，我们就无从真正认识这些中国古代艺术传统形式的特点，因此这些文物可为今天进行艺术创作活动提供有益的借鉴。充分发挥文物在这方面的作用，是今天继承优秀历史文化遗产，创造社会主义的、民族的新文化的必要条件之一。

文物还是古代的科学技术遗产的宝库。文物的科学价值，主要是指文物所反映的科学、技术水平。它所体现的是在自然科学或者工程技术科学方面的价值。各种类别的文物都是人们利用当时所能得到的材料和所掌握的技术创造出来的，它们从不同的侧面标志着它们产生的那个历史时期人们认识自然、利用自然的程度和科学技术与生产力的发展水平。大量的商代青铜器和战国时期的铁器，分别标志着这两个时代的整个社会生产力和科学技术的水平。河北藁城和北京平谷刘家河出土的商代铁刃铜钺，虽然利用的是天然陨铁，但它毕竟与铜有质的区别，说明早在公元前 14 世纪前后的商代人已经开始对金属铁有所认识，并且加热锻打之后制成器件而加以利用。这些文物既具有历史价值，又具有科学价值。

马克思曾高度评价火药、指南针、印刷术的发明。他说："这是预告资产阶级行将到来的三大发明。"中国古代有许多重大科技成果，曾长期湮没、失传，今天又在出土文物中被重新发现，如浙江余姚河姆渡新石器时代遗址发现的木建筑构件，把中国应用榫卯的技术提早到七千年以前；河南淅川的春秋楚墓和湖北随县的战国曾侯乙墓出土的青铜器，说明早在两千多年前中国已成功地应用了失蜡法这种精密铸造技术；甘肃天水放马滩出土的汉初的书写用纸，说明中国发明的这一已知为最理想的书写材料，远在公元前 2 世纪前期，就已具有一定的成熟性；河南荥阳汉代冶炼遗址发现的与现代球墨铸铁类似的标本，表明当时已掌握了与现代工艺不同而取得相同效果的高强度铸铁工艺。

大量有关科学、技术方面的出土文物为天文、地理、冶金、农业、医学、纺织等各个方面的专门史研究提供了丰富而重要的资料，打破了许多传统的观点。这些新发现的文物使研究科技史的学者们不得不考虑重写某些专门史，这说明不断发现的文物对于促进科学技术等专门史的研究具有何等重要意义。

文物的科学价值，不只是体现在文物本身反映的科学技术水平上。有些文物并不能反映当时的科学技术，而是反映了当时人类活动与自然环境或者生态环境的关系，通过对这些文物的考察可以了解千、万年来自然环境或生态环境的变化。这些文物同样具有很高的科学价值。

20 世纪 60 年代以来，中国文物考古工作者，运用考古学手段，通过一些古建筑、古遗址、古墓葬等文物，考察历史地震、古代水文和沙漠变迁，取得了一定成果，为文物研究开辟了新的领域。

文物的价值和作用，不只是表现在对具体文物的研究、说明个别方面的个别问题上，更重要的是把微观研究的成果综合起来，在宏观上研究各个历史时期人类社会活动的各个方面及其相互联系、相互制约的社会关系，从而从不同的侧面探索和揭示人类社会发展的客观规律。同时，通过文物所反映的历史上人类认识自然、利用自然的状况，可以探索和揭示人类社会活动与自然界生态环境之间相互关系、相互作用的演变规律，运用人们不断认识的客观规律自觉地、能动地协调人类社会系统与自然界环境系统的关系，有利于促进当代和未来社会的发展。充分发挥文物在社会发展进程中的积极作用，是文物保护管理和科学研究的最终目的。

三 文物保护与研究的历史发展概况

中国和世界各国都有各自的文物保护和研究的传统，其共同点是在古代大都是出于不同动机和目的保护了文物，在客观上使一些文物被保存下来。对文物研究的目的、范围、方法和理论，也都有个发展的过程。现代意义的、科学的文物保护和研究，是在历史发展进程中逐渐形成的。

古代对文物的收集和保存，大都是从对文化艺术珍品的收藏开始的。在欧洲，从古希腊、古罗马时代到中世纪，皇室、贵族和教会收藏各种古代珍品和宗教遗物之风甚盛，但其动机和目的是有区别的。皇室、贵族的收藏，是把物质财富的占有，扩大到对精神财富的占有和享受。而教会的收藏则与天主教对宗教遗物的崇拜有关，因而中世纪十字军东征，使大量的宗教遗物涌向欧洲，当然其中也夹杂着不少非宗教的遗物。许多国家的中世纪大教堂都设有收藏和陈列各种珍品的专室。

14世纪至16世纪新兴的资产阶级开始出现在人类社会发展的历史舞台。欧洲的文艺复兴促进了人们对早期的语文和美术史研究的兴趣，开始注意收集古希腊、古罗马时代的雕刻和铭刻。之后，又扩大到巴勒斯坦地区，直到近东地区的埃及、两河流域等地的古迹、古物。在此期间，文化珍品的收藏，开始从皇室、贵族和教会扩大到社会上的市民阶层，于是在欧洲的德、法、意、荷等国家数以千计的收藏家出现了。此后，许多古物爱好者搜集文化珍品的活动日趋频繁，其中一些人主要是以攫取珍宝为目的，采取非科学性的手段，对一些著名古遗址进行发掘。直到18世纪末和19世纪初期乃至更晚一些时候，还有人为挖取珍宝对希腊罗马的古城址和墓地以及埃及的古墓葬滥肆挖掘，掠走大量的文化珍品，甚至还有人任意拆掉古建筑上的浮雕石刻。1816年被运往伦敦的著名的所谓"埃尔金大理石刻"就是埃尔金从雅典巴台农神庙上拆下来的。这种搜集和保存古物的方式，虽然使一些重要的古代文化珍品得以保存下来，但是，运用这种非科学性的手段而取得文化珍品，却是以对一些古遗址、古墓葬和古建筑造成了很大的破坏为代价的。在此期间，有的学者对文物研究取得了很有价值的成果。1822 年法国 J. F. 商博良对埃及罗塞塔石碑上的三体文字的研究，释读了古埃及象形文字。也有一些学者以研究为目的，对一些古城址进行了发掘，如法国的 P. E. 博塔、英国 A. H. 莱亚德对古亚述帝国的尼尼微城址的发掘，就取得了重要的成果。虽然采取的发掘方法还缺乏科学性，但这是科学发展过程中很难完全避免的缺憾，与完全以收藏甚至出售为目的而单纯挖宝的性质毕竟是不同的。

17 世纪至 18 世纪，欧洲资产阶级的民主革命进入了高潮。资本主义的文明，促进了科学、技术和文化的发展。特别是到 19 世纪中叶，进化论逐步成为欧洲思想界的主流。科学的进步，把人们的思想从上帝造人的神话桎梏中解放出来，人们开始重新认识宇宙，认识自然，也重新认识人类自身发生发展的历史。正是在这个历史背景下，考古学首先是史前考古学产生了。也正是在 19 世纪，以收藏为主要职能的博物馆在类型和职能上都有了新的发展：一种兼备收藏、科研、教育三种职能的现代形态的博物馆在欧美各国普遍发展起来。同时，对古建筑的保护作为一门专业科学，也是从 19 世纪中叶才开始的。这绝不是偶然的巧合，而是科学进步导致人们观念变化的反映，是人们对文物价值认识的觉醒。

考古研究对象、古建筑和博物馆藏品（纯自然科学的标本除外），都是属于文物的范围。从过去把文物视为古董的观念，发展到文物作为人类社会历史发展的见证，标志着人们对文物价值的认识发生了根本性的变化，也扩大了文物概念的范围。这种新概念的形成，才把文物的保护和研究真正建立在科学的基础上，从而进入了一个崭新的发展阶段。

考古学作为一门严谨的科学的出现，特别是进入 20 世纪以后，在理论上、方法上有很大的发展，田野考古发掘技术有显著提高，使人们认识到对地下埋藏的文物进行非科学性的发掘的破坏性和危害性。促使各个国家在制定文物保护法规的时候，都严格禁止对地下文物的非科学性的发掘。1956 后联合国教科文组织还通过了《关于考古发掘的国际原则的建议》，从而加强了对地下文物的保护。同时，现代考古学对田野工作的科学要求，决定了在进行考古工作的全过程中，都必须始终坚持文物保护和研究的统一。保护是研究的前提，对保护的任何疏忽和失误，都会造成对研究工作的损失。作为考古研究对象的遗物、遗迹，它所蕴含的历史信息是丰富的，它所展示的现象是复杂的，考古发掘的任务就是采取各种现代科学手段，忠实地把发掘的遗物、遗迹保存下来，把它所展示的一切现象记录下来，形成完整的科学资料。对重要的遗址还需要在原地长期现场保护，以便于进一步发掘并进行科学研究，这也有利于把今天我们还认识不到的问题留待后人去研究解决。从这个意义上说，科学的考古发掘，是文物保护的一种特殊手段。因此，现代考古学的诞生和发展，对于埋藏在地下的文物的保护和研究，是一个很大的促进和提高。

20世纪，现代博物馆在世界范围内的蓬勃发展，对于文物的保护和研究发挥了重要作用。现代博物馆的出现使许多私人收藏逐步转移成为博物馆的馆藏，博物馆藏品日益丰富，博物馆科学研究的职能也在不断加强。因而，现代博物馆已成为对可移动文物的保护和研究的重要场所。同时，博物馆的类型正在日新月异，对于一些古遗址、古墓葬等不可移动的文物，经过科学发掘之后，还可以建立各种形式的博物馆进行保护和展出。博物馆对保护、研究文物以及发挥文物作用具有越来越重要的意义。

关于古建筑的维修和保护，在18世纪以前，欧洲还没有形成一定的理论和方法。第一个提出把古建筑修复置于科学基础之上是19世纪中叶法国人 V. L. 杜克。1844年，他在巴黎圣母院进行修复设计的时候，提出了"整体修复"古建筑的原则。他主张在一座建筑及其局部的修复，应保护原有的风格，不仅在外表形式上，而且在结构上也必须如此。在修复之前，一定要确切地查明每个部分的年代和特点，并以此为依据拟定修复的逐项实施计划。他的主张对于促进修复古建筑工作的科学化是有积极作用的。但是，他过分强调了恢复原状和风格统一，实际上是用"创作"代替了"修复"，因而给古建筑修复工作也带来了有害的影响。

在同一个时期，英国的 J. 拉斯金提出了一个完全不同的见解，他从根本上否定了对古建筑的"修复"，认为"修复"即意味着破坏，而且是最彻底的破坏，对古建筑只能够加强经常性的保护。以后，持这一派见解的莫里斯于 1877 年创建了"古建筑保护协会"，他在撰写创建《宣言》中，继续强调古建筑根本不可能修复，修复后的古建筑只不过是一个毫无生气的假古董，因而只能用保护代替修复，加强经常性的维修来防止它的破坏，并且提出为保护而进行的加固措施要使人看得出来，绝对不能改变古建筑本身和装饰的原貌。这些观点有其积极的意义，但是他的主张，几乎排斥了一切为延长古建筑寿命而进行的干预，因而也是片面的。

1880 年，意大利人 C. 波依多对古建筑的保护和修缮，提出了新的见解，既反对 V. L. 杜克的主张，也反对 J. 拉斯金的观点。他认为古建筑的价值是多方面的，而不仅仅是艺术品，必须尊重建筑物的现状。20 世纪初期，继波依多之后的 G. 乔瓦诺尼补充和发展了波依多的理论，以波依多、乔瓦诺尼为代表的理论主要是：古建筑是历史发展的活的见证。要保护建筑物所蕴含的全部历史信息，包括它所在的原有环境，对历史上的一切改动或增添的部分都要保护。1931 年 10 月，国际博物馆协会大会听取比利时豪达（V. Horta，1861～1947 年）关于保护文物建筑的基本原则的报告，通过了保护文物建筑的《雅典宪章》。之后，1933 年由国际联盟倡议成立的"智力合作所"，在雅典召开国际会议，又通过了第二个《雅典宪章》。《雅典宪章》正是以乔瓦诺尼的理论为基础而形成的。1964 年 5 月 31 日在意大利威尼斯，由联合国教科文组织领导下的国际文物建筑和历史地段工作者协会（ICOMOS）第二次会议通过了保护古建筑及历史地段的《威尼斯宪章》，这正是《雅典宪章》的继承和发展。它进一步明确了古建筑的概念，不仅包含建筑物本身，并且包含着与之相关的环境，因而，"不得整个地或局部地搬迁古建筑"，并且强调利用一切科学和技术来保护和修复古建筑，使它能传之永久。

考古学、博物馆和文物建筑保护的发展历史，有一个共同点，就是表明人们对文物价值的认识在不断深化。现代文明愈是发展，文物保护的意义就愈益显示出来，从而促使人们在文物保护的问题上，采取了越来越谨慎的态度。这种谨慎的态度，绝不意味着思想的保守，而是表明了人们思想认识的进步和提高。

文物不仅是各个国家珍贵的历史文化遗产，而且也是全人类的共同财富。20世纪中叶以后，现代文明促进了世界各国工业化、城市化的迅速发展和科学技术的突飞猛进。伴随而来的是人为的、自然的各种破坏或损坏文物的因素急剧增长，从而使文物保护成为国际社会面临的一个普遍关注的共同问题。联合国教科文组织于1964年6月发起了历时六个月保护文物古迹的国际运动，要求各成员国扩充和改进保护文物的技术和法制措施，同时要求各成员国要在此期间广泛宣传，使文物的价值观念家喻户晓。1972年11月联合国教科文组织第十七届会议通过了《保护世界文化和自然遗产公约》，提出了整个国际社会有责任通过提供集体性援助来参与保护具有突出普遍价值的文化和自然遗产。1978年11月28日在巴黎的第二十届会议上又通过了《关于保护可移动文化财产的建议》。在此以前，为防止文物走私及因此而诱发的各种造成文物破坏的行为，1970年联合国教科文组织还通过了《关于禁止和防止非法进出口文化财产和非法转让其所有权的方法的公约》。这些国际公约的制定，促进了文物保护国际化的进程。

世界各国在文物保护和研究方面，经历了一个多世纪的不断探索和总结，逐步形成了一些为国际社会普遍确认的共同原则和方法。他们的经验和教训，也为当代中国的文物保护和研究，提供了有益的借鉴。

中国对文物的保护和研究，有自己的特点。与西欧早期首先着眼于文物的艺术价值不同，中国古代不仅重视艺术价值更重视文物的历史价值。奕世相承的敬天法祖思想和推重史学的学术传统相结合，形成了中国古代社会中普遍存在的历史意识。中国古代对文物的保护和研究，从多方面反映了这种意识。商周时期，皇室、贵族宗庙中"多名器重宝"，保存着青铜器、玉器以及其他前代的遗物。春秋时，孔子考证肃

27

慎的楷失、秦始皇派千人打捞没入泗水的九鼎、汉代武库中收藏孔子履及刘邦斩蛇剑等文物，都是这种意识的反映。

汉代皇室收藏十分丰富，汉武帝刘彻（前 140～87 年）创置秘阁，以聚图书，其中既有典籍，也有绘画。汉明帝刘庄（58～75 年）更是"雅好丹青、别开画室"，创立鸿都学，以集奇艺之士。汉唐以来历代王朝，包括地方政权如西蜀孟氏、南唐李氏都有丰富的收藏。但是每当王朝更替，往往大部分毁于兵燹水火，剩余部分或为新的王朝所接收，或散佚于民间。唐裴孝源撰《贞观公私画史》、张彦远撰《历代名画记》，记载了唐大中（847～859 年）以前皇室收藏的几次大聚大散的情况。以后各代皇室收藏也大都有类似的遭遇。

对于地下文物保护，据《淮南子》记载，汉代就有"发冢者诛"的规定，以后《大明律》还规定了"若于官私地内，掘得埋藏之物者，并听收用；若有古器、钟鼎、符印异常之物，限三十日送官，违者杖八十，其物入官"。说明早在明代就已明确规定地下文物概归国有了。这些法律规定虽然不能完全杜绝盗掘地下文物的现象，但是在客观上起到了保护的作用。

中国古代对出土文物历来十分重视，如汉代在孔子旧宅壁中发现的古文经书和晋代发现的汲冢竹书，因为记载着古代的《经》、《史》而受到高度重视，大力进行整理研究，使它们得以长期流传。汉代许慎，不仅引用古文经中的字形，并收进不少出土的鼎彝等文物上记录的"前代之古文"，而编撰了中国第一部字典《说文解字》。

东汉"碑碣云起"，灵帝熹平至光和年间并刊刻石经，南北朝时又发明了拓墨技术，石刻文字可借拓片流传。陕西凤翔的秦石鼓于唐代出土后，便有人根据拓片进行研究。韩愈在《石鼓歌》中所说"张生手持石鼓文"，指的就是石鼓的拓片。重要的石刻通过拓片获得众多的研究者，所以到了宋代，研究青铜器与石刻遂形成中国特有的金石学。

宋代是中国古代文物保护和研究的鼎盛时期。首先是金石学的兴起。宋刘敞在《先秦古器记》中说研究古器的方法是"礼家明其制度，小学正其文字，谱牒次其世谥"。宋吕大临在《考古图》中说，要"探制作之原始，补经传之阙亡，正诸儒之谬误"，说明金石学的产生从一开始就重视了以文物证史和补史的作用。赵明诚的《金石录》，著录先秦至北宋多达 1900 余种石刻，并援碑刻以正史传，对新、旧唐书多所订正。特别是吕大临除了强调文物作为史料所起的功能之外，还强调"探制作之原始"，并注意研究文物本身的发展演变。所以《考古图》中不仅摹录出所收器物的图像、铭文，且大都标明其尺度、容量、重量与出土地点，并以相当严谨的态度进行考证、定名和分类等方面的研究。此书与宋代其他金石学著作所取得的成果，有不少为后世所遵循，青铜器中若干器形与花纹之通用的名称，就是在这时考定的。

金石学的研究提高了对古文物的认识水平，同时也促进了收藏古物之风。《宣和博古图》著录的皇室在宣和殿一处所藏青铜器就达 839 件；《宣和画谱》著录收藏魏晋以来的名画凡 231 人，计达 6396 轴；《宣和书谱》著录有 190 多名书法家作品 1198 件；《考古图》中著录了 38 家私人藏品，其中仅庐江李氏（伯时）一家所藏就有 62 件；著名学者欧阳修收集的金石铭文真迹拓本，皆装裱成轴，多达千卷。古文物既为藏家所珍爱，自然加以保护，对散处郊野的碑刻这时也开始进行调查。南宋时王象之的《舆地碑记目》、陈思的《宝刻丛编》等书，将各地碑刻按行政区划和年代顺序列出，编成大型的碑刻目录。这种实地调查古文物的学风，北宋已启其端。宋敏求的《长安志》将唐长安城的布局和遗迹叙述颇详；吕大防将勘查的结果制成地图上石；游师雄将唐凌烟阁功臣图与昭陵六骏摹绘刻石，前者仅赖石刻才使后人得以窥其形貌。

元、明时代，金石学的领域扩大，不仅注意文献与实物的结合，而且重视以实地勘查之所见，核检历史记载。玉器、漆器、瓷器等这时均有专著问世。元朱德润的《古玉图》是研究玉器类文物的开创之作；元蒋祁的《陶记》详尽地叙述了景德镇瓷的原料产地，制瓷工艺和各窑口所产瓷器的特点；元葛逻禄乃贤的《河朔访古记》对中国北方各地的古城、古建筑以及陵墓、碑刻等，在调查的基础上参据文献作出记述，均较翔实可信。明曹昭的《格古要论》则是当时研究古文物的集大成之作。此书除金、石、漆、玉、陶瓷外，且涉及书画、法帖、象牙、犀角、珠宝、锦绮、异木、异石等多种门类，其中提出的辨伪标准，要言不烦，灼具真知，至今仍有重要的参考价值。

清代对文物的研究和保护有了更大发展，收藏的规模不断扩大，研究亦日益精密。这时皇室收藏之富，远远超越前代。以青铜器而论，"西清四鉴"著录的器物共达4105件，为《宣和博古图》所难以望其项背。从著录皇室所藏书画的《秘殿珠林》、《石渠宝笈》初一、二、三编中，可以看出明、清许多著名收藏家如梁清标、孙承泽、耿昭忠、卞永誉和安岐等人的收藏已大部归入内府。这是宋代以后的一次最大的集中。虽然如此，私家收藏仍不乏精品，刘喜海、吴式芬、陈介祺、吴大澂等人的收藏尤为世所称绝。以丰富的收藏为基础，清代出现了许多卷帙浩繁的金石学研究著作。在青铜器方面，徐同柏的《从古堂款识学》、吴式芬的《攗古录金文》、吴大澂的《愙斋集古录》所收铜器铭文均在千件以上。方浚溢的《缀遗斋彝器款识考释》以印本与稿本合计，所收共达1733器；孙星衍的《寰宇访碑录》收集各地碑刻8000余种，成为全国性的碑刻总目。这些煌煌巨制，反映出清代金石学研究的盛况。这时，若干类前代未予充分重视的文物也得到深入研究，比如古玺印，虽自宋代以来已在金石书中收录，但清瞿中溶的《集古官印考证》一书，才专门著录古官印并作出翔实的论述，将古印的收集和研究推向高潮。其后，陈介祺的《十钟山房印举》收印达万方以上。再如古钱币，亦自宋代始见著录，但也直到清李贤的《古泉汇》问世后，才形成较有系统、较可信的中国古钱学。至于像反映古代玺印之使用情况的封泥，以前曾被误认为陶文或铸印的印范，清代才判明为封泥。吴式芬、陈介祺合著的《封泥考略》收封泥849件，是研究封泥的第一部专书。

明清以来，私人藏书也达到了极盛时期，如明代范氏天一阁，明末清初的毛晋、钱谦益、钱曾，乾嘉时期的孙星衍、黄丕烈，直至晚清的瞿氏铁琴铜剑楼、杨氏海源阁、丁氏八千卷楼和陆氏皕宋楼等四大藏书楼等，出现了许多著名的藏书家。虽然有的收藏家如钱谦益的绛云楼藏书已全部被焚，但今天留传下来的善本古籍很多仍然是靠私人收藏家保存下来的，特别是这些收藏家多数是知识渊博的学者，因而他们不仅为保存古籍作出了贡献，而且也促进了目录学、版本学、校勘学的发展，为今天对古文献的研究奠定了基础。

清代对不可移动的文物也注意保护。清初曾明令保护南京明孝陵和北京明十三陵。全国各地现存之古代桥梁、寺庙，几乎绝大部分均在清代进行过修葺。毕沅任陕西巡抚时，对关中古代陵墓要求"料量四至，先定封域，安立界石"，并设专人负责保护管理，就是很著名的事例。

1840 年以后，由于列强入侵，掠走中国的文物成为帝国主义文化侵略的重要内容。1860 年英、法联军侵入北京，火烧圆明园，并进行了疯狂的抢劫。1900 年德、日、俄、英、法、美、奥、意八国联军攻占北京，对宫廷收藏的珍贵文物和古籍又大肆掠夺，文渊阁《四库全书》和《永乐大典》，就是这两次先后被焚毁和洗劫的。在 19 世纪末 20 世纪初，帝国主义者还纷纷派遣探险队，到新疆等地进行掠夺性的考古发掘。同时，有些外国人还采取各种方式对中国文物进行巧取豪夺，有很大一部分著名的甲骨文、敦煌遗书就是在这种历史背景下被外国人囊括而去的。又如，1907 年著名藏书家陆心源的皕宋楼藏书全部盗运往日本，以后还有大量其他珍贵文物不断流往国外，给中国的历史文化遗产造成了巨大的损失。但是，在文物研究方面，由于清代末期，西方科学文化开始传入中国，对中国知识界产生了强烈影响，新的思想方法和研究方式逐渐被具有深厚学术根基的传统金石学者接受，从而使得传统金石学的研究方法有了改变，研究的深度、广度都有所拓展。

甲骨文、居延等地的汉代简牍、敦煌藏经洞遗书是中国近代三大重要发现。

罗振玉和王国维对这方面的研究作出了很大的贡献。他们对新发现的甲骨、汉简、敦煌遗书、墓志以及青铜器、玺印、碑刻、符牌等大量文物进行了科学性的汇集整理，并结合历史文献深入研究，对商、周、秦汉乃至隋唐宋元的历史、文化、制度作了大量崭新的科学论断。这些研究，不仅继承了传统金石学的著录、汇集、考证等研究方法，而且综合了古文字、古文献、器物学、地理学等方面的研究方法。罗振玉还曾亲自到甲骨出土地点踏查，确证安阳殷墟的所在。罗振玉等人在扩大研究对象的基础上，提出了古器物学的新概念，扩展了传统金石学的研究内容。

王国维将西方的近代研究方法与乾嘉学派的考据学成功地加以结合，创立并大力提倡了"二重证据法"，即以地下新出土的文物材料与文献史料并重，把古文字古器物学的研究和经史之学相结合。他的重要著作《殷卜辞中所见先公先王考》、《殷周制度论》等充分体现了这一先进的研究方法。这使得文物研究由传统金石学以经史小学为主要研究内容的狭窄范围内脱离出来，成为既包括文字史料考释，又进行器形、纹饰、分期断代等综合研究的新型学科，为进一步揭示古代社会的真实面貌拓宽了道路。

叶昌炽对石刻的综合研究也突破了传统金石学的著录、考证格式，转而从石刻的类型、形制、文字体例、时代特征等一系列新的角度对历代石刻进行全面研究，使传统金石学达到了新的高度。

1911 年辛亥革命以后，西方考古学的研究方法传入中国。1921 年以来瑞典人安特生等人在河南渑池和甘肃、青海等地进行科学考察和发掘。1927 年起裴文中、德日进等中外科学家在北京周口店对古生物、古人类化石进行发掘。1928 年起中央研究院李济、梁思永、董作宾、石璋如、郭宝钧等人在殷墟开展了多次科学发掘。1928 年吴金鼎等在山东章丘城子崖的龙山文化遗址发掘，使文物研究结合考古学的研究方法，增添了新的应用手段，开拓了新的研究领域。这一时期的文物考古学者，大多吸收了这些新的方法、手段，使文物的科学研究更加深入、系统化、科学化，取得了新的成果。

郭沫若将马克思主义唯物史观引入文物研究，结合了考古学的类型学等方法，编著出版了《两周金文辞大系》、《卜辞通纂》、《卜辞中的中国社会》等等，开拓了文物研究的新方向，产生了深远的影响。

在文物保护方面，1930 年国民政府公布了《古物保存法》，在此以前，1928 年成立了中央古物保管委员会。这是中国历史上由中央政府公布的第一个文物保护法规和第一个国家设立的专门保护管理文物的国家机构。

中央古物保管委员会成立之后，在文物保护方面做了一些有益的工作。但是因为它没有形成一个长期稳定的管理实体，而且各个地方都未设置与之相应的文物管理专门机构，因而保存在各地的各种类别的文物，基本上仍处于无人管理的状态。珍贵文物外流，也未得到有效制止。在此期间，有些学术团体进行了一些文物调查、保护工作。1929年由朱启钤等创建的中国营造学社，在30年代组织专家对各地古建筑进行了一系列实地调查研究和文献资料整理等工作。著名的唐代建筑佛光寺大殿，就是建筑学家梁思成等在山西五台山进行调查时发现的。营造学社的成立，对于中国古建筑的保护和研究起了重要作用。

20世纪30~40年代，在中国共产党领导和管辖的各根据地解放区人民政府，十分重视文物保护工作。1939年11月3日陕甘宁边区政府训令各分区行政专员和各村村长调查保护文物、文献及古迹。1942年为保护山西赵城广胜寺收藏的金代《大藏经》免遭日本侵略军的掠夺，八路军战士献出了宝贵的生命。1947年9月13日中国共产党全国土地工作会议通过的《中国土地法大纲》规定：名胜古迹，应妥为保护。之后相继成立了胶东文物管理委员会、山东古代文物管理委员会和东北文物管理委员会，并颁布了《东北解放区文物古迹保管办法》。1949年，在中国人民解放军即将南下进军的时候，华北人民政府高等教育委员会印发了《全国重要文物建筑简目》，提供部队注意保护，以免这些古建筑毁于战火。

1949年10月1日中华人民共和国成立，使中国文物的保护和研究进入了一个新的历史阶段。50年代初，中央人民政府政务院就颁布了一系列保护文物的法令和法规。首先颁布了《禁止珍贵文物图书出口暂行办法》，制止了1840年以来中国大量珍贵文物外流的现象。同时，在中央文化部设置文物局，各个地方都设置了负责文物保护管理的专门机构，中国科学院还设置了考古研究所，在郑振铎、王冶秋、梁思永、夏鼐等人的主持下，开始了中国历史上从未有过的由国家进行的大规模文物保护管理和考古发掘工作。1961年国务院公布了《文物保护管理暂行条例》，1982 年全国人民代表大会常务委员会又公布了《中华人民共和国文物保护法》，使中国的文物保护管理工作走上了法制管理、稳步发展的轨道。

新中国建立四十多年来，中国文物保护和管理工作虽然经历了曲折的道路，但总的说来，取得了旧时代所不能比拟的巨大成就，不仅使大量的重要文物得到了保护，而且在宣传教育、科学研究等多方面都发挥了重要的作用，取得了显著的成果。

对流散在社会上的传世文物进行收集和保护，是早在 50 年代开始的。在建国伊始百废待举的时候，周恩来总理即批准以重金从香港购回著名的王献之《中秋帖》和王珣《伯远帖》，使两帖免于流散国外。之后，又陆续从海外购回如唐韩滉《五牛图》、五代顾闳中《韩熙载夜宴图》、宋司马光《通鉴》手稿等不少书画珍品和善本图书。50 年代以来，许多爱国的著名收藏家出于爱国热忱，竞相把自己珍藏的文物捐献给国家，如刘肃曾捐献的虢季子白盘、潘达于捐献的大盂鼎、大克鼎等著名西周重器。张伯驹捐献的晋、唐名人手迹；陆机《平复帖》、杜牧《张好好诗》等十余件珍贵书画。在善本图书方面有著名收藏家傅增湘双鉴楼收藏的宋刻本《资治通鉴》和宋抄本《洪范政鉴》。此外，还有铁琴铜剑楼瞿济苍兄弟、潘氏宝礼堂、翁之熹、刘少山、邢之襄、赵世暹、赵元方等捐赠的大批宋元精本名刊，以及明、清以来抄校题跋的善本，特别是周叔弢捐赠的毕生辛勤收集的名刻精抄数百种，都反映了新时代人们精神面貌的深刻变化。

加强在废旧物资中拣选文物是收集传世流散文物的一个重要方面。多年来，在这方面做了大量工作，拣选出大批各个时代的各种类型的重要文物，例如西周前期的班簋是流传有自，见于《西清古鉴》著录的著名青铜器，就是 1972 年在北京市物资回收公司有色金属供应站拣选出来的。

由于通过各种方式进行了对传世流散文物的收集工作，因而极大地丰富了博物馆的馆藏文物。以故宫博物院为例，1949 年故宫收藏的文物精华悉数运往台湾，书法、绘画仅存万余件，目前所藏书画已达九万多件，增加了近九倍。其中展子虔《游春图卷》、张择端《清明上河图》、王希孟《千里江山图》等绝大多数珍品都是近四十多年中收集的。

对石窟寺、古建筑的调查、修缮和研究，也取得了显著的成绩。目前中国著名的石窟寺大都已设置了研究所或保管所，并且分别进行了加固和维修。如云冈石窟进行了防止岩石崩塌、风化的工程；麦积山石窟进行了全面加固工程，并新修了栈道，使一千二百多年前因中部崖面崩落而隔断的东西崖两部分洞窟重新连接起来；敦煌莫高窟由于崖壁裂隙，严重危及石窟安全，为此而进行了大规模的崖壁加固工程和防沙治沙的有效措施，并且在工程进行中，全面实测了莫高窟崖面遗迹，同时对窟前建筑遗址进行了考古发掘；80年代在对南响堂寺石窟进行维修过程中清理出开凿时期的原貌和重要的纪年摩崖碑刻。多年来，还陆续在四川、云南、陕西、河南、山西、山东、江苏、浙江、宁夏、内蒙古、新疆等省和自治区对石窟寺进行了广泛的调查工作。据不完全统计，在全国范围内，已发现各个时期的石窟寺达2198处。这些内容丰富、分布很广的石窟寺为历史、宗教、艺术、中外文化交流方面的科学研究，提供了丰富的资料。

以木构建筑为主的中国古建筑，以其独特的风格和完整的体系而见称于世界。经过50年代和80年代的文物普查和复查，已在全国发现各个时期的古建筑81360处。其中不少重要的发现，仅仅阙即新发现六处。木构建筑方面，山西五台山发现的唐代建中三年（782年）所建南禅寺大殿，是中国现在所知最早的木构建筑。在山西、河北等省还发现了多处五代、辽、宋时期的古建筑，如山西平遥镇国寺、平顺大云寺、河北涞源阁院寺等。在长江以南也发现了浙江余姚保国寺大雄宝殿、莆田元妙观三清殿等宋代建筑。在元代建筑中，山西永济永乐宫是一重大发现，这是中国现在保存最完整的元代建筑组群，并保存了精美的元代壁画。目前已发现的各个时期古建筑代表性实例，已经可以组成一部形象的中国古代建筑发展史。

四十多年来，对古建筑还进行了大量的维修和修缮工程，其中重要的有著名的、世界最早的敞肩拱桥——隋代安济桥、唐代建筑南禅寺、宋代建筑正定隆兴寺慈氏阁转轮藏殿、山西太原晋祠等。对一些大的建筑组群如北京故宫、承德避暑山庄等不仅历年都有维修，而且还进行全面规划，有计划的分期、分批地进行修缮。

四十多年来还在全国范围内开展了空前规模的考古调查和田野发掘工作。1949 年以前，中国旧石器和新石器时代的遗址，虽然有所发现，并且发现了著名的"北京猿人化石"、"仰韶文化"、"龙山文化"等，但数量很少，空白点很多。目前，除新疆和海南以外，各个地区都已发现了旧石器时代遗存，一些地区还发现了古人类化石多处。这些发现对中国旧石器时代人类、文化和自然环境的演变提供了一条连贯的线索，不仅扩大了中国原始人类文化的分布范围，而且也为地质学、古地理学、古气象学提供了研究资料。特别是云南"元谋人"等东亚地区最古老的人类远祖遗存的发现，为认识人类起源问题提供了重要资料。

新石器时代遗址的发现更是遍及全国各地，不仅在黄河流域，而且长江、淮河、珠江流域和东南沿海地区都有重要发现。粤北和赣南地区石灰岩洞穴中的距今万年左右的新石器时代初期遗存和长江中游到黄河中下游七八千年以前的早期新石器时代文化的发现，把中国境内的人类从穴居走向平地定居，以及陶器、农业、原始畜牧业的起源这一人类进步史上的重大问题，在认识上推进了一大步。遍及全国的一系列新发现，已经筑起了一个新石器到青铜文化的发展谱系的基本框架，使人们开始认识在距今五千年到四千年左右，至少在东起海滨、西至陇东的大片土地上，已进入文明曙光的时代。从中国最早的夏、商、周三个王朝到封建后期的宋、元、明各个时代的考古新发现更是层出不穷，而且对许多朝代的都城遗址，进行了长期的勘察和发掘。商时期的四川广汉三星堆和江西新干的重大发现，早周的陕西周原遗址，战国时期的湖北随县曾侯乙墓、西安秦兵马俑、长沙马王堆和河北满城、临沂银雀山的汉墓以及广州南越王墓等发现都引起了国内外的强烈反响。四十多年来大量的考古调查和发掘工作，正日益清晰地揭示出中华民族共同体的形成和发展的具体过程，并进一步证明了从原始社会奴隶社会而到封建社会这一历史发展的规律性。

1840 年到 1949 年是中华民族经历的一个巨大历史变革的时代。中国人民特别是无数的爱国者和革命先烈，为拯救多难的祖国，争取民族独立和解放，前仆后继，在进行长期英勇而艰苦的斗争中，留下了许多反映这一伟大斗争的遗址和遗物，是这一历史时期具体生动的实物见证。目前已经保护了从鸦片战争到辛亥革命，从"五四运动"到中华人民共和国成立各个时期与重大历史事件和重要人物活动有关的遗迹或纪念建筑。其中特别重要的都已由国务院核定公布为全国重点文物保护单位。通过对大量近、现代直至当代这一历史时期有关的珍贵文献和实物的保护、收集、整理和研究，突破了对文物概念的传统认识，扩大了文物保护管理的范围和科学研究的领域。

四 文物的科学研究

文物科学研究对于认识文物价值、发挥文物作用和进行文物保护管理具有决定性的作用。

文物分类和文物鉴定是开展文物科学研究的前提，也是文物科学研究的内容之一，由于文物的时代不同，质地不一，种类繁多，功能各异，因而需要从不同的角度，采取不同的分类方法，从管理的角度，中国把文物分为不可移动和可移动文物两部分。前者包括古遗址、古墓葬、古建筑、石窟寺及石刻、近现代重要史迹、近现代典型建筑等，后者包括古器物、古文献、古书画等。在上述各类文物中，有的又分为若干小类，如古器物即按文物质地分为青铜器、玉器、铁器、陶器、瓷器等。此外，还可以根据不同的功能和属性进行分类。目前有的文物科学研究，已经发展成为专门的学科，如钱币学、铭刻学等，今后有些类别的文物，随着科学研究的深入和发展，还将会形成一些新的专门学科。

文物鉴定是确定文物的年代、真伪和价值。首先需要进行的是断代和辨伪，如果文物的时代不明，真伪莫辨，就无从确定文物的价值。只有在断代、辨伪的基础上，才能通过科学研究，不断深化对文物价值的认识。

一切文物都需要断代，但不是所有文物都需要辨伪。辨伪有特定的含义，主要是辨别由于文物作为商品流通以后，商人以牟利为目的，以真文物为蓝本而故意制造的假古董及一些历代的文物仿制品。至于辨别古建筑在历代维修过程中增添和改动部分，或者后代仿制构件的年代，是对古建筑整体和局部的分别断代问题，而不属于辨伪的范围。考古发掘出土的文物，一般不存在辨伪的问题，但也有文物鉴定的问题。因为有时一座墓葬也会埋葬了前代遗物，如妇好墓中就有红山文化的玉器。有时由于地层扰乱，在一个文化层中也可能有后代文物混入，都需要进行鉴别。

文物鉴定的方法，主要有传统方法和现代科学方法两种。在各类文物中，有相当一部分是考古学研究对象，是经过科学发掘出土的，对于这些文物主要是依靠考古学的地层学和类型学进行断代，对史前时期或者年代比较久远的历史时期的文物，还可以运用碳十四、热释光、古地磁等现代科学技术手段测定年代。所有这些都属于现代科学鉴定年代的方法。传统的鉴定方法主要是对传世文物年代的鉴定和辨伪。传统方法经过长期的经验积累，已经形成了比较系统的对各种不同类别文物进行鉴定的方法，但是传统方法过去主要侧重在经验的积累上，需要运用科学方法进行总结，才能不断发展和提高。著名书画鉴定家张珩就是在总结长期积累的丰富经验基础上，在《怎样鉴定书画》一书中，提出了书画鉴定的主要依据，即时代风格和个人风格及其他辅助依据，从而把书画鉴定的方法论提高到一个新的水平。比较分析是文物鉴定的基本方法，即对同一类文物在广泛考查的基础上，总结出各种特点，选定若干比较可信的、有时代特征或绝对纪年的标准器作为依据。再对照其他待鉴定文物，进行比较分析作出判断。标准器的确定有时也是相对的，随着资料的不断积累，认识的不断深入，标准器的确定就会越来越精当。因此，文物鉴定也需要反复地进行，以不断提高文物鉴定的科学水平。近年来，考古学已在大量考古发掘出土的文物中，建立起比较系统的发展谱系，因而改变了过去用传统方法对一些文物断代的认识。对于有些传世古器物，则可以运用考古发掘出土的标准器对照比较进行鉴定。传世的古书画有时也可以借助于现代科学技术。例如，利用红外线、软 x 射线摄影，可以显示出人们视觉观察不到的墨迹和印迹。这对鉴定工作起到了辅助的作用，但还不能完全取代比较分析的鉴定方法。随着科学技术的不断发展，现代科学技术手段将在鉴定工作中发挥越来越大的作用。

文物资料的整理和汇集是开展文物科学研究的重要环节。整理汇集的过程，也是科学研究的过程。人们对事物的认识，总是从对个别事物的认识开始的。对于文物的科学研究，同样也是如此。对某一类文物的研究，也总是从分析个别器物的个案研究入手，然后在此基础上，发展到对这类文物的系统研究。因此，文物资料的分类整理汇集是十分重要的。历史上流传下来许多各种类别文物的著录，大都是当时研究的成果，同时，又对文物研究起了推动作用。这些著录至今仍有不同程度的研究和参考价值。近年来，文物研究机构和各博物馆编辑出版了大量文物图录和资料汇编，都是文物整理汇集的成果，特别是《甲骨文合集》、《商周金文合集》、《中国古籍善本书目》、《中国历代货币大系》、《中国美术全集》以及反映九年文物普查成果的《中国文物地图集》几乎集中了已知的大部分重要资料。1983 年开始的中国古代书画巡回鉴定，经过八年努力，完成了对全国收藏古书画的鉴定工作。经过鉴定为真迹的，正编辑成《中国古代书画图目》陆续出版。这些集大成的汇篇，既是研究成果，又将对今后文物的科学研究起积极的促进作用。

自然科学方法的应用，是促进文物科学研究发展的重要条件。50 年代以来，应用碳十四、热释光、古地磁的方法测定年代，为第四纪以来人类进化史的研究提供了年代依据，为建立史前考古学的年代体系奠定了基础。孢子、花粉、植物种子、动物骨骼的鉴定，为了解古代地理和古气候等自然环境提供了科学资料。另外，为了解古器物和其他文物的制造方法和原料成分而进行的模拟试验，也必须借助于自然科学方法。例如曾侯乙编钟复制的成功，不仅达到形似，而且达到声似的效果，正是采取多学科联合攻关，运用激光等各种现代科学手段进行测试分析研究的成果；马王堆出土的素纱禅衣的复制则是从养蚕试验开始的。严格意义的文物复制和考古学模拟试验的目的、要求和方法是一致的。编钟和素纱禅衣的复制都是运用现代科学的方法，再现了古代的科学技术和工艺水平。文物复制的过程，是不断深化对文物价值认识的过程。因而也是文物科学研究的一个组成部分。

60 年代以来，地震考古、水文考古、沙漠考古、农业考古的出现，以及正在形成的实验考古、环境考古等，无不是自然科学和技术科学方法渗入的成果。

文物的科学研究，必须重视文物的综合价值。一切文物都是一定历史时期的社会产物，任何一件文物所蕴含的历史信息都不会是单一的，只有重视文物的综合价值，才可能从深度和广度上，揭示其蕴含的全部历史信息。文物的科学研究，面对的是整个古代社会，这就决定了文物研究必须广泛地与各个科学领域的有关学科相结合，综合各有关学科有助于文物研究的方法和成果，对文物的价值作出全面的评价。现在已经有越来越多的有关学科的研究者重视利用文物作为本学科研究的对象，充实他们的研究内容。但是他们着眼点是从本学科研究的需要出发的，而不会考虑文物的综合价值。例如曾侯乙墓的编钟发现，引起音乐界的强烈反响，同时，也得到了冶金史研究者的重视，他们都各自从本学科的角度对编钟进行了研究，但都不会对编钟价值作出全面的评价。又如上海博物馆藏原题为赵孟頫所作《百尺梧桐轩图》，1985 年书画鉴定组的多数意见认为，画为元人手笔，而赵孟頫款则系伪作，1991 年《文物月刊》第 4 期载傅熹年《关于元人绘〈百尺梧桐轩图〉研究》一文，除肯定此图在元代绘画中堪称佳作的艺术价值外，并考订出图中主人为元末在平江建立割据政权达十一年之久的张士诚之弟张士信。张士诚为朱元璋之劲敌，失败后，其僚属多被杀戮，曾与张氏政权有关系者，亦陆续被陷之于法。因而此图收藏者当时显系为避免株连而截去原款，补加赵孟頫款以掩人耳目，并非故意作伪欺人。通过对此图的考证，还从一个侧面反映了张氏政权末期昏庸沉湎的史事，所以此图既具有艺术价值也具有历史价值。这只是对一件具体的，而且也不是十分重要文物的研究，并不能解决什么重大的历史问题，但却说明即使是一件具体文物，也往往具有多重价值。从美术史或美学角度研究这幅画，就不会注意到这段历史背景。因而这种研究方法正反映了文物科学研究的特点。

文物科学研究，包括考古学研究都是历史科学的组成部分，这是不容置疑的。因此文物研究，特别是历史时期的文物研究，必须与历史文献相结合。对文物的研究要区别不同的类别、不同的目的、不同的层次采用不同的方法，并且需要应用人文、社会科学、自然科学以及技术科学等有关学科的方法和手段，进行综合研究。从文物科学研究总体上看，各种方法都不是彼此孤立的，而是相互补充，相互促进的。对于其中任何一种方法的贬低或否定，都会给文物的科学研究带来不利的影响。只有把它们结合起来，才有利于揭示文物的综合价值。

在马克思主义的指导下，加强对文物研究的理论建设，对于文物的科学研究发展具有重要的意义。20 世纪 50 年代到 80 年代，苏秉琦把考古类型学方法从单种器物的研究推到包括成组遗物在内的以遗迹为单位的研究，并进而推进到研究整个考古学文化发展谱系的高度，提出了研究考古学文化的"区、系类型"的理论，从而使大量考古学资料能放在一个幅度不太大的时、空界限内，研究其来龙去脉和相互关系。这引起了中国考古工作者的重视，并已在研究、工作实践中加以运用。

加强文物科学研究的理论建设，必须坚持"百家争鸣"的原则，只要是言之成理，持之有故，都是可以讨论的。无论是过去的，或者是现在的学派，都应当既承认它们在一定时、空范围内存在的合理性，又要继续向前发展。"百家争鸣"的过程应当是相互补充、共同提高的过程，而不应该相互排斥、扬此抑彼。

文物科学研究的最终目标，是把历史上遗留下来的一切有价值的物质遗存，放在人类全部知识所能了解的已逝年代的文化背景下，去认识和解释古代社会，揭示人类社会发展的客观规律，进而预测未来的合理道路。这是一项综合的系统工程。要实现这个目标，从认识到实践都需要经历一个艰巨而漫长的过程。

五 文物保护和管理

当代世界，保持民族文物特性，保护人类共同创造的文化遗产，是国际社会各个国家的共同要求。许多国家都为此而制定了保护文物的法律和法规，加强了文物的保护和管理。

文物保护和管理是国家文物行政管理部门的基本职能。国家通过法律、行政、经济、教育和科学技术等手段，协调、处理文物保护与国家各部门、各社会团体以及人民群众的关系，并通过全面规划、综合治理，制止和防止人为的与自然力对文物的破坏和损害，达到保护文物的目的。

1982年，中华人民共和国全国人民代表大会常务委员会公布的《中华人民共和国文物保护法》（下简称《文物保护法》），是在总结新中国成立后三十三年文物保护管理工作正反两方面经验的基础上，对1961年国务院公布的《文物保护管理暂行条例》进行较大修改和补充而制定的。《中华人民共和国文物保护法》明确规定了文物保护的对象、范围和处理各部门之间相互关系的基本原则，以及国家机关、企事业单位、社会团体和公民在文物保护方面的行为准则和违法的责任，为文物保护和管理工作提供了法律依据。

根据法律规定，国家把文物保护规划和计划，作为国民经济和社会发展规划和计划的组成部分，把文物保护管理经费，分别列入国家和地方财政预算。对于重大的文物维修工程、考古发掘项目、珍贵文物收购、捐献珍贵文物奖励等，由国家另行拨款补助，这是开展文物保护管理各项工作的经济保证。

中国文物的保护和管理有其自己的特点。文物的普查、复查和确定文物保护单位，是文物保护管理的基础工作。通过文物普查和复查，掌握地上、地下文物分布和保存的状况，以便进行科学鉴定，从而评定文物价值，区分文物等级和决定文物保护单位级别。在此基础上，按照轻重缓急，确定文物保护的目标、重点和步骤，制订长久规划和近期计划。文物复查是定期反复进行的，以便于根据复查了解的新情况，取得的新成果，调整文物保护单位的级别和文物保护的规划和计划。城乡建设规划部门，根据法律的规定，把这些文物保护单位的保护管理，作为一项工作内容进行研究，在布局上作出合理安排，纳入各地区城乡建设的总体规划，加以保护。

配合各项基本建设工程，进行考古发掘工作，是文物保护的一个重要手段。在中国这样一个历史悠久、地下遗存极为丰富的国家，进行现代化建设，除了按照国家规定不允许进行建设工程的已知重要文物保护地区以外，还有大量地下埋藏的遗存尚未发现。因此，除了有重点地进行一些为解决学术问题而发掘的项目外，大量的考古发掘工作，主要是配合国家各项建设工程进行的。早在50年代，国家就提出了"重点保护，重点发掘，既对基本建设有利，又对文物保护有利"的方针，正确处理了文物保护和基本建设之间的矛盾。四十多年来，中国考古工作有了很大发展，许多重大考古新发现，都是在配合各项建设工程中发现的。

古建筑的保护和维修是文物保护管理工作的一个重要方面。关于古建筑修缮的原则，1961年《文物保护管理暂行条例》规定了"保持现状或者恢复原状"的原则，但是对恢复原状的理解和看法却存在着不同的意见。同时，由于主客观各方面的因素，在实际工作中，又确定了古代建筑的修缮实行"保养为主，重点修缮，维持不塌不漏"的方针，事实上，是要求"保持现状"。1982年《中华人民共和国文物保护法》规定，对古建筑修缮"必须遵守不改变文物原状的原则"。这里指的原状，就是指古建筑发现时的"现状"。对于历史上增加或改动的有价值的部分都要保护，因为它同样是一种历史的痕迹。新中国成立四十多年来根据上述原则，采取了现代技术和传统技术相结合的方法，修缮了大量古建筑，在实践上积累了丰富的经验，在技术上取得了新的进展。山西五台山唐代建筑南禅寺，就是用现代技术对原有木构件进行加固的，而没有采用新的材料来代替。永乐宫搬移，成功地进行了壁画揭取和复原的工作，这一技术也已被广泛应用，并有了发展和提高。

丰富多彩的文物古迹，作为人文景观，是开展旅游活动的必要条件，因此正确处理文物管理和旅游的关系，也是文物保护管理工作的重要内容。根据国家文物保护法规规定的原则，一切旅游活动，都要服从国家保护文物的规定，在保证文物安全的条件下进行，而且要严格控制在名胜古迹和文物保护单位附近兴建旅游设施，以免造成对环境风貌的破坏。此外，为切实防止因开展旅游而可能给文物保护带来的有害影响，对于易损坏的珍贵文物，都不作为一般性的旅游参观内容。

运用科学技术手段控制和防止自然力对文物的损害和破坏，是文物管理工作的一个重要环节。在中国对于开展保护科学技术的研究，是采取利用现代科学技术手段与传统文物保护技术相结合的方针，既要充分利用现代科学技术，又要研究总结和提高行之有效的传统技术，并及时推广文物保护科学技术新成果，对重点项目组织各学科联合攻关。同时，积极开展国内外科学技术信息的交流和国际间文物保护科学技术的合作。

确定历史文物名城是文物保护管理工作的一个新发展。目前，世界上许多国家都公布了各自的历史文化名城。中国确定历史文化名城是从20世纪80年代开始的。1982年由国务院公布了第一批历史文化名城。对于历史文化名城保护管理的指导思想是：根据各个历史文化名城的传统特点和在国民经济中的地位及作用，确定它的城市性质、发展方向和规划原则。名城的建设规划，既要符合现代化生产、生活的要求，又要保持其优秀历史文化传统的风貌。要保留这些名城固有的合理的总体布局，注意整个城市空间的协调，把一些有典型意义的地段、街区成片地保存下来，确定为重点文物保护区，划出一定范围的建设控制地带。通过规划，有机地组织到城市的整体环境中去，以显示历史文化名城的历史连续性。

随着现代化建设的发展，科学技术的突飞猛进，文物的保护管理正面临着许多新情况、新问题。因此，不仅要在实践上采取各种手段解决好实际存在的问题，而且必须从理论上加强探索，认识文物保护管理本身与各有关方面相互关系的规律，并且要充分运用现代科学手段，加强信息交流，逐步形成网络，使在保护管理中产生的问题，得到快速反应，及时处理，不断促进文物管理的科学化，建立起完整的文物保护科学管理体系。

文物的科学研究，已经形成了一些专门学科。当代世界，系统论的科学体系知识被广泛应用，是科学发展的新特点。多学科相互交叉，逐步发展成为各种新的边缘科学，是科学发展的新趋势。文物的科学研究，也需要改进传统的研究方法，充分运用有助于文物研究的各个学科的理论与方法，把微观研究同宏观研究结合起来，对有些文物还要把静态研究和动态研究结合起来，从而把文物的科学研究工作提高到一个新的水平。

文物保护管理和文物科学研究，在一定意义上，二者是互为目的、互为手段的，是一个不可分割的整体。要在马克思主义的指导下，结合文物本身的特点，使文物保护管理和科学研究逐步形成自己系统的基础理论和研究方法，发展和完善以文物为研究对象的文物学。这是社会和科学发展的客观要求，也是文物保护管理和科学研究自身发展的必然趋势。

（原载《中国大百科全书·文物博物馆》，中国大百科全书出版社，1993 年）

新中国文物保护工作五十年

新中国文物保护工作五十年，是辉煌的五十年，取得了旧中国无法比拟的巨大成就。具体表现在：经过几十年的文物普查、复查，发现不可移动文物近四十万处。已有二十八处文物古迹和风景名胜区被列入世界文化和自然遗产名单，国务院先后公布了三批共一百零一个城市为国家历史文化名城；五批共一千二百七十一处全国重点文物保护单位。各地方政府还分别公布七千余处省（市、自治区）级文物保护单位和六万余处县级文物保护单位。这些各种类型的不可移动文物，已经初步形成能够从不同的侧面，系统地反映中华民族灿烂古代文化以及近现代反帝反封建革命斗争的文物史迹网。其中古建筑不仅保护修缮了大量濒危的建筑，而且在文物普查中还新发现了许多各个时期的代表性古建筑，构成了一部用实物组成的中国古代建筑发展史。在考古发掘方面，从旧石器、新石器时代以及夏、商、周以来的各个历史时期都有大量具有重要科学价值的考古新发现，基本上建立起了中国古代文化谱系的框架，许多重大考古成果赢得了全世界的瞩目。田野考古发掘技术水平已经居于世界前列，从实践到理论形成了自己独具特色的考古学体系，并且进行了新的探索。多年来运用考古学手段考察历史地震、古代水文、沙漠变迁取得可喜成绩，为考古学的应用开辟了新的领域。在文物征集方面，国家通过接受捐献、收购、拣选等渠道对流散在民间的传世文物进行了大量的收集工作，许多著名的爱国文物收藏家把他们毕生辛勤收集的珍贵文物，无偿地捐献给国家收藏，反映了新时代人们精神面貌的深刻变化。同时从新中国成立初期就陆续从海外不断收购过去流失境外的传世著名文物珍品，使之重归祖国怀抱，特别是还大力开展了1840年以来近现代文物资料的保护和征集工作。所有这些极大地丰富了博物馆的馆藏，促进了博物馆建设的发展。从新中国成立初期全国只有二十一座博物馆，发展到现在全国博物馆已达两千余座。它们不仅在形式和内容上各具特色、丰富多彩，而且近年来新建的上海博物馆等已经达到了国际的现代化水平。新中国文物、博物馆事业已成为社会主义文化事业的重要组成部分，在宣传教育、科学研究、丰富人民文化生活等方面，为促进社会主义精神文明建设作出了积极的贡献。

新中国文物保护工作五十年，又是经历了曲折的五十年。五十年来之所以能够取得辉煌的成就，主要是因为国家对文物保护工作制定了正确的方针政策，指导思想，并且用法律形式固定下来。从新中国成立初期颁发的一系列的文物法令、法规，到现在已经基本形成了以《文物保护法》为主体，各地方、各部门颁布的行政法规为辅的中国文物保护法规体系。可以说，每当认真贯彻正确的方针政策、指导思想、依法办事的时候，我们的事业就兴旺发达。反之，在正确的方针政策、指导思想受到干扰，有法不依的时候，我们的事业就遭受挫折。因此，从这方面回顾一下新中国文物保护工作的发展历程，从中吸取正反两方面的经验教训，对于为今后我们创造更辉煌的未来是非常必要的。

一

中国是世界著名的文明古国之一，保存在地上地下的文化遗存极为丰富。但自1840年以来由于帝国主义者采取各种手段，巧取豪夺，使大量的珍贵文物源源不断地流失国外，给国家的历史文化遗产造成了巨大的损失。新中国成立以前的一百多年中，国家文物的遭遇，正是由无数令人痛心和愤慨的事实，构成了一部国家文物被掠夺、被破坏的历史。因此中华人民共和国一成立，由国家颁布的第一个有关保护文物的法令，就是中央人民政府政务院颁发《禁止珍贵文物图书出口暂行办法》的命令。随着这一命令的实施，从此结束了过去听任国家珍贵文物大量外流的历史时代，在一定意义上也标志着中国人民在帝国主义面前站起来了。

新中国文物保护工作是随着国家建设事业的发展而发展的。建国初期的前三年，即国民经济恢复时期，主要是颁布法令，建立机构，对外禁止盗运，对内严禁破坏，在整顿旧中国极为薄弱的文物事业基础上，建立新中国的文物事业。1950 年中央人民政府政务院先后颁布了禁止珍贵文物出口、保护古建筑、考古发掘、征集革命文物等一系列的命令、指示和办法，明确指出文物保护管理工作是"今后经常的文化建设工作之一"，并且从中央到地方都设置了文物保护管理机构。在中央文化部设置文物局，中国科学院设置考古研究所。在地方各省（市、自治区）大都设置了由省政府副主席兼任主任的文物保护管理委员会，下设办事机构，从而开始了我国历史上从未有过的由国家负责进行的大规模文物保护管理工作。

1953 年，我国国民经济第一个五年计划开始实施。在此以前，由于预见到古代人民劳动生息的地方，其自然环境等各方面的条件，也往往适宜于今天来搞建设。因此，在城市建设和改造，以及各项基本建设工程中，必然要涉及地上、地下的文物保护问题。如何适应这种新形势，妥善地处理好文物保护与各项基本建设的关系，已成为当时需要解决的突出矛盾，而迫切需要解决的是方针政策和干部队伍问题。

关于方针政策，1953 年中央人民政府政务院适时地颁发了《关于在基本建设工程中保护历史及革命文物的指示》，明确指出在基建工程中做好文物保护工作是"文化部门和基本建设部门的共同重要任务之一"，并对在基本建设工程中如何保护文物提出了明确具体的要求。

关于干部队伍，鉴于旧中国遗留下来的考古专业者屈指可数，要依靠寥寥无几的考古专业工作者去完成当时配合基建的繁重而又紧迫的任务是不可能的。特别是时间紧、任务急，亟须在短期内培训一批新生力量。为此，当时决定由文化部、中国科学院、北京大学联合举办为期三个月的短期考古人员训练班。训练的内容着重于田野考古发掘的技术，以期使学员能很快掌握这些技术，在工作中可以操作，以保证在配合基本建设工程中的发掘工作符合考古学的基本要求，至于更高深的学术只能留待在以后工作中继续学习和研究了。从1952年开始连续举办了四届，共培训了三百四十一人，并且陆续分派到全国各个重点建设地区配合基建进行考古工作。正是依靠这支新生力量，在全国范围内开始了以配合基本建设，进行考古发掘为中心的全面文物保护管理工作。有人把这四届短期训练班喻之为文物战线上的"黄埔四期"。实践证明，这支短期训练出来的队伍，在新中国文物保护工作开创时期起了历史性的重大作用。

从1952年到1954年的短短两年时间内，配合基本建设的考古发掘工作即取得了显著成绩。为了展示两年来的工作成果，1954年、1955年先后在北京故宫午门举办了两个展览，一是《全国基本建设工程中出土文物展览》，二是《五省出土文物展览》，展出的文物为中国历史研究以及其他学科提供了许多过去从未见过的新资料，因而震动了史学界，也震动了社会各界，并引起了国家领导人的重视。毛泽东主席两次参观了基建出土文物展览，并指着展出的文物对陪同人员说："这就是历史，要好好学习。"在此期间，在周恩来总理的关怀下，针对当时文物保护工作所面临的形势，考虑到需要与可能，提出了"重点保护，重点发掘，既对文物保护有利，又对基本建设有利"的方针。之后，又进而确定了在国家经济建设发展时期，考古工作必须以配合基本建设为主的具体工作方针。实践证明，建国以来许多为举世瞩目的重大考古新发现，百分之九十以上是在建设工程中偶然发现的，有些主动发掘的项目，却往往毫无收获，几十年的历史说明当时制定的方针是完全正确的。直到今天乃至今后一个相当长的时期里，也仍然需要继续执行这个方针。

1955年，全国掀起了农业合作化高潮，兴修水利、平整土地等各项农业生产建设在全国范围内广泛地开展起来，这种新形势又向文物保护工作提出了新的问题。过去配合工矿、铁路、交通等基本建设工程的文物保护工作还只是局限在点和线的范围，现在的工作范围则是面对辽阔的广大农村。这就需要适应这一新形势发展的要求，采取新的措施。

为此，1956 年国务院颁发了《关于在农业生产建设中保护文物的通知》，文件的第一条就是要求文物保护工作不能仅仅依靠政府，而是要"加强领导和宣传，使保护文物成为广泛的群众性工作"，并且提出了要建立群众性文物保护小组的要求。文件还第一次提出了要进行文物普查和建立文物保护单位的工作，这是文物保护工作中两项十分重要的基础措施。根据文件的要求，全国各省（市、自治区）很快就公布了一批文物保护单位，并要求当地政府把对这些文物的保护，纳入各地城乡建设规划，从而加强了文物保护管理工作。

1958 年在"左"的指导思想影响下，文物工作也出现一些脱离实际，急躁冒进的"左"的失误。主要是不尊重文物工作本身的客观规律，盲目地提出了"群众搞发掘"、"群众写报告"，考古发掘要"三边"（边发掘、边整理、边写报告）以及"县县办博物馆"、"社社办展览"等不适当的口号，这些不切合实际的做法，给工作带来了不利的影响。同时，社会上在大炼钢铁运动中也使不少文物遭到了破坏。

1959 年对以上"左"的错误开始有了认识。因此，从 1959 年到 1962 年主要是总结和逐步纠正 1958 年的失误。在总结前一阶段工作的经验和教训的时候，深感有必要制定一个比较全面系统的法规。于是从 1959 年开始起草《文物保护管理暂行条例》，经过一年多的时间反复修改，于 1960 年经国务院 105 次全体会议通过。同时通过了第一批共 180 处全国重点文物保护单位名单。1961 年由国务院正式颁布实施，并为此发布了《关于进一步加强文物保护和管理工作的指示》。国务院 105 次全体会议是由陈毅副总理主持的。他在会议上强调指出，在文物保护的问题上，"宁可保守，不要粗暴"，因为错保了一处文物是随时可以纠正的，而破坏了文物的错误是永远无法弥补的。对文物的修缮原则，他说："一定要保护它的古趣、野趣，绝对不允许对文物本身进行社会主义改造"。陈毅同志的这一名言至今仍有现实的指导意义。根据《条例》的规定，一切文物保护单位的保护和管理都由所在地的政府负责，并且要求各级文物保护单位都必须实现"四有"，即有保护范围、有标识说明、有专人管理、有科学纪录档案。这是一项十分重要的基础工作。为了贯彻执行《条例》，文化部又陆续颁发了有关文物保护单位、考古发掘、古建筑修缮以及限制文物出口等一系列具体管理办法。1962年，文化部贯彻中央提出的"调整、巩固、充实、提高"的八字方针，又颁发了《关于博物馆和文物工作的几点意见》，即通常简称的文博工作十一条。它的主要内容仍然是为继续消除1958年失误的影响，对各项业务工作都提出了明确的原则和具体的规定，在以后的几年中直到"文化大革命"开始，主要是贯彻执行《条例》和文博工作十一条的要求，进一步健全了规章制度，加强了基础工作，恢复了正常的工作秩序，使文物保护工作又走上正确的轨道。在此以前，1960年经国务院批准还对文物商业的性质和管理体制进行了一次重大的改革。建国初期，从旧中国遗留下来的文物市场，是分别属于商业部门或外贸部门管理的。1960年经文化部、商业部、外商部协商同意报请国务院批准，决定改变各地文物商业的纯商业性质为实行企业经营管理方法的文化事业单位，统一划归各地文化部门负责领导，从而加强了对社会上流散的传世文物的保护和管理。

建国后十七年的文物保护工作，虽然经历了1958年一次短暂的曲折，但总的来说始终是在正确的方针政策指导下进行的。因而在法规建设、队伍培养以及各项业务工作方面都取得了显著成绩，为新中国文物保护管理工作的进一步发展，奠定了坚实的基础。

二

十年动乱，林彪、"四人帮"煽动极"左"思潮，严重破坏法制，提出要扫荡一切历史文化遗产，文物成为"破四旧"的主要冲击对象，使大量文物遭到破坏。但是从"文化大革命"一开始，周恩来总理就为保护文物采取了紧急的措施，当红卫兵刚刚走上街头"破四旧"的时候，及时地派遣了一个团的解放军进驻故宫，使这一举世闻名的重要古建筑群和其中收藏的大量珍贵文物没有受到任何冲击。之后，为保护北京古观象台、泰山文物、曲阜三孔、杭州灵隐寺等又作了一系列重要指示，使这些文物得到了保护。1967 年 3 月，中共中央、国务院、中央军委联合发出《关于保护国家财产、节约闹革命的通告》，其中第四条规定"对文物图书要加强管理和保护工作，不许随意处理和破坏"。接着，5 月 14 日中共中央又颁发了《关于在无阶级"文化大革命"中保护文物图书的几点意见》，这个文件实质上是又重申了过去各项文物法规规定的原则，这极大地鼓舞了广大文物工作者自觉地起来以大无畏的精神对林彪、"四人帮"的倒行逆施进行了抵制和斗争，使很多重要文物得以免遭破坏，并有不少感人至深的事例。就是在"破四旧"的高潮中，许多文物工作者夜以继日地从街道、造纸厂、炼铜厂中抢救出大量善本古籍和其他珍贵文物，为保护祖国历史文化遗产作出了可贵的努力。

1969 年，在周恩来总理的关怀下，国务院成立了"图博口"，并点名把原文物局长王冶秋从干校调回北京主持"图博口"的业务工作，从而使因发动"文化大革命"而中辍的文物工作又逐步得到恢复。首先是抓了故宫重新开放，举办"文化大革命"期间出土文物展览以及继续进行配合基本建设的考古发掘工作等几件大事。在此期间出土的中

山王墓金缕玉衣、银雀山孙子兵法竹简、马王堆老子道德经等帛书、睡虎地秦法律竹简和秦俑坑等重大考古新发现，引起了国内外的广泛重视。与此同时，又经周总理批准了《文物》、《考古》、《考古学报》三大刊物复刊，这是全国最早复刊的学术性刊物。为了对当时一系列考古新发现进行整理研究，还集中了国内最有影响的老专家成立了整理小组对马王堆帛书、银雀山竹简以及吐鲁番文书等进行整理出版。这对当时的学术界有很大影响。特别是 1971 年以后由周总理亲自领导组织了出土文物展览，分赴英、法、日、美等国展出，通过展示中国考古工作的新成就，宣传了中国灿烂的古代文化，在国际上也产生了巨大的反响。

十年动乱，"左"的指导思想处于支配地位，新中国文物保护工作经历了一次时间最长、损失最严重的曲折。但是在整个"文化大革命"期间，以周恩来总理为代表的健康力量，以及广大文物工作者不断地对林彪、"四人帮"进行了抵制和斗争，在很困难的条件下，保护了许多

重要文物，避免了造成更大的损失。在 1961 年公布的 180 处全国重点文物保护单位中除了西藏噶丹寺遭到破坏以外，绝大多数都被比较完整地保存下来，而且在考古发掘、出国展览等方面，在短短几年中又取得了可喜的成绩，在国内国际都产生了积极的影响。

三

粉碎"四人帮"以后，特别是党的十一届三中全会以来，我们整个国家都发生了巨大的变化，文物保护工作和其他战线一样也出现了大好形势，它的主要标志是得到党中央、国务院的高度重视。在 80 年代中共中央书记处三次讨论了文物工作，并作出了重要决定。第一次是 1980 年 5 月 26 日中央书记处第 23 次会议，会议针对"文化大革命"对文物工作造成的严重破坏，指出"文物保护、管理、研究存在的问题相当多"，要求文物部门"要以责任在身、当仁不让的精神做好工作，要见难而进，不要见难而退"。这既是对文物工作者的严格要求，也是对文物部门的很大支持和鞭策。在 1976 年粉碎"四人帮"之后的三年中，主要是总结历史经验，从各个方面进行拨乱反正，努力从思想上、制度上消除十年动乱造成的严重后果，并开始采取措施抢修那些濒危的文物单位。从粉碎"四人帮"到 1983 年由国家直接拨款维修重要文物保护单位 450 处左右，其中全国重点文物保护单位 104 处。针对十年动乱造成的文物专业干部面临青黄不接的严重情况，1980 年至 1983 年的三年中，从中央到地方，分别举办了以方针政策、基础知识和各种专业为内容的各种类型训练班和研究班，参加培训的共达 13350 人次，加强了队伍建设。同时，从 1981 年开始在全国范围内开展了文物普、复查工作。1982 年 2 月国务院先后公布了国家的第一批历史文化名城 24 座和第二批全国重点文物保护单位 62 处。特别是在总结建国以来文物保护工作正反两方面的经验基础上，结合文物战线当时出现的新情况、新问题，并借鉴了国际社会的经验，对过去文物法规作了较大的补充和修改，于 1982 年 11 月由全国人大常委会公布了《中华人民共和国文物保护法》，为制止各种文物破坏活动，加强文物保护管理提供了法律武器。这是国家在全面开创社会主义现代化建设新局面的新的历史时期，对保护国家历史文化遗产采取的重大措施，使新中国文物保护工作进入了一个新的历史阶段。

《文物保护法》公布之后，决定召开一次以贯彻《文物保护法》为主要内容的全国文物工作会议。但是在会议筹备过程中，在指导思想上出现了分歧，分歧的焦点是文物工作是以保护为主，还是利用为主？博物馆建设是大发展还是重点发展？表现内容是千篇一律照搬中央博物馆，还是突出地方特色？并且再次提出了"县县办博物馆"的问题。最后由中央宣传部主持会议讨论，否定了文物工作以利用为主和"县县办博物馆"的意见，统一了思想，取得了共识。1984 年 4 月 30 日，由中央宣传部与文化部联合召开了全国文物工作会议。会议主要是讨论为贯彻《文物保护法》，准备由党中央、国务院颁发的关于进一步加强文物、博物馆工作的两文件的初稿。会后根据会议讨论提出的意见修改后上报中央书记处。1984 年 7 月 14 日中央书记处第 143 次会议讨论了上报的两个文件。会议决定两个文物合并为一个文件，把博物馆的内容并入到《关于进一步加强文物工作的决定》当中去，并要求必须集思广益，认真听取地方、各有关部门和专家的意见。1984 年 10 月 30 日又由中央宣传部和文化部联合在北京召开了各有关方面人士参加的文物工作座谈会，归纳了十二个有关文物工作的问题，提交会议讨论。会后根据大家讨论的意见对文件修改后上报中央书记处。1985 年 11 月 25 日由胡耀邦同志主持召开书记处会议再次讨论了上报的文件。这次会议决定由胡耀邦同志牵头组成文件修改小组，对文件再作进一步修改和补充。同时会议还决定外贸部门不再经营文物，所有外贸库存文物一律价拨文物部门，因此后来把文物商业要完全由文物部门统一管理、统一经营的内容写进了文件。经过几个月的反复修改，文件由胡耀邦同志最后定稿，然后于 1986 年 5 月以中宣部、文化部党组名义上报中央审批。就在此期间，社会上却出现了令人十分忧虑的新动态，大量文物走私、猖狂盗掘古墓这些在建国后早已杜绝的现象又沉渣泛起，而且来势迅猛，活动猖獗。针对这一新情况，为保护国家文物、严惩犯罪分子，1987 年五月国务院颁发了《关于打击盗掘和走私文物活动的通告》。1987 年 11 月，中宣部、文化部党组联合上报文件经中央批准，又由国务院颁发了《关于进一步加强文物工作的通知》（即国务院 101 号文件）。文件全面系统地总结了建国以来的文物工作，明确指出当前文物工作的方针是"加强保护，改善管理，搞好改革，充分发挥文物的作用，继承和发扬民族优秀的文化传统，为社会主义服务，为人民服务"，并且特别强调"加强文物保护，是文物工作的基础，是发挥文物作用的前提，离开了保护就不可能发挥文物的作用"。但是国务院文件颁发之后，在方针问题上，仍然有各种不同的认识，有的地方领导再次提出究竟是保护为主还是保用并重的问题，因此在认识上有必要进一步统一思想。1992 年国务院在西安召开全国文物工作会议，这是建国以来规格最高、规模最大的一次文物工作会议。中共中央政治局常委李瑞环同志代表党中央在会上有针对性地提出了"保护为主、抢救第一"的文物工作方针，之后又写进了中共中央文件。1995 年再一次在西安召开全国文物工作会议，又提出了"有效保护、合理利用、加强管理"的原则，这就形成一个文物工作完整的方针原则，这是建国以来国家对文物工作的一贯方针的继续和发展。在这次会议上还明确提出了文物保护工作应当实行"五纳入"的要求，即各级政府应当把文物保护纳入地方经济和社会发展计划，纳入城乡建设规划，纳入财政预算，纳入体制改革，纳入各级领导责任制。1997 年国务院颁发了《关于加强和改善文物工作的通知》，贯彻"五纳入"的要求是这个文件的主要内容，它是文物工作方针和原则的具体化。对于这个方针和原则，1998 年李岚清同志在给全国文物局长会议的信中指出："在整个社会主义建设初级阶段，我们都要坚定不移地在文物工作的各个方面贯彻执行。"因此，当前任何改革创新措施，绝不是对这个方针原则本身进行改革创新，而是应当从实际出发，更好地、创造性地贯彻执行这个方针和原则。任何与这个方针和原则相抵触的所谓"改革"或"创新"都是错误的，是不可行的。

四

改革开放二十年，新中国文物保护工作发展的速度和规模都远远超过了过去的三十年，而且在认识上也有了新的发展。在这二十年中，从1987年12月联合国教科文组织《保护世界文化和自然遗产公约》世界遗产委员会正式批准我国六项文化和自然遗产列入"世界遗产清单"，至今已达二十八项，跃居世界第三位。经全国人大常委、国务院批准，我国签署了全部有关文物保护的国际公约（共四个）。国务院公布的五批共1268处全国重点文物保护单位中有四批1088处是在这二十年中公布的，为前三十年的六倍多。目前已发现的40万处不可移动文物也主要是1981年开始历时十年的文物普查、复查工作的成果。文物维修，仅"九五"计划期间，国家拨款和地方自筹共达10亿多元，进行了2228项（次）文物保护项目。考古发掘以配合三峡工程、小浪底水库、京九铁路等重大工程为重点，集中了全国考古力量开展了大规模的配合基建的考古发掘工作，取得了重大成果。特别是公布保护历史文化名城，不仅要做好名城范围内各级文物保护单位的保护工作，而且还要求保留名城固有的总体布局，注意整个城市空间的协调，保护名城的整体格局和风貌，这是我国文物保护工作从认识到实践的一个新发展。此外，在文物保护领域应用高科技、现代化手段和文物信息资料系统的建设工作也有了新的进展，使文物保护管理的现代化有了良好的开端。

改革开放二十年，文物破坏、盗掘、走私等情况之严重，也远远超过了过去的三十年。

随着城市建设和各项基本建设的发展，建设工程与文物保护的矛盾十分突出，虽然由于多方支持和考古工作者的努力，在三峡、小浪底等重大工程和其他许多已知建设项目范围内，抢救了不少重要文物，而且不断地有重大发现，但是真正经过科学发掘保护下来的与新发现的文物数量所占比重很小。在城市建设中除了少数城市如广州保护西汉南越王宫苑遗址为正确处理城建与文物保护矛盾提供了成功经验外，全国更多的城市在旧城改造和各种建设工程中，有相当数量偶然发现的文物被破坏了，甚至是每年被评为"十大重要考古新发现"的项目中，往往也伴随着一些令人遗憾的痛心史。湖南长沙走马楼出土的三国时期竹简，是建国后的一次最为重要的发现之一，但它并没有经过科学的发掘，而是在工程中抢救出来的，与竹简相关的考古遗迹和现象，已在施工过程中被毁得荡然无存，极大地降低了它的科学价值。这种损失是永远无法弥补的。可以说，它们既是十分重要的考古新发现，同时又是极为严重的文物破坏。

历史文化名城的保护更令人忧虑。在已公布的名城中只有平遥、丽江极少数得到了完整有效的保护，不少城市重开发、轻保护，在旧城改造中大拆大建，致使许多有价值的街区和建筑遭到破坏，甚至有的地方拆除真文物、大造假古董，搞得不伦不类，破坏了名城风貌。舟山定海旧城的破坏，就是一个突出的例子。当地一些领导不听专家呼吁，无视国务院职能部门的意见，强行拆除了旧城的主要街区和有价值的历史建筑，造成名城的严重破坏。

盗掘、走私文物等犯罪活动，在1987年国务院发出《通告》之后，曾一度得到遏止，但由于打击力度不够，致使这一问题不但没有根本解决，而且到20世纪90年代以后愈演愈烈，不仅在河南、山西、陕西等文物集中地区活动猖獗，乃至杳无人烟的大漠，地下文物遭到破坏的厄运也未能幸免。据了解，遍布在内蒙古草原的辽代墓葬，从20世纪90年代以来，几经洗劫，有百分之九十以上被盗掘一空，出土的许多过去国内外罕见的珍贵辽代文物被走私出境，大量出现在英国伦敦文物市场上。

混乱失控的文物市场与上述各种犯罪活动有千丝万缕的联系。20世纪90年代以来，在全国范围内，从城市到农村，涌现出无数的文物自由市场，一直没有采取有效的规范措施，致使有些经批准设立的文物监管品市场，非法经营现象十分严重。合法的场所掩护了非法的活动，成为助长盗掘、盗窃及走私文物犯罪活动猖獗的重要原因。

上述情况之严重，为建国以来所未有，也为历史上所罕见，如果不及时采取果断措施，严加整治，遏止其继续发展，将会造成更加严重的后果。

五

在改革开放以来的二十年中，国家颁布了《文物保护法》，提出了"保护为主、抢救第一"的方针和"有效保护、合理利用、加强管理"的原则，二十年来文物保护工作取得的显著成绩，是依法行事、贯彻执行正确方针和原则的结果。但是近几年来随着社会主义市场经济的发展，社会上各种思潮也普遍活跃起来，在文物保护问题上，出现了一些值得重视的倾向，不断地干扰和影响着依法行事以及正确方针和原则的贯彻执行。这正是当前文物保护工作中出现一些严重问题的重要原因之一。这些倾向的主要表现是：

第一，文物价值经济化，即用政治经济学的理论来判断文物的价值，从经济效应来衡量文物工作的意义，从市场效应来确定文物利用的取向。这是与文物保护工作本身内在的本质要求相违背的。文物是一个国家和民族的历史文化遗产，从本质上说它不是商品，只有一小部分在国家政策允许下进入流通领域的，才成为区别于一般商品的特殊商品。但从总体上说，文物的价值是它本身固有的历史、艺术、科学价值而不是经济价值。它为社会发展服务，是为社会提供精神力量和智力支持，而不是创造物质财富。它是文化现象，不是经济现象，是属于精神文明建设范畴，不是属于物质文明建设的范畴。因此，只能从社会效益来判断文物工作的意义和确定对文物利用的取向。但是在坚持社会效益的标准下，同样会取得相应的经济效益。在这里，二者是统一的而且是成正比的。越是重视社会效益，经济效益就越好。反之，如果只是单纯地追求局部的暂时的经济效益，不仅会损害社会效益，归根结底还会损害长远的经济效益。

第二，文物工作产业化，这是文物价值经济化的表现和发展。近十年来在文物界内外，都有人提倡文物工作产业化的主张。他们要求把文物保护维修、考古发掘、科学研究、宣传展示等各个部门和各个环节统统按市场经营机制运作，以期取得最高的经济效益，并以此作为文物工作改革创新的标志。这是完全错误的理论。产业主要是指在社会分工条件下从事经济活动的国民经济各部门，而文物工作所从事的不是经济活动而是文化活动，不是国民经济部门，而是不以营利为目标的社会公益事业，二者性质是根本不同的。如果文物工作实行产业化，就从根本上改变了文物工作的基本性质，也必然要改它的正确方向走到邪路上去。但这并不排斥文物工作办产业，完全可以从宣传群众、服务群众出发，密切结合自己业务特点，兴办具有行业特色的文物第三产业，并且应当努力做到社会效益与经济效益的最佳组合，这对文物工作发展是有利的。因此，文物工作可以办产业，但不能产业化。

第三，文物管理市场化，这主要是指一个时期以来，在一些地方由于领导的错误决定，以管理权与经营权要分离为理由，由旅游公司兼并文物单位，进行所谓"强强联合、捆绑上市"，试图实行文物管理市场化。正是因为这种管理体制的改变，而导致了水洗三孔这样严重的事件。文物是国家的历史文化遗产，保护文物是政府行为，对文物的保护管理只能由政府分工的职能部门负责，而不能由其他任何部门特别是旅游企业来越俎代庖。旅游业不是资源型产业，不应掌握资源。它是服务型的第三产业，只是为人民生活、公共需求服务的经济活动部门。几年来的实践证明，旅游公司兼并文物单位的做法是行不通的，是十分有害的，必须纠正。但是文物与旅游两个部门又必须进行合作，因为保护好文物是促进旅游发展的重要条件。同时，通过旅游活动，可以更充分、更广泛地发挥文物在宣传教育、丰富人民文化生活，以及促进中外文化交流等多方面的积极作用。因此，两个部门是应当相互促进、相辅相成的。文物部门应当加强旅游意识，在保护文物的前提下，为旅游发展创造条件，旅游部门则应当认真执行国家法律和文物工作方针，尊重文物工作的客观规律，彼此密切合作，相互促进，共同发展。只有这样，才能形成良性循环，达到"两利"目的。反之，势必造成两不利，既不利于文物保护，更不利于旅游的可持续发展。因此，文物和旅游两个部门必须合作，但不能合并。

第四，文物产权国际化，早在 20 世纪 90 年代初，就有人提出历史文化遗产应是"世界共有"的观点。从此，一些媒体为之广泛宣传，有的文章认为这是文物理论上的突破。他们认为，文物无国界，任何珍贵文物摆在中国故宫和摆在法国卢浮宫其"性质没有什么差异"。有人还宣扬掠夺文物有功、为帝国主义者盗窃敦煌文物翻案，甚至美化斯坦因、伯希和等是"旷世大师"、"功臣"，对他们"大可不必计较恩怨"，应该给予"百分之百的宽容"①。这种观点如果成立，过去列强掠夺其他国家文物，岂不都是合理合法了吗？因此，"共有的观点"是极其有害的，而且不管其主观动机如何，至少客观的效果，就是要否定国家禁止珍贵文物出境的法律，为敞开国门卖文物制造"理论"根据。文物是历史文化的载体，它所体现的文化和科学成果，作为一种精神财富可以是属于全世界的，但具体到每一件文物本身，则只能是属于它的国家甚至个人。在这里，必须把精神财富与文物所有权区别开来。正如一项科学技术全世界都能应用，但具体的产品则是有国别乃至厂别的，即使科学技术也还有专利的问题。因此，文物只能共享，不能共有。

以上所列举的种种倾向，其产生的一个重要原因，是不少同志没有正确认识文物保护与市场经济的关系，仿佛实行市场经济体制，一切社会领域都必须按市场经济规律来运作，这是走入了对市场经济认识的误区。因此，一个时期以来，不少人说《文物保护法》是计划经济的产物，实行市场经济就必须打破它所规定的条条框框。应当承认，《文物保护法》原来规定的一些具体要求和措施，已经不能完全适应客观情况的发展与变化，需要进行必要的补充和完善，但绝不是要修改它所确定的而且实践证明是正确的文物保护基本原则和基本方法。这些原则和方法是遵循文物保护工作自身发展规律而制定的，而且大都是国际社会共同确认的原则。它是国际社会总结了一百多年来在文物保护问题上的正反两方面的经验教训而形成的。它所体现的客观规律，并不因为国家、

---

① 雒青之《百年敦煌：段文杰与莫高窟》，敦煌文艺出版社，1997 年。

民族和社会制度的不同而有所区别，更不能因为经济体制的改变而改变。因此，那种认为随着社会主义市场经济体制的确立，文物保护工作也要完全改变成为"经济行为"，并且必须照搬经济领域中的原则和做法来规范文物保护工作的观点是完全错误的。文物保护与市场经济是分别属于两个性质不同的社会领域，都有各自的客观规律，二者是不能相互取代的。否则就混淆了事物的质的区别，就会把事情搞乱。

市场经济是法制经济，越是改革开放，越要加强管理，越是市场经济，越要加强法治，要警惕伪市场经济的陷阱。在市场经济条件下，绝不是要用市场经济规律取代文物保护工作规律，而是要更加坚定地遵循体现了文物保护自身发展规律的基本原则和方法，研究因社会主义市场经济体制的建立而变化了的社会环境和出现的新情况、新问题，从现实存在的实际出发，有针对性地把这些原则和方法具体化，提出更明确、更具体、更具有操作性的新措施，并在执行中大力加强执法力度。因此，在文物保护的指导思想上绝不是要放松、放宽，而是要更加严格、更加严密。只有这样，才能保证在社会主义市场经济的条件下，能更加科学、规范和有效地保护好文物，使我国的文物事业沿着正确的方向，持续健康地向前发展。

邓小平同志明确提出，"思想文化教育卫生等部门都要以社会效益为一切活动的唯一准则，它们所属的企业，也要以社会效益为最高准则"，并且还对精神产品商品化的倾向提出了尖锐的批评。他指出："有些混迹于文艺界、出版界、文物界的人简直成了唯利是图的商人。"[①] 文物事业是文化事业的一个重要组成部分，是社会主义精神文明建设的阵地。保护好中华民族珍贵的历史文化遗产正是体现了广大人民群众的根本利益和长远利益。因此，那种要求文物事业产业化、市场化的观点，都是违背邓小平理论的，都是不符合"三个代表"要求的。

当前，文物保护工作面临的形势是既有机遇又有严峻的挑战，我们就是要抓住机遇，迎接挑战，在工作中严格执法，全面准确地认真贯彻

---

① 《邓小平文选》三，第145、43页，人民出版社，1993年。

执行国家的文物工作方针和原则，正确处理文物保护与利用的关系，社会效益与经济效益的关系，特别是文物保护与市场经济的关系。坚持把保护放在首位，以社会效益为最高准则，克服危害文物事业的种种倾向，巩固五十年光辉成就的成果，在邓小平理论的指导下，实践"三个代表"的要求，把新中国文物保护工作提高到一个新的水平，为建设有中国特色的社会主义作出自己的贡献。

赴平原、河南、山东提选及考查文物工作报告

一　两个主要任务

　　我们此次工作的两个主要任务，就是选提新乡平原省文物管理委员会所藏文物，并到嘉祥调查武梁祠石刻及山东济宁市所存武梁祠石刻情况。兹将工作的经过情形分述于下：

　　（一）提取新乡文物：我们8月2日离京，3日到新乡，当即往访省府晁主席及文管会赵裴二主任，说明我们此行的任务。他们对中央提取文物和搬运武梁祠石刻都很同意。他们介绍我们到文管会去参观所藏的文物，藏品以陶器和铜器为主，也有些杂品及假瓷器，都已公开陈列出来了。铜器六百余件，尚有多数是车饰、马饰，陶器也有几百件，多汉代物，并没有彩陶和白陶。这些东西的来源都是零星的从汉奸地主家没收和各县群众捐献而来的，并不是一套有系统的东西，淇县的十几件也不是一个坑子出土的。我们共选出二十二件较精品，计铜器十一件，陶器六件，玉器一件，雕刻三件，银棺一件。征得他们同意后即开始装箱，共装了三大箱、一小箱。正遇上京汉路车因水灾不通，乃委托该省文管会代为运京。在新乡工作六日，8月8日离新去郑州。

　　（二）武梁祠石刻情况：8月12日下午三时到达嘉祥，武梁祠在距县城三十里的武翟山。为了抓紧时间，在县政府稍憩即雇架子车去武梁祠。薄暮抵距武梁祠五里之纸坊集，晚即宿于此。13日黎明步行至武梁祠，石刻保存在五间南房和三间东房内，都嵌砌在墙上，大致完好，

仅房顶曾为炮火所毁。当将每一块石刻与大村西崖雕塑篇的图版逐一核对，并量了尺寸编了号记录下来，其中有见于雕塑篇而不见石刻的，也有石存而不见于雕塑篇的，凡相符的，统将雕刻篇页数附记在尺寸之后。在武梁祠的前面有三个大土丘，据当地一个六十余岁的农民说：在他幼年时，大雨之后曾陷出墓道，斜通其中较大的一个土丘下，因为空气不好又加道内黑暗，无人敢进。现在这三个土丘上完全种了庄稼。据我们推测，当系汉墓或与武祠有关，将来运武祠石刻时，似应同时发掘该墓，当可有不少收获。工作完了即返嘉祥搭汽车回济宁，下车后去市府看武荣碑及"孔子见老子"石刻，均尚完好，嵌砌在市府前院东廊南墙上。在济宁因雨，滞留两日始去兖州转济南。

二　平原、河南、山东三省的
文物工作概况

（一）文物管理委员会

1. 平原省去年10月成立了文管会，会址很好，建筑颇适合做一个小型的图书馆或博物馆，干部共二十四人，藏品分古物和图书两部分，都已公开陈列了，由该会的古物组和图书组来担任陈列工作，到现在还没有正式成立图书馆和博物馆。一般的干部情绪都非常高，尤其是副主任裴毓明同志以七十三岁高龄往返安阳等各县，并亲自下乡了解情况，对制止非法发掘起了很大的作用，但是他们感到业务水平不够，对文物工作还没有个明确的方向和计划，工作是在摸索着进行的。目前的工作主要还是在整理旧藏。

2. 河南省从前没有文管会的组织，所以在河南文物工作是没有专人负责的，致使洛阳等地的盗掘很盛。8月20日文管会可以正式成立，我们已将所了解的盗运情况，告诉了嵇副主席请他设法制止。

3. 山东省管理文物的机构是古代文物管理委员会，房舍很好，藏品亦多而且精，负责人是几位对文物有研究的老先生，但工作仍未能展开，六个陈列室都没有开放，群众是渴望他们能早日开馆的。

（二）博物馆

1. 平原省尚无正式的博物馆，只是新乡文管会古物组陈列的一些铜陶瓷器，每天平均参观人数二百余，多数是农工分子，也曾举行重庆蒋美屠杀惨况和朝鲜解放战争等照片展览。去年举行了一次春节特展，时间不及一月而参观的达二十余万人，且多为来自各乡镇与外县者。工作人员都很重视自己的工作，而且有信心搞好工作。对不熟悉的工作，如编目分类等，都抱着虚心的学习态度，曾主动来和我们交换了一些经验。

2. 河南省立博物馆大部分文物已南运，尚存有石刻精品，如隋的四面造像等，但是该馆房屋半为炮毁，无力重修，以致对文物保藏颇有影响，如刘根造像即扔在潮湿的墙角下。他们主要的工作是放在自然科学方面，设有化学、物理、生物等试验室，时常有学生来实验，陈列有动植物标本及卫生图表模型陈列室，参观人数每日三四百人，成分亦多为农工分子。古物则迄未陈列。

3. 山东省迄今尚无正式博物馆成立，仅古管会有六个陈列室，亦尚未公开展览。

（三）图书馆

1. 平原省仅有文管会图书组，有些新书供阅览，每日有读者一二百人，主要是看政治书籍。他们工作上感到困难的是分类法不知道究竟用哪一种好，很希望中央能选择指定出一个标准的新的分类法来。另藏有很多线装书，因房舍不敷，故不能整理。

2. 河南省省立图书馆成立不久，藏书迄未整理。干部多系国民党的军官学习后派来者，懂业务的不过三数人，工作松懈，阅览室仅两间，一陈报纸，一为杂志，共可容三十人左右，成绩是不大的。

3. 山东省省立图书馆工作最好，在读者中组织了读书小组，广泛地联系群众，起了很大的作用。

（四）非法发掘情况

平原、河南两省非法盗掘情形很严重，平原省文管会虽三令五申严禁盗掘，然而盗掘者组织严密，每在深夜进行工作，使人防不胜防。洛阳情形与平原大致相同，地方政府有的对此亦重视不够，实应早日设法制止，以免再有更大的损失。

（五）古董贩子的活动

解放后仍有京沪一带的古董贩子来此活动，这是与盗掘的盛风相联系的。他们以郑州为据点坐收新出土的古物，据闻洛阳新出土一批蓝彩陶俑已落于他们之手。古物的盗运听说也很方便，这也是与私掘有关联的。山东方面民间文物流散于民间者依然很多，所以北京仍有人去那里收购。

三　我们在工作中见到的几个问题

1. 有的地方政府与工作干部对文物工作重视不够

一般的干部还未能正确的了解文物工作的重要性，所以对文物工作不免发生偏差，认为文物工作不是现时急切需要的，故对古迹文物的调查和保护等工作不重视。例如，平原省文管会代我局发下的调查表格多次催索而各县仍迟迟不报。有的村干部还认为农民私自发掘可以生产救灾就是个很好的说明。工作干部对文物工作的业务水准很低也影响了工作。有的地方政府偏重了保护而忽略了文物工作在教育上的作用，这是应当注意的。

2. 中央对地方的指导帮助和联系太差

因为这个工作除了上述原因外，一般干部对于它确是陌生的，所以大家工作都是在摸索着前进。平原省文管会表示："工作了一个时期了，以工作的基本方向还不清楚，只是忙了些事务工作，所以希望中央今后能够加强政治和业务领导才好。"其他如各地图书馆要求有个统一的分类法。这都说明了我们对地方工作者的帮助不够。又如山东图书馆在工作中有了很好的经验，这种经验就应当介绍给各地方去，这点我们就没做到。还有文物的统一调配问题及地方为条件所限不能举办的工作，如"从猿到人"的展览，就可由中央复制几份送到各地方去巡回展览，也是很需要的。

3. 经验问题

各地方都普遍的感觉经费不足。有时古建筑需要修理了，但就筹不出经费来。如山东的灵岩寺之塑罗汉殿的修理，郭副主席为了保全古迹，先由省府拨米一万五千斤修理了它，却至今无法报销。所以经费应明确的规定出来，文物工作经费在文教经费中的比例数也应明确规定。

4. 文物工作的重要性

从我们这次工作中使我们更知道它的重要性。平原省文管会的春节特展，时间不及一月而观众竟有二十万之多，而这些观众大部是农工分子。又如山东图书馆的工人读者，普遍要求增加应用科学书籍以提高他们的业务水平，这都说明了翻身工农的强烈的求知欲。劳动人民对我们祖先的劳动成果的文物是有深厚感情的，文物工作在教育上的意义是伟大的。

（原载《文物参考资料》1950 年第 12 期）

配合基本建设，做好文物保护工作[*]

我国从今年开始进入大规模的经济建设，各种基本建设工程正以空前未有的巨大规模，在全国范围内开展起来。

我国是世界文明发达最早的国家之一。我们的祖先在他们曾经劳动、生息、繁殖的这块广大土地上，给我们留下了极其丰富和优秀的历史文化遗产，如被保存在地上或埋藏在地下的古建筑、古文物、古墓葬和古代文化遗址。这些民族文化遗产体现了我国历代劳动人民的辛勤和高度智慧的伟大成就，是了解和研究我国历史不可缺少的科学根据。

就因为我们是在这样一个历史悠久、文明发达的国家的广大土地上进行空前未有的大规模建设工程，因而也就必然地会在工程进行中，连续不断地发现大量的古墓葬及古代文化遗址。

事实已经证明是这样的：1952 年长沙郊区在建设工程中发现了战国及汉代墓葬七百多个。同年，治淮工程中白沙工地发现古文化遗址三处及汉、六朝、唐、宋等墓葬五百多个。今年，在洛阳西北郊，仅仅在专区建校工地中约八分之一的地区里，就发现了五百七十多个汉代古墓葬，出土遗物中有非常珍贵的花纹精美的彩绘陶壶以及当时的生产工具。……

这些事实说明了什么呢？

那就是：基本建设将会为我们打开埋藏在地下的博物馆，将会连续不断地提供非常丰富的有关历史、文化、艺术的珍贵资料。这样，就为

---

　　* 本文系与孙家晋合著。

我们服务于历史科学的田野考古工作开辟了空前广阔的道路，为丰富和发展我们的历史科学创造了有利条件。

然而，如果我们不首先做好文物保护工作的话，在基本建设中所打开的灿烂的文化宝库，同样的，也将会因我们而遭到破坏、毁灭。因此，基本建设工作同时向我们——特别是文物工作者、考古工作者和建筑部门，提出了另一个光荣而重大的历史任务：做好文物保护工作。

由此可见，正如基本建设是国家建设的决定环节一样，配合基本建设，做好文物保护工作就是当前文物工作及考古工作的中心环节。

在这里应该着重说明，基本建设是国家建设的决定环节，文物保护工作是配合基本建设而进行的。但是由于建设工程地区广泛，进行迅速，我们的任务是要在广泛而迅速的工程中，既不能使具有历史文化艺术价值的文物受到损坏，也不能因此而影响了基本建设的进行。

任务是这样明确而肯定，那么，我们将如何去完成这个任务呢？除了有赖于全体文物工作者发挥积极的创造性的工作热情，克服困难，全力以赴外，我们想从思想工作和组织工作两方面提出寻求解决问题的基本关键，以供大家在研究工作方法时参考。

人民政府为了使一切文化成果成为全民的财产，一向是十分重视文物保护工作的。早在1950年，政务院就颁布了各项保护文物的法令，中央和地方都设有专门领导和执行保护文物的机构。三年来，在具体的文物工作中已积累了丰富的经验，培养了许多干部，取得了一定成绩，也为今后的工作创造了有利条件。但是，并不是说有了这些就可以足够地保证我们能把工作做好，因为配合基本建设保护文物是一个新的工作，它的规模庞大，时间性紧迫，牵涉的关系方面众多。它是一个繁杂而艰巨的工作，假使不能使群众普遍重视，不能得到各级领导的注意与支持，不能主动地适时地组织力量，取得有关方面的协助，来共同承当这个任务，工作也是很难做好的。过去许多破坏文物的事实已充分证明了这一点。

1. 今年武汉市建设局在武昌大东门外兴修马路，发掘出九座西汉、六朝古墓，规模庞大，出土珍贵文物很多，但是由于施工人员缺乏文物常识，没有及时通知当地文物管理机关妥善处理，致使九座古墓全部遭到破坏，许多古文物被打成了碎片（见1953年1月30日《长江日报》）。

2. 郑州铁路工程局基本工程队在修建路基时，几天工夫破坏了战国和汉代古墓五座。郑州市文教科知道后，曾派人前往联系，说明政策，请他们注意保护。然而该队监工同志却以极不严肃、极不正当的态度对待这事，在又发现古墓葬时，竟一再督促工人快挖，并且说："工程第一，挖坏古墓活该。"以致在十余日间连续破坏了战国、汉、隋、唐代古墓十余座。

3. 在长沙由于各项工程需要砖渣，群众纷纷挖掘古墓葬砖石出售，严重地破坏了古墓葬。部分干部单纯任务观点，还认为古砖石的质量好，又是解决群众生活的"办法"，不但不加制止，反而同意群众的做法，于是更助长了这种破坏行为（见1953年2月18日《新湖南报》）。

4. 1952年湖南省文管会组织了一批"土夫子"，用打小洞的方法去挖掘，共发掘了古墓二百余座，掘出古物九百余件，但由于缺乏历史文物的知识，又未采用科学发掘方法，抱着单纯找古董的观点，使大批历史文物未能完整地发掘出来，有的甚至遭到破坏，这样，不仅损伤了大批古物，并使地层遭到破坏，造成今后发掘工作上很多的困难（见1952年8月16日《长江日报》）。

这些事实说明了保护文物的政策的宣传，还不曾普遍深入群众。因此，在人民和干部中间，还有好多人不懂得什么是文物，不明白文物的价值以及保护文物的意义，甚至有的干脆把文物当做封建遗毒，错误地认为是应该加以破坏的。

保护文物的问题，跟整理、继承并批判地发展民族文化遗产的问题是分不开的。列宁指示我们："无产阶级文化并不是从空中掉下来的，也不是那些自命为无产阶级文化专家的人所臆想出来的。如果认为这样，那就是胡说八道了。无产阶级文化应当是人类在资本主义社会、地主社会、官僚社会压迫下所创造出来的知识总汇发展的必然结果。"因为也"只有在对人类全部发展过程所创造的文化有了正确的知识，并且将这种文化加以改造以后，无产阶级的文化才能够被建立起来"。文物正是我们认识和改造旧有文化的根据之一，损失了文物就是损失了我们整理旧文化和发展新文化的一个重要根据和条件。毛主席在《新民主主义论》里也曾教导我们："中国的长期封建社会中，创造了灿烂的古代文化。因此清理古代文化的发展过程，剔除其封建性的糟粕，吸取其民主性的精华，是发展民族新文化，提高民族自信心的必要条件。"正如清理古代文化是发展民族文化的必要条件一样，保护文物就是清理古代文化的必要条件之一。

保护文物的问题是和培养爱国主义精神的问题分不开的。既然清理古代文化是提高民族自信心的必要条件，而保护文物又是清理古代文化的必要条件，那么，保护文物的问题，在本质上就是热爱祖国、尊重历史的问题。很显然，当我们面对着那些凝结着古代劳动人民的天才、智慧的历史文物，就会更深刻地感到，中国人民在几千年中经常居于世界文化的前列的意义，从而进一步认识到祖国的伟大。应该肯定地说：保护文物即是爱国主义的具体内容之一。

就是在今天的一部分文物工作者思想上，也并没有完全正确体会保护文物的精神，因而用"土夫子""打小洞"的方法来代替科学发掘，以"找古董"的古董商态度对待采集历史文化科学资料，表面好像是在保护，其实是大肆破坏，使珍贵的民族文化遗产受到严重损失。

因此，扫除人们在思想上对保护文物的障碍，使人们明白上述的重要意义，是保护文物工作必须解决的先决问题，这就必须向群众、干部，乃至文物工作者大力进行保护文物政策的宣传和教育。

其次，在保护文物工作中要解决的是组织与联系的问题。由于对文物法令的宣传不深入，不普遍，所以保护文物还没有作为具有国家意义的集体事业引起各有关方面应有的重视和注意，有的时候，文物工作者由于得不到支持和帮助，有孤掌难鸣之感。比如，因为某些建筑单位的工程工作人员存在狭隘的本位主义，认为在基本建设中清理古墓是会妨碍工程的进行速度，因而对发现的古墓葬，毫不注意保全，并肆意破坏，上面所举的郑州铁路工程局基本工程队的监工，就是这类例子。有

71

些基本建设有关单位的领导方面对待保护文物工作的纯客观态度，不重视，不支持，也是使工作招致许多困难和阻碍的重要原因。要解决这些问题，必须加强组织与联系。要在保护文物工作中取得群众的帮助，要主动地要求各有关单位领导方面的支持，这样才能使工作有主动性，才不致陷于被动应付的局面。在这里也应该指出，保护文物固然是文物工作者的任务，但保护作为民族历史文化艺术遗产的文物这件事情，却是全民的责任，人人都有支持与协助的义务，不容许有消极的旁观态度，更不容许有破坏和阻碍的违法行为，特别是各有关方面。

把上述情况综合起来，那就是配合基本建设做好文物保护工作，要紧的是必须扫除在这方面的思想上的障碍。这是个先决问题。只有解决了这个问题，才有可能使保护文物工作和广大人民的爱国热情结合起来，才有可能得到群众普遍的重视和各方面的注意，才有可能组织力量并取得有关方面的支持与协助，因而得以克服各种困难，胜利完成由基本建设的开展所提出的保护文物的任务。

群众支持了文物保护工作

　　这次的"全国基本建设工程中出土文物展览会"，可以说是四年来配合基本建设保护文物工作的一个总结，一项重大的成绩。获得这成绩的主要原因，是党和政府保护文物的政策已经和群众的爱国热情相结合，考古事业已经和国家的经济建设相结合，从而促进了考古工作中新生力量的成长，根本地改变了过去考古工作的面貌，这一点在展览会上就充分地体现出来。就如陈列品中几个重要的发现：山西汾城丁村的旧石器时代人类遗物，华东治淮工程中在灵璧发现的与"北京人"同时代的海狸化石，松江省依兰县的倭肯哈达洞穴文化遗物，都是首先由工人群众发现并及时报告而得到了妥善的保护。

　　工人同志们爱护文物热情的事例是不胜枚举的。

　　鞍山市沙河子羊草庄窑厂，工人们在掘土时发现了很多"铜刀"，因为它的样子和他们经常抽的古钱牌香烟上所印的图样非常相似，于是他们断定这是古代文物，即刻妥善地收集起来报告了工会。东北文化局根据这个线索进行调查，就在这一地区发现了战国遗址一处和数以千计的汉魏墓葬群，在展览会东北区中陈列的文物有大部分就是在这里清理出来的。

　　浙江杭州老和山建校工地，工人们看到华东文物工作队在清理遗址时把出土文物的位置都详细地作了记录，了解了发掘工作的科学性。当他们在工作中发现文物时，都自觉地按照考古工作的方法原状保管，及时报告工作队前往清理。

　　安徽泊岗引河工程指挥部政工科张以豫同志曾参观过南京博物院的

社会发展史陈列，认识了文物是可以说明历史问题的。因此，他在工程中发现文物时，一方面立刻报告上级，一方面自动地把已发现的流散文物收集起来，交给文物工作队。

河南汤阴县后营村的群众自动成立了"保护文物小组"，以防止破坏和盗卖他们所发现的新石器时代遗址和汉墓群。此外，各地都有很多群众自觉地把家藏和新发现的大批文物献给政府，突出的例子是陈列品中河南郏县出土的一批精美铜器，就是由群众发现并妥为保管交给政府的。

以上的事例中可以充分证明，我们的广大人民群众是那样的尊重自己祖先的劳动果实，热爱自己祖国的历史。

只要我们能大力向群众宣传，告诉他们保护历史文物的重要意义，就会使保护文物工作成为他们自觉的积极的行动。

同时，工程部门的大力协助也为考古的清理发掘工作创造了便利条件。首先是在工人群众发现文物以后，能及时和文化部门取得联系，因而使文物及时得到清理保护。其次是在人力和物力上也给予了很多方便。例如，松江省依兰县在某厂工地中，采石工人郭毅在倭肯哈达山岩石中发现了人骨、管状石球等，厂长刘庆林同志在接到报告后亲到现场调查，并立刻停止了工作，保持原状，经县委转报东北，派人前往清理。在清理工作进行中，厂方还特别拨出了工人和车辆以保证工作的进行。皖北寿县治淮工地，发现的大量楚及六朝的墓葬群，文物工作队前往清理时，指挥部政工科长徐常有同志为不使文物在工程进行中遭到可能避免的损失，特把文物保护工作的宣传教育工作列为经常的政治工作之一，因而教育了全体民工，在他们发现古墓时都主动地把墓葬周围的土挖开留待工作队清理，为工作队节省了不少人力和时间。

保护文物工作得以顺利开展的另一个重要条件，就是领导的重视。例如展览会陈列的广州发现的东汉木椁墓的出土文物，在清理工作进行中，广州市朱光市长曾两次亲到现场视察工作，因而大大地推动了工作同志的积极性，同时还引起了各有关方面的重视。山西省委宣传部长在每次到各县工作时，经常强调文物保护工作的重要性，因而促使了各级领导的重视，这正是山西省在广泛开展群众性保护文物工作上取得显著成绩的关键。

如上所述，我们目前的考古工作已经不再是"神秘的孤岛"，而是在祖国伟大的经济建设中不可缺少的一部分，为各方面所重视，并为群众所支持的工作，因而在解放后的几年中已经获得了空前的发展。但是应该指出，我们的工作还是非常不够的。我们的干部无论在数量上和质量上还远远不能适应日益开展的工作需要。特别是除了少数专家以外，我们大部分干部业务水平很低，工作质量还没有达到应有水平，是必须在今后工作中继续提高的。我们固然反对一些个别同志完全脱离现实条件而过高要求的错误思想，同时，更要反对和防止因为获得了一些成绩而产生的骄傲自满情绪。此外，我们还必须要继续大力展开宣传工作，以争取群众的更多更大的支持。

（原载《文物参考资料》1954年第9期）

发展博物馆事业，为科学
研究和广大人民服务[*]

博物馆事业是社会主义文化事业的重要组成部分。建国以来，它已经有了很大的发展，做了不少的工作。据不完全的统计，仅在 1955 年全国博物馆的观众即达 788 万人次，广大人民从这里受到爱国主义和社会主义的思想教育，增强了对祖国的热爱，鼓舞了人们参加社会主义建设的劳动热情。六年多来，全国博物馆还征集了革命文物、历史文物、历代艺术创作、自然标本和社会主义建设与社会主义改造的资料达 129 万号。这种规模巨大的征集工作在旧社会是完全不能设想的。

应该指出，在目前社会主义建设飞跃发展、人民群众文化要求日益增长的新形势下，博物馆事业无论在数量上、质量上，还远远落在实际需要的后面。特别是为了配合向科学进军，更加需要开展博物馆工作。因为博物馆是进行科学研究工作的必要条件之一，在博物馆里保藏着丰富的物质文化和精神文化的实物和自然标本，它们都是研究各有关部门科学原始资料，如果能够充分和有效地利用这些资料来进行科学研究工作，那么无疑地就将在各个方面推进向科学进军的事业。最近文化部召开了全国博物馆工作会议，确定了今后博物馆发展的方向，着重地指出博物馆必须有效地为科学研究服务，这是正确的和必要的。

要使博物馆事业更好地为科学研究服务，为广大人民群众服务，首

---

[*] 本文是作者配合 1956 年在北京召开的第一次全国博物馆工作会议，为《人民日报》撰写的社论。

先应该认真地进行博物馆本身的科学研究工作，这是提高博物馆工作质量的关键，也是博物馆为科学研究服务的基础。目前，我国博物馆的征集工作，方面还不广，办法还不多，事先缺乏周密的计划。在进行过程中缺乏科学的记录，文物入馆以后又缺乏及时的科学的整理。在陈列工作方面，大多还处于罗列文物、罗列现象的阶段，缺乏以辩证唯物主义与历史唯物主义的观点为基础的科学的分析和解释。要知道各种文物如果不经过广泛和及时的征集，就不可能成为丰富有用的资料。征集了，如果不经过科学的记述和整理，也就会失去科学研究的价值。博物馆的各项陈列工作，如果不经过精心的科学研究，就不可能具有高度的思想性和科学性。因此，只有把博物馆全部活动放在科学研究的基础上，才可能做好博物馆本身的各项工作，也才有可能为科学研究机关和科学研究人员提供有价值的资料，才能更好地以深入浅出的陈列，为提高广大人民的思想水平和科学文化水平而服务。因此，博物馆工作人员必须从现有的水平出发，老老实实，刻苦钻研，学习马克思列宁主义，精通本行业务，保证博物馆事业中各个环节都能具有高度的思想性和科学性。

实物、标本以及其他各项资料，是博物馆全部活动的物质基础，也是进行科学研究工作的第一手材料。因此，必须及时地做好对革命文物、流散的历史文物，特别是少数民族文物以及社会主义建设和社会主义改造的资料的征集工作。有条件的博物馆还应该配合国家的基本建设工程，在当地党委、政府的领导和帮助之下，进行考古发掘工作。由于目前我国社会主义建设的迅速发展，祖国的面貌改变得很快，许多关系人民生产斗争和阶级斗争的资料，如不及时加以征集，就很容易散失或者消灭。博物馆应该负起责任来及时地征集这些历史的、民族的和当前社会发展的以及其他重要资料，加以整理和研究。在这方面，各地党政机关和群众团体应当给以大力的支持，并且要向广大群众继续进行保护文物的教育，以免国家的文物资料遭到不应有的损失。

为了配合各部门科学研究工作的发展，为了向广大人民进行各类科学知识的教育，科学院和国民经济的各部门应该更加注意组织各种资源和建设的展览会，并且有计划地逐步地成立各种专业博物馆。各省、自治区、市已有的和将要成立的博物馆应该更好地结合各个地方建设的实际需要，发挥各个地方在自然、历史和建设各方面的特点，同时又不要忽略对人民进行教育所必需的全国性的陈列内容。文化部门在组织和推动全国博物馆事业向前发展的过程中，必须充分地依靠和发挥各地方和各专业部门的力量，同时必须注意最大限度地适合各个地方和各专业部门建设工作的需要，否则博物馆事业就不可能得到正确和顺利地开展。

周恩来同志在 1956 年 1 月 14 日中国共产党中央委员会召开的关于知识分子问题的会议上，曾经指出：为了实现向科学进军的计划，我们必须为发展科学研究准备一切必要的条件，必须加强图书馆、档案馆、博物馆工作。各级党政机关，特别是文化行政部门应该注意加强对博物馆的领导，对它的工作予以应有的重视和支持，逐步地改善博物馆一些必要的条件，及时总结和推广先进经验，使我国博物馆事业稳步地发展和提高，更好地为国家的社会主义建设服务。

（原载《人民日报》1956 年 6 月 4 日）

提高博物馆工作的质量 *

建国以来，我国博物馆事业取得了一定的成绩，特别是在宣传教育方面，全国博物馆大都根据本身特点，从历史、文化、艺术、自然等方面，结合国家各个时期的政治和经济任务，举办了多种多样的陈列和展览。在为其他单位提供资料方面，中央革命博物馆筹备处和北京历史博物馆，在四年内就向四百个单位供给了四万多件资料与模型。这说明博物馆是对人民进行思想教育，提高科学文化水平，为科学研究提供资料的有力工具之一。这个工具在我国人民向科学文化进军的今天，是越来越重要了。但是目前的博物馆，还远不能适应这种需要。我们不仅要在数量上加以适当的发展，而且更重要的是迅速提高现有博物馆的工作质量。除了文化部系统的博物馆以外，科学院和各产业部门也应该根据需要与可能，考虑建立各式各样的专业或专门的博物馆，来利用它为科学研究积累和提供资料，教育干部，向广大人民普及科学文化知识。

现有的博物馆，应该在科学研究的基础上开展各项工作。首先是征集和保管工作。博物馆为科学研究服务的一个重要方面，就是提供资料。全国各地还流散着不少革命文物、历史文物、历代艺术创作和反映社会主义建设过程的材料。在少数民族地区，也还保存着不少可供研究的宝贵资料。如果不及时加以征集，就会散失。全国各地博物馆应该结合本馆性质，又要照顾国家的需要，有计划地大力开展征集工作。要做

---

* 本文是 1956 年文化部召开的第一次全国博物馆工作会议期间，作者为《光明日报》撰写的社论。

好这项工作，还必须争取各级党政军机关和国民经济部门的大力支持和协助。

全国博物馆旧藏和历年征集的文物资料，目前还有很大部分积压在仓库里，没有进行科学的整理，全国各地博物馆应当订出切实可行的计划，从有科学研究或陈列价值的文物着手积极进行整理，在一定时期内尽快地做到"妥善保管、取用方便"，以便于为科学研究提供资料。

各个博物馆还应当做好根据本身性质所规定的基本陈列。现在有了一些基本陈列，也曾做了一些临时性的陈列和展览。过去在这方面的主要缺点是，忽视了临时展览应该与博物馆本身的基本陈列相结合。举办结合中心任务的临时展览今后仍须继续进行，并且要采取更多的形式。同时必须使临时展览和基本陈列有机地结合起来，有计划、有目的地通过临时展览，积累资料，为基本陈列打下基础，要注意使长远需要和当前需要的工作相结合，并保持一定的比例，适当地分配力量，防止把博物馆变成临时展览馆的偏向。

无论是征集、保管工作或是陈列工作、群众工作，都必须建立在科学研究的基础上。过去在这方面是重视不够的，有时征集来的文物资料，因为缺乏应有的科学记录而成了废品，有些陈列也因为没有经过科学研究，停留在现象罗列的阶段，说明工作只限于背诵讲解词。这种现象，都必须迅速地加以改变。

为了加强科学研究工作，必须廓清一些对科学研究工作的不正确的认识。有些人把科学研究和业务工作对立起来，认为加强科学研究工作，会影响其他业务工作，这个看法是不对的，也是首先应该纠正的。科学研究不是孤立地去进行，而是要紧紧地结合着各项业务工作去进行。只有在科学研究的基础上，才能做好征集和保管工作，为科学研究提出有价值的资料；才能做出具有高度思想性和科学性的陈列，更有效地发挥博物馆的宣传教育作用。博物馆的全部活动过程，就是在科学研究的指导下进行各项业务工作，在工作实践中来丰富科学研究的内容，反复循环，使各项业务工作不断地提高，所以加强科学研究是博物馆全部活动的基础。

　　我国博物馆事业的基础是十分薄弱的，经验少，干部弱。这就需要我们认真推广与总结先进经验，并且本着自力更生的原则，大力培养干部。在培养干部方面可以采取短期训练、互相观摩、讲习会等等方式。要在工作实践中培养干部，积累经验。无疑地，只要加强领导，依靠群众，调动一切积极因素，挖掘一切潜在力量，就可以进一步地把我国博物馆事业发展起来。

　　　　　　　　　　　　　（原载《光明日报》1956 年 6 月 7 日）

有关地志博物馆的两个问题

地志博物馆是我们学习苏联发展不久的新兴文化事业之一，历史很短，经验不多，许多问题，正有待于在开展百家争鸣、自由讨论的过程中，逐步解决。在这里，我想只着重地对以下两个问题谈谈个人的看法。

一　关于当前的中心任务问题

1956 年，全国博物馆工作会议曾确定了"为科学研究服务，为广大人民群众服务"的方针。这是对整个博物馆事业的基本任务而言的。二者虽然是统一的，"有着提高和普及的辩证关系"，但是毕竟还有区别。不仅是由于馆的性质、条件不同而应该有主次之分，就是每个博物馆在不同的时期，也应该有不同的主要任务。绝不能把各个不同性质条件的馆，与各馆不同时期的主要任务和博物馆的基本任务混为一谈。而地志博物馆的目前任务，却是应该以"为广大人民群众服务"为主的。

我们知道任何事业都必须通过它本身的特点为社会主义建设服务。用真实生动的文物资料，组织陈列，向广大人民群众普及科学文化知识，进行思想教育工作，就是博物馆的基本特点。从这个基本特点和它的当前主要任务出发，我认为各地志博物馆应该首先搞好"中华人民共和国时期之部"的陈列。

我不同意有些同志的意见，认为：应该因地因馆制宜，根据条件决定先搞哪一部分陈列；因为各馆的基础、条件不同，有的历史文物多，有的自然标本多，干部专业知识也不同，如果强调要求先搞"中华人民共和国时期之部"，就会脱离实际，事实上行不通。我认为这种看法是不够全面的。问题的主要方面，是作为一个文化教育机关的地志博物馆，必须首先密切结合国家的政治斗争和经济建设，满足广大人民群众的当前需要。这应该是适用于一切地志博物馆的共同基本原则，而不能因地因馆制宜加以改变。很显然，只有"中华人民共和国时期之部"才能适应这种要求。因为它反映了广大人民亲身参加的革命斗争和国家建设，人们可以从中看到自己的斗争成果，展望幸福的未来。这比其他的陈列会使人感到更现实、更亲切，因而它的教育效果也更大。如果有的博物馆目前实际情况还不能组织这部分陈列，那就要考虑如何尽快地改变馆的这种目前实际情况，来适应社会上的实际需要，而不是脱离社会的实际需要，来迁就馆的实际情况。有人会说，我们馆只有搞自然、历史的专业人才，没有干部怎样办？这也是没有问题的。搞"中华人民共和国时期"的陈列，与历史、自然之部不同，不会有现成的专业人才。因为这是个新问题，什么时候也只有自力更生，不能依靠外援，只要有一定的政治、文化水平，就可以培养，并不需要具有特殊的专业知识，而这样干部并不太难找。关键问题还在于我们的决心。只要能把它作为中心任务来进行，干部问题不会成为不可克服的困难。

为了使我们地志博物馆工作日益开展，我们不能忽视这样一个事实，博物馆不是重点事业，领导重视不够，缺乏各方面的协助与支持。而搞好"中华人民共和国时期之部"的陈列，也正是开展地志博物馆工作的关键之一。人们不重视，主要是认为博物馆工作与当前政治、经济生活不能积极地密切结合。如果我们反映了国家社会主义的建设，各工业、农业、商业等有关部门知道了他们的建设成就能够在博物里来表现，必然地会乐于支持和帮助我们。只要我们取得了社会上的支持，起到了对人民进行宣传教育的作用，也必然会影响到领导对我们的看法，从而得到应有的重视。这对于改变我们目前的被动情况是十分有利的。

加强保护和征集文物资料，也是要首先搞好"中华人民共和国时期之部"的一个重要理由。自然标本今天不搜集明天不会绝迹，历史文物的保护和搜集，也有各省的文物专门机构负责，但是系统地征集社会主义建设和改造的文物资料的唯一机构就是地志博物馆。日以千里的大规模社会主义建设，正迅速地改变着祖国的面貌，旧的生产工具逐渐被新式工具所代替了。社会生活也在发生着巨大的变化，能够形象地说明这个伟大变革过程的实物资料，如果不及时加以搜集，很快就会消失无存。博物馆各项业务工作在任务时候，都必须以主要的力量为陈列服务。征集工作绝不能和陈列工作脱节，特别是在今天刚刚开始筹建而且人力、物力不足的情况下，很难想象征集工作是以社会主义建设的材料为重点，而陈列工作却是搞"自然之部"或"历史之部"，这样无疑会使力量分散，结果哪项工作也做不好。而目前保护征集有关社会主义建设文物资料工作，却是全国各地志博物馆刻不容缓的共同任务。所以从这个角度出发，也应该首先搞好"中华人民共和国时期之部"。通过陈列，将更有助于文物资料的征集。当然，有的馆已经有了自然或历史之部的陈列，或者这方面基础较好，用不着费很大人力就可以摆出来，依然是应该搞的，但是主要的力量却应当放在"中华人民共和国"的方面。

二　关于历史之部的陈列分期问题

在博物馆的历史之部陈列上，是按社会发展的阶段分期呢？还是要照历代王朝来分期呢？有的博物馆曾经长期争论，不得解决。各博物馆之间也存在着不同的摆法。山东省博物馆是按王朝分期的，河南省博物馆却是按社会发展阶段分期的。其实这二者之间有矛盾吗？我看不但没有矛盾，而且一个也偏废不得，应该同时并用，密切结合。因为用社会发展史分期，实质上，是以历史唯物主义观点解释历史的问题，这一点谁也不会否认。但是为什么又会产生以上的争论呢？问题在于有些同志把问题简单化了，认为按王朝分期就是表现了帝王将相，甚至避免用它，而代之以公元纪年。这是不对的。社会发展史是放之四海而皆准的普遍规律。历代王朝是中国历史发展的具体事实，它也正是区别于其他国家历史发展的特点。既然我们要摆的是中国历史陈列，就不能离开中国的史实。我们的任务是要用社会发展史的科学理论，来解释这些史实，从而通过它体现出历史发展的普遍规律。听说有的博物馆按照社会发展史分期，根本不摆王朝，我认为这是不妥当的。要搞中国历史陈列，必须按照历代王朝的顺序表现具体的历史事件。因为事实上每个王朝的更替，大都是决定于当时社会经济的变化的。有人说，分期问题目前虽未解决，但将来一定要按照社会发展史分期，也可以用王朝代表时间。我认为不能单纯的理解王朝只是标志时间，因为事实上王朝是标志着中国的历史。也不能认为分期没有解决，现在可以不按社会发展史分期，而是现在就应该用社会发展史分期。同时也不能取消王朝，因为离开王朝就不成其为中国历史陈列。而现在陈列也必须运用历史唯物主义的科学理论。应该明确，过去几年来我们的历史陈列水平，也标志着我们的马克思列宁主义理论水平。其所以没有很好地表现出阶级斗争的历史，劳动人民的历史，主要决定于我们的理论水平不高，这与采用王朝分期问题毫不相干。因而即使历史分期问题早已解决了，采用了社会发展史的分期，只不过是解决了断代问题。如果我们不善于运用历史唯物主义的观点，通过各个朝代的具体史实，分析出当时的时代背景、社会经济结构，用以解释形形色色的复杂历史现象，同样地也不能反映出阶级斗争和劳动人民的历史。因此，我认为究竟用哪种分期的争论是不必要的。我们目前主要是应该加强马克思列宁主义的学习，更多地掌握中国历史的具体材料，刻苦钻研，逐步地提高我们的陈列质量。

（原载《文物参考资料》1957年第3期）

关于"保存什么，如何保存"的争论

最近在《文物参考资料》月刊上，展开了关于对古建筑"保存什么，如何保存？"的争论。争论的焦点，主要是"保存什么？"而且着重在两个方面：第一，对当前保护古建筑工作的基本情况的估计；第二，保存古建筑的范围和标准。我对古建筑和城市规划都是外行。如果只是单纯地讨论这方面的专门问题，我是无从置喙的。然而，这个争论事实上已经牵涉到文物保护工作的一些方针问题，这对一个文物工作者有着直接关系，所以也想就个人认识所及，提出一些极不成熟的意见。

首先应该明确，国家的社会主义建设是包括了经济建设和文化建设两个方面。保护具有历史艺术价值的古代建筑正是文化建设的组成部分。因此，我们绝不能把保护古代建筑与建设人民新生活对立起来，错误地理解为两者具有天然的矛盾。相反的，我们认为保护古代建筑也正是为丰富人民新生活，是人民新生活的具体内容之一。只是在一定的条件下才会形成与某些建设的矛盾，矛盾的程度也由于条件的不同而有所不同。对不同程度的矛盾，就要采取不同的解决办法，并不是只有拆除一途。应该是既可以拆除，也可以保存。保存的方法不一定只是原地保存，而是既可以原地保存，也可以迁移保存，或者是用测量、记录的办法来保存。方法是多种多样的，如何解决，应该根据古建筑的价值大小、建设需要的程度，权衡轻重，具体分析，因地因时制宜，恰当地分别处理。这就是我对保护古建筑工作的基本看法。事实上，古建筑的保护工作与建设的矛盾只是发生在有限的几个城市建设中，在全国范围内，只是少数。总的说来，绝大多数的古建筑是和建设人民新生活没有直接矛盾的。因此，我认为如果说当前的基本情况是"多保"的复古思想阻碍了建设，这种估计是不符合实际的。谈到基本情况，首先应当肯定，建国以来保护古建筑的成绩是巨大的、主要的。这是过去反动统治时代所不可比拟的。但是在这里我们主要是讨论工作中存在的问题。在我们工作中，经常会发生忽"左"忽右的现象。正确的提法，当然是既反对"左"也反对右。但是具体的说，在一定时间和条件下，又总是针对问题的主要方面来提口号，决不能强调次要方面，反而忽略了主要方面。在目前保护古建筑的工作中，我认为主要是该防止乱拆的倾向，而不是"再不能抱多保存的思想了！"甚至我不讳言地认为，应该有条件的"宁可多保存一个，不使错误的拆除一个"。我们应该首先明确在现实生活中起实际作用的思想究竟是"乱拆"，还是"多保"？的确，过去有过这样的事实：有人为北京市拆一个牌楼而落泪，许多的古建筑拆除时都有人反对。但是结果又怎样呢？这些古建筑仍被拆除了，眼泪并没有阻止了城市建设的发展。活生生的事实是我们最好的见证人，这些事实正说明了在北京市的保护古建筑问题上，"复古主义"的"多保思想"，在目前并没有或很少起实际作用。我们说"多保思想"不起实际作用，并不等于说这种思想也不存在了，因此我们注意防止这种思想作怪也还是必要的，但却不是主要的。相反的，我认为在北京对待古建筑问题上，不加分析的乱拆思想还是在起作用，拆除朝阳门以及双塔寺，都是很好的例证。

我们也听说过，在山西省某些地区保存过一些不必要保存的"古建筑"，但是应该弄清情况，具体分析。我们知道，过去山西省文物工作，由于领导重视和支持，早在 1950 年就进行过普查工作。当工作刚刚开展的时候，根据政府法令，在限于业务水平的条件下，的确保存了一些不必要保存的"古建筑"。而这些情况是发生在工作开展的初期，只是工作过程中某一阶段的暂时现象，目前已经很少或不存在了，并且也没有听说过因此而严重地阻碍或推迟了建设的发展。同时，我们也不能只是看到以上个别地区的暂时现象。如果就全国而论，情况又是怎样呢？不可否认，文物保护工作还没有取得各级领导和各有关部门的普遍重视与支持。同时，由于我们宣传工作很不够，也没有使广大群众认识它的重要性和积极作用。像山西省那样是很个别的，全国各地大部分地区的调查工作，只不过刚刚开始。除了一些已知的著名古建筑以外，全国究竟有多少，我们还心中无数，更谈不上很好的管理。因此，在破除迷信和废物利用的借口下，乱拆古建筑的情况迭有发生。如果不及时有效地予以制止，这种情况必然在今后还会继续发生。这就是我们目前的基本情况。如果我们承认上述情况是符合客观实际的，那么，我们就完全有理由说，目前我们工作的主要方面应该着重在反对乱拆倾向。因为乱拆现象是较多的，随时还可能继续发生的，是主要的；多保现象是个别的，暂时的，是次要的。同时，在这里我们还必须充分注意到文物工作的特点，多保存了一个不必保存的"古建筑"，可以随时再拆除，但是错拆了一个古建筑却不能或很难修复。如果说多保和错拆都是错误，而多保的错误是随时可以纠正的，错拆的错误却是不能或很难纠正的。我们工作中不可能百分之百的恰如其分，必然会发生一些错误，但是为了不使我们犯不可挽回的错误，就完全有理由说，应该有条件的"宁可多保存一个，不使错误的拆除一个"。所谓条件，就是一方面是要根据法令办事，在未经文化部门的同意或批准以前，应该宁可保存不使错拆；一方面是指这一原则是适用于今天的条件，而不是永恒不变的。因为今天我们还不了解全国古建筑的全面情况，科学的管理制度尚未建立。也许现存古建筑并不完全是必须要坚决保存的。但是只有经过研究才能知道哪些该保存，哪些不必保存。因此，在未经调查研究以前，"宁可多保，不使错拆"是我们工作所必需的。否则盲目地反对多保，势必导致乱拆，因而玉石不分，该保存的也被毁坏了。当我们的工作逐步走上正轨，掌握了全国古建筑的资料，评定了等级，有了科学的管理制度和方法，那时"宁可多保"，"不使错拆"的口号也就随着条件的变化而失其时效了。

当然，祖国建设是广泛而迅速的，不能等待我们完全调查完毕才进行。但是矛盾总是具体的，很难想象，古代建筑和建设的矛盾是突然地发生，以致急如星火，迫不及待。事实上，任何建设都有相当时期的准备过程。在准备过程中，完全可以解决问题了。有人担心层层批准、迟缓研究将不能适应建设的发展，其实研究未必一定迟缓，批准也完全可以迅速。几年来，各地方为建设需要或建筑物危及人民安全而报经文化部门批准拆除的古建筑已屡见不鲜，但是却还没有因为文化部门迟迟不批，以致阻碍建设停滞不前的。

以上就是我对保护古建筑工作中目前存在的问题的基本情况看法，和陈、魏两同志在原则上距离不大，问题还在于事实。为了便于讨论，我们就以陈、魏两同志所举的三个例子作证吧：

（一）龙泉县拆毁三个古塔问题：在龙泉县民政科长主持下，拆毁了三座古塔，以便利用塔砖筑路，并且焚毁了大量极为珍贵的唐宋经卷。有人当面拿法令给该科长看，他却熟视无睹，继续拆毁。这种违法乱纪的行为是应该反对的。当然我们应该由此得出教训：加强我们的调查、测绘、记录等掌握资料工作，这样万一损失，还有一份可供研究的记录，但绝不能因为不知道这三座塔的准确年代和艺术价值就对反对拆塔也怀疑了。更不能说拆出的唐宋经卷，为保护古建筑做了挡箭牌。因为毁坏这些唐宋经卷的直接原因是拆了古塔，不拆塔，经卷是不会毁的。因此，经卷的毁坏也正是我们反对乱拆古建筑的有力根据。

（二）拆除南京石头城问题：根据陈明达同志的考证，石头城并非三国时代遗物，但它也有数百年历史，名气却是大的。我的理解，所谓有名气绝不是只一两个人知道，一定是大家知道才算有名。因此，有名气的古迹不管是从学术角度来看它有无价值，但在群众中总有一定的地位，群众喜爱它。根据陈明达同志所说为人民所爱好的建筑物也可以保存的原则，还是可以保存的，并不是非拆不可。我也完全同意陈明达同志的另一个意见，即"在正当的理由下是可以拆的"。但是南京建设部门的理由是不正当的。首先是没有根据法令规定，报经文化部门同意和批准即行拆除，同时他们拆除的原因主要是用石料，并非因为有倒塌伤人危险。近据报载，石头城已在群众要求下恢复了。这即表明，它是群众爱好的，拆除理由是不正当的，因而也是应该加以反对的。

（三）拆除北京朝阳门问题：朝阳门该拆吗？我的回答是：不该

拆，也可以拆。决定在于条件，在某些条件下可以拆，在有些条件下就不应该拆。我很同意陈明达同志的意见，为了解决北京东西交通量问题，目前限于经费又不能开辟广场，在建设急需而只能以拆除的办法来解决的条件下，是可以拆除的。但这是想象的假设条件，事实却不是这样。朝阳门楼虽然拆除了，可是城基还巍然矗立在东西干道的当中。显然，门楼在空中是不会阻碍交通的。众所周知，北京市拆除朝阳门的理由，并不是为了解决交通量，而是因为它要倒塌。可是也有很多人认为朝阳门并没有到行将倒塌的危险程度，拆除是不必要的，因而也是应该加以反对的。我们不能把假设的条件代替现实的条件，把想象的问题代替实际的问题，从而得出结论说：今天拆除朝阳门完全是必要的。也许有人说，既然你赞成在有些条件下可以拆，反正将来北京市要发展，东西交通量问题总要解决，早拆晚拆，还不都一样？不，一点也不一样。事物是发展的，条件是变化的。当将来都市发展需要解决交通问题的时候，开辟广场的条件也可能成熟了，那时并不一定是非拆除不可的。因此，在今天还不必要拆除的条件下，是不应该拆除的。

以上三个例子正是反映了乱拆的现象，应该坚决反对。指责这种反对为"是古皆保"的思想反映是不对的。在这里还必须特别指出，我们绝不能使我们的工作长期停滞在目前这种状态下。我们必须要在反对乱拆的同时，做好许许多多的工作。首先是要做好普查工作和宣传工作。目前文化部门所进行的普查和建立文物保护单位工作，正是保护文物中带有根本性的措施之一。我很同意陈明达同志的意见："在保护古代建筑的工作中，现在应该以调查、测绘、记录等掌握资料等工作为重点。"但是我认为这对保护古建筑工作来说只是手段而不是目的，只是对极少数需要拆除的古建筑才是目的。关于保存的范围和标准，我认为凡具有历史、艺术价值的古建筑都应列入保护范围，总的说来"多保"、"少保"的问题是不存在的。我们不能单纯地从科学研究的学术需要出发，而且要从群众喜爱、丰富人民文化生活出发，仅仅掌握资料或是保存一个标本是不够的。我们要看到今天，但也要看到明天，为子孙多保存些有价值的古建筑实物是我们的责任。我们根据今天的条件给现存古建筑排排队，确定哪些主要或次要，只是为了在与建设矛盾时或因经济条件的限制以致不能完全保存时，确定一个哪些必须坚决保存、哪些可以不必坚决保存的暂时标准。绝不能以此为据，对今天认为不必坚决保存的就听任毁损。我认为在与建设矛盾不大的条件下，应该尽可能地使具有历史、艺术价值的古建筑保存下来。当然，保存就要修缮保养，需要经费，对国家来说是个负担。但是我不相信，几百年乃至千年的建设一直没有倒，而今天忽然会不约而同地摇摇欲坠。很显然，古建筑要修缮保养的程度是不同的。我们可以分批、分期地进行，这对国家不会有过重的负担。

以上意见，因限于水平，可能是错误的，也算不得什么争鸣，就作为一个文物工作者的讨论发言吧。

（原载《文物参考资料》1957 年第 7 期）

再论有关地志博物馆
当前的中心任务问题

1957 年第 7 期《文物参考资料》刊登了几篇有关地志博物馆的文章。几乎每篇都谈到了 1957 年第 3 期《文物参考资料》上我写的《有关地志博物馆的两个问题》一文，并且提出了不同意见。我反复地阅读了这几篇文章，得到很多启发，也了解了有些地方的具体情况。应该承认，强调"中华人民共和国时期之部"为中心任务是完全必要的，但是笼统而机械地说要一律把它首先摆出来是不很恰当的。因为我们绝不能机械地认为首先搞好这一部分，就应该把已有的陈列撤陈，或者即刻停止现在正在进行的其他工作，而是应该使已有的陈列继续陈列，但是不要再投入更多的力量。正在进行的陈列应该继续进行，但是必须同时以一定人力从事"中华人民共和国时期之部"的工作。至于几个部分基础相差不多，或者"中华人民共和国时期"之部的基础稍差，则仍应首先搞好这一部分的陈列。因此，在目前要求以搞好"中华人民共和国时期之部"为中心任务，是与首先可以摆出哪一部分并不矛盾的。前者是"重点"，后者是"因地因馆制宜"。保证重点和因地因馆制宜是应该密切结合的。问题在于，究竟是在服从保证重点的前提下因地因馆制宜呢？还是只强调因地因馆制宜，而把重点工作放在次要地位呢？标志着这一分歧的具体表现就是力量分配问题。正是在这方面，与实际情况对照起来，我对同志们的有些意见还是不敢完全苟同的，愿与同志们作进一步的讨论。

首先，我认为和平同志《对因地因馆制宜方针的一点体会》这一篇文章的题目，就是不妥当的。事实上，"因地因馆制宜"并不是也不应该是地志博物馆的事业方针。它只能是贯彻方针的方法。因为方针是要有具体内容的，而"因地因馆制宜"却没有任何具体内容。它只是要求我们应该从实际出发，结合具体情况，更好地具体贯彻既定事业方针。这正是适合于一切工作范围的马克思主义基本原则。如果我们错误地把它本身即理解为方针，其结果就是取消了方针而听任自流了。同时，和平同志说："自 1956 年初中央文化部在召开的全国文化局长会议上提出地志博物馆的因地因馆制宜方针后，同年又在全国博物馆工作会议上作了肯定。"这也是不完全符合事实的。据我所知，在文化局长会议和全国博物馆工作会议上虽然提到了"因地制宜，因馆制宜"，但并不是作为方针来提出的。几年来，对于地志博物馆的具体方针，一直在强调必须密切结合国家的政治斗争和经济建设，举办具有现实意义的陈列和展览。这在历年文物事业年度方针任务中，写得很清楚。至于举办什么具体的陈列和展览，采取哪些具体的办法，当然需要因地因馆制宜。也只是在这个意义上，才能够因地因馆制宜。对于既定的方针和基本原则，是不能因地因馆制宜而加以改变的。正是为了贯彻上述方针，所以王冶秋局长在全国地志博物馆工作经验交流会上的发言才"建议各地志博物馆首先将社会主义建设部分陈列出来"。1957 年度文物事业的方针任务下达时又明确肯定了这一点。因为这样是最适应上述方针要求的。

不可否认，在贯彻一个方针时，总会遇到各种不同程度的困难和障碍，特别是思想障碍。因此，在这里具有决定意义的就是我们是否从思想上认识到它的重要性。和平和谭维四同志列举了许多理由证明："要求不同地区的地志博物馆强求一律必须首先摆出某一部分来是不适当的。"我却认为有些理由并不足以令人信服，因为不同的地区并不是确定先摆哪一部分的决定因素。和平同志认为中原、沿海和少数民族地区都各有其不同的条件，因而也为各种不同内容的陈列提供了有利条件，因此应该根据这些条件来决定先摆哪一部分陈列。我认为这种说法是不够全面的。不同地区有不同特点和条件是客观事实，但是如果以此为据，作为反对要求一律先搞"中华人民共和国时期之部"的理由就不充分了。因为和平同志只看到了各地区的不同条件，却忽视了各地区之间的共同条件，这就是全国各地区在建国以来都经历了天翻覆地的变化过程，都进行了空前未有的大规模社会主义建设。在这一点上，全国各地是毫无区别的。正是全国各地的社会主义建设的发展，为我们各地区的地志博物馆"中华人民共和国时期之部"的陈列提供了有利条件。这不是显而易见的事实吗？既然全国各地博物馆都具有这个有利条件，也就为要求全国地志博物馆一律先搞"中华人民共和国时期之部"的陈列提供了可能性。我认为和平同志所指的不同地区的不同条件，只是决定各馆应该因地因馆制宜，在各部分陈列的内容比重上和表现特点上应该有所不同，不能强求一律。而决定当前的中心任务，却应该服从于当前的政治要求和它们所具备的共同条件。所谓政治要求，就是必须密切结合国家的政治斗争和经济建设。这也是必须强求一律的。

为了说明各馆搞好"中华人民共和国时期之部"的可能性，我们不妨对全国地志博物馆的情况，作一简单的分析。目前我国一共有二十七个地志性博物馆，其中只有河南、浙江、黑龙江三个馆是旧馆改变为地志馆的，其他馆都是解放后才新筹备的。如果说旧有基础应该首先充分发挥作用，那么，这三个旧馆都已经根据旧有基础和条件举办了陈列和展览。其中黑龙江馆三个部分都已初步摆出来了，其他两个馆在目前开始首先搞好"中华人民共和国时期之部"的陈列也并不存在着与旧基础之间的矛盾。至于有些新馆虽然过去从文管会或其他单位接收了一些不系统的历史文物或其他标本，但并不是什么固有的基础和条件，而是后来逐渐丰富起来的。有的同志却偏偏要强调这些基础和条件。当然这是今天的客观实际，也应该从实际出发，因地因馆制宜。殊不知这些基础和条件的形成，除了客观原因以外，正是由于主观上重点不明确，抱着有什么摆什么或者是舍难求易的观点所发展的结果。因为在开始时，各个新筹备的馆，基本上都是需要白手起家的。如果当时重点明确，始终不懈地全力以赴，结合各个时期中心任务及时和有计划地进行搜集工作，为完成"中华人民共和国时期之部"而努力，是绝不会毫无所获的。这样，它们今天的客观实际将不会是现有的基础和条件，必然会是"中华人民共和国时期之部"的基础和条件。黑龙江馆是个旧馆，他们三个部分都搞出来了，虽然陈列质量也许还不能尽如人意，但是却说明了，只要真正予以重视，"中华人民共和国时期之部"是完全可能搞出来的。条件是需要创造的，而不是可以等待形成的。事实证明过去所以没有为这一部分打好基础，并不是能不能的问题，而是肯不肯做的问题。现在和将来也同样是如此。这种情况是必须加以改变的。据我所知，有些馆到目前为止，还根本没有把主要力量放在"中华人民共和国时期之部"的方面来。固然体现工作重点，孰主孰次不完全在于首先可以摆出哪一部分陈列，但是体现重点的根本问题就是力量分配问题。据说有一个博物馆全馆几十个人，"中华人民共和国时期之部"却只有几个人。他们在理论上也承认应该以"中华人民共和国时期之部"为重点，但是在实践上却与他们所承认的理论完全背道而驰的，在力量分配时根本没有保证重点。这种情况如果听任下去，再过几年仍然是不会搞好的。为了迅速地改变这种情况，我们不能只是强调今天的客观实际，而更重要的是要强调改变不重视"中华人民共和国时期之部"的思想，在保证中心任务的前提下，因地因馆制宜，从而认真地贯彻中央的既定方针。

我们认为一些同志不重视"中华人民共和国时期之部"，除了由于客观基础所形成的不自觉地"重古轻今"以外，主要是对这一部分陈列的政治意义认识不足。没有从政治观点出发，只从个人爱好出发，甚至有些同志思想上还存在着各种不同程度的不正确的思想。有人不愿意搞"中华人民共和国时期之部"，认为它没有专门学问，是费力不讨好。他们热衷于自然或历史之部，是因为有畏难情绪，或者是为了个人偏好。在这里必须指出，"中华人民共和国时期之部"的全部内容，正是极其丰富生动而深刻地表现了创造性运用马克思列宁主义与中国实践相结合的历史过程。这正是最大的学问。也有人缺乏政治责任心，只满足于已有陈列，怕麻烦，甚至以毫无教育意义的展品进行陈列，以迎合部分落后群众的趣味，但是忘了博物馆是以社会主义精神教育人民的宣传教育机关。这些思想是我们应该注意纠正的。

至于和平同志认为"社建之部由于内容广泛，在征集、陈列上，普遍感到有很多困难"。这的确也是事实。任何工作都不会完全一帆风顺，特别是在这方面我们还缺乏经验，有时感到无从下手，这正是需要我们在工作中摸索和积累经验，逐步加以解决的。我们绝不能因此而产生畏难情绪，问题还在于我们的主观努力。事实上，其他两个部分又何尝十分容易？建国已经八年了，很多有关民主改革和社会主义建设的材料已经不容易搜集了。如果今天畏难而不抓紧搜集，实际上困难依然存在，回避困难并不等于克服了困难，而且这些困难绝不会日渐减少，而是随着时间的飞逝会与日俱增的。可以想见，明天的困难在有些方面还会更多于今天。

最后附带要谈到的是和平和谭维四同志一致认为，"只有"中华人民共和国时期之部，才能适应密切结合国家政治斗争和经济建设的要求，"是不正确或不完全正确的"。的确，乍看起来，"只有"二字似乎颇有语病。如果仔细分析一下，我看还是可以的。我不同意谭维四同志认为我的说法"实际上就否认了自然之部和历史之部陈列的作用，或者说至少是贬低了它们的作用"。我的体会是地志博物馆三个部分的陈列各有其不同的作用，彼此是不能相互代替的。强调某一部分本身所应起的作用，丝毫也不否认或贬低其他部分的作用。譬如像和平同志指出的历史之部"在百花齐放、百家争鸣中宣传我国悠久而优秀的历史文化，以继承旧有的文化而发展社会主义的文化"的作用，不正是只有历史之部才可能适应这个要求吗？显然这种提法也不会否认或贬低其他部分的作用。我们说密切结合国家的政治斗争和经济建设，是指着直接反映和推动国家的政治斗争和经济建设而言的，也正是从这个角度上来说它是最具有现实意义的，而"自然之部"和"历史之部"是不可能起到这个作用的。在这个意义上我们说，只有"中华人民共和国时期之部才能适应这种要求"有什么不对呢？当然，三部分之间是有机联系的。它们之间虽然各有其不同作用的区别，但是总的说来对人民进行教育的作用是一致的。既然起了教育人民的作用，也就有了现实意义。从这个意义上说，我用"只有"二字就不确切了。但是这个现实意义和我所指的现实意义的概念是有区别的，因为我们所指的是及时而直接反映国家的政治斗争和经济建设的现实意义。综上所述，既然我们地志博物馆的当前方针是必须密切结合国家政治斗争和经济建设，举办具有现实意义的陈列和展览，而"中华人民共和国时期之部"又最能适应这种要求，我们就完全有理由说，搞好"中华人民共和国时期之部"应该是当前地志博物馆的中心任务。

以上是我对当前地志博物馆的中心任务问题的一些体会，可能是错误的，希望同志们指正。

（原载《文物参考资料》1957年第9期）

学习苏联，使文物事业
更好地为社会主义建设服务

伟大的"十月革命"把科学的社会主义从理想变为现实，建立了世界上第一个社会主义国家，为整个人类历史开辟了一个崭新的时代。中国人民革命的胜利正是"十月革命"胜利的继续。当我们怀着无比兴奋的心情来迎接和祝贺伟大的"十月革命"四十周年的时候，不仅应该把苏联人民的胜利当作自己的胜利而欢欣鼓舞，衷心地感谢苏联在我们革命斗争和国家建设过程中所给予我们的无私援助，而更重要的是，我们应该如何认真地学习苏联丰富的各种建设经验，结合具体情况将这些经验运用于我们的建设中，从而推动我们的事业前进，更前进，从胜利走向新的胜利。列宁说过："把注意力集中到还没有完成的革命任务上，这是庆祝伟大革命纪念日的最好办法。"

学习苏联是我们党和政府坚定不移的方针。事实证明，建国八年来，我们各方面所取得的每一项成就都是和学习苏联分不开的。博物馆和文物工作亦自不能例外。但是一些人认为："学习苏联就是教条主义。""八年来博物馆事业学习苏联学错了"。"学习苏联主要是经济建设方面，博物馆和文物工作没有什么可以向苏联学习的"。所有这些，都是必须加以严正批判的。

博物馆和文物工作是否可以不必向苏联学习呢？在回答这个问题的时候，我们首先应该解决一个根本立场问题。这就是我们的事业究竟要走社会主义的道路，还是要走资本主义道路？因为目前我们还处在过渡时期，贯穿着这一时期的各个阶段和各个方面的基本问题，就是社会主义与资本主义两条道路的斗争问题。这也是博物馆和文物工作所必须解决的问题。苏联人民正是在尖锐的两条道路的斗争中，建立了巩固的社会主义经济基础和与之相适应的上层建筑，并且在四十年的漫长岁月中，积累了社会主义经济和文化建设多个方面的全面而成熟的经验。当然其中也包括博物馆和文物工作的经验。我们既然要坚持走社会主义的道路，发展社会主义的博物馆和文物工作，就必须首先向苏联学习。

苏联的经验告诉我们，博物馆是社会主义文化事业的一个重要组成部分，必须通过其特点使之为社会主义建设服务。"它不只是反映过去，而且反映现在和展望将来；更重要的是不仅限于反映，而且起着上层建筑对经济基础的形成和巩固的积极作用"。这就是博物馆事业的社会主义道路。八年来我们正是坚持了这条道路，因而使我国的博物馆事业有了很大的发展。根据苏联经验，我们确定了博物馆的基本性质是科学研究机关、文化教育机关和物质文化与精神文化遗存或自然标本的主要收藏所。几年来已经把过去少数旧有博物馆，从为少数人服务的"古董铺"，改变为向广大人民群众进行社会主义和爱国主义教育的场所。同时，我们还根据苏联经验在全国各省、市建立了反映各地方的自然环境、历史和社会主义建设的地志博物馆以及以纪念历史人物事件为中心的纪念性博物馆。这些博物馆通过陈列和展览，在宣传党和政府的政策方针和向广大人民群众进行社会主义和爱国主义教育方面起了很大作用，鼓舞了人们参加社会主义的劳动热情。我们认为取得这些成绩的主要原因之一，就是学习苏联的结果。

应该承认，我们对博物馆事业的总方向，虽然坚持了社会主义的道路，但是真正能够运用马列主义的立场、观点和方法来解决博物馆的各种问题还仅仅是开始。形形色色的资产阶级思想还反映在我们博物馆事业中，"脱离政治"、"为学术而学术"的倾向依然存在，甚至在个别单位还表现得相当严重。有些人口头上承认社会主义道路，工作实践上却又千方百计地坚持自己的资产阶级观点。因此，在博物馆事业中两条道路谁战胜谁的问题还没有彻底解决。解决这个问题正是我们今后一个长时期的政治任务。当然在博物馆一些没有解决的具体问题上，还存在着客观原因，这就是我们的博物馆发展的历史很短，缺乏经验。因此，很多问题还没有解决，例如博物馆陈列思想性、科学性和艺术性的结合问题；历史博物馆陈列中历史人物与历史事件的处置问题；为科学研究服务与为广大人民群众服务的关系问题；博物馆研究工作与业务工作的结合问题；综合馆与专馆的孰主孰次问题都没有得到最后的解决。我们认为坚持博物馆的社会主义道路，彻底地解决目前存在的问题，其决定关键在于马列主义思想的指导。而如何运用马列主义来解决博物馆中的各项问题，我们就必须学习苏联。在这里，我们和有些人的意见是存在分歧的。有人强调苏联的条件和我们不同，马列主义必须从实际条件出发，所以学习苏联就是教条主义。这种意见是打着马列主义的招牌来反对学习苏联。我们认为这是极端错误的。的确，马列主义必须从实际条件出发，但是因为马列主义的普遍真理绝不是空洞的，它总是具体地因为不同的条件而在各种不同的形式中体现出来。因而我们所要向苏联学习的，也就是苏联运用马列主义怎样与他们自己民族特点相结合的经验，因为这才是最生动而具体的马列主义。我们绝不是原样照抄生搬硬套苏联博物馆每项工作的具体成果，而是要学习苏联在创造这些成果的过程中，他们所应用的方法的精神实质。我们要学习他们的不仅是一些具体表现形式，而更重要的是要学习这些具体形式所表现的基本原则。譬如陈列必须具有鲜明的政治倾向，而反对"纯"科学、"纯"艺术的客观主义观点；陈列必须敏锐地反映现实，并为政治经济中心任务服务；陈列必须深入浅出。高度政治思想性和科学性必须与大众化相结合等原则，就是我们必须学习的。要进一步发展我们的博物馆事业，坚持社会主义的道路，就必须继续向苏联学习。

文物工作同样存在着两条路的斗争，我们也必须向苏联学习。苏联是把文物作为全民的财产而加以保护的，并且运用辩证唯物主义与历史唯物主义的观点方法来进行文物工作，使文物成为创造社会主义新文化的依据，成为说明历史的科学资料，并用以向广大人民进行爱国主义教育，提高人民的民族自尊心。这就是文物工作的社会主义的道路。但是我们不仅要学习苏联对文物工作的指导思想，而且也要学习他们先进的组织制度和工作方法。建国八年来，文物工作密切地结合国家建设虽然有了很大的发展和成绩，但是因为我们经验很少和人少事繁，主观力量与客观需要存在着矛盾，一直没有摆脱被动的局面。1956 年随着全国农业合作化高潮的到来，我们根据苏联经验开展了文物普查工作，并且把建立"文物保护单位"工作作为我们的中心任务。目前，全国文物普查已初步完成，全国除北京市，二十六个省、市和自治区已经批准和公布了第一批文物保护单位，共达五千五百九十三处，其中有很多重要的发现。第二次文物复查也即将开始。这就为文物工作从被动转入主动提供了有利条件。我们之所以能采取这项在文物工作中具有根本性的措施，不正是因为学习了苏联的先进经验吗？在这活生生的事实面前，右派分子认为文物工作不必学习苏联的言论，是会不攻自破的。

苏联的经验告诉我们，保护历史文物，要特别注意表现人民生活、生产力和生产关系的文物。同时，不仅要注意对古代文物的保护、整理和研究，而且还要特别注意革命时期的革命文物和今天的文物的收集、整理和研究。这与资产阶级用古董观点来对待文物的态度是有根本分歧的。这样就使我们对文物的概念有了新的认识，因而突破了对文物认识的旧观点，扩大了文物保护的范围。大家知道，文物是物质文化遗存，是反映历史面貌的重要科学资料之一。因此，注意对近代和现代文物的保护、整理和研究，对历史研究有着重大的意义。人民是历史的主人，这是客观发展的规律。但是在几千年的阶级社会中，历史的本来面貌是被统治阶级隐蔽和歪曲了，因而给后人研究过去的历史造成了困难，使我们只能根据仅存的古代文献和文物加以推断和分析，逐步认识了解过去的历史面貌。只有当人民成为社会的主人的时候，在马克思、列宁主义思想的指导下，人们才开始完全自觉地自己创造自己的历史，使人类从必然的王国进入自由的王国，而且才可能开始自觉地来记载自己所创造的历史。我们今天有计划地注意保护和研究近代和现代的文物，正是自觉地记载今天我们自己创造历史的光荣任务之一。这项有计划而自觉地为将来提供今天历史资料的工作是自苏联创始的，因此，我们必须首先向苏联学习。

综上所述，为了使博物馆和文物工作正确地沿着社会主义道路前进，继续学习苏联正是我们今后坚定不移的方向。当前，苏联是第一个建成社会主义社会的国家，当时没有其他国家的先进经验可以借鉴，必须要用自己的智慧和劳动来开辟人类这条崭新的道路，因而遭遇到的困难必然要比我们多得多。他们有成功的经验，也必然会有失败的教训，但是"所有这些成功的和失败的经验，对于善于学习的人都是无价之宝。因为它们都可以帮助我们少走弯路、少受损失"。

当我们纪念伟大的"十月革命"四十周年的时候，我们应当牢牢记住列宁的指示，把注意力集中到我们事业中存在的问题上，继续向苏联学习，迅速地提高我们博物馆和文物工作水平，使之更好地为社会主义建设服务。

（原载《文物参考资料》1957 年第 11 期）

坚持政治挂帅，积极发展
文物、博物馆事业[*]

全国文物、博物馆工作会议胜利闭幕了。会议充分肯定了十年来文物、博物馆事业所取得的成绩，总结和交流了十年来，特别是1958年大跃进以来所累积的丰富经验，并且根据国家整个建设事业高速度发展的形势，提出了今后的方针任务，为进一步推动文物、博物馆事业的发展提出了明确的方向。

文物、博物馆事业是社会主义文化事业的一个组成部分，是党在思想战线上进行宣传教育和理论斗争的有力工具。十年来，文物、博物馆工作的成绩是巨大的。特别是1958年以来在党的社会主义建设总路线的光辉照耀下，在各地党委的领导下，坚持政治挂帅，大搞群众运动，出现了一个蓬勃发展的新局面。主要表现在：各地博物馆打破陈规，上山、下乡、下厂矿，大办流动展览，向广大群众进行爱国主义、社会主义、共产主义教育。在宣传总路线、生产大跃进和人民公社化的过程中，群众自办了成千上万的展览会。这是一种完全新型的具有鲜明政治方向和现实内容的小型博物馆、展览馆。这些馆的特点是内容广泛，形式多样，生动灵活，效果显著。如大量的"今昔对比"、"十年成就"、"技术革新"、"三个十年"等展览，都能够及时配合中心任务，密切结合政治、结合生产，提高了人民思想觉悟，鼓舞了人民劳动热情，推广了先进技术和经验。群众说它是一个"指方向、学技术、表扬成绩、歌

---

* 本文是作者为《人民日报》撰写的社论。

颂光明的重要场所"。在文物工作方面，两年来广泛开展了群众性的文物工作，解放思想，破除迷信，全国各地大办训练班，普及文物知识，广泛征集革命文物，涌现出大量群众性业余的保护文物组织和保护文物的积极分子，从而使文物、博物馆事业成为广大人民群众自己的事业，并为今后的发展开拓了崭新的道路。目前，各地主要是公社和生产队还办了不少宣传科学技术性质的展览室，有的叫做农业技术博物馆，群众有的说："要学多面手，博物馆里走一走。"这种展览对于促进工农业生产、促进技术革新和技术革命将起巨大的作用。

这次会议证明：文物、博物馆事业十年来不断发展和不断提高的过程，也正是在党的路线和毛泽东思想的领导下，与资产阶级思想不断斗争和不断取得胜利的过程。

政治挂帅还是"实物挂帅"，是文物、博物馆事业中的一个根本问题。文物、博物馆工作的特点是用实物做例证来说明人类社会的阶级斗争和生产斗争，以达到教育广大人民的目的。

在博物馆的陈列和展览中必须坚持政治挂帅，必须要有明确的政治倾向性。比方说，在现代革命史的陈列中，就必须突出党的路线和毛泽东思想的红线；在历史陈列中，就必须突出阶级斗争和人民是历史的创造者的红线。红线就是政治倾向性的问题，但是政治倾向性又必须和历史真实性相结合。

马克思主义者对历史的真实丝毫也不允许歪曲，我们用马克思列宁主义的观点，也就是辩证唯物主义和历史唯物主义的观点来观察和研究一切历史现象，为的是找出历史变迁的规律，尊重历史的辩证法的发展。罗列历史现象，并不等于科学地说明了历史。博物馆有什么摆什么的自然主义陈列，并不能表现出历史的真实面貌。政治倾向性就是要求表现历史事物中最本质的东西，也即历史的本来面目，只有这样才能以正确的历史知识和革命的精神教育人民。

在这里必须指出，我们反对"实物挂帅"，并不是说不必保护和保存这些实物。遗存在地上、地下的丰富历史文化遗产，是历代劳动人民劳动智慧的结晶，是说明社会发展史劳动创造世界最生动具体的、最可靠的实物例证。做好对它的保护和管理工作，对于研究祖国历史，向人民进行革命传统教育、历史唯物主义教育、爱国主义教育和创造社会主义的、民族的新文化，都具有重大意义。然而我们绝不是"为陈列而陈列"，"为保护而保护"，因此，我们不必要也不可能把一切历史上存在过的东西都保存下来，并加以陈列。我们只要对重要的有价值的历史文物、遗迹实行"重点保护、重点发掘"，也就可以达到向人民群众提供教育材料和丰富历史科学研究资料的目的。但是既然作为重点，就要坚决保护，如安阳殷墟、敦煌、云冈、龙门石窟等不仅是我国历史的瑰宝，也是世界上的稀有历史遗迹，就应当大力保护。我们必须反对和防止忽视重要历史文物任其遭受破坏的现象。

这次会议上还证明任何事业只要坚持群众路线，大搞群众运动，就会多快好省，蓬勃发展。反之，必然要少慢差费，冷冷清清。两年来，博物馆事业的发展超过前八年的八倍多，正是坚持群众路线、大搞群众运动的结果。

不仅如此，为了提高文物、博物馆工作的质量，也必须采取群众路线方法，把群众创造的经验集中起来再坚持下去。大跃进以来，在文物工作方面，群众搞文物保护；在博物馆工作方面，广大群众打破常规，把自己喜闻乐见的民歌、绘画、说唱、手工艺等，成功地运用到展览中去，大大地丰富了展览的形式，因而更加强了展览的思想性、战斗性、灵活性。所有这些都显示出鲜明的民族风格、民族特点，这是我国文物、博物馆事业的创造性发展，也是我国文物、博物馆事业进入发展新阶段的标志。

我国的人民正在以冲天的干劲，要将我们国家建成为一个具有现代工业、现代农业、现代科学文化和现代国防的伟大的社会主义强国。作为文化事业一个组成部分的文物、博物馆事业必须适应国家建设事业发展的要求，积极发展，提高质量，更好地为政治、为生产服务。两年来文物、博物馆事业大发展所肯定的新方向，已经为文物、博物馆事业开辟了广阔的发展前途。我们相信，只要加强党的领导，坚决贯彻党的建设社会主义总路线，坚持党的群众路线，文物、博物馆工作者再不断提高政治思想水平，认真钻研业务，文物、博物馆事业就必然取得新的、更大的成绩。

（原载《文物》1960 年第 4 期）

关于成立古文字整理
研究机构的请示报告

建国后，文物考古工作密切配合各项建设工程，在全国范围内，先后发现了大量重要的历史文物，其中包括一大批珍贵的古文字材料，如云梦秦简、临沂银雀山汉墓竹简、马王堆帛书及居延汉简、吐鲁番十六国至唐代文书等，自殷商以迄汉唐的古文字，如甲骨、金文、简牍、帛书等。它们从不同的侧面反映了当时政治、经济、军事、文化、宗教、民族关系，以及社会生活的各个方面的情况，对于研究我国古代历史具有重大的科学价值，引起了国际、国内的广泛重视。特别是新疆出土的唐代文书有力地证明新疆自古以来就是我们统一多民族国家的一个组成部分。

1949 年以前，这一类古文字材料也有过发现，但绝大多数是盗掘出土的，科学性很差，其中大部分已被帝国主义掠去，一部分在解放前夕被蒋介石匪帮劫往台湾。多年来，这些资料已陆续在国外发表，并出版了大量论文和专著。其中新疆吐鲁番和敦煌文书的研究在国际上已形成一项专门学科。帝国主义者和社会帝国主义任意使用这些资料，歪曲中国历史，进地反华活动，大肆鼓吹中国文化西来说，制造新疆从来不是中国版图的反动舆论。

1949 年以后新发现的这些大量古文字，绝大多数是经过科学发掘出土的，而且在内容上大大超过了国外的资料。以居延汉简为例，解放前出土的一万枚，已于抗战期间，被国民党反动派盗运美国。这次只从三个地点试行发掘，就出土汉简一万七千多枚，不仅出土的坑位、地层关系比较清楚，保存比较完整，而且无论从数量上、史料价值上都大大超过了解放前发掘的居延汉简。再如新疆吐鲁番出土文书，时代从十六国到唐的汉文文书共两千四百多件，主要是官方文书、契约、书信。对研究我国古代新疆地区的历史和驳斥苏修反华谬论有重要意义。因此，运用马克思主义的观点对这些古文字进行科学的整理和研究，用以批判帝修反的种种反动谬论，不仅仅是一项学术研究工作，而是一场现实的政治斗争。但是，近年来由于受"四人帮"反革命修正主义路线的严重干扰和破坏，对于现已发现的大量重要古文字，根本无法开展全面系统的整理和研究工作。古文字的整理和研究，是一项科学性很强的工作，而且一定要具备专门知识。目前，国内对这方面有专门研究的老专家已寥寥无几，并且年龄大都在七十岁以上，一般专业人员也为数很少。前些年由于受"四人帮"反革命修正主义路线的严重干扰和破坏，不仅使一些专业人员的研究工作无法开展，而且一些年青人也不敢在这方面进行钻研，致使我国古文字的研究面临着后继无人的危险。

1974 年起，文物局先后从哲学社会科学部、北京大学、武汉大学、中山大学等部门商借了少数专业人员对马王堆帛书、临沂汉简进行整理工作。三年来虽取得了一定的成绩，但由于人手少，加上种种条件的限制，进度很慢。有的既定整理项目，至今尚未开始，远远不能适应工作开展的需要。特别是一些竹简、文书，在出土时字迹非常清晰，现在已出现字迹模糊的现象。在这种急迫的情况下，如不立即采取断然措施，抓紧时间，及时整理，将来工作更加困难，甚至会造成无法弥补的损失，对子孙后代都难以交代。现在的情况是，一些古文字研究的专业人员大部分散在各地不同单位，而出土的古文字又集中保存在文物系统。如不将力量组织起来有计划地开展工作，整理研究是有困难的。"四人帮"被粉碎以后，一些老专家对此项工作积极性很高，表示一定要把自己的专长，在有限的余年里贡献给人民。参加新疆唐代文书整理的武汉大学教授唐长孺同志，年近七十，右目已经失明，左眼高度近视，且视力日益减弱。他唯恐在眼睛完全失明以前，完不成整理任务，日夜辛勤工作，迫切地希望增加整理力量，加快工作进度。

为了调动一切积极因素，有组织、有计划地开展对古文字的整理研究工作，已成为一项刻不容缓的任务。我们的意见，拟商请有关部门将现在参加古文字整理小组的部分专业人员固定下来，再配备部分青年，在我局增设一个直属研究机构，专门从事此项工作，编制暂定三十人，包括从外地调进少数专业人员（他们的户口请同意迁进北京）。同时，在此基础上，与中国社会科学院及有关高等院校协作，制订一个对这批古文字整理研究的全面规划。根据各自的研究力量，相互协作，分工负责，力争在五至七年内完成此项整理研究任务，必要时也可以集中力量打歼灭战，这样既有利于充分发挥老年专业人员特长，也可以在工作实践中培养一批新生力量，以适应今后古文字研究工作的需要。

1977 年 6 月 19 日

在第二次世界文化政策
大会第二委员会上的发言*

近些年来，教科文组织关于保护文化遗产问题，制定和通过了一系列的"公约"和建议，已经越来越引起各个国家的重视，使保护文化遗产的工作有了新的进展。这无疑对于丰富整个人类文化宝库，促进文化发展是有益的。

在这里，我根据中国的具体经验，仅就有关文物保护问题，扼要地谈谈我们的情况和意见：

首先，必须十分重视防止各个国家文物外流问题。我们完全同意许多代表团发言关于促进归还文物，制止盗窃文物的意见。长期以来，中国丰富的文化遗产受到帝国主义的掠夺和破坏，我们在这方面和其他第三世界国家有着共同的遭遇。我们认为，一切以不正当手段掠夺别国文物的不光彩行为，应当得到纠正。这个历史遗留问题，必须公正合理的解决。同时，我们还必须努力制止当前国际上日益增长的文物盗窃、走私活动。不仅各个国家要制定法令采取有力措施严禁文物非法出口，而且国际社会也有责任共同防止和制裁这种犯罪行为。

第二，在经济建设中，要重视保护文物，特别是在城市化、工业化过程中，注意保护古建筑、古遗址及其环境是一个很重要的问题。我们对于这个问题的处理，是有一个发展过程的，过去比较着重的是保护文

---

* 本文为作者1982年7月30日在墨西哥举办的第二次世界文化政策大会第二委员会上的发言稿。

物本身，而忽视了环境的保护。最近，我们国家公布了一批历史文化名城，颁发了新的政策规定，要求对这些名城建设，必须根据名城的传统特点，确定城市发展的性质和方向，进行全面规划，不仅要注意保护名城中的文物及其环境气氛，而且还要考虑名城原有的总体布局，以显示名城的历史延续性，充分保持名城特有风貌。在这些名城中，严禁建设有三废污染的工业，已经建立的，或者限期治理，或者限期搬迁。

我们认为，保护文物不仅仅是各个国家政府文物管理部门的职责，而且也是政府各有关部门的共同责任。在中国，政府的法令，不仅规定了各有关部门要承担保护文物的义务，而且还规定，凡是因基本建设工程关系而进行的文物调查、勘探、发掘、拆除、迁移等工作，所需经费、物资和劳动力应由建设部门分别列入预算和劳动计划。

第三，必须积极开展防止自然力对文物破坏的科研工作。在世界迅速发展过程中，各种破坏文物的因素正在增长，当前空气污染等因素对文物的破坏性很大。同时，考古发掘出土文物保护的不少问题也还没有解决，但是目前从事这方面研究的机构和人员，无论是数量上或质量上都还远远不能适应需要。在中国，这也是一个薄弱的环节，如壁画保护，漆、木、竹器胶水等课题至今尚未完全解决。

我们认为，加强这方面的工作，运用现代科学手段，开展尖端的科学研究是非常重要的，但是还必须充分重视传统的经验。各个国家大都有一些适合于修复、保护本国文物的行之有效的传统技术，这也是民族文化遗产的一部分。我们认为，应当把现代科学技术和传统技术结合起来，并且运用现代科学成果，总结和整理传统技术经验，使之发展和提高。在这方面积极开展国际间的技术交流和合作是非常必要的。建议教科文组织根据各个地区的特点，筹建若干个科研内容各有侧重的研究中心，分工协作，培养专门人才。

第四，保护文物，必须依靠广大人民群众，古代人民群众是历史文物的创造者，今天的人民群众是历史文物的主要享用者，保护文物，仅仅依靠政府法令、专业机构和人员，而不发动人民群众来参加是不行的。我们认为，必须运用各种宣传手段，教育群众，动员群众，使"保护文物，人人有责"的思想深入人心，把执行政府保护文物的法令、政策变为人民群众的自觉行动。在中国，除了专门机构和人员外，一些文物保存丰富的地区，还建立了群众性的业余文物保护小组，这是保护文物的一支重要力量。

新中国成立三十三年来，考古发掘工作取得了巨大成就，其中绝大多数的重大考古新发现都是人民群众在各自不同的偶然机会中发现的。如出土两千多年前保存完好女尸的长沙马王堆古墓，具有高度艺术水平的铜奔马、与真人真马一般大的秦始皇兵马俑，以及著名的金缕玉衣等都是一些普通人民群众发现线索后向政府报告，由专业考古人员进行发掘的。实践经验证明，依靠人民群众，是做好文物保护工作的重要保证。

第五，要充分发挥文物在各个方面的积极作用，才更有利于文物保护。我们认为，保护文物的目的，就是要发挥文物在物质文明建设和精神文明建设中的作用。"古为今用"是中国文物工作的重要指导方针，根据这个方针我们把文物作为教育人民认识自己的历史和创造力量，以提高人民民族自尊心的生动教材，作为社会科学和自然科学各个学术领域的重要研究资料。特别是近几年来，中国文物考古工作者运用考古学手段，对江、河、海岸和沙漠的历史变迁，以及水文变化进行考察；探索根据文物资料考察历史地震情况，推断地震震级的工作都取得了一定成果，为预报地震、地质勘探、水利建设等部门提供了重要资料，赢得了他们对保护文物的重视和支持。这些工作不仅为考古学的发展开辟了新的领域，而且也开辟了保护文物直接为经济建设服务的新途径。根据既对经济建设有利，又对文物保护有利的两利方针，中国一些大型水利建设工程，都设有由文物部门组织的文物考古队，作为工作建设本身的一个工作部门。因为他们认识到这不仅是保护文物的需要，而且也是他们本身工作的需要。这充分说明，保护文物和发挥文物作用，二者是相辅相成、互相促进的。文物的作用发挥得越大，就越会取得社会的广泛重视和支持，就越有利于文物保护。

最后，我们认为，文物是历史的见证，它形象地从各个不同的侧面反映着一个国家、一个民族各个时代的社会制度、政治、经济、文化和社会生活状况。保护文物实质上是尊重本国历史的问题，也是保持民族文化特性和保存人类文化财富的问题。各个国家，如果都能把历史文物当作宣传、树立自己国家形象，增强民族自尊心和自信心的工具，就一定能激发本国广大人民群众热爱祖国、维护和发展民族文化的积极性和自觉性，从而有效地抵制外来不健康文化的渗透和污染。

认真执行《文物保护法》，
开创文物工作新局面

《中华人民共和国文物保护法》（下简称《文物保护法》）业经第五届全国人大常委会第二十五次会议通过并颁布施行了。这是我国文物事业发展中的一件大事，是保护和发展民族文化，建设社会主义精神文明的一项重大措施。

一

我们的祖国是举世闻名的文明古国，遗存在地上、地下极为丰富的文物，是我们的先人在历史上各个时期创造的物质文明和精神文明的标志，是祖国珍贵历史文化遗产的重要组成部分。批判地继承这份遗产，是今天我们创造社会主义的、民族的新文化，建设社会主义精神文明的必要条件之一，保护和发扬这些遗产是我们党和国家的一贯政策。

建国以来，文物保护工作是随着整个国家的建设步伐而向前推进的。建国初期，针对近一百多年来祖国文物大量外流的严重情况，中央人民政府政务院首先颁布了《禁止珍贵文物出口令》，同时，发布了有关征集文物、考古发掘和保护古建筑等一系列的指示和办法，对外禁止出口，对内严禁破坏，明确指出，这是国家文化建设的重要任务之一。随着国家第一个五年计划的实行，大规模的基本建设工程在全国范围内广泛展开，政务院和国务院又先后颁发了《关于在基本建设工程中保护历史文物和革命文物的指示》和《关于在农业生产建设中保护文物的通知》，提出了文物普查和建立文物保护单位等重要措施，并且确定了"重点保护、重点发掘，既对基本建设有利，又对文物保护有利"的方针，比较恰当地解决了基本建设与考古发掘、城市建设与保护古建筑之间的矛盾。1961年，在总结建国十一年文物工作经验的基础上，国务院颁布了《文物保护管理暂行条例》，之后又根据条例的规定，陆续颁发了有关文物保护单位、考古发掘、古建修缮、文物出口和文物商业等具体管理办法，建立了文物保护管理的正常工作秩序，将其纳入计划管理、稳步发展的轨道。这些法令在建国后的十七年中，起了非常重要的作用，为我国文物保护管理工作打下了坚实的基础。

十年内乱，林彪、江青反革命集团煽动极"左"思潮，严重破坏法制，使祖国文物遭到了空前的大破坏，造成了不可弥补的巨大损失。但是，由于周恩来总理的重视和关怀，党中央、国务院又颁发了关于保护文物的文件，重申了党和国家的文物保护政策。广大群众和文物工作者对林彪、江青一伙的严重干扰和破坏也进行了顽强的抵制和斗争。即使"文化大革命"初期"破四旧"的高潮中，许多文物工作者采取多种方式为保护文物而奔走呼吁，不怕辛劳，日以继夜地守护着一些重要的文物保护单位，并从街道、造纸厂、炼铜厂中抢救了大量的文物图书，保护了祖国的文化遗产。在第一批一百八十处全国重点文物保护单位中，除极少数遭到破坏以外，绝大多数被比较完整地保存下来。1971年以后，周总理亲自抓了故宫开放、出土文物出国展览和马王堆汉墓发掘等几件大事，广泛宣传祖国的优秀历史文化遗产和新中国的文物考古工作成就，在国际、国内产生了很大影响。正是在周总理的直接领导下，文物工作在短短几年内又取得了可喜的成绩。许多考古学上的重大收获，如满城金缕玉衣、马王堆帛书、临沂汉简、云梦秦简、河姆渡遗址和周原西周宫殿遗址等，都是在这一时期发现的。但是江青一伙却恶意攻击宣传考古新发现和出国文物展览是"以古压今"，是"复古思潮"，矛头直指周总理，这就更加激起了广大文物工作者的极大义愤。在天安门声讨"四人帮"的"四五"运动洪流中，许多文物工作者参加了斗争的行列，收集了歌颂周总理的诗词原件，拍摄了许多"四五"

群众运动的珍贵场面，精心保存，作为歌颂人民、揭露敌人的历史见证。多年来，在文物战线上的一支很小的队伍，正是在这种非常困难的条件下，出于对祖国文化遗产的热爱，不辞劳苦，不畏强暴，默默地在自己的岗位上，为保护文物而坚持斗争，坚持工作。这种无私无畏的高尚精神是多么值得我们尊敬！

粉碎"四人帮"以后，特别是党的十一届三中全会以来，文物战线和其他战线一样，大胆地拨乱反正，扎扎实实地在制止文物破坏、加强宣传教育、积极培训干部，以及恢复和建立规章制度等方面，进行了大量的工作，使文物事业又有了新的发展。在考古发掘方面，又有了湖北随县战国曾侯乙墓等引起举世瞩目的重大发现。

建国三十三年来，文物保护管理工作经历了一条曲折的不平凡的道路，取得了很大的成绩，但在十年内乱中也遭受过严重的挫折。《文物保护法》正是总结了建国以来文物战线上正反两方面的历史经验，结合当前出现的新情况、新问题，对《文物保护管理暂行条例》进行了较大的修改和补充而制定的。它把我国文物保护工作的具体工作路线、方针政策和重要管理原则，用法律形式固定下来，成为全国人民必须共同遵守的准则和法规。这无疑将会极大地推动今后文物事业的发展。当前我们的任务就是要大力宣传、坚决贯彻《文物保护法》，运用法律武器向一切破坏文物的现象作斗争，具体落实《文物保护法》的各项规定，为开创文物保护工作的新局面而努力。

二

《文物保护法》是在党的十二大提出全面开创社会主义现代化建设新局面的新形势下颁布的。党的十二大向全国人民提出了振兴中华的宏伟纲领，确定了我国经济建设的战略目标、战略重点和战略步骤，同时，提出了建设社会主义精神文明的战略方针。

随着社会主义经济建设的发展，在城市化、工业化的进程中，保护古建筑、古遗址及其环境是一个十分重要的问题。过去欧洲不少国家在工业革命和第二次世界大战之后，对一些城市进行大规模的建设和改造。由于那时对文物保护注意不够，曾造成城市和古建筑的大面积破坏，这个历史教训很值得我们吸取。《文物保护法》规定对一些具有重大历史价值和革命意义的城市由国务院公布为历史文化名城加以保护，这正是既总结了我们自己的经验，也吸取了其他国家的经验而提出的。这是我国文物保护工作的一个新发展。对这些城市，应当根据它的传统特点来确定城市的性质和发展方向，不仅要保护这些城市中具有高度历史、艺术、科学价值的重要古建筑、古遗址及其环境，而且还要考虑保护这些名城固有的总体布局和风貌，以充分显示这些名城的历史连续性，这就需要全面规划，把新建筑与古建筑有机地结合起来，使之交相辉映。

将来，我们伟大的祖国经济振兴了，现代化实现了，而同时又有相当一批体现我们伟大民族的古老历史文化和光荣革命传统的名城也被妥善地保护了下来，这是一幅多么令人振奋、使人欣喜的美好图景！我们文物工作者必须具有责任在身、当仁不让的精神，积极主动地与城市规划、城市建设部门密切协作，在实践中摸索经验、积累经验，坚决贯彻执行《文物保护法》的有关规定，把保护历史文化名城的工作，作为开创文物工作新局面的一个极为重要的内容，切切实实地抓紧、做好。

三

今后十多年中，全国人民将为开创社会主义现代化新局面而奋斗。鉴于凡是适宜于古代人劳动、生息的地方，其自然环境和条件也往往适宜于今天来进行建设，在这些地方兴工动土必将会发现大量的文物。我们应当充分预见到这种必然性，预见到随着国家各项建设事业的蓬勃发展，在祖国大地上，空前的大规模基本建设工程必将不断地打开埋藏在地下的文化宝库，肯定会有更多、更重要的考古新发现。如果我们不及早做好准备，把工作跟上去，势必会影响建设工程进度，或者造成地下文物的严重破坏。因此，配合国家建设的考古发掘工作，是新时期、新形势向文物工作者提出的一项十分紧迫而艰巨的任务。

必须抓紧文物普查，是当前我们的一项重要的基础工作。我们一定要在普查的基础上，掌握古遗址、古墓葬的基本分布情况，做到心中有数，才能加强工作的主动性和计划性。我们应当继续贯彻"重点保护、重点发掘，既对基本建设有利，又对文物保护有利"的方针。确定保护和发掘的重点，不能单纯考虑建设工程的需要，主要应取决于考古学术上的目的和要求。要坚决改变过去被动应付的状况，使这项工作能够主动地有计划地开展起来。

多年来各地重要考古新发现表明，我国各个地区古代文化的发展，相互间都有千丝万缕的联系，这对说明中华民族共同体的形成有着重要意义。古代文化的分布，不是以现在行政区域来划分的。因此，必须全国一盘棋，打破地区界限，反对垄断资料，加强各有关部门之间和各省、市、自治区之间的共同商议和密切协作，全面规划，共同做好工作。要加强文物考古工作人员的职业道德的教育，在田野考古工作中严格遵守科学的操作规程。因为不负责任的发掘所造成的破坏，往往比由于管理不善使遗址、墓葬遭到一般性破坏的后果更为严重。

考古工作涉及的方面很广，必须加强与各有关学科研究部门的协作，进行综合研究，提高考古工作的科学水平，使它的成果能够得到更广泛的应用。

四

《文物保护法》是我国文物保护工作进入一个新阶段的里程碑。它全面具体地提出了关于正确处理文物保护和各方面关系的原则。当前，我们要根据《文物保护法》的精神，很好地处理同旅游事业、宗教事业的关系。

随着我国实行对外开放政策，来我国参观访问的外宾和旅游者正在日益增多，遍布在全国各地丰富多彩的文物古迹已成为他们参观的重要内容。为了发展旅游事业，文物部门应当采取积极态度，密切配合，提供条件。但是必须明确，我们对外开放这些文物古迹的重要目的，是为了宣传中华民族的悠久历史和光辉灿烂的文化，以促进与各国人民之间的友谊和了解。一切旅游活动都应当服从国家保护文物的规定，在保证文物安全的条件下进行。那种片面强调服从旅游，甚至不顾文物安全，不顾国家权益，一味"向钱看"的思想和作风是完全错误的。我们必须在积极配合旅游的同时，注意防止旅游中给文物保护带来的有害影响。对于像敦煌壁画那样易于损坏的文物，绝对不能无限制地开放，一定要控制参观人数，并采取各种有效措施，防止对文物的损害。《文物保护法》针对近年来有些地区在文物保护单位附近或名胜古迹的中心地带兴建旅游大厦破坏环境风貌的情况，规定了在文物保护单位周围要划出一定的建设控制地带，这是非常必要的。事实上，旅游者主要参观的是文物古迹和风景名胜。文物古迹是旅游事业得以开展的重要条件，破坏文物古迹及其风貌，不仅对文物保护不利，也不利于发展旅游事业。

在各级文物保护单位中，有不少古寺观。如何对待这些寺观，我们要把国家保护文物的政策与宗教政策区别开来。宗教是一种历史现象。保护宗教信仰自由，是党和国家对宗教问题的基本政策。合理安排宗教活动场所，是落实宗教政策的重要条件。因此，在这些古寺观中有选择地恢复一些正常的宗教活动是完全必要的。但是，保障宗教信仰自由、恢复宗教活动，并不是也不应当影响社会主义物质文明和精神文明的建设。文物保护工作是建设社会主义精神文明、进行文化建设必不可少的一项措施。从文物角度出发保护这些古寺观的目的，是保护这些古建筑的设计、布局和结构等所反映的古代科学技术、建筑艺术成就以及其中珍贵的雕塑、壁画等艺术杰作，使之成为开展科学研究、丰富人民文化生活、进行宣传教育的重要阵地，从而在社会主义精神文明建设中发挥应有作用。落实宗教政策，并不一定要在一切寺观中都恢复宗教活动，必须是有计划、有步骤、有选择的。在这里，我们应当把落实宗教政策和执行保护文物政策，统一到有利于团结各族人民建设现代化的社会主义强国这个共同目标上来。这正是我们文物部门和宗教部门共同的根本出发点。这就要从实际出发，根据不同条件，区别对待。恢复宗教活动，应当是选择那些历来就有宗教活动，又在群众中有一定影响的寺观。对于一些具有重大历史、艺术、科学价值而又长期没有宗教活动的古寺观，就没有必要再开辟为群众宗教活动的场所。例如，承德外八庙原是皇家的寺庙，从来不是群众进行宗教活动的场所，其中每一座庙宇都与清朝前期统一全国的某项重大历史事件密切相关。这就应当把它作为清初我国统一多民族国家得到巩固和发展的历史见证，充分发挥它对人民群众进行爱国主义、民族团结教育的作用。如果把它改变为群众焚香礼佛的场所，势将不利于社会主义精神文明的建设。因此，凡是目前由文物部门管理，国家没有指定恢复宗教活动的寺观，都不应当自行开展宗教活动和接受布施，对于其他纯属封建迷信的活动更要严格制止。对于现由宗教部门管理进行正常宗教活动的寺观，文物部门也有责任向他们宣传国家的文物保护政策，帮助他们了解并自觉遵守国家有关保护文物的各项规定，以确保文物的安全。

五

"古为今用"是文物保护工作的重要指导方针。文物的内容非常广泛，能发挥的作用也是多方面的。首先，它是向广大群众进行爱国主义教育的生动教材，当人们面对那些凝结着历代人民劳动和智慧的结晶的历史文物，看到自己先人在当时历史条件下表现的创造力量和取得的辉煌成果，而且经常居于世界前列的时候，必然会激发起一种强烈的民族自信心和民族自豪感，从中吸取巨大的精神力量，自觉地为进行社会主义现代化建设、振兴中华而奋斗。保护文物，实质上是尊重自己祖国历史的问题，也是保持和发展民族文化的问题。只要我们能够把历史文物当作宣传和树立自己国家的形象、增强民族自尊心和自信心的手段，就一定会激发广大人民群众热爱祖国、维护和发展自己民族文化的自觉性和积极性，从而有效地抵制外来不健康文化的渗透和侵袭。

其次，历史文物又是社会科学、自然科学等各个学术领域的重要研究资料。文物是历史发展遗留下来的实物见证，是未经歪曲地保存着事物本来面目的史料。它可以纠正、补充文献记载的谬误和不足。建国以来的大量出土文物不仅为我国历史研究提出了不少新课题，开阔了我们的视野和研究领域，而且为冶金、建筑、陶瓷、纺织等专门史提供了很多重要研究资料，为我国绘画、雕塑等艺术发展史增添了动人的新篇章。不少历史文物还是古代人民利用自然、改造自然的科技成果，反映了当时物质文明的发展水平。近年来，文物考古工作者还运用考古学手段考察历史地震、古代水文，也取得了一定的收获，开辟了历史文物直接为社会主义建设服务的新途径。所有这些都有力地说明，历史文物不仅在精神文明建设中，是创造社会主义的、民族的新文化的必要条件，在培育人们有理想、有道德、有文化、守纪律方面，能够起着其他教育手段所不能代替的重要作用，而且还可以为物质文明建设提供有益的借鉴。保护文物的重要意义，将随着人民群众文化生活需要的日益增长、科学文化水平的不断提高而越来越显示出来。

古代人民群众是历史文物的创造者，今天的人民群众是这笔珍贵遗产的主人。保护文物，反映了人民群众的根本利益，我们一定要紧紧依靠广大群众，认真贯彻执行文物保护法，努力把文物工作提高到一个新的水平，充分发挥文物在各个方面的积极作用，为建设高度的社会主义精神文明，开创社会主义现代化建设新局面，作出应有的贡献。

（原载《文物》1983 年第 1 期）

在考古发掘工作
汇报会闭幕式上的讲话[*]

　　文物局开这么一个会议，应当局长来参加，因为有别的事情，所以就由我来代表参加这次会议。首先，我转达他们对全体代表的问候。同时，我代表文物局感谢会议的东道主。因为这次开会，四川省的领导同志、文化厅、文管会以及博物馆这些单位给予了大力的支持。从生活到开会的会务几乎全部由四川省的同志承担了。我们只来了三个同志，我们这个会能够开成，开得圆满、成功，应该感谢四川省的同志们。

　　我来参加会议的闭幕式，和代表见见面，本来没有讲话的任务，昨天黄景略同志要我讲几句，我没有思想准备，只好即席讲几句吧。没有提纲，都是临时想的，不代表文物局，因为没有经过文物局党组的讨论，只作为一个文物工作者对文物工作的一点看法。当然可能有错误，不过，错了就改。因为这些意见只是我个人的看法，提出来，百家争鸣嘛。这次会议特别请了夏先生和苏先生来给我们指导，这是我们会议取得成功的一个重要因素。当然，更重要的是大家认真负责的态度。我昨天参加了两个小组会，非常感动，因为很多同志对那两个条例字斟句酌，一个字一个字地、认真负责地推敲，这对修改文件很有好处。我们准备把大家的意见整理以后，在修改文件的时候吸收进去。刚才，黄景略同志对会议作了总结，他的意见我就不重复了。这次会议谈了三个问题。一个是贯彻文物保护法，一个是配合基本建设的方针问题，还有提

---

　　* 本文为作者 1985 年在成都考古发掘工作汇报会闭幕式上的讲话稿。

高发掘质量的问题，我想还是就这三个问题发表一点我个人的看法。同时，顺便谈谈我们文物保护工作和有些部门的关系问题。

第一个就是贯彻执行《文物保护法》的问题。我们这个文物保护法，是总结了建国三十几年来正反两方面的经验、教训，把我们党和国家有关文物的方针、政策、重要的文物保护管理原则用法律的形式把它固定下来。这是对十年动乱在文物战线上"左"的错误的彻底拨乱反正。对于我们整个文物工作来说，是一个转折点。这个法是在党的十一届三中全会以后颁布的。三中全会确定了我们这个国家工作重点的转移，我们国家从此进入一个新的历史时期，正是在这个时候，公布了文物法，这是跟整个的形势相适应的，今后在相当长的历史时期内，这个保护法恐怕不会有太大的变动。最近，我们又代党中央、国务院起草了一个关于进一步加强文物保护工作的文件，这个文件准备在召开全国文物工作会议时，大家再讨论一下，作进一步修改后报中央发布，这是进一步贯彻文物保护法的更具体化的文件。所以我认为，现在文物工作的形势很好，是很鼓舞人心的。但是我们也不能不看到，目前在我国还有不执行《文物保护法》、破坏文物的现象，这里有多方面的因素。无论是对外开放政策，还是对内搞活经济，都给我们文物工作带来很多新的问题。对外开放以后，文物走私活动很猖獗。过去我们学大寨，大规模平整土地，与古遗址、古墓葬发生许多矛盾。可是，现在包产到户以后，化整为零了，古遗址的保护又出现了新的问题，这就必须采取新的办法来解决新的矛盾。要做好这些工作，都必须全面认真地贯彻《文物保护法》。我们应该认识到，从全局看，文物保护工作跟社会主义建设并不是矛盾的，而是统一的。因为我们社会主义建设是包括了物质文明和精神文明两个方面的建设，二者是相互促进的，而不是对立的。但是，的确在具体问题上又有一定的矛盾，只要我们采取有效措施，是可以得到解决的。保护文物的问题，实质上是尊重祖国历史，是怎样保护民族文化成果，怎样保护民族文化特性的问题。这个问题，对于一个民族，一个国家来说是极为重要的。

过去我看陈寅恪先生《唐代政治史述论稿》，记得里边提到一个观点，觉得很重要，他谈到南北朝时候有各族的人民，讲到这样一个现象，就是判断一个人的族别，并不是看他的血统，而是看他的文化。就是说那时候有胡化了的汉人，也有汉化了的胡人，这个"化"是什么呢？是民族的文化传统，这个文化包括风俗习惯、心理特征、思想感情等等。虽然他血统是汉人，后来胡化了，结果就成了胡人。另外呢，虽然他血统是胡人，但他汉化了，就成了汉人。陈先生特别提到了北齐的高欢。高欢本来是渤海望族，道道地地的汉人，汉族血统，可是他胡化人，他的后代也都自认为是鲜卑人，所以后来高洋灭魏要称帝的时候，曾经问高欢的旧臣杜弼，说是我们要安邦治国，应该用哪些人？杜弼回答说："鲜卑车马客，会须用中国人"。翻成白话说是说：鲜卑人就会骑马坐车，要治国安邦还得用中国人。回答了这样一句话，当时高洋就非常恼火，认为是讽刺他了，看不起他这个鲜卑人。后来竟因此而把杜弼杀了。实际上，高洋按血统来讲，他是个汉人，但是他自己却认为自己就是鲜卑人。陈寅恪先生用这个例子说明，在那个时候，判断一个人的族别，往往不是从他的血统来判断，而是从他的文化来判断。这是一个很精辟的见解。我从这里得到一个启发，你的民族文化传统如果被消灭了的话，就有灭种亡国的危险。我是这样看这个问题，有这样一个启发。联系到当代的情况，也可以说明这个问题。目前，要保持自己民族文化特性，是第三世界一个共同的愿望，这是反帝、反霸斗争的一个重要方面。帝国主义、霸权主义除了军事侵略，经济侵略外，还有文化侵略，就是用它的文化去摧残取代别国的文化传统，实行精神统治，最后达到把人家亡国灭种归它统治的目的，所以第三世界强烈要求要保存民族文化特性。作为文物来说，它非常形象具体地反映了一个国家一个民族的文化特点。可以说它是一个民族文化的象征。多少年来，帝国主义掠夺破坏被压迫民族、被压迫人民的历史文物，正是他们文化侵略的一个重要内容。我认为文化侵略恐怕比军事侵略和经济侵略更危险，因为军事侵略无非是打一通、死点人，占领一些土地，经济侵略无非是进行掠夺和剥削，所有这些都更能激起人们的强烈反抗。而文化侵略却是精神方面的，它要摧毁的正是被压迫民族、被压迫人民赖以为民族独立而斗争的精神支柱。从陈寅恪先生讲的观点，联想到当前国际反帝、反霸斗争中，把保持民族文化特性作为重要斗争来看待，使我想到这是一个很重要的问题。我们中华民族几千年来能够屹立于世界，屹立于东方的一个重要因素，就是因为中华民族本身有自己的民族文化传统，成为团结全体人民的伟大的凝聚力量。

我们现在要进行四化建设，要建设社会主义，小平同志说，我们要建设中国式的社会主义。保护文物和建设中国式的社会主义，有着密切关系。大家知道，达到 2000 年的时候，我们要翻两番，国家面貌会发生很大的变化，从各方面都发生变化，那时候如果说我们的文物破坏完了，我们还算不算中国式的？我看至少有点缺点。但是如果我们遍布在全国各地的文物古迹包括革命文物等等，在各个城市中占有一定的地位和比重，在每个城市中表现出它的中国式的特点、地方的特点和民族的特点，人家到我们中国来，就会看到中国既现代化了，同时又保持了我们民族的传统，那时我们看到的中国就是一个具有中国文化特征的中国，所以我们感到保护文物的问题确是一个很重要的问题。如果我们强调了这些东西，做好文物保护工作，它就能够对人民进行生动的爱国主义教育和革命传统教育，成为团结全国各族人民的伟大凝聚力，就能有力地抵制外来的不健康的、反动的文化侵蚀和污染。这是我要说的第一点。

第二点就是关于配合基建的问题，把保护文物和考古发掘工作以配合基建为主，这样一个方针，我认为经过几十年实践证明是正确的，而且这个方针是一个战略方针，并不是权宜之计。因为有时候我们常常想，建设多呀！我们就只好配合基建了。仿佛不配合基建，主动发掘要比配合基建的发掘高级一些，这是不对的。配合基建这一方针，是时代的要求，历史的责任。为什么这样讲，因为从现在开始，我们国家进行"四化"，现代化就要城市化，要工业化，现在又提出了中小城镇的问题，全国要有许多中小城镇兴起，广大农村生产，生活条件的改善，都给我们带来了保护文物的任务。配合基建考古发掘，就是保护文物的重要手段。从历史来看，建国初期我们的考古发掘工作是怎么发展起来的呢？就是 1952 年开始吧。我们进行第一个五年计划，那时在郑州、洛阳、西安等地，要进行大规模的基建，而恰巧有这么一个规律性，就是凡是过去古代人类活动生息的地方，它的自然条件、地理环境往往适于我们今天来建设，这样就产生了矛盾，我们不能不想办法去抢救。从保护文物来说，必须进行考古发掘。所以配合基建的考古工作，正是保护文物的一种方式。我不挖它就毁掉了嘛！今天的四化建设，比起建国初期的规模要大得多，速度也要快得多。所以我们说它是时代的要求，是一个战略性的方针。刚才说整个国家在发生变化，就不能不提出对地下文物要进行抢救的问题，不配合基建去抢救，就像昨天苏先生说的那样，到2000年，地下东西都光了。如果由于我们经过了科学发掘，还可以传至后代，还可以保存下来。如果不是我们发掘，而是在基建过程中毁掉了，那么我们岂不是对不起祖先，对不起子孙?！所以说这是我们的历史责任。在这阶段的历史就是要进行"四化"，我们就是要配合"四化"来把这个工作做好。在国外也有这个情况，欧洲在产业革命和第二次世界大战以后，在建设过程中，由于没注意保护文物，而使一些文物遭到破坏，至今他们很后悔，这是国外的经验教训，我们应该吸取。

在"四化"建设过程中，有两种可能性。一种是不配合，就毁掉了；一种是配合，保存下来了。我们当然是要配合的。基建工程对我们来说也有两面性，一方面是配合不好，跟不上，以至于给我们工作造成很大的被动，乃至于发生破坏文物的现象；而另一方面，因为基本建设规模的扩大，也的确给我们提供了很有利的条件，就是刚才黄景略同志讲的，建国几十年，我们的考古重大发现，占相当高的百分比是配合基建发掘，而不是主动发掘的。这几年不管是满城汉墓也好，马王堆也好，秦俑坑也好，哪一个不是在基建中发现的？哪一个又是我们自己事先订的计划？这就说明基建给我们提供了有利条件。夏先生那天也讲了个意见，洛阳首阳山电厂的事就很能说明问题，我是直接参加讨论的，当时我们坚决不同意在那里建厂，争论得很厉害。最后到建委裁决，建委同意了我们的意见，说不盖了，那时我们不知道有个商城。我们过去进行过普查，洛阳市、河南省都进行过普查，考古所的同志也在那里做过工作，谁也不知道那里有商城。就是因为首阳山电厂要在那里建厂，引起争论，基建部门提出，你说不许盖，到底有什么根据？当时我们只是说压了我们汉魏故城了，并没有提出商城问题。正因为这个原因，所以就逼着我们做工作，在这里做更细的工作，看看怎样，最后发现了现在所知最早的商城。这个重大发现是谁给我们带来的呢？不正是基建给我们带来的！从这个意义上说，基建帮了我们的大忙。我觉得不能光看到基本建设逼得我们被动，以至于把我们搞得很狼狈，还应看到基本建设帮了我们大忙，这就更说明考古工作要配合基本建设这一方针是正确的。

这里还有一个报批的问题，我们严格掌握报批手续，就是为了有计划性，同时也是为了提高质量，所以还要坚持执行报批手续。这不会妨碍工作，你来不及可以补报嘛！但是不报不行。你报了我们知道了，就便于我们了解全盘。各地应把重点放在哪里，我们就清楚了。这一点还是应该坚持的。

第三，关于提高质量的问题，刚才黄景略同志讲了，如果考古发掘不保证质量，不按科学要求去办，其结果会造成文物的破坏。我看这种破坏恐怕比一般人为的破坏、自然的破坏更加严重。因为你给它挖光了，连一点影子都没剩。盗墓的拿几件东西走，有好多东西还在，特别是有好多现象还在，还可以继续发掘，还可以再搞。但是考古发掘不讲究质量，没记录，也不观察现象，就随便挖宝走了，最后这个墓整个被破坏光了。所以不提高质量，实际上是对文物的破坏，这个问题非常重要。提高质量，就有一个培养队伍的问题。现在我们这支队伍怎样培养，怎么提高干部队伍的素质，除了刚才黄景略同志提的意见外，我想补充一点，培养干部队伍，对于年青一代，除了他们的技术水平、业务水平、学术水平以外，很关键的一点就是要加强职业道德教育，加强思想教育，这是决定的关键。考古发掘有时是凭良心的，我不太懂田野考古技术，我认为是这样的，因为你不是对工作勤勤恳恳，严格按照科学要求办事，你可以把许多重要现象忽略了，在发掘中不注意把它挖掉了，你不说，谁也不知道，实际上这也是一种破坏。所以最重要的还是老老实实、科学的态度，有高度的历史责任感。所以我觉得加强职业道德也是很重要的，我感到几十年来，我们文物战线、考古战线，一支很小的队伍，出于对祖国文化遗产的热爱，不怕苦，不怕累，真是风里、雪里，在哪里也不计较待遇。我们谁都知道，到今天我们的待遇问题还没有解决嘛！但是在艰苦的条件下，却做了大量的工作，取得了很大的成绩，就是因为有一颗强烈的事业心，有强烈的责任感，所以才做了这么些工作。我希望老一辈，包括现在还不算老的，是中年的同志，把这些优良传统能传给年青一代，这一点是十分重要的，要加强职业道德教育，千万不要垄断资料，封锁资料，争名逐利。技术水平高了，思想不过硬，你照样出毛病。你如果思想过硬，老老实实用科学态度去进行发掘，技术水平差，不懂就问人家，虚心学习，可能出娄子还小一些。艺高人胆大，思想不对路，甚至文过饰非，隐瞒真相，造成的破坏更加严重。所以在提高质量问题上，思想工作也需要加强，特别应该强调职业道德问题，否则，工作做得越多，破坏性越大。我就补充这一点，重复一遍就是技术水平很重要，但职业道德更重要，大家应当特别重视这一点。

另外，我想就文物保护工作方面谈两个问题。保护文物涉及好多方面的关系问题，比如跟基建的关系，跟城市规划的关系，都要很好地处理。这个问题已经在《文物保护法》上作了明确的规定。这方面我就不多讲了。目前，突出的有两个问题，是关系问题，究竟怎样对待这个关系？我想提出我个人的看法。一个是文物保护跟宗教的关系，应该很好地处理。做文物保护工作，是要建设社会主义精神文明，是为了保持我们的民族文化传统，进行爱国主义教育，进行革命传统教育，进行历史唯物主义教育，是教育人民怎样为实现"四化"而斗争。它是一个教育的阵地。但是我们保护的文物中，有许多宗教建筑，对这些宗教建筑又怎么处理？我们觉得应该按照中央的政策规定来办，应该跟中央保持一致，而不能随心所欲，我还是强调这是我个人的看法。党的宗教政策跟保护文物政策是不是有矛盾呢？我认为没有矛盾，因为这是不同的范畴，有什么矛盾呢？但是在一些具体问题上会产生矛盾，应该采取正确的办法来解决。宗教是一个历史现象，而且是相当长时期的历史现象，它的消亡要具备很多的条件，但是它毕竟是要消亡的，而共产主义一定要到来，这是历史的必然。我是这么看的，这是不是马克思主义的观点？从意识形态来说，共产主义世界观跟宗教信仰毕竟是对立的，绝不能合二为一，绝不能相互融合。可是当前产生宗教的土壤，还没有消除，我们就必须贯彻党的宗教政策，而执行党的宗教政策的核心是尊重个人的宗教信仰自由。就是说不能强迫一个人不去信仰宗教，也不能强迫人非信宗教不可。信不信宗教是个人的事，不能横加干涉，因为他是客观存在的。十年动乱使党的宗教政策受到很大的破坏，把宗教全取消了，这个做法是完全错误的，所以中央才提出了落实宗教政策的问题，才有了中央关于宗教问题的文件。文件对于整个宗教的产生、发展和党对宗教的基本政策在理论上作了详尽说明，这是马克思主义的文件。

我们今天说矛盾在哪里呢？就是有的宗教建筑需要恢复宗教活动，因为尊重宗教自由嘛，就得有地方让人家进行宗教活动，你不给人家地方行吗？把一批长期以来就是进行宗教活动的地方，而且在群众中或者说在国际上有影响的宗教场所，落实政策，恢复宗教活动，是应该的。作为文物部门来说，应该积极支持，这是毫无疑问的。可是对于另外一些长期没有宗教活动，在群众中也没有影响，而且是有重大的历史、艺术、科学价值的宗教建筑，就应该作为进行社会主义精神文明建设的宣传教育阵地。比方说，天津的望海楼，是一个宗教场所，过去是帝国主义侵华进行罪恶活动的地方，所以后来有两次火烧望海楼，那是激起了中国人民的义愤，把它给烧了。像这样的地方，你说我们应当把它作为什么呢？是作为恢复宗教活动的地方呢？还是作为向人民群众进行反帝教育的地方？我们的回答应该是后者，这种地方就不应该再恢复宗教活动，而是应该作为向人民群众进行教育的场所。这说明应该有区别地看待这一问题。正是根据这一原则，才形成了国务院的文件。所以，我们有很多寺观还是划给了宗教部门，恢复了宗教活动，但是在恢复宗教活动中也必须遵守《文物保护法》，而不是想怎么做就怎么做。

正确处理这一关系，只能严格执行党中央、国务院的有关文件。一方面肯定要落实政策，同时也要考虑到我们的职责。我们是进行社会主义精神文明建设的部门，我们管理的寺庙，绝不能进行宗教活动。我感到在落实宗教政策的过程中，有许多问题就保护文物来说，还是应该坚持的，该开放的，坚决支持，不宜开放的，还是要提出自己的意见。我顺便讲讲，我们保护文物工作是比较麻烦的，涉及的方面很多，矛盾也很多，作为文物保护工作者应该怎么办？有的是领导说话了，有的是哪个部门说话了，好像都很气粗，怎么办呢？我们只有一条，那就是坚持原则。中央书记处不是给我们两句话吗？我们就把它作为座右铭，叫做"责任在身，当仁不让"，在这里就应当不怕丢官，不怕坐牢，坚持中央文件的精神，该提意见还是要提，我们也是本着这个精神来做工作的。

第二是关于文物保护跟旅游的关系问题，也是比较突出的。我们这么多的文物古迹，越来越多的成为旅游参观的内容，这些文物是发展我国旅游的重要条件，这是毫无疑问的，在这方面，我们应当给予支持。但是，我们有一条，绝不能说"文物要为旅游服务"。这个口号是错误的。这也是我个人的意见。恰巧相反，旅游的一切活动应该服从于文物保护。如果你的活动超越了这个范围，就不行，否则，就要出问题。有人说：文物是旅游的重要资源，既然是重要资源，就应当把它好好地保护起来。如果因为搞旅游破坏了文物，岂不是自毁资源？我们保护这些文物，客观上为国家增加了一定的收入，但是主观上，从指导思想上无论如何不能说我们保护文物是为了赚钱。我们不能向钱看，不能为了赚几个钱，破坏了稀世之珍。虽然不是存心破坏，但给文物造成了损失。有的地方为了发展旅游，在文物保护单位附近盖高楼大厦，破坏环境气氛是很不对的。怎样处理同旅游的关系？就是说应该积极为旅游提供方便，但是要使旅游活动服从于文物保护。如果超越了这个原则就不行。保护文物，接待旅游，包括出国展览，都是为了宣传我们古老、灿烂的文化，是促进我们同各国人民之间的友谊和了解，这是我们的主要目的，而不是为了去赚钱，更不能说用这种方式来培养我们的文物事业了。

以上是我个人看法，今天就讲这样一些意见，错误的请大家批评。

（原载《四川文物》1984 年第 3 期）

关于当前文物工作的几点意见[*]

一　发挥文物作用应当把提高社会效益放在首位

文物工作包括保和用两个方面，二者是相互促进，相辅相成的。从现状看，保的问题比较突出，是需要解决的主要矛盾。保不住，还怎样发挥作用？开创文物工作新局面，同样包括保和用两个方面，结束当前文物破坏严重、文物走私猖獗的局面，就是开创文物保护的新局面；积极主动地、创造性地发挥文物在各个方面的积极作用，就是开创了"用"的新局面。无论"保"，还是"用"，都有个搞活的问题，要研究新情况、新问题，要调动各方面的积极性，"爱我中华，修我长城"是个很好的创造，圆明园管理处与农民合作，对遗址进行保护、整理和利用，也是新的尝试，值得重视。当然，这些活动，都要尊重科学，尊重法律，应当严格遵守科学操作规程的要求，按照科学规律办事，依法办事。只有把文物事业变成从领导到群众都共同关心和参加的社会事业，才能不断开创文物事业的新局面。

发挥文物作用，主要是科研、宣传教育以及给人以美的享受等作用，一句话，是属于精神文明范畴。只是部分文物、部分地区的部分单位才可以产生较大的经济效益，有的文物还可以为物质文明建设提供有益的借鉴。但是，能否有经济效益主要取决于文物本身的条件，内蒙古鄂伦春的嘎仙洞，说明了鲜卑族发源的历史，不仅有很高的历

131

---

　　[*] 本文是作者 1984 年 10 月在中宣部、文化部联合召开的文物工作座谈会上的发言稿。

史价值，而且在说明我国历史疆域问题上还有很大的政治作用。其价值绝不比秦俑坑差，但它的经济收益就不可能与秦俑坑相比拟。同在北京，故宫的经济收入也是中国革命博物馆所永远不可企及的，而后者的重要作用绝不低于故宫。总之，文物事业能够产生经济效益的，只是局部，多数是经济收入很有限。对这个局部来说，固然应当十分重视它的经济效益，但还是要把社会效益放在首位，不宜把经济效益作为衡量整个文物工作好坏的标志。因为文物事业毕竟不是企业，否则就会产生不好的效果。强调经济效益应当是为了减少国家负担，而不是向国家捞钱。赚钱要有利于文物保护，有利于发挥文物的社会效益，使文物工作更好地发展，而不是相反。我不赞成在文物事业中要"以文补文"，特别是要逐步做到"以文养文"。如果说"以文补文"是指一些有条件的单位在确保文物安全和出色完成正常业务工作的前提下，在党和政府政策法令允许的范围内，密切结合本单位的特点，从开展业务、扩大宣传、服务群众出发，经营一些与本身业务活动有联系的项目，把收入所得用于弥补文物经费之不足，适当地增加职工收入，这当然是应当提倡的，并且一定要努力办好，但并不是所有文物单位都具备这种条件。一个文物考古队，它的业务工作主要是在田野进行调查、发掘，而且任务还相当繁重，怎么能要求它"以文补文"、"自负盈亏"？难道让他们去违法出卖出土文物吗？因此，不能把部分地区、部分单位能办的事情笼统地要求一切单位都办。所以把"以文补文"作为一个普遍号召的口号提出来，是值得研究的。至于要逐步做到"以文养文"，这在事实上根本办不到，也不应当这样提出要求。文物事业是宣传教育、科学研究、建设社会主义精神文明的阵地，而不是经济实体，把一些经济领域的要求照搬照套到文物事业中来是不适当的。实事求是地从实际情况出发，文物事业的经济来源主要还是应当由国家拨款，不可能自己养自己。以故宫为例，在全国博物馆中它的经济收入恐怕是名列前茅的，但是要用它的收入把故宫的全部开支包括古建维修统统包下来，也还相距甚远，更不用说其他收入很少或根本没有收入的单位了。当然，也可能有个别单位经商办企业赚了不少钱，的确能够自给自足，但它经营的项目与本身业务毫不相干，这种做法显然不符合中央的有关规定。根据以上理由，我们认为把"以文养文"作为文物事业的指导方针是不妥当的。保护文物，应当既反对右的保守思想，也反对"左"的虚无主义。但是，如果说二者都是错误的，前者是随时都可以纠正的，后者（文物损坏了）则是很难纠正，甚至是无法弥补的。1960年陈毅同志在国务院105次全体会议上主持讨论《文物保护管理暂行条例》时说："保护文物宁可右倾些，不要粗暴。"是很值得重视的。对文物价值的认识往往随着科学文化水平的提高而逐步深入，蓟县独乐寺观音阁在多少年前为梁思成先生发现的时候，主要是看它的建筑艺术美。经过唐山大地震，才注意到它经过八次强地震而岿然不动，具有很强的抗震能力，有很高的科学价值。所以在某种意义上说，保护不仅是手段，而且也是目的。在保护文物问题上，一定要"风物长宜放眼量"，切不可急功近利。保护文物是我们炎黄子孙世世代代的事情，要对历史负责，如果因为我们这一代人的不谨慎而造成重大失误，就会上对不起祖先，下对不起子孙！

不久前，一位负责同志对我说："你们单纯保护的方针是错误的。"这是误解。从方针上看，文物工作一直把"古为今用"作为自己的指导方针。在保护问题上，早在20世纪50年代，总理和陆定一同志就提出了"两利"方针，在实践上也是这样做的，尽管做得很不够，毕竟是做了。近些年来，文物战线上不少同志在很困难的条件下，勇于探索，做了很多开拓性的工作。水文考古、地震考古为水利、地震部门提供了大量有价值的资料，著名的葛洲坝工程就有文物考古工作者的贡献，开辟了文物工作直接为社会主义建设服务的新途径，因而赢得了水利部长钱正英同志和国家地震局的赞赏和表扬。这在世界各国都是没有的，所以也得到了国际上的重视。最近，随县曾侯乙墓编钟复制成功，并且被搬上了舞台，这是现代科学手段与传统技术相结合的成果，是多学科联合攻关的成果，既是开创文物工作新局面的一个标志，也是开创民族音乐新局面的一个尝试，它的效果是一举三得，第一，保护了文物，今后不再敲击原钟；第二，使传统技术和艺术得到了继承和发展；第三，出国展出和演奏，很可能引起轰动，并且取得较大的经济收益。这几个例子说明文物工作不是完全没有考虑利用的问题。过去对利用，主要是经济效益问题，的确思路不广，眼界不宽，今后只要重视，并且坚持要"生财有道"，路子还是很宽的。

二 应当坚持禁止珍贵文物出口

禁止本国文物出口，几乎是世界各国的共同政策，一般都是以百年为限。在苏联，由列宁亲自签署的禁止文物出口令，是规定"十月革命"以前的文物一律不准出口。我国建国之初，文物方面颁布的第一个法令就是禁止珍贵文物出口令，从此结束了帝国主义任意大量掠夺、盗运我国文物出口的时代。不仅如此，20世纪50年代初期，在国家财政经济困难的情况下，周总理还批准用重金从香港购回珍贵法书《中秋帖》和《伯远帖》。1959年西藏平叛之后，一个瑞典商人倪森勾结一个文物鉴定人员买走了一部分不应出口的文物，包括一些藏佛和铜器，美国《时代》杂志和一些外国报刊就大肆造谣说我们平叛是为了掠夺西藏文物出口，是为了解决建设资金困难的问题。为此，国务院规定了西藏文物一律不许出口。这说明文物出口问题，不仅是个经济问题，也是个政治问题。当前，在世界范围内，许多第三世界国家都强烈要求归还过去被帝国主义掠夺去的本国文物。七十七国集团在联合国曾经提出了这方面的建议，反映了第三世界国家的共同愿望。在这种情况下，如果我们以国家名义把像秦兵马俑这样举世瞩目的珍贵国宝出售国外，恐怕第三世界国家很难理解，很可能造成不好影响，有损我们国家的形象。

关于政策允许范围内的文物出口，也存在着出什么、如何出的问题。是"少出高汇、细水长流"，还是"廉价倾销、竭泽而渔"？1974年，在周总理的关怀下由国务院发了一个132号文件，曾明确规定要采取"少出高汇、细水长流"方针，但多年来一直没有得到很好地贯彻执行。有时一些外贸基层单位，成批甩卖、论捆论袋对外抛售字画和玉器。最近还有这种情况，1984 年 7 月 20 日，北京外贸首饰公司卖给香港一个客户的一批文物是论两出售的，其中一项玉杂件（即小件玉器）共三十包，六百两，只售价一千二百元，约合人民币二元一两。就是论件出售的价格也很低，例如一个清同治年间的玉蝴蝶只卖七元，在文物商店零售价则为六十元。把文物称斤论两出售，实在是千古奇闻。这种作法，在经济上也是极不合算的。旧社会古董行是"三年不开张，开张吃三年"。文物是以稀为贵，只有少出才能高汇，有自己特殊的价格规律，不能与一般商品同样对待。这个问题应当早点解决，否则还会给国家造成更大的损失。目前，每年有几十万件文物出口，长此下去，很可能出现某个历史时期的文物空白。

三　考古发掘要贯彻以配合基建为主的方针

考古发掘，要以配合基建为主的方针，经过几十年的实践证明是正确的，应当坚持。建国初期，我们进行第一个五年计划，那时在郑州、洛阳、西安要进行大规模的基建工程，恰好有这么一个规律性，凡是过去古代人类活动生息的地方，往往其自然条件、地理环境也适宜我们今天来进行建设。这就产生了矛盾。无非是两种可能，一是配合发掘，进行抢救，使大量的珍贵文物得到保护；二是配合不好，或者听之任之，造成文物大规模破坏。事实上，恰恰是基建为考古工作创造了有利条件，建国几十年来的重大发现百分之九十以上是在建设中发现的。近年来的满城汉墓、马王堆、秦俑坑、曾侯乙墓等等都是生产建设中的偶然发现，而不是主动发掘的。今天的"四化"建设规模、速度都大大超过了建国初期，我们的队伍又很薄弱，全国整个文博队伍总共只有三万三千多人，其中从事田野考古能真正独立工作的业务人员不过几百人，远远不能适应客观形势发展的需要。如果不很好地组织计划，把配合基建作为主要任务，很可能有些重要文物会在基建过程中被毁掉。在这个意义上，说某些文物正处于存亡绝续的关键时刻是不过分的。现在我们对地下文物，已知的是少数，未知的是多数。已知的特别是一些帝王陵墓，保护条件都比较好，与基建矛盾不大。未知的往往是在基建中偶然发现，所以考古发掘就必须以配合基建为重点。当然，为了配合旅游，重点发掘个别陵墓也是可以的。但一定要选择困难小，投资少，收效快的，比如河南宋陵就符合条件。如果要挖也仍然要做好充分准备，谨慎从事。对于像唐乾陵、明长陵这样保存好，又与建设没有矛盾的著名陵墓就不宜发掘。郭老是研究武则天的，很想挖乾陵，周总理没有同意。一是投资太多，二是科学保护技术不过关。定陵的龙袍出土后已完全变质，只好复制。文物保护技术不能照搬外国经验，只能借鉴。因为各国文物质地不同，自然环境不同，而且许多问题至今世界上也没解决。日本算是先进的，但是他们发掘了高松冢，因为壁画保护技术没办法，只好封闭起来不让人看。由于文物质地千差万别，不同地区保存的自然条件各异，有些科研成果的应用还要结合不同的文物特点进行试验。即使取得了一定的效果，也需要经过长期的观察和考验才能肯定。乾陵、长陵都可能出土很珍贵的文物，科技保护如果没有绝对把握，是不能发掘的。像这些帝王陵墓还是留给后代子孙去挖为好，那个时候的条件要比我们今天的条件好得多。

　　我们必须积极地开展关于文物保护科学技术的研究，把现代科学技术手段运用到文物保护包括管理的工作中来，这是我们过去工作的一个薄弱环节。当前，随着工业化、城市化的发展，大气污染等自然力对文物破坏的因素正急剧增长。这是我们面临的一个亟待解决的问题。我们应当把现代化手段和传统技术结合起来，发展具有中国自己特色的文物保护科学技术，这应当是今后文物工作中的一项重要任务。因此，引进一些外国技术和设备是必要的，但主要还应当立足于国内，因为目前文物保护需要应用的一些技术、设备并不是国内没有，而是没有应用到这个领域中来。所以文物部门要加强和各有关科研机构、大、专院校的联系和协作，采取多种合作形式，共同研究一些文物保护的科研课题，并且应当把一些已有的科研成果和设备应用于文物保护。在这里需要说明的是我们加强文物保护科学技术研究的出发点，并不是为了要发掘帝王陵墓，而是为了适应保存在地上大量文物和陆续出土文物保护的需要，是为了提高整个文物保护管理工作的科学水平。即使文物保护科学技术已经过关，从目前我们面临的形势和任务看，也要分别轻重缓急，主动发掘帝王陵墓在一个相当长的时期内，也不应当是文物、考古工作的重点。

在陕西文物工作会议上的讲话

  我们必须改革，改革必须坚定不移。问题是改革究竟是改什么、革什么，改革的目的是什么，这一点很重要。不同领域、不同单位的改革不能"一刀切"，不能采用一个模式，要根据本身的特点来考虑如何改革的问题。总的说改革的目的是为了解放生产力，发展生产力。但也有人借改革之机搞倒买倒卖，都不干活了，这叫什么改革？我们这些单位的改革，也有个解放生产力的问题。人是生产力最重要的因素，要调动人的积极性，但是不能只靠钱来调动，思想政治工作和物质利益两方面都要考虑。首先是思想政治工作，就是加强理想、纪律教育，"四有"教育，端正业务指导思想，搞好本职工作。耀邦最近谈文艺改革讲了三条，并没有提承包，这三条一是裁减冗员，二是贯彻按劳分配的原则，奖勤罚懒，实行岗位责任制，三是由国家建立文艺基金，这样就可以避免追求票房价值了。耀邦同志对文艺改革讲的这三条，对我们来说完全适用。因为你事业本身的性质规定了你干什么，文体事业没有给国家提供资金的任务，衡量你工作的唯一标准只能是社会效益。作为一个博物馆、文管所，如果搞经济承包，事实上是把经济收入作为衡量工作好坏的标准了。这是与小平同志的指示相违背的。当然，这样说，并不是就根本不讲经济效益了。从总体上讲，社会效益和经济效益应当是一致的，但处理不好，就会发生矛盾。所谓经济效益首先是要少花钱多办事，勤俭节约，以国家给我们的一定经费，取得尽可能高的社会效益。其次，应当也可能在保证完成本身业务工作的前提下，从扩大宣传、服务群众出发组织一些收入，用于文物事业，适当增加职工收入，但所有这些都是为了更好地提高社会效益。什么叫先富起来？先富起来是指整个社会而言的，允许有的地区先富起来，在同一个领域内也允许一部分人先富起来，不是说这行该富，那行不该富。根据小平同志关于文教事业的一切活动都要把社会效益作为唯一准则的指示精神，文博事业改革的根本目的就应当是如何有利于充分发挥和不断提高它的社会效益，而不是增加经济收入。有一点是和其他领域共同的，就是要打破"大锅饭"、"铁饭碗"，调动人的积极性。要做到这一点，我个人认为，文博事业的改革，主要应当是坚决贯彻按劳付酬的原则，实行严格的岗位责任制与严格的奖惩制度相结合，奖勤罚懒，并且要同整个人事制度、财务制度的改革联系起来，使各个单位都能做到有权奖励、有权惩罚。如果一定要使用承包这个概念，也只能是承包工作任务，搞好本职工作，而不是承包完成多少钱的指标。当然，除此以外，还有一些不利于充分发挥社会效益的规章制度和工作方法、工作作风也都应当进行改革。

（原载《文物工作》1986 年第 2 期）

也谈文物保护与旅游开发

外国旅游者到中国来，除了欣赏自然风光、民族风情外，主要是看文物古迹。故宫、长城、天坛，已成了中华民族的象征。这些文物的科学价值和历史价值是最吸引游人的。游人要看的是"特色"，而"特色"则突出表现在文物古迹上。从这个角度说，文物与旅游是相互促进、相得益彰的关系。文物通过旅游发挥作用，旅游能使中国文化走向世界。旅游若离开了文物，也就失去了其重要基础。

但不能从旅游的角度去开挖陵墓。现在挖掘出来的古墓，大多是基建工程中的偶然发现。如果有目的地去挖，不但耗资大，而且在现有条件下不能保护文物。文物保护不好，还谈什么利用呢？西安城墙现在已成为重要的旅游点，但是在 1958 年决定保护它的时候，没有人预见到今天发展旅游的需要，而是着眼于它的历史价值。保护文物是千秋万代的事情，不能急功近利。试问，如果没有当年对西安城墙的保护，哪里还有今天的利用？保护不仅是前提，是基础，而且必须贯彻于利用过程的始终。没有保护就谈不上利用，这是很明显的道理。搞文物旅游一定要首先着眼于地面上的，要把现有的潜力发挥出来，切不可舍近求远。

（原载《中国文化报》1986 年 7 月 16 日）

《文物保护管理概要》序[*]

　　祖国文物是我国珍贵历史文化遗产的重要组成部分。保护文物是党和国家的一贯政策。建国以来，政府及有关部门为解决在国家建设事业发展中出现的文物保护管理方面的问题，在各个时期颁发了一系列的法令、指示和办法。1982年又在总结建国三十多年来正反两方面经验的基础上，参考了世界各国的保护文物法规并针对当前出现的新情况、新问题，由全国人民代表大会常务委员会制定并颁发了《中华人民共和国文物保护法》，从而把我国文物保护管理工作纳入了法制管理的轨道。

　　文物保护管理工作是一项政策性、专业性、社会性很强的工作，有自己的特殊规律。文物内容非常丰富，范围非常广泛。它的保护管理工作涉及各个有关部门。要正确处理好与各有关方面的关系，就必须按照客观规律办事，依法办事。近年来，文物事业有了很大发展。从事文物工作的同志们迫切需要深入了解和认识文物工作的基本规律，了解党和国家关于文物工作的法规和方针、政策，以及制定这些法规和方针、政策的依据。只有这样，才能在实践中不断加深对文物工作规律的认识，提高执行党和国家文物政策的积极性、主动性和自觉性。李晓东同志的这部《文物保护管理概要》正是适应这种需要而撰写的普及性读物。

　　李晓东同志从大学考古专业毕业以后，长期从事文物保护管理工作，积累了比较丰富的经验。这部《文物保护管理概要》是他二十多年实践经验的总结。此书对文物工作的基本规律和文物工作的方针政策

---

　　[*] 本文系作者为《文物保护管理概要》撰写的序言。

作了比较全面系统的阐述，提出了自己的见解。这对广大文物工作者，特别是刚刚走上文物工作岗位的新同志无疑是很有帮助的。

文物保护管理工作的任务十分艰巨。多年来，广大文物工作者在很困难的条件下，作了可贵的努力，取得了很大的成绩。但过去往往忙于完成各项具体任务，缺乏对工作经验的科学总结。已由实践证明的经验和教训，也未及上升到理论的高度来说明。当前，随着国家建设事业的发展，又有不少新情况、新问题亟待研究解决和进行新的探索。李晓东同志这部著述，还是建国以来第一部系统论述有关文物管理工作的书。我们希望广大文物工作者通过自己的实践，能够不断地总结经验，开展理论研究，为建立具有中国特色的文物保护管理学而努力探索。我们相信，随着人们对文物保护管理工作规律性认识的不断深化，经过大家的共同努力，这个目的是一定能够达到的。

（原载《文物保护管理概要》，文物出版社，1987 年）

文物工作必须
纳入法制管理的轨道[*]

听了朱局长的经验报告及各省的发言，我很受教育，感到文物保护法公布四年来各方面都做了大量工作，各地都结合本地区的实际情况创造了自己的好经验，其中北京市有了一套较系统的经验。我觉得这次会是开迟了，如果早些开，也许取得的成绩会更大，成绩是大家的，我们在这方面做得不够，有些工作很不深入。

第一，通过这次会议，大家都进一步明确、加深了对《文物保护法》的认识，同时增强了对执法的信心。

《文物保护法》公布四年了，大家都怎样看呢？有的说《文物保护法》过时了，有的说从严格意义上来说文物保护法不能称其为法，还有的说文物保护法自身的不完善。通过这次会议，我们知道有文物法比没有大不一样，有了文物保护法可以办很多事情，《文物保护法》的公布具有历史意义，用同志们的话说是里程碑。自从《文物保护法》公布后，大家根据法的规定解决了很多问题，有些一直是老大难的问题，所以《文物保护法》是有用的，关键看你用不用它，若不用，当然也就起不了作用。正是因为有了《文物保护法》才使文物工作走上法制管理的轨道，它无疑为我们提供了文物保护、防止破坏文物的法律武器，因此，一定要充分认识到文物保护法的重要性和必要性。

至于《文物保护法》本身完善和不完善，我觉得从总的来说还是

---

* 本文系作者在《文物保护法》宣传工作会议上的讲话稿。

比较完善的，因为各方面都包括在内，大的方面是完备的，但从微观上来说不是都完善，都具体。因为社会主义还不完善，作为上层建筑之一的法制也要有一个在实践中完善的过程，而且在我们的工作中会不断出现新情况和新问题，比较世界其他国家的文物保护法，大体情况也差不多。那么，为什么文物破坏、文物走私还继续存在呢？我认为存在的最主要的原因不是文物保护法的缺点造成的，而是人们法制观念还没有树立起来，社会上人治和法治还存在矛盾，正因为这些情况，不仅文物保护法执行中遇到这些问题，如果不从根本上解决法制问题，这样或那样的情况还会存在。一句话，法制观念不树立，再好的法也行不通。

《文物保护法》是来之不易的，从 1971 年提出，直到 1982 年反复了十一稿，在立法过程中涉及各个方面。他们都从不同角度提出了不同意见，所以有争论，有让步，包括大家现在遇到的问题。《文物保护法》有一些较原则，有一些就很具体，如跟建设的矛盾就很具体，规定很明确，这是因为有国际经验和建国以来三十年的长期实践过程，还有文物保护单位要有保护范围也很明确，但还有人硬要在保护范围内建房子，这是违法，违法就要拆除，但拆除就会遇到各方面的阻力，这不是我们《文物保护法》本身的毛病，而是权大于法，以言代法还有市场。但只要我们努力，利用《文物保护法》就可以解决许多问题，北京就解决了很多问题，周口店水泥厂搬迁了，十三陵的问题也解决了，最近卢沟桥也"退役"了。只要我们有法可依，有困难是可以克服的。中国工艺美术品进出口总公司湖南分公司的一些人打着对外搞活、为国家赚外汇的旗号搞文物走私，拖了五年，最终还是判了公司经理、书记的有期徒刑。有的同志说，执行文物保护法，个别领导工作不好做，有的领导说法是人做的，可以改。但是法是人大通过的，个人不能随便改，在法律没改以前就得依法办事，严格地执行，这不是不尊重党的领导。党章规定党员只能在法律范围内活动，在党纪国法面前人人平等。当然，现在领导同志比以前不同，比较开通，一次做工作不行，两次就通了，就是做不通，也会有宣传作用。我们现在有一个习惯，写公文很少说有依照某法多少条制定的，而是根据某领导的批示精神，很不科学，很不民主。万里同志讲决策要民主化、科学化，这话很好。因为个别领导不同场合、不同时间言论不一致，事情就不好办了，只有依法为准。卖文物我们不赞成，这不是我们说的，而是依法办事。法律禁止卖文物，所以我们自己首先要理直气壮，卖了国宝，中国还能显示什么呢？一些领导不懂，是我们工作不深入，宣传工作有死角。如果真正碰到钉子，那只有依法办事，责任在身，当仁不让嘛！

第二，通过这次座谈会，大家交流了经验，其中北京市的经验比较系统、成熟、行之有效。各地有各地的经验，大家要互相学习，我们也向大家学习，这样使各地经验成为大家共同的东西。北京经验全面，但也要向大家学习，大家互相补充，教学相长。当然北京经验虽然全面，也不一定在各地都适用，因为各地具体条件不同，如北京文物集中，新疆、内蒙古文物就很分散，但有几条经验是大家的共同认识。

（一）《文物保护法》是总原则，各地区根据实际情况要制定本地区的地方法则，把《文物保护法》的原则具体化，使《文物保护法》得以补充和完善，做好地方立法工作，北京文物工作好就好在有二十八条地方文物法规，使文物工作走向法制管理的轨道。

（二）普及宣传《文物保护法》要跟执行文物法结合起来，在执法中宣传《文物保护法》，在宣传过程中执法，文物工作本身就是执法。

（三）在执法、宣传《文物保护法》过程中要抓住典型，既要抓正面典型，表彰正气，又要抓反面典型，威慑犯罪，像这次湖南抓文物走私，而且是单位犯法，就是很好的一个典型。安徽的同志建议把这几年有关破坏文物的案例汇编起来加以宣传，这很有意义，只有这样才能做到胸中有全局，手中有典型。

（四）大家对北京搞横向联系很感兴趣。我们一方面要争取领导的支持，一方面要向社会各方面宣传，使他们再为我们宣传，由宣传对象变为宣传者。文保协会在北京是行之有效的，各地可以借鉴。横向联系指各个有关方面，包括舆论的力量。宣传要贯穿工作全过程，要随时随地。现在常讲建设性破坏，要避免，就应事先主动了解工程，积极配合，这样才能真正"两利"。这是因为事先宣传，工程还没投资，容易转变，如果已经造成破坏文物的事实，不是对文物不利，就是对建设不利，所以真正贯彻"两利"方针关键是向有关部门事先宣传，事先了解矛盾，在矛盾可能出现的时候事先解决矛盾。另一方面在农村，就要向群众宣传，把宣传《文物保护法》成为全社会的事业就好了，这方面也有好经验，像黑龙江有一千多个义务保护员，50 年代曾搞过，但只流于形式，如果把这些义务保护员巩固下来，就是一股了不起的力量。

（五）要敢于执法，坚持不懈、韧性地执法。现在整个社会都在讲法、普法，加强民主与法制是政治体制改革的重要内容，社会多方面和党中央都很重视，所以大气候对我们很有利。法律面前，人人平等，搞文物的同志都是热爱文物事业，执法要有胆量，因为这不是为本身利益，而是国家、民族、千秋万代的利益，毁坏了文物就上对不起祖宗，下对不起子孙。

（六）宣传形式要多样，集中宣传跟分散宣传结合，长期宣传和重点宣传要结合，我们现在重点工作是打击文物走私和建设性破坏。

关于文物保护和利用的关系其实是很明确的，保是第一位的，是前提，文物被破坏了，还能发挥什么作用呢？我们不能急功近利，搞一锤子买卖，要使文物发挥长期作用。在这个问题上，社会上有点误解，有些同志说我们经常讲保护，太保守了，其实保护不是保守，他们之间不能画等号。我们的方针不是单纯保护，《文物保护法》开宗明义利用文物"开展科学研究工作，继承我国优秀的历史文化遗产，进行爱国主义和革命传统教育，建设社会主义精神文明"，根本没有一个单纯保护的方针。至于做得够不够，那是另外一个问题，需要我们尽心努力的。

（原载《文物工作》1987 年第 1 期）

把保护文物提高到保持民族
文化特性、民族生存的高度[*]

首先，我代表文化部文物局对北京市文物保护协会的成立表示祝贺，预祝协会在今后北京的文物保护工作中发挥自己的积极作用，也为全国开创一个良好的开端。北京市文物保护协会是全国的第一个，这个创举可以影响到其他省市。前几年"爱我中华，修我长城"也是个创举，影响很大。总的来说，这几年我们北京市做了许多开创性的工作。

我看了文物保护协会的章程，我举双手赞成，协会很重要的一项工作就是宣传文物保护。现在，我们面临一个大好形势，有许多有利的条件。如果加以充分利用和正确的引导，我们在工作中就会取得很大的成绩。如果我们认识上有偏差，或在工作中跟不上，也会造成很大的损失，达不到预定的效果。

可以说，从解放以来到现在，目前是形势最好的时期之一。其标志是：从中央到地方的各级领导全都很重视文物保护工作。但是，我们还面临另外一个形势，那就是对外开放，很多问题是我们以前不曾见过的，要把工作搞上去，就必须研究新情况，解决新问题。现在的问题非常之多，"四化"的发展，城市建设的发展都与文物保护工作有密切的关系，而且，在一定条件下，还会发生这样或那样的矛盾。从建设上说，新城市的建设与旧城市的改造，中、小城镇的兴起与旧有文物的保护等等方面的关系，如何去处理就是当前很突出的问题。从对外开放、

147

_* 本文系作者 1985 年 8 月在北京市文物保护协会成立大会上的讲话稿。

发展旅游上说，文物工作要适应对外开放的形势，文物工作本身就必须有计划地开放，这是大势所趋，也只有这样文物工作才能很好地发展。但是，文物古迹的保护与开展旅游的关系，文物保护与落实宗教政策开展宗教活动等问题都要认真地解决，处理好了可以互相促进，处理不好，要么两不利，要么一利一不利。总之，这些问题要求大家能够很好地给予重视。各种矛盾的产生，有其客观的原因，如何处理好这些关系，最根本的还是认识上的，怎样看文物保护在"四化"中的地位与作用，如何认识保护文物的重要意义，如果大家在认识上都能够一致，矛盾也就能很好地解决。所以对文物保护在"四化"中的重要性，一定要统一认识。

很长一段时间，我感到我们在许多问题上宣传工作做得不够，所谓宣传，既包括对广大人民群众的宣传，也包括对各级干部的宣传。目前总的来说，对文物工作比过去要重视得多，但也确有一些领导干部对文物保护工作还重视不够，或者虽然重视却没有重视到点子上，问题的产生，主要是由于我们宣传不够。文物保护协会的重要工作之一，就是加强宣传，宣传得好，就会引起重视，工作才能开展得好。因此，宣传工作是十分重要的。

文物保护工作很重要。当前，我们面临的是新的形势，保护工作就显得更加重要，而且要有紧迫感，越是对外开放，越要重视自己的文化传统。随着开放政策的实施，国外的包括一些不健康的东西势必要进来，在这个时候，我们绝不能丢掉自己的民族文化传统，而文物保护正是为了保护这种传统。从国际范围来看，世界各国也都是很重视文物保护工作的，对这个问题的反映十分强烈，尤其是第三世界国家，把保护文物工作提高到保持民族文化特性、保持民族生存的高度。国外一些人认为，保持民族文化特性的问题是一个关系民族生死存亡的大问题。一个民族赖以生存，是因为它有着自己深厚的文化传统。传统是广义的，它包括生活习惯、思想、感情、心理特征等等。在历史发展过程中，不知有多少民族都消失了。所谓消失并不是真的没有了，而是被同化了。同化的是什么呢？正是文化方面的东西。今天这样讲绝不是危言耸听。

第三世界国家把保持民族文化传统看得这样重，他们是把它当做反帝、反霸斗争的一个重要方面，当做对本国人民进行爱国主义教育的重要内容。因为帝国主义，霸权主义对被压迫人民、被压迫民族进行侵略的一个重要手段，就是摧残这些民族的固有文化。这个问题，值得引起我们的高度重视。这样强调保持传统，绝不是排外主义。有人说中国的文化传统就是保守的，我不赞成这样说法。事实上，几千年的中华民族的文化传统正是不断吸收外来文化的营养而得到丰富和发展的。从总体上讲，中国文化传统是开放的，而不是保守的，所谓闭关自守、盲目排外是近一百年这一段短暂时间里的事，盛唐文化难道是保守的吗？善于吸收外来的东西而又成为自己的东西，这才是中华民族的传统。今天我们应当继承这个传统，要"古为今用"、"洋为中用"，发展我们社会主义的又是中国特点的新文化。

另外，刚才陈昊苏同志讲，对于文物不仅是要保护，还要加以利用。我个人完全同意昊苏同志的意见。保护与利用的关系问题，是个很重要的问题。我认为保护不是单纯的，保护本身并不完全是手段，保护与利用是互相促进、相辅相成的，不能截然分开。保护是第一步，是前提，保不住也就谈不上发挥作用。我们经常考虑如何古为今用，但古之不存，安为今用？因此，只有保护了文物，才能谈到进一步"用"的问题。保与用的关系是辩证的，多少年来我们的方针一直是"古为今用"。建国三十多年来，对文物工作来说，从没有提出过一个所谓单纯保护的方针，不发挥文物的作用，不宣传，不研究，文物本身也保护不了。发挥文物的作用越大，越能影响人，越能使人认识到文物的重要性，而更有利于保护。因此，保护与利用应当是互为手段、互为目的。

现在，还有个需要澄清的认识问题，那就是"古为今用"，到底是干什么用？怎么用？我认为我们还是要在精神文明上下工夫，在精神文明建设上下工夫。历史文物本身就是精神文明与物质文明的遗存，我们文物工作者面临的是一个整个的古代社会。这些文物在今天能起到多方面的作用。在精神文明建设中，可以发挥历史唯物主义、爱国主义教育和革命传统教育的作用，而且在培养人们道德情操、美的欣赏等方面还有潜移默化的作用。这些作用往往不是眼前的，而是有着长远的精神作用。同时，文物古迹还有直接服务于社会主义建设的作用。譬如，葛洲坝选址，就是通过对那个地区的考古学研究后才确定的。另外，文物考古工作对水文、地震、冶金等许多方面都可以起直接的作用。可以想象，随着人们科学文化水平的不断提高，对文物价值认识的不断深入，文物的作用就会越来越大，前途是很光明的。但是，我们说文物作用，绝不是说拿文物当摇钱树，绝不能以损害文物来换取眼前利益。文物肯定是有经济效益的，但不是所有文物都有经济效益，要正确处理好经济效益与社会效益的关系。对文物工作来说，社会效益是第一位的，经济效益的大小不是衡量我们工作好坏的主要标志，任何事物都有质的规定性，都有界限，一过界限就要走向事物的反面。这样讲，并不是说文物工作可以不讲经济效益，恰恰相反，文物工作也应该而且必须讲经济效益。问题是怎样理解文物工作的经济效益。这就需要认真研究认识文物工作本身的特殊规律，而不能照搬照套经济部门的一些做法。在我看来，文物工作的经济效益要从三个方面考虑：一是少花钱多办事，勤俭节约，用国家给我们的有限经费，做更多的工作，而不是大手大脚、铺张浪费；二是在保证完成本职工作的前提下，从宣传群众、服务群众出发，开展一些与本身业务有直接联系的经营活动，尽可能地取得较多的经济效益，以补充文物经费之不足，但绝不能倒买倒卖紧俏物资，从事与本身业务毫不相干的经营活动；三是我们的工作完成得很出色，还可以为国家增加收入。比方说，把遍布在全国各地的文物古迹保护好、维修好，有计划地开放，无疑会大大促进我国旅游事业的发展，包括国外的和国内的，这将为国家增加很大一笔收入，应当说这也是文物工作取得的经济效益。所以，经济效益本身是多种多样的，有的现在看不到，日后会发挥作用，有的只是由文物部门提供给社会，而由其他部门取得经济效益。比方说，复制古代丝绸，从先秦到明清的一些艺术价值较高的纺织品的复制工作（像长沙马王堆素纱禅衣），我们一边复制它，一边可以在复制过程中，对整个古代丝织、纺织技术进行研究，其成果还可以为纺织部门提供借鉴，把它应用到现代生活当中去。在这当中，取得经济效益的是其他部门。但我们无疑是起了很大的作用。所有这些，都必须是首先搞好我们本身的业务工作，在这个意义上，社会效益越高，经济效益就越大。二者是成正比的。因为总的来说，社会效益与经济效益是一致的、统一的，但处理不好，就会产生很大的矛盾，我们应当正确地处理好二者的关系，力求取得社会效益和经济效益的统一。我们应当坚持社会效益是第一位，经济效益是第二位的。我们主要是做好文物的保护、科研、宣传教育工作，不能把自己赚钱放在第一位。北京是世界著名的文化古都，有大量的文物古迹，这是我们北京对外开放的一大优势。只要在正确的方针指导下，充分利用这个优势，把北京建设成为一个名副其实的历史文化名城，这样就一定能够取得社会效益和经济效益的双丰收，为首都的四化建设作出积极的贡献。

（原载《文物工作》1987 年第 1 期）

在文化部召开贯彻落实国务院
《通告》电话会议上的讲话[*]

现在，我把最近国务院常务会议领导同志的讲话，还有领导同志的批示向大家传达一下。

在今年3月份，原文物局副局长齐光同志给先念同志、紫阳同志写了一封信，呼吁打击文物走私和盗掘活动。李先念同志对此作了批示：文物被盗这样严重，有关部门应高度重视并采取有力措施加以制止，对罪大恶极的盗窃犯应该依法严厉打击。紫阳同志批示：请国办找有关单位研究，分析情况，并拟定有力措施提国务院常务会议议定。同时批：是否请乔石同志抓一下。乔石同志批示："同意紫阳、先念同志意见，请俊生同志阅，并先做好准备工作，然后开会研究。"5月19日国务院开常务会议，讨论了关于打击文物走私的问题。在会议上决定了几件事情：第一件事情是由国务院发一个通告；第二件事情是为了加强文物保护管理工作，现在的文化部文物局改称国家文物事业管理局，文化部领导，隶属关系不变，对外独立行使职权；第三件事情关于打击走私文物的办案经费问题，万里同志和田纪云同志在会议上都提到了，这个事情请财政部和公安部门协商，可以增加公安部门的办案经费，不是给文物局增加经费；第四件事是由文化部发一个通知，现在通知已经发出去了，过一会儿沈竹同志把内容给大家介绍一下。会议决定了这几件事情。在讨论的过程中，万里同志特别提出来除客观原因以外，你们文物

---

* 本文为文化部召开贯彻落实国务院《通告》电话会议上的讲话稿。

队伍的内部有没有问题。我们的回答是有问题的，就是管理不善。所以万里同志特别强调要找主观原因，并责成我们赶快把细则搞出来。另外，就是陈慕华同志提出的几点意见：一是关于文物的所有权的问题。她到陕西几个地方看后感到这方面还有问题，特别提出私掘问题很大，指盗掘文物。公掘问题也很大，公掘出来即考古发掘的一些文物，管理不善。所以她提出对于公掘问题也要很好解决，同时提出文物所有权究竟是谁的，应该是国家的。按照《文物保护法》规定，出土文物所有权是国家所有，不是部门所有，也不是地区所有，所以对于珍贵的文物，重要的文物应该相对的集中。另一个意见是除了制度上的改善，还要增加一些必要的设施。同时还有一个人才问题，现在考古人才还是有一些，但在文物保管工作方面人才很差，希望能够加强培训工作。我传达的就是这些。

（原载《文物工作》1987 年第 4 期）

端正文物工作的指导思想

保存在地上、地下极为丰富的祖国文物，是中华民族历史发展的见证。加强文物工作，保护好文物，是爱国主义的起码要求。党的十一届三中全会以来，我国文物事业成绩很大，但在新情况、新问题面前，也表现出某些不适应的状况。国务院发出的《关于进一步加强文物工作的通知》，进一步明确了在改革、开放的新形势下做好文物工作的指导思想。

正确处理文物的保护和发挥文物的作用、社会效益和经济效益，统一管理和分工协作等方面的关系，是解决文物工作当前存在各种矛盾和问题的一个关键。毫无疑问，搞好文物保护，是文物工作的基点，是发挥文物作用的前提。离开了保护，还谈何发挥作用？同样毫无疑问的是，必须以社会效益作为衡量文物工作好坏的最高标准。那种把文物作为单纯营利手段的倾向，是完全错误的。前些时候，有些地方的同志，在谈论文物工作的开放、改革时，简单地把它同利用文物增加经济收入等同起来，有的甚至给文物单位和博物馆下达盈利指标，结果只能造成思想混乱和管理混乱。

《中华人民共和国文物保护法》（下简称《文物保护法》）规定我国境内地下、内水和领海中遗存的一切文物，以及国家机关、部队、全民所有制企事业组织收藏的文物，皆属国家所有。这就决定了文物工作在必要分工的前提下必须统一管理。前一个时期，少数地方对出土文物的调拨、保管不按国家规定办事，不管自身的管理条件如何，片面强调就地保管，拒绝上级政府的统一调拨或指定保管单位。有的甚至把出土的珍贵文物视为本地区或本单位私有，不服从上级主管部门安排的保护措施。这种行为对文物的保护和利用都有害，必须坚决制止。

至于屡禁不止的盗窃文物、私掘古墓、文物走私和投机倒把活动，以及基本建设施工中毁损文物的现象，在国内外造成恶劣影响，早已引起中华儿女普遍愤慨。问题的要害，是《文物保护法》没有得到很好贯彻，有法不依、执法不严是当前的主要倾向。这次国务院《通知》规定："人民政府对反映的问题如不及时处理，致使文物遭到破坏的，要追究领导责任。"只有严格执法，严明政纪，我国的文物工作才能健康发展，我们这一代人才不至于愧对子孙后代。

（原载《人民日报》1987 年 12 月 11 日）

继承传统，坚持开放，
古为今用，为社会主义服务[*]

我今天讲话的中心内容，一个是汇报情况，把与文物有关的情况向大家汇报；一个是宣传。我想今天参加会议的很多同志不是文物部门的，有些同志不太接触这个工作，究竟这个工作有什么作用？今天搞四个现代化，你这些破破烂烂的东西，破瓶子、破罐子，对四个现代化有什么作用呀？今天徐副省长讲得很好，讲了很多作用，我再给他作些补充。我想就文物工作有什么作用，保护它到底有什么意义作个题目向大家介绍介绍。另一个我还想讲讲文物保护法的有关条款。《文物保护法》是法律，法律的语言是非常简洁的，它告诉你该怎么做不该怎么做，那是硬碰硬的东西。在《文物保护法》里有一些原则问题，一些指导方针问题，我想向大家作些解释。

这几年文物走私非常猖獗，因为走私诱发了文物盗掘和偷窃馆藏文物。我们可以说建国以来文物工作取得了很大的成绩，三中全会以来是文物工作形势最好的时期，但也是问题最严重的时期。我们讲党的十一届三中全会确定的思想路线是实事求是嘛，实事求是说，这一阶段问题最严重，我认为这一点是从实际出发的。造成这种情况原因很多，中央很重视。从三中全会以来，中央书记处讨论过几次文物工作。最近，5月份发通告以前，国务院常务会议上特别讨论了打击文物走私活动工作，这个会议上确定发一个通告，同时恢复国家文物事业管理局相对独

---

* 本文系作者 1982 年在贵州省文物工作会议上的发言稿。

立地行使职权。这是在十三大以前，政法体制改革还没有动，整个盘子还没有定的时候突出解决的，说明问题的迫切性、重要性。

文物走私是一个带国际性的社会现象，不是从今天开始、很早以来就有的、一直是要解决的重要问题。1949年以前近一百多年，我们祖国文物大量被盗运出国，那时是官商勾结，很多重要的东西都被偷走。可以流动的文物，有绘画、善本，大量的出去了；不能移动的文物，他也给你破坏了弄走。现在我们可以看到敦煌壁画，这是世界有名的。那时有个美国人跑到那儿用一种胶把壁画粘下来弄走。浮雕，大家知道有个云冈，有个龙门，他就把它打碎弄下来运走。龙门有一组浮雕叫《帝后礼佛图》，当时一个美国人和古玩奸商合伙把它凿下来，搞成很小的碎块，运到国外，重新粘接起来。这是一种很严重的破坏，他们还说是保护，这是一种强盗逻辑。这些都是历史。我们祖国文物的历史也跟整个国家的历史一样，近一百多年来，我国文物是被破坏、被盗窃的历史，我们国家是被压迫、被侵略的历史。一百多年来我们是半封建半殖民地，在这么一个状态下，我们很多东西都丢了。山西天龙山石窟寺佛爷的脑袋，百分之九十是没有的。云冈、龙门很多非常漂亮的佛爷都是残头断臂，都跑到外国去了。从清代开始到民国很多东西都被外国盗走。帝国主义侵略中国，作为文化侵略，掠夺文物是重要的组成部分，占据了我国劳动人民多少年来创造的精神财富，又用这个东西来歪曲我们的历史。外国人到新疆去，考察了仰韶文化，他们说这个文化是外来的，鼓吹中国文化西来说。现在不光是中国文化西来说，还有北来说，还有南来说，还有东来说。许多国家的人不但掠夺、占据了我们的精神财富，反过来又歪曲我们的历史，作为他们侵华的理论根据，这是很严重的。这究竟是个文化问题还是个政治问题？到了1949年这个局面基本改变了。建国以后第一道法令就是禁止珍贵文物出口令。毛主席在党的七届二中全会上的报告有一段话，大意是我们进城以后还要跟帝国主义、国民党进行文化斗争、经济斗争、政治斗争。我们掌握了海关以后，就在帝国主义面前站起来了，过去我们的文物大量被掠夺，任意掠夺，任意被盗走。禁止文物出口令发布后，从此就结束了外国人随意掠夺我国文物的历史时代。这有很重要的意义，我们不要忘记这段历史。龙门过去被盗走文物，那里有一块说明牌，说明什么时候美国人怎么勾结文物奸商盗走了文物，这是帝国主义侵华的罪证。现在对外开放了，我们跟各国都友好了，一个时期有人就把这说明牌拿掉了，我认为这是一种错误。历史就是历史，我们今天讲中日友好，但是日本军国主义屠杀了我们那么些人，这个历史我们要永远记住。记住这段历史既教育我们，也教育日本人，还教育美国人，让大家来共同吸取这个历史教训，这样才能搞和平，才能搞友好。如果说我们今天讲友好啦，过去那些都不算了，这个不行。这怎么可以呢？我是坚决反对的，讲历史就是要讲这些，今天美国很多博物馆有我们的东西，我们去了，很多真正的友好人士就表示歉意，觉得是很不应该的，甚至有的想签名把那些东西送回来。对于这些友好人士我们当然是非常欢迎的。但是那种说你们保护不了，你们是劣等民族，我们那时拿来就是为你们保护，我们不保护你们就要弄坏了，这种逻辑我们就要坚决驳斥。走私文物问题一直就是一个政治问题。建国初期我们制止了文物大量外流，在帝国主义面前站起来了，今天怎么能又听任文物大量外流呢？这不像话。甚至有的同志说现

在卖两个钱支援"四化"建设嘛，我们怎么能靠卖祖宗来搞"四化"呢？我对这个意见是坚决反对的。旧社会资本家、地主也希望他的儿子创业，不是靠卖遗产吃饭。我们也是要靠劳动发展生产力来建设社会主义。我先讲这段历史，是说文物走私问题是带政治性的。

再讲一讲，我们祖国这个历史文化有什么作用？我先介绍一个情况，1982 年我到墨西哥参加联合国召开的文化政策大会，一百多个国家的代表参加，大部分是文化部长带队。我们的团长是朱穆之同志。有的是总理，甚至是总统，讨论世界的文化政策。讨论过程中一个强烈的呼吁，帝国主义、殖民主义侵略第三世界国家的时候，把他们的文物拿走了，大家有这个动议而且形成了决议，要求他们归还。会上针锋相对地斗争。有些国家，像美国，就不发言，英国就反对。最近，埃及就把狮身人面像的鼻子要回去了。这是第三世界一个普遍的要求，他们把这些东西作为他们民族历史的不可替代的象征，民族历史的见证。帝国主

义、殖民主义除了军事侵略、经济侵略以外，还有文化侵略。文化侵略重要的就是把人家固有的文化消灭掉，而用它的所谓"文化"来代替，这样达到精神统治的目的，让你永远作他的奴隶。当年伪满洲国日本人统治就有一个奴化教育，什么叫奴化教育？就是让你忘掉自己的历史。不管帝国主义也好，霸权主义也好，都搞这一套。因此，第三世界非常重视这个问题，是深深感受到帝国主义的文化侵略、文化渗透。他们把那种坏文化叫做越轨的文化。帝国主义殖民主义要奴役你，也要你换脑筋。他的目的就是要让你在思想上割断跟自己民族的历史、国家的历史的联系，然后好接受它的影响，这是非常厉害的。我在好些地方讲过，这种文化侵略比军事侵略、经济侵略还厉害。军事侵略你打起来了，杀了我很多人，只能激起我们的仇恨。经济侵略，剥削掠夺，也要激起反抗，也要革命。精神统治使你思想解除了武装，你就完了，精神涣散了，没抵抗力了。因此，我们说民族文化传统的问题是一个很重要的问题，是代表一个国家形象的问题，这是一个民族赖以生存的精神支柱。精神支柱摧毁了，那还有什么独立？只有强调民族文化的特征，保持这个精神支柱才能维护和平，维护独立，才能为自己民族的独立解放而斗争。这是从国际上看。从我们的历史看，我们历史上有很多民族，有的民族在历史舞台上风云一时，但后来就消失了。这种消失就是今天说的融合了。有这么个故事，是我们有名的历史学家陈寅恪说的：魏晋南北朝时，北魏、北齐、北周都是鲜卑族，汉族管它叫胡人。那时彼此交融，就有胡化了的汉人，也有汉化了的胡人。陈寅恪先生有个非常精辟的论点，他说那个时候判断一个人的族别，并不是看他的血统，而是看他的文化。他举了个例子，说北齐有个高欢，是个胡化了的汉人。从血统来说他是渤海望族，他胡化了。什么叫胡化了呢？就是他的一切风俗习惯、所有观念都鲜卑化了，他的后人高洋把北魏战胜后，平定天下要当皇帝了。他召见高欢的老臣杜弼，问安邦治国用哪号人，杜弼就老老实实跟他讲："鲜卑车马客，会须用中国人。"意思说鲜卑没文化，还是要用中国人。"车马客"是贬意词，高洋以为是骂他，其实他是汉人，他就坐不住了，后来就借故把杜弼杀了。这说明一个人的文化观念和整个传统都没有了，结果是到底自己是哪国人也都不知道了，奴化教育就是使你变成日本人、满洲国人。一个人把自己的历史全忘掉、传统全忘掉，你就以为自己是满洲国人，再不承认你是中国人了。这个问题是很严重的。所以说，古今中外一个民族要生存，就必须保存他自己的民族文化传统。

谈到这里，有人会产生这样的疑问，说你这话就有点问题了，三中全会讲的是开放、改革、搞活，你老谢强调传统、保护，不就是跟中央不保持一致了吗？我说不是这样。我们越是开放，越要重视民族文化。这是跟中央保持一致的。越是开放，越要保持我们的民族文化传统；越是保持我们的民族传统，我们越是要实行开放政策。为什么呢？传统的东西是要发展的，不能固定不变，发展必须开放。吸取世界上一切有用的东西，变成我们自己的东西，用毛主席的一句话说就是"古为今用，洋为中用"。要发展我们有社会主义特色的中国新文化，就必须扎根于我们自己的民族文化的传统之中，吸收一切有益于我们的外国文化，借鉴这些文化，吸取它们的营养来发展我们民族的社会主义新文化。所以我们说，越是开放越要重视我们的民族传统，全盘西化不行。同时，越是重视自己的民族文化，让自己的民族文化有所发展，就必须贯彻开放改革这个方针。只有这样才能使我们的文化不断发展，万古长青。

我们今天强调保护传统，决不是保守。保护我们的传统和保守本身是不能画等号的。现在我讲一个前些时候的事，就是大学生闹学潮的前夕，我讲了两次课，一次是为中央直属机关司处级干部普法教育讲《文物保护法》，一次是给人民大学的学生讲文物课，一个是老一点的，一个是年轻一些的，一个是负责干部，一个是还没毕业的学生。两次讲课中间都有人站起来向我提问，因为我讲文物，都是老的、传统的东西，我不能不讲传统呀，当然要讲。一次一位年轻人说，你今天讲的话不合时宜。他说中国的传统就是个大染缸，中国的传统根本要不得，从来就是保守的，你看过《丑陋的中国人》没有？我说柏杨这本书我没有看过，但他的论点我知道，我坚决反对。他说某某领导同志说这本书写得好，我说不管哪个领导说的，这个问题既然提出来了我就不能退让。他说鲁迅的阿Q，中国的弱点都在这暴露了。我问，你说中国人是丑陋的，你说中国人都是阿Q，那么鲁迅是不是阿Q？他说鲁迅当然不是阿Q，对了。那么究竟是阿Q是中国人的光辉代表，还是鲁迅是代表呢？这样他就没话说了。最后我就讲了，你说"丑陋的中国人"无非说的是一些"窝里反"、"不卫生"等等。不卫生是个文化经济条件问题，不是国民性问题，你说中国人都搞"窝里反"，那么美国人就不搞"窝里反"吗？里根就挨了两枪，肯尼迪让人打死，美国好多总统被刺，那不是"窝里反"？那是中国人，是中国传统给他传染让他去美国干的吗？你说中国人丑陋那么请问你丑陋不丑陋？他说我不丑陋。我说好呀，究竟中国还有像你这样美丽的中国人。今天秦老讲我们贵州人不要自己看不起自己，扩大来说中国人也不要自己看不起自己，不要什么都是外国的好。后来我给学生讲课，也有人提到这个"丑陋的中国人"的问题。那会儿这本《丑陋的中国人》不知为什么有这么大魔力，把好多人都给动员起来了，一句话就是有的人不想当中国人了。我就跟他们辩论，后来学生自己也辩论起来了，看来多数人还是爱国的，认为中国人并不都是丑陋的。当然我们不否认中国人有许多弱点，有很多丑陋的现象，这个丑陋的现象不是中国人所特有的。世界上任何一个国家都有它的光明面，都有它的阴暗面，既有它丑陋的一面，也有它美丽的一面。任何一个国家都是这样的。从历史唯物主义看问题，从马克思主义看问题，无非是自然经济小生产者的狭隘性，封建主义的遗毒，资本主义的腐朽意识形态。外国许多伟大的作家揭露他们国家上层社会的，不也是非常的黑暗吗？托尔斯泰不也揭露吗？西方的许多作家不也是辛辣的讽刺？讽刺的对象也不是中国，也不能说那些人是受中国文化的影响，那些人还没来过中国呢！在我们日常生活中，也许能看到果戈理描述的"钦差大臣"的影子，但总不能说这个钦差大臣是中国文化大染缸里染出来的吧！有人说西方人是开放型的，中国人是内向型的，其实，"外向"、"内向"都是表现形式，都有好人、坏人，都有善良的，也都有丑陋的。"外向"、"内向"各有其优缺点，不能说"外向"绝对的好，都是善良的；"内向"的人都坏，是丑陋的。这不是马克思主义的观点。善与恶都应当有文明社会内容、阶级内容。柏杨在台湾是受迫害的，进了监狱，在台湾有很多腐朽面，他是深有感触的。从他的亲身经历来揭露这些东西，他的心原是恨铁不成钢。但是我们有些同志不加分析地把它拿过来了。柏杨不是马克思主义者，不能苛求他。我们今天无论如何应该力争是个马克思主义者，我们今天对马克思主义学得深浅程度可以不一样，但是我们必须相信马克思主义，要不然四项基本原则还要不要呢？

另外，还有一个论点是说中国文化几千年从来就是封闭保守的。中国文化是不是一贯封闭保守？我说从总体上讲中国文化不是保守的，因为保守和发展是对立面，你要保守就不能发展。我们几千年来的中华民族文化连绵不断，经久不衰，如果它不是发展的，根本上就是保守的话，它根本就不可能存在这么多年，不可能经久不衰。这不是很自然的事情？它没有活力了，保守僵化了，不就完蛋了吗？枯萎了吗？它之所以能前进，就是因为它融合了中国各族人民的文化的精华，它是兼容并包的，绝不保守。从内部来说，各族人民都对中国文化作出了贡献，在历史上如此，在今天也是如此。同时，它也吸收了国境外许许多多国家的文化而成为自己的文化。佛教，大家知道是从印度来的，但到了中国它就变化了。它变成中国的宗教了，从内容到形式都中国化了。我们从新疆、敦煌和其他地方看到佛教的壁画、雕塑、许多的佛像，有犍陀罗的影响，有印度的影响，但它毕竟不是印度佛爷，是中国佛爷，中国化了。把印度的文化融合到中国来，成为中国的文化。"万国衣冠拜冕旒"的唐代难道是封闭保守吗？盛唐文化一点也不保守，而是大大的开放。宋代也不保守。元代还有个马可·波罗，他到元朝廷当官，这够开放了吧？我们不是请了个洋厂长吗？明代也有个三保太监七次下西洋，是保守吗？清代初期的时候，也不保守，明末清初就吸收了西方的许多科学技术，什么利玛窦呀、南怀仁呀都到这里来跟我们进行文化交流。北京有个观象台那是中西文化交流的产物，康熙的宫廷里就有许多传教士，乾隆宫廷里不也有个意大利人郎世宁吗？他的画就是中西结合的。当然从乾隆以后，我们就开始走下坡路了。事实上我们所说的闭关自守、落后是近一百多年的事。强盛的时候不怕开放。只是落后了，弱了才老怕挨打，所以闭关自守。这是一百多年的历史。但作为传统来说，我们不能只看这一百多年的历史，这不能代替中华民族几千年的历史。即使在这个时期，闭关自守也只是统治者的政策，一百多年来还是有不少志士仁人向西方寻求真理，出现了许多杰出人物。我们几千年的历史是开放的，不断发展的，洋为中用，古为今用的。毛主席总结这个经验，就是这八个字。我们要继承这个传统就是要善于吸收外来的东西变成自己的东西，这也是保持传统嘛。

我们的革命也是如此。毛主席之所以伟大，就是把马克思的普遍真理与中国革命的具体实践相结合，创造了毛泽东思想，靠毛泽东思想才赢得中华人民共和国的成立。如果我们不是善于吸收外来的东西而又变成自己的东西，完全照搬洋套套怎么行？苏联那套王明路线照搬不行呀！失败了。毛主席不是呀，他继承了中国的传统，又吸收了马克思主义跟中国实际相结合。我们今天创造具有中国特色的社会主义，同样要把马克思主义的普遍真理跟中国的具体实践相结合，在经济发展这个道路上继续发展马克思主义。我们的传统是开放的，不是保守的，这是我的论点。我是百家争鸣，想说什么就说什么，错了大家可以批评。

这些话都是围绕着文物问题讲的。因为文物是民族文化的结晶，如果你把根刨掉了，还说什么保护文物？所以我首先要从根本上来说明问题。保护文物是非常重要的，是保持民族文化传统的问题，是尊重祖国历史的问题，是继承和发扬传统，创造具有中国特色的社会主义民族新文化的问题。保护文物就是维护国家的形象，维护民族的尊严！打击文物走私的通告第四条说各级人民政府要坚决贯彻文物保护法，要把宣传工作纳入当前普法教育计划，作为社会主义精神文明建设的重要内容。精神文明建设，两个文明一起抓是十二大确定的，也是建设有中国特色的社会主义的一个特征。只搞物质的东西是不行的，只搞一个文明也不行。美国的物质生活水平现在很高了。按小平同志的说法，我们要赶上美国等先进国家至少要五十年，那时候它们就更发达了，也许变成社会主义，也许还是这样，但是没有精神文明怎么也变不成社会主义。没有精神文明建设就没有中国特色的社会主义。党的十三大就要开幕了，这次会要解决加快和深化经济体制改革问题，指出政治体制改革问题。特别是要提出社会主义初级阶段的问题，对我们现行政策，从理论上作出回答。最近报刊也发表了领导同志讲话，今后一个长时期是一个中心、两个基本点。经济建设作为中心，两个基本点是坚持四项基本原则，反对资产阶级自由化，反对僵化，贯彻改革开放政策。四项基本原则是立国之本，改革、开放、搞活是我们的总方针。这两个基本点是相辅相成的，缺一不可的。在整个经济体制改革，贯彻开放、搞活的总方针的过程中，主要是反对僵化。小平同志最近对外这样讲，三十几年来我们僵化的东西是根深蒂固的，特别是经济改革长期碰到的恐怕是这个东西。当然也要反对资产阶级自由化。你用僵化的观点看待四项基本原则你就"左"了，你用自由化的观点看待改革开放你就右了。两个我们都要反对。我们现在搞改革开放，首先主要的矛盾是不能僵化。一僵化就没法改革了，这是很重要的。我说的主要指贯彻开放改革搞活这个范围内，我们从另一个角度来说——这是我的创造，也许又错了，也许十三大的精神一出来，又不对了，好在现在不打棍子——从另一个角度看问题，从全社会来看，目前还有许多不好的现象，腐败的现象，你既不能归到僵化，也不能归结到自由化。比如说以权谋私，你说它叫自由化？根本不是自由化。有许多"倒爷"在那里投机倒把，你说它叫资产阶级自由化？资产阶级自由化有一定的概念，主要是反对党的领导，反对社会主义，主张搞全盘西化。那些胡作非为的事情，搞不正之风，归不到自由化，更归不到僵化。那么它是什么呢？我说是封建主义、资本主义的腐朽意识形态。我们讲传统、讲文化是好的一面，我们有优良的传统，有优秀的遗产，但任何事物都要一分为二，遗产也要一分为二，传统也要一分为二。既有优秀的遗产，也有腐朽的遗产。所谓腐朽的遗产就是千百年来积累的小生产者的狭隘意识等等的意识形态。什么唯利是图、见利忘义这些东西，它既是资本主义的也是封建主义的。唯利是图有资本主义的也有封建主义的。家长制这个问题就不是资本主义的社会现象，而是封建社会的社会现象。我们是从半封建、半殖民地社会脱胎出来的，这个影响是几千年的影响，也是根深蒂固的。我们在意识形态领域反腐蚀，这也是我们长期的重要任务。我们要用加强精神文明建设来解决这个问题。文物在精神文明建设中起什么作用呢？它能起很大的作用。在发挥文物的作用上，我看贵州是大有可为的。有的同志说贵州文物不多，价值不高，今天，几位领导同志都已经驳斥了。我重复一下。贵州文物怎么能叫价值不高呢？就说革命文物，遵义会议是党的历史上一个转折点，当然陕西有什么周秦汉唐，还有延安，但是没有遵义会议就没有延安，没有遵义会议上毛主席的正确领导在全党取得统治地位的话，就不可能正确地执行长征路线，也到达不了陕北。所以遵义会议是我们党历史上一个重要的转折点，有了遵义会议才有长征的胜利，才能到陕北扎下根，才有延安的胜利。所以遵义会议是一个非常重要的革命遗址，其他的更多，如四渡赤水、娄山关等，遍布在贵州省。这是我们的一大优势，也是我们进行精神文明建设的一大优势。我们就要用这些东西去教育人民，特别是教育青少年一代，让他们懂得过去的艰难。今天的青年人喜欢横比，一比就不满意，我看竖比也是需要的。今天江山得来不易呀！进行革命传统教育，文物有一个特点，它的教育手段是其他手段不能代替的，为什么呢？因为文物是物，是见证，有说服力，我们不是常说百闻不如一见吗？你不相信，它有人证、物证。另外，它是直观的、形象的，又有极大的感染力，这种直观的感染力和说服力这两个特征，任何教育手段不能代替的。教科书只能在文字上述说。我们贵州的优势就可用这些革命文物进行革命传统教育。革命传统教育也是我们社会主义精神文明建设不可缺少的一个部分。第二我们讲民族文物。贵州这么多民族，而且保存的民族文物这么丰富，又这么富有鲜明特色。我们利用它宣传民族团结有很大的作用。我们搞好民族文物，不仅仅有宣传作用，教育作用，还有团结作用。作好民族文物工作是我们今天加强民族团结的一个很重要的方法。所以我觉得民族文物也是贵州的一个特征。另外是地下文物。贵州的地下文物也跟其他地方的地下文物不同。过去看起来贵州文物不太多，实际上现在看起来也不少。旧石器时代遗址已发现了二十四处。一个省发现二十四处旧石器时代遗址，在其他地区，可能一个国家也还没有发现一处，这就很了不起。新石器时代遗址也有，从贵州自己的文物来看，也是连绵不断的，说明在这块土地上，从旧石器时代观音洞人到近代，这个历史并没有间断，而且还有特点，跟民族考古结合起来，民族考古跟现代民族调查保护结合起来，这样我们的工作就更有特色。贵州的这些优势发挥起来，在精神文明建设当中就能起很大的作用。过去我们说中华民族的摇篮是黄河，现在不是这样看。浙江有个河姆渡，发现了遗址，有人工栽培稻种，这说明七千年前长江下游地区已经在栽稻子，当时它并不比中原落后呀！

我们国家有一部二十四史，没有中断过，这很了不起。世界上有些古老的国家的历史是中断的。司马迁是一个了不起的人物，他的《史记》中写商代的世系，我们在河南安阳出土的甲骨文中考证，他的记载一点也不错。用文物来解决我们历史上悬而未决的事，对中华民族形成的研究起了很大的作用。所以，研究工作要借助于文物，光靠文献是不够的。文物对于补充、修正，或者纠正文字记载的历史起了弥补文献不足的作用。

文物的作用非常之大。比如说人是由猿变成的，但不论你怎么说人家也不相信，可是通过文物考古，看到了早期人类使用的石器，再看发掘的人头盖骨，额有多宽，用实物和具体形象进行解释，人家就容易接受。从河南安阳的古代墓葬中发现用人做殉葬品，反映出当时的奴隶社会确实存在，所以文物在精神文明建设中可以起历史唯物主义的教育作用，起革命传统的教育作用。

中国的古代是强大的，只是近一百多年来才落后了。我们的四大发明对人类的进步起了重要的作用。马克思曾说过，中国的火药、指南针、印刷术三大发明预告着资本主义的行将到来。他高度地评价了中国的"三大"发明。我们岂止是"三大"发明？我们应该为祖先的这些发明感到自豪和光荣，从中吸取营养和力量，不要愧对祖先，应该有高度的自豪感，投身于社会主义的四个现代化建设中去。

从革命传统教育方面讲，比如说，长征时红军十八勇士抢渡铁索桥，如果说他们脑子里都想到自己的私事，能过桥吗？他们抛头颅、洒热血到底是为了什么？他们洒鲜血是为了革命，为了建立新中国，为了我们的民族，为了我们在座的每一个人。我们不能对先烈所作出的牺牲无动于衷。大公无私和唯利是图是两个根本对立的世界观。唯利是图就是不好，在任何社会都不好。我们今天还有许多腐败的东西，党风不正，社会风气不正，根源在哪儿呢？是一个腐朽的意识形态在作祟。有什么思想就干什么事，精神力量可以转化为物质力量。我们的雷锋他到底是为了什么？雷锋放到封建社会也是好样的，只是阶级内容不一样。就是在封建社会、资本主义社会，它也不提倡唯利是图，也不主张损人利己。尽管这些社会充满了黑暗，到处是腐朽，可是摆到桌面上，它不会说唯利是图就是好。从历史发展到现在，尽管阶级内容不同，但好的东西是共同的，比如说舍身取义，杀身成仁。文天祥为什么慷慨就义？资产阶级上升时代，为什么许多人都为"不自由，毋宁死"这个口号而奋斗，封建社会比奴隶社会进步，而资本主义社会比封建社会进步。在每个进步的过程中，总有一些人在献身。他们献身绝不是为了自己，而是为了理想，为了真理。在几千年的历史长河中，正是那些具有为理想而献身的人们，对人类历史的进步和发展起了重要的推动作用。所以，我认为见利忘义在任何社会都是不可取的，这个东西几千年来一直腐蚀着人们的心灵，不搞掉它，对我们"四化"建设是很不利的，这些腐朽的意识形态都是应该反对的。应该用十八勇士的献身精神来教育我们的人民，为"四化"去奋斗，去献身！在反对腐朽的意识形态斗争中，我们的文物可以起很重要的作用。罗马尼亚的小学生、中学生参观博物馆是进行革命传统教育的必修课，可见文物在精神文明建设中所起的教育作用是其他手段不能代替的。另一方面，文物还有一个很大的特点，即便是腐朽的东西，也不能随便把它毁掉。"文化大革命"初期，山东曲阜的红卫兵想砸孔庙，找到了文化部，我接待了他们。他们无论如何要砸掉孔庙，说孔子如何如何的坏，还藏有多少变天账。我对他们说，它里面是有一部档案，反映了封建社会的宗法制度，是重要的历史资料。另外，还有一些压迫人民的水牢、刑具等等，这当然不是好的东西，但如果将它毁了，就叫毁赃灭证。如果将它保存好，批判孔老二不是更有说服力了吗？我们用马克思主义的立场、观点、方法去研究它，说明它，就可以变毒草为肥料，化腐朽为神奇，从反面去教育群众不是很好吗？我这一番话倒把他们说服了。后来，谭厚兰又去曲阜砸三孔，是周总理打电报，命令不许砸，这样三孔建筑才幸存下来了。

我们创造社会主义的新文化，除了思想内容以外，还有一个民族形式的问题。如果离开了文物就很难说是什么民族形式，文字上看了半天说不出来，有文物就清楚了。只有从建筑形式上，从绘画形式上，从雕刻形式上看了文物之后，才能了解中国的民族形式是什么样子。一句话，民族形式离不开文物。

文物是什么东西？概括地说来，它是历代精神文明和物质文明的物质遗存。因此，它所反映的不仅仅是文化，而且反映了物质文明。文物可以带来几千年蓄存的信息。我们对信息的认识也有一个过程，因而对文物的保护宁可保守一点，切不可粗暴。如果粗暴地把文物毁了，信息就不存在了。1960 年，陈毅同志在 105 次国务院会议上听说只有一百八十处国家级文保单位，顿时发火了，他不主持这次会议。他说，我们国家有五千年的悠久历史，怎么说才有一百八十处国保单位呢？如果后代子孙听说是我陈毅主持会议定的，我就要挨骂，我不愿意挨这个骂。他对我们写的文物保护条例也提出了宝贵意见。他说了两句话，对文物保护"宁可保守，不要粗暴"。他在这次会上有句名言："我们绝不允许对文物进行社会主义改造。"这句话到现在对我们的文物保护工作仍然有现实的指导意义。

我今天还想谈一点冶金，因为徐副省长是冶金专家，谈冶金可以引起他的兴趣，使他今后更加重视对文物工作的领导。有一种球磨铸铁，是一种高强度的铸铁工艺，这个工艺是 1947 年一个叫莫洛的英国人的发明，我们在 50 年代掌握了这项技术。可是，最近几年我们在河南发现东汉时期的冶铁遗址的若干标本，就是"莫洛"铁，这个问题引起了冶金界专家的注意。根据标本，发现铸铁工艺不一样，一个是洋法，一个是土法，可是达到的效果却一样。不同的时期，相差几千年，说明我们中国的冶金工艺十分高超，我们的老祖先是很了不起的。现在正在试验，如果用土法上马，经济效益还要好一些。另外，再举一个例子，飞机、火箭上天，必须有精密的铸造工艺。我们有一种失蜡法，用蜡做模子，在云南铸佛像都用这样的方法，现在民间还保留着。40 年代美国有个飞虎队大队长叫陈纳德，他往返缅甸路过云南时，学会了失蜡法的一部分，就把技术带回美国去，加上现代化的技术，送到英国就造成了喷气式飞机的一些部件，说明传统工艺所起的重大作用。我们还在随县发现了曾侯乙墓，墓中的铜器铸造精美，太漂亮了。花纹之精细，镂空之高超，简直没法说了，引起了铸造学界的注意。铸造学会荣科会长马上在武汉召开了会议，研究我国两千多年前战国时代的铸造工艺，最后得出结论是用的失蜡法。荣科同志很注意这种方法，他是航天部的顾问，是搞科技的，英国留学生。他对我说，我们国家开放以后，到英国去买制造喷气飞机叶片的技术，要花百万英镑，这实在坑人。从这一点他得到了启发，要研究和运用我国古代的传统技术，为现代科技服务。

大家都知道葛洲坝。我们的文物考古已经运用到葛洲坝的水利工程了。换句话说，文物考古的范围已经扩大到水文、地质、地震方面了，这是我们中国的特色，外国没有。葛洲坝选点时，对那个江心洲的成陆年代不清楚，究竟能不能利用没把握，但成陆的年代怎样去考证？如果从地质学的角度就麻烦了，因为地质形成年代一讲就是好几十亿年，最晚也得几十万年以上，几千年对地质年代来说太短了，只有从考古学的角度来解决。因此在长江流域规划办公室的考古队，对江心洲进行了考古发掘，发现有战国时代的墓葬，发现了六千年前的古树，这就充分肯定了江心洲的成陆年代，说明它是可以利用的。所以文物考古工作面牵涉很广，考古工作者是面对着整个古代社会，从上层建筑到经济基础，从社会科学到自然科学。这是一个例子，说明文物不仅在精神文明建设中起作用，而且在物质文明建设中同样起作用。

我很赞赏徐副省长的说法，要重视信息的作用。文物中蓄存着大量的古代信息，我们对这种信息有的认识，有的暂不认识。如果文物保存不下来，信息也就不存在了。因此，我说贵州要做的文章可多了，只是我们还没有认识它。随着文化水平和科学水平的提高，我们会不断地发现新的东西。又如天津有个蓟县，是当初安禄山造反的地方，有个独乐寺，寺内有个观音阁，是辽代建筑，中国古建筑专家梁思成先生发现的。他认为这组建筑太美了，怎么看都漂亮，使人流连忘返。根据梁思成先生的发现，我们把它公布为第一批全国重点文物保护单位，理由是建筑形式很美，年代早。当时我们就只能认识到这一步。唐山地震发生了，可是观音阁岿然不动。后来查文献，才知道这个地区经过多次大地震，都是七级以上，观音阁都没有被震垮，这说明不仅仅是个建筑美的问题，而且有很高的科技价值。所以必须看到，我们今天的认识水平还不可能对所有蓄存的信息都发现出来，保护文物的重要性和紧迫性就在于此。

地震考古也是考古学应用的一个新领域。文物有很多记载。中国有个好传统，到处立碑。庙宇塌了，碑文就记载庙宇是什么原因何年何月塌的。我们说，碑文本身就存在着大量的信息。地震有长期预报、中期预报、短期预报。我们的中期预报是很准确的。从中期预报中已经知道，唐山近几年有地震。由于当时的历史原因，短期预报未及时报出来，致使这场巨大的地震灾难没有能够避免可以避免的损失。长期预报就是从历史上看这个地区发生过几次地震，是七级还是八级。地震的发生是有规律的，如果这个地区从来就是发生大地震的，那么这里的建设就值得考虑。因此，长期预报对城市建设有重要的作用。在长期预报的问题上，我们的考古学是很起作用的。从古建筑的碑文记载中，从地层的关系中都可以找到根据。山西在明代发生过一次大地震，但震中在什么地方一直有争论，后来通过考古发掘，从一块碑的记载中找到了震中的确切位置。唐山大地震之后，我们把北京历史上的地震搞了一本材料，十五万字，给地震局提供了重要的情报。所以，我们一定要保护好文物，让它在建设具有中国特色的社会主义总目标中充分发挥作用。

关于打击文物走私的政策界限问题，我想解释一下，现在不是无法可依。据了解，很多地方在公安部门的积极支持下，也抓到了一些人，但最后呢，往往是以罚代刑。从目前的主要问题来看，是有法不依，打击不力。《文物保护法》奖惩部分一是讲行政处罚，一是讲依法追究刑事责任。在《文物保护法》中不可能具体规定盗一个杯子判几年刑，盗一个壶判几年刑，不可能作这样的规定。任何法也不可能这样，因为有刑法。依法追究刑事责任这几条，在刑法里是有的。比如说盗窃珍贵文物出口，情节严重的，判处七年有期徒刑。在打击经济犯罪活动时，人大常委会又有补充规定，盗窃珍贵文物出口，最高刑可以判死刑。故意破坏珍贵文物的，判七年有期徒刑，这也是有法可依的。有条规定，私自发掘古墓葬古遗址的按盗窃论处。在《刑法》里面有盗窃罪这一条，这一点也说明是有法可依的。有人玩忽职守，在《刑法》里有犯渎职罪这一条，也是有法可依的。私自把文物卖给外国人，以盗窃文物出口论处。论处本身就是按刑法论处嘛！所有的条款都与《刑法》挂钩，都能找到根据。至于量刑多少是根据情节来定的。盗窃马王堆的人已经判处死刑。在河南盗窃珍贵文物的也判处了死刑。上海外贸有人监守自盗珍贵文物，同样判处了死刑。如果说无法可依，你把人枪毙了，人家不和你闹翻天啦！因此说，不是无法可依，而是有法可依。是由于我们宣传不够，重视不够，大家对有些情况不了解，所以出现了无法可依的误解。根据这几年我们的实践，已和高院、高检联合拟定了贯彻《通告》的文件。这个文件就是谈量刑，搞了一个附录，最近就要下达了。我们要树立法制观点，法律面前，人人平等。你是大官，哪怕你是最大的官，犯了法就按法处理。农民犯了法也要按法办，挖掘古墓就是犯了盗窃罪。工人也好，农民也好，干部也好，大官也好，都必须依法办事。因此不存在农民挖坟不判罪的问题，法律上也没有规定"刑不上大夫"，那是封建社会的东西，我们搞的是社会主义，不管你是谁，犯了法都一样，这是与我们打击文物走私有直接联系的。

另外，文物工作与很多部门都有关系。一个是与旅游的关系，一个是与宗教的关系，一个是与城市建设的关系。跟城市建设的关系在文物保护法里说得很清楚，很明确。哪些地方不许建设，哪些地方需要哪一级批准才能建设，这些都是有规定的。全国重点文物保护单位的发掘、全国重点文物保护单位的撤建都要报国务院批准。省级文物保护单位就要报省人民政府批准，县级文物保护单位就要报县人民政府批准。《文物保护法》还有一条，这是我们总结的经验教训，文物保护单位如果要撤掉，除报原来的公布机关以外，还要报上一级文物文管部门。比原来的文物管理条例前进了一步，1961年公布《文物管理暂行条例》里说，文物保护单位的撤销与拆除是报原批准机关批准，这里面就有漏洞可钻了。比如说，涿县的县委为了给自己的干部盖房子就轻易把一个古庙给拆了，卖给部队，我们追究责任的时候，他们说原来的文物保护管理条例说得清清楚楚，原批准机关批准就可以了，我们县委通过县政府就撤销了，跟法律毫无抵触。不论怎样说，我们还是给他们处分了。这件事给我们一个启示，只由原批准机关批准不行，还必须加上文化主管部门的批准。省级文物保护单位，如果你要撤，除了报省人民政府以外，还要报文化部，报国家文物局批准才行。在古遗址、古墓葬周围不许盖房子，这在《文物保护法》中是明确规定的。特别有一个问题应该注意，一定要把文物保护纳入城市建设的总体规划中。我们说不是一个城市每一个地方都要盖大楼，也不是都不能盖大楼，而是说历史文化名城不能乱盖大楼。我到美国去看了好多城，大楼最多的是纽约。它的首都根本没有大楼，华盛顿的整个规划是原来的规划。意大利对旧罗马根本没有动，有个新罗马特别现代化。

实际上外国人来看你什么？看你的名山大川，看你的人文景观。人文景观就是文物。他不是来看你的大楼，你那大楼比他的差远啦。我住的云岩宾馆能跟美国哪个旅馆比呀？北京最有名的长城宾馆在世界上还属第三流的。我们的现代化程度差嘛。这就要扬长避短，不能扬短避长啊。我们的风土人情、自然风貌、民族风格就是我们的长，就是我们的优势，我们要珍惜这些东西，只有它们才能体现我们的特点。我们要建设有中国特色的社会主义。在城市建设上，中国特色是什么？北京都建成纽约那样的摩天大楼，还有什么中国特色呀！把故宫铲平建白天鹅宾馆行吗？人家来看什么呀？人家需要看的是故宫，是天坛、八达岭、十三陵。到了贵州，就要看侗族古老风格的民族建筑。当然不是说不能盖大楼了，我的意思是说，我们应当认识这个问题，在城市建设中应当考虑这个问题。特别像历史名城镇远、青龙洞这样的地方，一定要搞民族风格，绝不能盖一些大洋楼。大家到北京可以看一看，你到北海坐船，往西看是几座大楼，在大楼上看北海可是漂亮得很啊，可你在湖上看那大楼就太难看啦，大楼往那里一摆，五龙亭简直就成了五个小玩意儿了，原来北海的美全没有了。可是有些建筑专家还赞成。这里我要说说新罗马和旧罗马。新罗马是法西斯头子墨索里尼盖起来的，他都注意保护旧罗马。墨索里尼是坏蛋，但在这个问题上还是应该给他记点功。好人也会办坏事，坏人也可能做一两件好事。咱们要实事求是，在这个问题上你总不能说墨索里尼错了。我到佛罗伦萨，和接待我们的人聊天，他说佛罗伦萨这座城市的布局五个世纪来没有变化，只盖了一座与历史风格不协调的大建筑——火车站，其他的仍然像原来那样。在威尼斯，市内交通还是走石板路、坐船，整个城市不能坐汽车。当年胡耀邦同志访问时，人家用最高规格接待他，就是让他走一段罗马古代的石板路。巴黎这座城市的整个布局、外形也没有变化，只是在室内装修点现代化，要不就没法生活了。我们都知道蓬皮杜，他硬要在巴黎市内盖蓬皮杜文化中心，遭到欧洲建筑界的反对。中心盖好后他就死了，欧洲人就骂他，幸亏蓬皮杜死了，要不整个巴黎就会毁在他手里。这说明现在整个世界都重视传统的风格，因为他们走过这个弯路。当年在产业革命中，第二次世界大战的恢复当中，毁了很多古建筑，现在他们非常后悔，所以现在他们对古建筑的保护相当重视。美国历史才二百来年，他们对古建筑保护得很好。日本的京都、奈良也没有盖大楼，那也是他们的历史文化名城，所以不能盖大楼，必须保持它的传统风格。我们有些全盘西化的人老是引用鲁迅的话，说鲁迅最反对中国的传统东西。其实鲁迅反对的是中国传统中落后的东西。对于民族风格，鲁迅说，越是有地方特色的，越是能够成为国际的。所以我们越是要成为世界的东西，越是要保持民族的特色、民族的风格。我不相信在实现世界大同后，文化是千篇一律的，我相信在建成共产主义社会的时候，文化会更加丰富多彩。就是既保持自己的特色，又吸收、发展别人的好的东西，形成自己的东西。它既是新形成的，又是旧的；既是传统的，又吸收了外来的。

第二个问题。我想讲一讲文物保护跟旅游的关系。搞旅游，外国人来中国看什么？看美丽的大自然，看人文景观。刚才说了，人文景观就是文物。我们把文物保护好，维修好，就是给发展旅游事业提供条件。但是我反对"为旅游服务"这个提法。一提"为旅游服务"，他想怎么办便怎么办，这怎么行？我们不是服务，是为旅游提供条件。正相反，一切旅游活动，必须服从《文物保护法》的规定。怎样认识旅游？旅游不是吃吃喝喝，不是玩玩乐乐，旅游应该是文化活动。外国人到中国，中国人从南方到北方，从北方到南方旅游，从大自然的美中得到享受，情操得到陶冶。看到文物，可以从中受到教育。比如到遵义会议会址、娄山关、四渡赤水渡口，都会受到教育。所以，旅游应当是带有经济性质的文化事业，或是带有文化性质的经济事业。外国人来中国旅游回去后，会觉得中国了不起，很高兴。比如美国总统里根来中国，就专门从北京到西安去参观秦兵马俑，说明我们古代文化的力量有多么大！所以我们说，外国客人到中国来，是来了解中国的古老文化，这是一种文化交流，是增进中国人民和各国人民之间的友谊。文物给旅游提供条件，而旅游则把中国的文化介绍给世界。旅游和文物的确有很大的关系，是相互支持、相互促进的关系，而不是谁服务谁的关系。

第三个问题，讲一讲文物与宗教的关系。文物保护中保护的有庙宇、教堂、清真寺，跟好多宗教都有关系。落实宗教政策，这类文物不是都得搞宗教活动，而是因为它表现了我们的古代文化。我们保护这类古建筑，是因为它在建筑上有成就。保护其中的雕凿，是因为它在雕凿艺术上有成就。保护其中的壁画，是因为它在壁画艺术上有成就，这是我们的文化遗产。把它保护下来，应该作为我们精神文明建设的阵地，而不是搞宗教活动。但是，落实宗教政策的问题怎么办？我们说，这应当是有条件的，而不是无条件的。宗教是一种长期形成的历史现象，并且将会长期存在下去，只要产生宗教的土壤没有铲除，就会有宗教信仰问题。对于人的信仰问题，是不能用行政命令来解决的，而应当首先尊重它。所以，党的宗教政策的基本点是尊重个人的宗教信仰自由。宗教政策的落实，主要是落实尊重每个人宗教信仰的自由。不允许说，谁不能信什么教。也不允许说，谁必须信什么教。信教是自由的，这就是党的宗教政策的核心。有个 19 号文件，这是个马克思主义的文件，谈到了宗教的产生和消亡，谈到了各项政策。既然是尊重个人宗教信仰自由，你就应该有个地方给人家做宗教活动的场所。因此，就把一批宗教建筑物，作为落实政策的具体措施，划为进行宗教活动的地方。这些地方都是经过批准的。条件是，长期以来是搞宗教活动的场所，而且在群众中有影响，在国际上有影响。但是，即使是在这些地方进行宗教活动，也得服从文物保护法的规定，也不能你想怎么治就怎么治。至于另外一些与宗教毫无关系，或者虽然是庙，但早就没有香火了，跟"文化大革命"禁止宗教自由也没有关系，特别是具有重大历史艺术价值的地方，如龙门石窟，你现在都让他去烧香拜佛，那还了得！又如敦煌石窟，当年都是佛教寺庙，现在又让你跑到洞去烧香，三天五天，一个月就把壁画给熏完了，那行吗？那里只能作为精神文明建设的阵地。对于庙里的佛像已经被损毁了的，除非这个地方经过一定批准手续，开辟为宗教活动场所，可以重新塑像。从文物的角度，不是批准的宗教场所，又不搞宗教活动，不重新塑菩萨。为什么？因为塑的菩萨不是文物，而是现代的雕塑嘛。把一些寺庙作为落实宗教政策划归宗教部门，并不是我们文物发挥作用的问题，这一点要特别讲清楚。因为我们做文物工作，是文化工作，是意识形态工作，我们是无神论者，是在共产党领导下搞社会主义，搞马克思主义的。我们的任务是宣传无神论，宣传马克思主义，宣传爱国主义，宣传历史唯物主义。发挥文物的作用是要在两个文明建设中去发挥作用。落实宗教政策是落实宗教政策的问题，而不是文物发挥作用的问题。有人说，你文物要利用嘛。利用它去烧香念佛，这不是我们文物部门的职责范围，这一点也一定要说清楚。不管宗教还要存在几百年，或者一千年，但是历史发展的规律是共产主义必将到来，宗教总有一天要消亡。从世界观来讲，宗教信仰与共产主义世界观是根本对立的两个意识形态，不能合二为一，不能互相补充（秦天真同志说青龙洞维修后，有人要塑菩萨，我们说，要塑你到河边塑去，青龙洞里原来根本没有菩萨，我们也不能搞那个玩意儿）。所以，落实政策也得有个界限。我们拨乱反正，是指拨"文化大革命"之乱，反我们党正确政策之正。我们不能够拨中华人民共和国之"乱",反旧社会之"正"。"文化大革命"是一个界限,中央的政策也很清楚,我们唯物主义者尊重宗教自由,但不宣传宗教。我们文物工作者只能宣传无神论,宣传唯物论,不能宣传宗教,这一点要把界限划得清清楚楚。我们管的庙,绝对不能搞宗教活动,更不能向"钱"看。现在有些单位,有些文物干部,向游人,向外国人,向华侨设布施,要两个钱,这是违反中央规定的。

最后一个问题,保护和利用的关系问题。这也是长期以来有争论的问题。我们认为,文物保护和发挥作用是文物工作的两个方面,是相辅相成、互相促进的,但是必须以保护为前提。在保护文物的前提下,去充分发挥它的作用,并且在发挥作用的过程中还要始终强调保护。东西要是毁了,你还发挥什么作用呢?"古为今用",古都不存了,焉为今用?所以,保护是前提,是基础,这是我们的观点。我们反对有些同志把利用放在保护之上,这是急功近利的观点。商代铜器上有"子子孙孙永葆用"的铭文,我们不光自己要用,还要子子孙孙用,世世代代用。我们的保护不单纯是手段,也是目的。随着我们子子孙孙科学文化技术水平的不断提高,古代文物里储存的信息会不断地发现,还会发挥更大的作用。这里还有一个社会效益与经济效益的问题。文物工作是文化工作,意识形态工作。小平同志说过,文化、教育、卫生等要以社会效益为最高准则。所以,文物工作要把社会效益放在第一位,不能单纯追求经济效益。全世界任何一个博物馆没有以盈利为目的的。《世界博物馆协会章程》第一条规定,博物馆是不以盈利为目的的社会事业,而且凡搞文物买卖,以盈利为目的的人,一概不能被接纳为该会会员。我没有听说过有哪个国家为赚钱开个博物馆的。保护与利用的关系,社会效益与经济效益的关系,一段时期被某些思想搞得非常混乱,发生过很大争论,我们一直坚持这些观点。为什么打击文物走私前些时候也抓,但抓得不够有力呢?就是因为在这些指导思想上有分歧,现在是应当统一的时候了。

（原载《文物工作》1987 年第 1、3 期）

积极保护祖国文物
发扬民族文化传统[*]

在目前思潮下，宣传文物保护，是一件很了不起的事情。今天到会的人员虽然不是很多，但我说"星星之火，可以燎原"，希望我们的文物爱好者协会能够不断地壮大，文物保护工作绝不是几个文物干部可解决得了的，必须动员从领导到普通群众共同关心，共同参加。一定要依靠群众，依靠社会各界。文物爱好者协会在全国最高学府搞文物保护宣传周是对文物工作的极大支持，我们表示衷心感谢。《文物保护法》大家都很熟悉，今天不多谈了。下面我主要谈谈保护文物的重要性。

保护文物，从根本上说，是尊重本民族历史、尊重本民族文化传统的问题。文物是民族文化传统的物质表现，保护文物与否，实际上就是要不要民族文化传统的问题。我坚决反对那种全盘否定民族文化传统的观点。不仅是我们中国，世界上任何一个国家、一个民族都要维护自己本民族的文化传统，没有一个国家、一个民族自己否定自己的。我们不仅要保护那些好的文物，也要保护那些和反面人物、反动事件相联系的文物。文物本身是最客观的见证，对研究历史，向群众进行爱国主义教育，建设有中国特色的社会主义精神文明，有重大的意义。维护民族文化传统也是这样，民族文化传统中有好的，也有坏的，好的我们继承、发扬，坏的我们批判、抛弃。即使是好的，也不能原封不动的继承，而是要赋予它新的生命。在这点上，我们绝对不是保守。我们反对的是虚

---

[*] 本文系作者在"北京大学文物保护宣传周"座谈会上的发言摘要。

无主义，提倡的是批判地继承。

"文化大革命"期间，全国掀起了破"四旧"运动。破"四旧"最大对象就是文物。当时林彪、四人帮一伙鼓吹什么扫荡一切历史文化遗产等极"左"的口号，使大量文物遭到破坏，在理论上对文物事业的冲击也是相当大的。尽管这样，也没有人说长城如何坏。毛主席不是还说过"不到长城非好汉"嘛！我们对民族文化传统进行反思，大可不必诅咒长城，即使推倒长城，现在许多问题也不能解决，所以我们不能把责任推给古人，对历史文化传统采取虚无主义态度，这实际上是红卫兵理论的翻版。如果抛开于民族文化传统，一个民族就会涣散了她的凝聚力。产业革命大概是起源于英国吧，现在老大帝国已经衰落了，英国人是不是就以此来诅咒工业文明呢？当然不能。所以我们反思要更多反思自己，我们哪点是受了传统的坏影响，做得不好，要赶紧改正，何必把祖宗骂一通呢！维护民族文化传统与否，这个问题不从指导思想上根本解决，就不知为什么要保护文物，也就无法保护文物。

我们的历史以及发现的文物都告诉我们，中华民族是勤劳、勇敢、充满生机活力的民族，五千年的中华文明发展到今天的历史，就是不断吸收外来文化因素，不断发展的历史。我们今天需要民族自信心和自豪感，需要看到我们民族对整个人类文明作出过无比卓越的贡献，以后还要起更大的作用。全盘否定民族文化传统，会丧失人们的斗志，丧失民族自尊心。现在许多不合理现象，和祖宗并没有多大关系，恰相反，有些腐败现象倒是外来影响所造成的。但是，我们也不能因此就否定外来的一切。总之，一切要具体分析，不能绝对化。

（原载《文物工作》1989 年第 1 期）

新中国第一号文物法令

1949 年，中华民族进入了一个崭新的历史时代，文物作为祖国文化遗产的重要组成部分，才开始真正得到国家的保护和管理。

早在 1950 年初，新中国成立仅仅几个月，中央人民政府政务院就颁发了一系列保护文物的法令和办法。《禁止珍贵文物图书出口暂时管理办法》是新中国颁布的第一个文物法令。在此以前，1948 年，北平刚刚和平解放，华北人民政府就立即颁发了禁止珍贵文物图书出口令。众所周知，在解放前的近一百多年中，祖国文物大量流出国外，外国人可以肆无忌惮地深入到我国的内地和边疆，巧取豪夺，把我国许多文化珍宝捆载而去，甚至成组的浮雕被打成碎块盗运出口。因此，禁止珍贵文物出口作为新中国的第一个文物法令，具有十分重大的政治意义。四十年来，依据这个法令，斩断了帝国主义者、反动分子和古玩奸商公开巧取豪夺的魔爪，基本控制了我国珍贵文物大量外流的局面，标志着中国人民在帝国主义面前站起来了。今天，我们重温这段历史，还有着重大的现实意义。

近几年来，由于"一切向钱看"腐朽思想的泛滥，在很多地区文物走私和投机倒把活动十分猖獗，并因此诱发了私掘古墓、盗窃馆藏文物的犯罪活动，情况之严重为建国以来所罕见，不仅给国家在文化上、经济上造成很大损失，而且在政治上也造成很坏的影响。为此，1987年 5 月，国务院本着打击文物走私、制止珍贵文物外流的一贯方针，又颁发了《关于打击盗掘和走私文物活动的通告》（下简称《通告》）。一个时期以来，由于公安、海关、工商管理部门与文物部门的密切配合，在贯彻《通告》，打击文物走私的斗争中已经取得了很大成绩。但是，最近在一些地区犯罪率又有回升的趋势，说明了打击文物走私的斗争仍是我们一项长期的、艰巨的任务。列宁说过："把注意力集中到还没有完成的革命任务上，这是庆祝伟大革命纪念日的最好的办法。"当我们庆祝中华人民共和国成立四十周年的时候，就是要总结过去、思考未来，把注意力集中到我们还没有完成的革命任务上，在坚持四项基本原则、反对资产阶级自由化的斗争中，端正指导思想，继续努力抓紧打击文物走私活动的斗争，把各项工作做好，为保护祖国文化遗产作出新的贡献。

（原载《中国文物报》1989 年 9 月 29 日）

在文物历史学家谈《河殇》
座谈会上的发言

　　作为一个文物工作者，我对《河殇》有一种本能的反感。《河殇》的出现，《河殇》的现象不是偶然的。要讲它的错误，那是比比皆是。它不是一个学术论著，也不是文艺、文学作品，而是一个政论电视片，它的影响绝不能低估。《河殇》的出现，除国际大气候与国内小气候的影响外，我还有个看法，那就是十年改革开放，虽然取得了很大成就，但也的确出了一些问题，造成了许多群众不满意的现象，搞得民怨沸腾。而这种现象的出现，正是资产阶级自由化长期泛滥的结果。记得反对精神污染开始时，邓小平同志的讲话中就提到了"反对一切向钱看"的问题，并把它作为精神污染的一个很重要的问题提出来。可是党的十二届二中全会以后，反对精神污染就不了了之了，仅反了二十多天，结果造成"一切向钱看"的风气不但没有刹住，反而越来越严重了。后来又反对资产阶级自由化，但也只反了两个月就又夭折了。正是这个时候出现了《河殇》，它的确也批评了许多不合理的现象，批评的东西有的很对群众的胃口。包括我在内的许多人，对它批评不重视教育等问题，就觉得很对。但问题是《河殇》作者把这些错误全归罪于老祖宗，甚至归罪于土地、黄河，把整个中华民族全否定了。这并不是他们的无知，而是出于他们的政治需要。它有意适应帝国主义对我国推行和平演变的需要，否定我们民族的文化传统，为全盘西化制造舆论。我过去一直认为一个民族能生存，很大程度上有赖于本民族的文化传统。一个民族如果把本民族的文化传统全否定了，也就摧毁了这个民族的精神支柱，割断了人民和自己国家、自己民族历史的联系。人们还有什么国家观念呢？没有国家观念，还有什么爱国主义呢？《河殇》用这样一个釜底抽薪的办法，从根本上瓦解人们的民族意识，其用心十分恶毒。所以，我认为如何正确对待民族文化传统的问题，将是今后在意识形态领域里，和平演变与反和平演变斗争的一个重要内容。现在，《河殇》的影响，在许多人思想上还没有真正肃清，长期资产阶级自由化思潮的影响，绝不能低估。所以我们的任务是非常重要的，还必须做长期艰苦细致的工作。

（原载《中国文物报》1990 年 1 月 25 日）

纪念《文物保护法》颁布
十周年座谈会上的发言

今天是文物法颁布十周年，这次会开的必要而且及时。文物法需要宣传、执行。执法是个重要的问题，越是开放、改革，越是要加强法制的建设，加强对文物的保护和管理，否则就会"大法不行，天下大乱"。现在文物法的宣传还未完全深入人心，要宣传，也要学习，文物部门的人，更要宣传和学习，这是最重要的基础。现在社会上冒出了一些理论，为文物违法辩解。例如，许多报刊上就有"向国际拍卖文物可以遏制文物走私"的论调，这是不懂文物法、随心所欲的想法。如若公开拍卖文物，希冀一些人拿文物来卖，首先，这是违反文物法的规定的。其次，文物的持有者、有名的文物收藏家是不会走私的，他们中绝大多数是爱国的。真正的文物走私者是盗窃者、盗墓贼或者无意中发现文物的人。这些犯罪分子能不能来参加拍卖活动，如果说借拍卖来诱使他们上钩，作为打击犯罪的一种手段，那又有谁敢来拍卖？他们还会进行地下活动，那怎么能有效地遏止走私活动！如果不管文物的来龙去脉，拿来就拍，那拍卖会不就成了文物走私、盗窃者的销赃会了吗？所以，这个"理论"不能成立。

还有一个"理论"，即文物是世界的之说，这个"理论"太可怕了。所谓人类共同文化遗产，是指精神财富，是世界共享的，而文物实体则必须是国有的，任何一个国家、民族都不会放弃其对本国、本民族文物的主权所有，如果说中国文物世界各国都有一份，那么我们谴责的1840年以来帝国主义对我们文物的掠夺岂不是正当、合法的吗？他们掠夺的中国文物不过是取走其"应得"的一份儿罢了。

另外，还有什么拍卖文物是向世界宣传，是冲破"挖出来、锁起来的旧观念"，这也是完全站不住脚的。毋庸讳言，中国的许多文物精品流失在国外，敦煌文书百分之九十以上在国外，铜器、陶器、瓷器、书画就更不胜枚举，要说弘扬，这些难道还不够弘扬吗？倒是卖出去几个美元的文物就是弘扬了？多年来，我们以文物作为文化大使巡展各国，难道是锁起来吗？

所以上述这些理论，我们要坚决给以驳斥，否则持上述理论的人还会振振有词。我们一定要统一思想，统一在《文物保护法》，以及中央确定的"保护为主，抢救第一"的思想方针上，这个方针已在中央9号文件（《关于加强政治思想工作》）上得到确认，所以这八字方针就不只是全国文物工作会议的方针，而且是中央的方针。我们一定要与中央一致，坚决贯彻、实施。

（原载《文物工作》1992 年第 6 期）

《文物保护法》释义[*]

一　总　则

第一条　为了加强国家对文物的保护，有利于开展科学研究工作，继承我国优秀历史文化遗产，进行爱国主义和革命传统教育，建设社会主义精神文明，特制定本法。

　　[释义]　本条是对制定文物保护法的目的和意义的规定。

　　对制定《中华人民共和国文物保护法》的目的和意义，本条阐述了两层意思：一、为了加强国家对文物的保护；二、有利于开展科学研究，继承我国优秀历史文化遗产，进行爱国主义和革命传统教育，建设社会主义精神文明。文物是人类在发展进程中遗留下来的遗物、遗迹。不同类别的文物，从不同的侧面分别反映了当时社会的生产力、生产关系、经济基础、上层建筑以及社会生活和自然环境的状况，是说明社会发展具体形象的历史见证，是人类珍贵的历史文化遗产，具有很高的科学研究价值。同时，文物又是民族文化的象征，体现了一个国家和民族长期形成的共同心理素质、意识形态、生活习俗等特点，对于一个国家及其各族人民，能产生强大的凝聚力和激励作用，是向人民群众进行爱国主义教育的生动教材。因此，制定文物保护法的目的和意义，就是要加强国家对文物的保护，并通过科学研究，不断揭示文物固有的客观价

---

　　* 本文系与李晓东合著。

值，充分发挥文物在向人民群众进行爱国主义和革命传统教育中的积极作用，从而促进社会主义精神文明的建设。

第二条　在中华人民共和国境内，下列具有历史、艺术、科学价值的文物，受国家保护：

（一）具有历史、艺术、科学价值的古文化遗址、古墓葬、古建筑、石窟寺和石刻；

（二）与重大历史事件、革命运动和著名人物有关的，具有重要纪念意义、教育意义和史料价值的建筑物、遗址、纪念物；

（三）历史上各时代珍贵的艺术品、工艺美术品；

（四）重要的革命文献资料以及具有历史、艺术、科学价值的手稿、古旧图书资料等；

（五）反映历史上各时代、各民族社会制度、社会生产、社会生活的代表性实物。

文物鉴定的标准和办法由国家文化行政管理部门制定，并报国务院批准。

具有科学价值的古脊椎动物化石和古人类化石同文物一样受国家保护。

［释义］　本条是对国家保护的文物的范围的规定。

对受国家保护的文物范围，本条规定：一、受国家保护的文物，从总体上说，必须具有历史、艺术、科学价值。但具体到每一件文物，并不一定同时具备这三方面的价值，只要具有一方面的价值，就属于受国家保护的文物范围。二、受国家保护的文物必须具有广泛性、代表性。文物是历史上遗留下来的，由人类创造或者与人类活动有关的一切有价值的物质遗存。所谓广泛性和代表性，是指国家保护的文物范围，必须包括反映各时代、各民族社会制度、社会生产、社会生活等每个方面的各种类别的文物。但是历史上遗留下来的各类文物是大量的，因而只能从各方面的各种类别文物中有重点地选择其中具有代表性的加以保护。三、具有科学价值的古脊椎动物化石和古人类化石同文物一样受国家的保护。古脊椎动物化石和古人类化石虽然都不是人类创造的，但是它们分别是研究地球历史、动物起源、人类起源和进化的珍贵资料，具有极高的科学价值，因而同文物一样属于国家保护的范围。我国对受国家保护的文物，根据其价值区分级别。《中华人民共和国文物保护法实施细则》第二条规定："革命遗址、纪念建筑物、古文化遗址、古墓葬、古建筑、石窟寺、石刻等文物，分为全国重点文物保护单位，省、自治区、直辖市级文物保护单位和县、自治县、市级文物保护单位。纪念物、艺术品、工艺美术品、革命文献资料、手稿、古旧图书资料以及代表性实物等文物，分为珍贵文物和一般文物，珍贵文物分为一、二、三级。"

第三条　国家文化行政管理部门主管全国文物工作。

地方各级人民政府保护本行政区域内的文物。各省、自治区、直辖市和文物较多的自治州、县、自治县、市可以设立文物保护机构，管理本行政区域内的文物工作。

一切机关、组织和个人都有保护国家文物的义务。

［释义］　本条是对文物管理机构和机关、组织和个人都有保护国家文物义务的规定。

对文物管理机构，本条规定："国家文化行政管理部门主管全国文物工作。""各省、自治区、直辖市和文物较多的自治州、县、自治县、市可以设立文物保护管理机构，主管本行政区域内的文物工作"。《中华人民共和国文物保护法实施细则》第三条对本条作了如下解释："文物保护法第三条规定的主管全国文物工作的国家文化行政管理部门，是指国家文物局。国家文物局对全国的文物保护工作依法实施管理、监督和指导。"对地方的文物管理机构，由于考虑到我国各地文物分布不平衡的状况，因而没有规定各级人民政府一律都要设立文物机构。这样规定是切合实际的。各级人民政府设立的文物管理机构是代表人民政府主管本行政区域内的文物保护管理工作，依照法律和文物法规行使对文物的管理权。本条还规定："一切机关、组织和个人都有保护国家文物的义务。"文物是国家和民族的珍贵历史文化遗产，保护文物不仅是文物行政管理部门的职责，也是全社会、全民族的共同责任。因此，一切机关、组织和个人都有责任和义务协同文物行政管理部门，做好文物保护工作。文物保护法实施细则第四条规定了"各级公安部门、工商行政管理部门、城乡规划部门和海关，应当依照文物保护法的规定，在各自的职责范围内做好文物保护工作"。

第四条　中华人民共和国境内地下、内水和领海中遗存的一切文物，属于国家所有。

古文化遗址、古墓葬、石窟寺属于国家所有。国家指定保护的纪念建筑物、古建筑、石刻等，除国家另有规定的以外，属于国家所有。

国家机关、部队、全民所有制企业、事业组织收藏的文物，属于国家所有。

［释义］　本条是对国家所有文物的所有权的规定。

对国家所有的文物范围，本条规定：凡中华人民共和国境内地下、内水和领海中遗存的一切文物；古文化遗址、古墓葬、石窟寺，国家指定保护的纪念建筑物、古建筑、石刻等（国家另有规定的除外）；国家机关、部队、全民所有制企业、事业组织收藏的文物都属国家所有。国家所有的文物是全民所有的财产，国家对其所有的文物拥有占有、使用和处分的权利。分散在各地方、各部门所使用或收藏的属于本条规定为国家所有的文物，所有权统一属于国家，只有代表全体人民的中华人民共和国国家，是国家所有权的唯一主体。中央或地方的任何国家机关、部队、企业、事业单位（包括国家博物馆）都不能作为国家所有权的主体，也不能同国家共同作为所有权的主体。因此，任何使用或收藏国有文物的单位，都只有接受国家委托对所使用或收藏的国有文物依法进行保护和管理的责任，而无进行占有和处分的权利。不依照法律规定程序批准，自行处理本单位所使用或收藏的国有文物，是侵犯国家文物所有权的不法行为。返还被不法占有的国家文物，应当不受时效限制。返还不法占有的国家文物，不论占有人是否有过错，也不论是直接得到或是几经转手的，国家都应当有权追索，对转手文物应宣告无效，但转让人和受让人应按各自的过错，承担相应的民事责任。

第五条　属于集体所有和私人所有的纪念建筑物、古建筑和传世文物，其所有权受国家法律的保护。文物的所有者必须遵守国家有关保护管理文物的规定。

　　[释义]　本条是对集体和个人所有文物的所有权的规定。

　　对集体和个人所有文物的所有权，本条规定：一、其所有权受国家法律的保护。二、文物的所有者必须遵守国家有关保护管理文物的法律的规定。集体所有文物所有权的主体是法定的集体组织，其成员个人不能行使集体所有文物的所有权。只有集体组织的法定代表，才能代表集体组织行使全体成员授予的权利。公民个人从合法途径获得的文物，是公民个人财产的一部分，其所有权属于个人。一切公民，不论是否成年、是否具有行为能力，一律具有公民个人的文物所有权的资格。集体和个人所有或使用的土地，其所有权和使用权不包括地下埋藏的文物。土地的所有者和使用者只有对地下文物进行保护的义务，而没有占有和处分的权利。集体和个人对其所有的文物，具有占有、使用、收益和处分的权利。但是文物所有者在行使文物所有权时，不是绝对的，必须遵守国家的文物法律和法规，接受文物行政管理部门的指导。任何集体和个人不得借口行使所有权而违反国家的法律规定。

　　第六条　文物保护管理经费分别列入中央和地方的财政预算。

　　[释义]　本条是对国家保护管理文物经费来源的规定。

　　对文物保护管理的经费，本条规定要分别列入中央和地方的财政预算。列入中央财政预算的包括中央直属单位的事业费、基建费和对全国重点文物保护单位的维修、重点的考古发掘、重点文物收购等补助经费。对地方的文物保护管理经费，《中华人民共和国文物保护法实施细则》第五条规定："县级以上各级人民政府财政部门应当将文物事业费和文物基建支出分别列入本级财政预算，由同级文物行政管理部门统一管理，其中文物基建支出以及文物修缮、维护费和考古发掘费等应当专款专用，严格管理。"为了弥补文物保护管理经费的不足，同时还规定："各级文物行政管理部门所属文物事业、企业单位的收入，应当全部用于文物事业，作为文物保护管理经费的补充，不得挪作他用。"

二 文物保护单位

第七条 革命遗址、纪念建筑物、古文化遗址、古墓葬、古建筑、石窟寺、石刻等文物，应当根据它们的历史、艺术、科学价值，分别确定为不同级别的文物保护单位。

县、自治县、市级文物保护单位，由县、自治县、市人民政府核定公布，并报省、自治区、直辖市人民政府备案。

省、自治区、直辖市级文物保护单位，由省、自治区、直辖市人民政府核定公布，并报国务院备案。

国家文化行政管理部门在各级文物保护单位中，选择具有重大历史、艺术、科学价值的作为全国重点文物保护单位，或者直接指定全国重点文物保护单位，报国务院核定公布。

［释义］ 本条是对确定各级文物保护单位报批程序的规定。

对确定各级文物保护单位报批的程序本条规定：县、自治县、市级文物保护单位，和省、自治区、直辖市级文物保护单位，分别由县、自治县、市人民政府和省、自治区、直辖市人民政府核定公布，并分别报省、自治区、直辖市人民政府和国务院备案。全国重点文物保护单位由国家文化行政管理部门报国务院核定公布。对新发现尚未公布为文物保护单位的重要不可移动的文物，《中华人民共和国文物保护法实施细则》第六条规定"由县、自治县、市人民政府予以登记，并加以保护"。

第八条 保存文物特别丰富、具有重大历史价值和革命意义的城市，由国家文化行政管理部门会同城乡建设环境保护部门报国务院核定公布为历史文化名城。

［释义］ 本条是对确定历史文化名城的规定。

对确定历史文化名城，本条规定具有重大历史价值和革命意义的城市，由国家文化行政管理部门会同城乡建设环境保护部门报国务院核定公布为"历史文化名城"。历史文化名城是我国古代政治、经济、文化中心，或者是近代革命运动和发生重大历史事件的城市。这些城市保存着丰富的历史文物和革命文物，体现了我国悠久的历史、光荣的革命传统和光辉灿烂的文化。对保护历史文化名城的原则和要求，1987年国务院《关于进一步加强文物工作的通知》规定："要根据各个历史文化名城的历史、艺术、科学价值的传统特点和在国民经济中的地位和作用，来确定它的城市性质、发展方向和规划原则。历史文化名城建设规划总的指导思想应该是：既要符合现代化生产、生活的要求，又能保持其优秀历史文化传统的风貌。要保留这些名城固有的总体布局，注意整个城市空间的协调，并把一些有典型意义的地段、街区成片地保留下来，确定为重点文物保护区，划出一定范围的建筑控制地带。通过规划，把它有机地组织到城市的整体环境中去，以显示历史文化名城的历史连续性。必须严格禁止在历史文化名城新建有严重污染或破坏城市风貌的工业项目。"

第九条　各级文物保护单位，分别由省、自治区、直辖市人民政府和县、自治县、市人民政府划定必要的保护范围，作出标志说明，建立记录档案，并区别情况分别设置专门机构或者专人负责管理。全国重点文物保护单位的保护范围和记录档案，由省、自治区、直辖市文化行政管理部门报国家文化行政管理部门备案。

［释义］　本条是对各级文物保护单位保护管理要求的规定。

对做好各级文物保护单位保护管理的基本要求，本条规定了各级文物保护单位，要分别由省、自治区、直辖市人民政府和县、自治县、市人民政府采取以下措施：一、划定和公布必要的保护范围。保护范围是对文物保护单位本体及周围一定范围实施重点保护的区域。在保护范围内不得在地面、地下及空中从事危害文物安全的活动。保护范围的大小，应根据文物类别、规模、内容、地理位置、周围环境的历史与现状的实际，因地制宜来划定。对面积较大或情况复杂的全国重点文物保护单位，可在保护范围内划出重点保护区和一般保护区。《中华人民共和国文物保护法实施细则》第七条规定，各级文物保护单位的保护范围应当"自核定公布之日起一年内划定"。二、作出标志说明。标志说明是指对文物保护单位要树立保护标志和说明牌，使人们了解该文物保护单位的级别、价值和受到国家法律的保护。标志的内容应包括文物保护单位的级别、名称、公布机关和日期，以及树立标志的机关名称。说明牌的内容应包括文物名称、时代、性质、内容、价值和保护范围等。三、建立记录档案。记录档案是文物科学保护和管理的基础，是对文物保护单位进行科学研究和宣传教育的依据。内容应当包括科学技术资料、行政管理文件和文物保护单位本身的记录，以及有关的文献史料。记录的形式包括文字、摄影（照片、幻灯片、电影胶片）、录像、绘图、摹本、计算机磁盘及其他信息载体。国家文物局颁发的《全国重点文物保护单位保护范围、标志说明、记录档案和保管机构工作规范》规定记录档案要分为主卷、副卷和备考卷。主卷以记录保护管理工作和科学资料为主，副卷主要是收载有关行政管理文件及日常工作情况。备考卷主要是收载与文物保护单位有关可供参考的资料。省级和县级文物保护单位的记录档案可参照这些规定建立。四、区别情况，分别设置专门机构或者专人负责管理。专门机构是指在文物保护单位专门设立的文物保管所（处）、博物馆、纪念馆。这是由国家设立对文物保护单位直接进行保护管理的事业机构。对尚不具备条件设立专门机构的，可由当地文物行政管理部门委托专人管理或建立多种形式的群众性保护组织，聘请义务保护员，并应签订具有法律效力的保护合同。非文物系统的单位使用文物保护单位的应指定法人代表为文物保护负责人，并与文物行政管理部门签订保护合同，接受文物行政管理部门的监督和指导。

第十条　各级人民政府制订城乡建设规划时，事先要由城乡规划部门会同文化行政管理部门商定对本行政区域内各级文物保护单位的保护措施，纳入规划。

［释义］　本条是对各级人民政府要把各级文物保护单位的保护措施纳入城乡建设规划的规定。

对各级人民政府要把本行政区内文物保护单位纳入城乡建设规划，本条规定了要事先由城乡规划部门会同文化行政管理部门商定对本行政区域内各级文物保护单位的保护措施，纳入规划。这是对文物保护单位实行有计划的保护管理的重要措施。城乡建设部门和文化行政管理部门要统一认识，密切合作，把各地区文物分布情况，区别文物的不同类别和级别，作为各地城乡建设规划、进行科学布局的重要依据，作出合理安排，使城乡各项建设与文物保护可能发生的矛盾得以事先避免。实在难以避免的，也要严格按照审批程序报请审批。1987年国务院《关于进一步加强文物工作的通知》规定："今后基本建设、技术改造的各个项目，应当尽可能避开文物保护单位、文物保护区或者地下文物丰富的地段。如因特殊需要而必须在这些地方选点，事先必须征得文物部门和城乡建设规划部门的同意。没有取得正式批准文件，不得征地，建设银行不得拨款。"

第十一条　文物保护单位的保护范围内不得进行其他建设工程。如有特殊需要，必须经原公布的人民政府和上一级文化行政管理部门同意。在全国重点文物保护单位范围内进行其他建设工程，必须经省、自治区、直辖市人民政府和国家文化行政管理部门同意。

［释义］　本条是对如何处理要在文物保护单位的保护范围内进行其他建设工程的规定。

对在文物保护单位的保护范围内要进行其他建设工程，本条规定了一是原则上不得在保护范围内进行其他建设工程。二是如有特殊需要，必须依法履行报批手续。所谓特殊需要是指建设工程应属国家或本地区的重大建设项目，而在技术上和其他条件的限制又确实无法避开保护范围。同时，还要保证工程建设的进行不会危及文物的安全，并尽可能不影响原有的环境风貌。对这种特殊需要在保护范围内进行的建设项目，不仅要经原批准公布的人民政府同意，还应经上一级文化（文物）行政管理部门同意。在全国重点文物保护范围内的，必须经省、自治区、直辖市人民政府和国家文物局同意。而且一定要获得上述规定的所有机关同意，缺一不可。

第十二条　根据保护文物的实际需要，经省、自治区、直辖市人民政府批准，可以在文物保护单位的周围划出一定的建设控制地带。在这个地带内修建新建筑和构筑物，不得破坏文物保护单位的环境风貌。其设计方案须征得文化行政管理部门同意后，报城乡规划部门批准。

［释义］ 本条是对在文物保护单位的周围可以划出一定的建设控制地带的规定。

对在文物保护单位周围划出建设控制地带本条规定：一、在文物保护单位周围可以根据保护文物的实际需要划出一定的建设控制地带。这一点与文物保护单位都必须划定保护范围不同，而是要根据文物保护单位的格局、安全、环境和景观的实际需要来决定，不是所有文物保护单位都要划定建设控制地带。二、划定建设控制地带要经过批准。《中华人民共和国文物保护法实施细则》第十二条规定："全国重点文物保护单位和省、自治区、直辖市级文物保护单位周围的建设控制地带，由省、自治区、直辖市人民政府文物行政管理部门会同城乡规划部门划定，报省、自治区、直辖市人民政府批准。县、自治县、市级文物保护单位周围的建设控制地带，由县、自治县、市人民政府文物行政管理部门会同城乡规划部门划定，报省、自治区、直辖市人民政府批准，或者由省、自治区、直辖市人民政府授权县、自治县、市人民政府批准。"

三、在建设控制地带内修建新建筑和构筑物，不得破坏环境风貌，设计方案要经批准。文物保护法实施细则第十三条规定："在建设控制地带内，不得建设危及文物安全的设施，不得修建其形式、高度、体量、色调等与文物保护单位的环境风貌不相协调的建筑物或者构筑物。""其设计方案应当根据文物保护单位的级别，经同级文物行政管理部门同意后报同级城乡规划部门批准"。

第十三条 建设单位在进行选址和工程设计的时候，因建设工程涉及文物保护单位的，应当事先会同省、自治区、直辖市或者县、自治县、市文化行政管理部门确定保护措施，列入设计任务书。

因建设工程特别需要而必须对文物保护单位进行迁移或者拆除的，应根据文物保护单位的级别，经该级人民政府和上一级文化行政管理部门同意。全国重点文物保护单位的迁移或者拆除，由省、自治区、直辖市人民政府报国务院决定。迁移、拆除所需费用和劳动力由建设单位列入投资计划和劳动计划。

[释义] 本条是对建设单位和文化（文物）行政管理部门在建设工程涉及文物保护单位时所负责任和处理原则的规定。

对建设工程涉及文物保护单位时本条规定：一、建设单位在进行选址和工程设计的时候，如果涉及文物保护单位，就要事先会同文化（文物）行政管理部门共同协商确定保护措施，并列入设计任务书。二、如因工程特别需要，而必须迁移或拆除文物保护单位的，要按法定程序报经批准。工程特别需要是指建设工程本身是关系到国计民生全局和国家长远利益的特别重要建设项目。同时还必须是由于各种条件限制确实无法避开文物保护单位，如不迁移或拆除就会使文物保护单位毁掉。只有同时具备上述条件才能称之为"特别需要"。不能把一般的或某个局部的建设项目称之为"特别需要"，也不能把在技术上完全可以避开，只是从建设项目的某些需要出发而称之为"特别需要"。原则上文物保护单位是不应迁移的，只要离开了原来的环境，就会降低它固有的价值。甚至有的文物，只要离开原来位置，它的固有价值就全部消失。实质上迁移就是破坏了一处真文物，却另造了一个假古董。因此，即使符合具有特别需要的条件的项目，还要根据工程需要的程度和文物保护单位的级别，经该级人民政府和上一级文化行政管理部门同意。全国重点文物保护单位要由国务院决定。三、文物保护单位经批准同意迁移、拆除的，其所需费用和劳动力由建设单位列入投资计划和劳动计划。

第十四条 核定为文物保护单位的革命遗址、纪念建筑物、古墓葬、古建筑、石窟寺、石刻等（包括建筑物的附属物），在进行修缮、保养、迁移的时候，必须遵守不改变文物原状的原则。

[释义] 本条是对文物保护单位进行修缮、保养或者迁移必须遵守的原则的规定。

对修缮、保养或者迁移文物保护单位，本条规定必须遵守不改变文物原状的原则。这是文物保护的一项重要原则。这里所指原状并不是指文物建筑最早营建时的原状，而是指建筑物最初发现被确定为文物保护对象时的"现状"，因而包括历史上增加或改动的有价值的部分都要作为"原状"保护下来。因为它同样是一种历史的痕迹。保持原状主要是指以下几个方面：一、建筑物的原来形式包括建筑组群的规模和布局及其环境风貌。二、建筑物的原来结构。三、建筑物原来使用的材料。四、建筑物原来营建时使用的工艺。只有这样才能保护建筑物的历史面貌，才能体现出文物的历史、艺术、科学价值。

第十五条　核定为文物保护单位的属于国家所有的纪念建筑物或者古建筑，除可以建立博物馆、保管所或辟为参观游览场所外，如果必须作其他用途，应当根据文物保护单位的级别，由当地文化行政管理部门报原公布的人民政府批准。全国重点文物保护单位如果必须作其他用途，应经省、自治区、直辖市人民政府同意，并报国务院批准。这些单位以及专设的博物馆等机构，都必须严格遵守不改变文物原状的原则，负责保护建筑物及附属文物的安全，不得损毁、改建、添建或者拆除。使用纪念建筑物、古建筑的单位，应当负责建筑物的保养和维修。

［释义］　本条是对改变文物保护单位用途的报批程序和使用单位必须遵守的原则以及应负责任的规定。

对核定为文物保护单位的属于国家所有的纪念建筑物或者古建筑的保护和利用，本条规定：一、可以建立博物馆、保管所或者辟为参观游览场所。这是国家加强文物保护，充分发挥文物作用的重要措施。博物馆和保管所都兼备保护管理和进行宣传教育的两种职能。辟为参观游览场所同样是为了弘扬祖国文化，使之成为宣传教育的阵地，而不同于一般的娱乐场所。辟为参观游览场要以保证文物安全为前提，对易损的珍贵文物不能辟为一般性参观游览场所。二、如果必须作其他用途要依法报请批准。文物是祖国珍贵的文化遗产，每处文物保护单位都应当成为向人民群众进行宣传教育和丰富人们文化生活的阵地。这是加强社会主义精神文明建设的重要内容。所谓作其他用途是指不属于社会主义精神文明建设范围的用途。如为落实宗教政策，要把有些已核定为文物保护单位的寺庙辟为宗教活动的场所即属于改作其他用途，应当按照本条规定程序报请批准。三、使用单位包括专设的博物馆都必须严格遵守不改变文物原状的原则，不得从本单位使用的需要出发，损毁、改建、添建或者拆除建筑物，并且都负有保护管理、保证建筑物及附属文物安全的责任，这是所有使用单位应尽的义务。四、使用单位要负责建筑物的保养和维修。保养是一项重要的经常性工作，对建筑物的保固延年有重要的作用。使用单位应把保养工作列入年度保护工作计划，保证实施。维修属于修缮工程，要有工程计划、设计方案，并应按照《中华人民共和国文物保护法实施细则》的规定报文物行政管理部门批准。保养和维修经费要列入使用单位经费预算，由使用单位或其上级负责解决。修缮工程要由文物行政管理部门进行检查、指导，并负责组织验收。未经批准的工程，文物行政部门有权予以制止。

三　考古发掘

第十六条　一切考古发掘工作，都必须履行报批手续。地下埋藏的文物，任何单位或者个人都不得私自发掘。出土的文物除根据需要交给科学研究部门研究的以外，由当地文化行政管理部门指定的单位保管，任何单位或者个人不得侵占。为了保证文物安全，进行科学研究和充分发挥文物的作用，省、自治区、直辖市文化行政管理部门，必要时可报经省、自治区、直辖市人民政府批准，调用本行政区域内的出土文物。国家文化行政管理部门经国务院批准，可以调用全国的重要出土文物。

［释义］　本条是对考古发掘报批和出土文物保管、调用的规定。

对考古发掘工作和出土文物保管、调用，本条规定了三层意思：一、考古发掘项目实行严格的报批制度。国家对考古发掘实行统一管理，考古发掘申请，由省、自治区、直辖市文物行政管理部门向国家文物局提出，或者直接向国家文物局提出。古遗址、古墓葬等地下埋藏的文物属国家所有，受法律保护。田野考古发掘是考古学研究的基础，确保该项工作符合科学要求，对科学研究和保护古代文化遗存极为重要。对其进行科学发掘，必须经国家文物局认定的考古发掘单位依法进行。未经法定程序批准，任何单位或者个人都不得私自发掘。二、考古发掘的出土文物，由指定单位保管。出土文物属国家所有，应由国家控制与管理，任何单位或者个人侵占出土文物，是对国家文物所有权和国家利益的侵害。考古发掘单位在编写完发掘报告和编制出土文物清单后，应做好出土文物留用和移交工作，移交的文物由依法指定的单位保管。《中华人民共和国文物保护法实施细则》对指定部门作出明确规定："出土文物由国家文物局或者省、自治区、直辖市人民政府文物行政管理部门根据保管条件和实际需要，指定全民所有制博物馆、图书馆或者其他单位（以下简称全民所有制文物收藏单位）收藏。考古发掘单位需要将出土文物留作标本的，须经国家文物局或者省、自治区、直辖市人民政府文物行政管理部门同意。"三、调用出土文物的原则和批准程序。调用出土文物的原则，一是为了保证文物安全，为使出土文物免遭自然的或者人为的破坏，从维护国家利益出发，保护国家文化财产，将出土文物，特别是其中的珍贵文物调到具备安全设施的单位保管是完全必要的。二是为了进行科学研究，将出土文物调到有关单位，组织专家，集中时间进行整理研究。三是为了充分发挥出土文物的作用，调用出土文物举办展览，宣传灿烂的中华古代文明与进行文化交流。

第十七条　各省、自治区、直辖市文物机构、考古研究机构和高等学校等，为了科学研究进行考古发掘，必须提出发掘计划，报国家文化行政管理部门会同中国社会科学院审查，经国家文化行政管理部门批准后，始得进行发掘。

需要对全国重点文物保护单位进行的考古发掘，由国家文化行政管理部门会同中国社会科学院审核后，报国务院批准。

［释义］　本条是对考古发掘单位为科学研究进行考古发掘的规定。

对为科学研究进行的考古发掘，本条规定必须提出发掘计划，经批准后始得发掘。文物机构、考古研究机构和高等学校考古发掘团体资格应经国家文物局认定。经认定的考古发掘单位，应按照要求认真填报考古发掘申请书。《中华人民共和国文物保护法实施细则》对申报时间、要求和程序作出了规定："考古发掘单位应当在每年的第一季度向国家文物局提交当年考古发掘计划。""考古发掘单位在申请发掘时，应当提出保证出土文物和重要遗迹安全的保护措施，并在发掘工作中严格执行"。"考古发掘申请，由考古发掘单位经省、自治区、直辖市人民政府文物行政管理部门向国家文物局提出或者直接向国家文物局提出"。地方考古发掘单位的发掘申请应经省、自治区、直辖市文物行政管理部门提出并签署意见，国家考古研究机构和个别高等学校的考古发掘项目申请可直接报送国家文物局。经过国家文物局会同中国社会科学院审查的考古发掘项目，由国家文物局批准。根据《中华人民共和国文物保护法实施细则》的规定："国家文物局批准直接向其申请的考古发掘计划时，应当征求有关省、自治区、直辖市人民政府文物行政管理部门的意见。"有的发掘项目涉及方面较多，在审批前也可征求有关科学研究机构的意见。国家文物局批准的发掘项目，应发给考古发掘证照。本条第二款的规定，是由于国务院公布的全国重点文物保护单位中的古遗址、古墓葬等，它们的重要地位和科学价值已经过法定程序予以确认，其安全受到国家法律特殊保护，如因科学研究对其进行发掘，应报其公布机关国务院批准。

第十八条　在进行大型基本建设项目的时候，建设单位要事先会同省、自治区、直辖市文化行政管理部门在工程范围内有可能埋藏文物的地方进行文物的调查或者勘探工作。调查、勘探中发现文物，应当共同商定处理办法。遇有重要发现，由省、自治区、直辖市文化行政管理部门及时报国家文化行政管理部门处理。

在进行基本建设工程或者农业生产中，任何单位或者个人发现文物，应立即报告当地文化行政管理部门。遇有重要发现，当地文化行政管理部门必须及时报请上级文化行政管理部门处理。

［释义］　本条是对建设中文物调查、勘探和保护的规定。

对建设中文物调查、勘探和对发现的文物应商定处理办法等，本条作了明确规定。对建设工程范围内有可能埋藏文物的地方，建设单位要事先会同省级文物行政管理部门进行文物调查或者勘探工作，以免在施工中对可能发现的文物造成破坏。建设单位应提供建设工程规模、范围、工期等情况。《中华人民共和国文物保护法实施细则》对文物调查或者勘探工作的组织实施作出规定："配合建设工程进行的文物调查或者勘探工作由省、自治区、直辖市人民政府文物行政管理部门组织实施。跨省、自治区、直辖市的文物调查或者勘探工作，由文物所在地的省、自治区、直辖市人民政府文物行政管理部门联合组织实施或者由国家文物局组织实施。"在基本建设工程范围内有可能埋藏文物的地方，是指从该地区的历史发展，从古遗址、古墓葬分布的一般规律和从已知的古遗址、古墓葬分布状况提供的线索等所作的预测或判断，特别是埋藏在地下的文物只有一定的条件下才可以发现，由此需要在工程范围内进行文物调查或者勘探工作。勘探是指运用洛阳铲进行常规式铲探，与此同时应做好文字记录、测图、拍照等，是一项技术性较强的专业工作。为保证勘探的质量和有利于建设工程安全，国家对考古勘探单位实行资格认定制度。《中华人民共和国文物保护法实施细则》规定："考古勘探单位、考古勘探领队人员资格，由其所在省、自治区、直辖市人民政府文物行政管理部门认定，并颁发证书。"省级文物行政管理部门应加强对考古勘探单位的管理。在勘探中发现古遗址、古墓葬等文物，应共同商定处理办法，对历史、艺术和科学价值很高的文物，施工建设又会对其造成重大损失的，应从保护我国重要历史文化遗产的长远利益出发，建设项目可另行选址。如建设工程项目特别需要，则应配合建设工程进行发掘。发现的重要文物，应研究新的处理办法，如原地保护或者搬迁等。对一般古遗址、古墓葬应配合建设工程发掘后由建设单位施工。本条第二款规定，强调了在生产建设或者农业生产中发现文物，应立即向当地文物行政管理部门报告，遇有重要发现须报国家文物局，以便及时采取措施和组织专业技术力量进行保护或者抢救发掘，确保国家文化遗产免遭损失。

第十九条　需要配合建设工程进行的考古发掘工作，应由省、自治区、直辖市文化行政管理部门在勘探工作的基础上提出发掘计划，报国家文化行政管理部门会同中国社会科学院审查，由国家文化行政管理部门批准。确因建设工期紧迫或有自然破坏的危险，对古文化遗址、古墓葬急需进行抢救的，可由省、自治区、直辖市文化行政管理部门组织力量进行发掘工作，并同时补办批准手续。

［释义］　本条是对配合建设工程进行考古发掘的规定。

对配合建设工程进行考古发掘计划本条规定需在勘探的基础上提出。在勘探中发现的古遗址、古墓葬必须发掘时，由省、自治区、直辖市文物行政管理部门向国家文物局提出申请；对于抢救性发掘项目，由于情况特殊，时间紧迫，来不及先报计划，可先由省级文物行政管理部门组织力量发掘，以利工程进行和文物免遭破坏。对报发掘计划的时间，《中华人民共和国文物保护法实施细则》规定："配合建设工程的考古发掘计划，可以在发掘前三十日内向国家文物局提出；确因建设工期紧迫或者文物面临自然破坏危险，急需发掘的，经省、自治区、直辖市人民政府文物行政管理部门同意后，可以先行发掘，自发掘开工之日起十五日内补报发掘计划。"经国家文物局会同中国社会科学院审查，由国家文物局批准。《中华人民共和国文物保护法实施细则》还对配合发掘的组织实施和文物安全作出规定："在进行建设工程中发现古遗址、古墓葬必须发掘时，由省、自治区、直辖市人民政府文物行政管理部门组织力量及时发掘；特别重要的建设工程和跨省、自治区、直辖市的建设工程范围内的考古发掘工作，由国家文物局组织实施，发掘未结束前不得继续施工。""在配合建设工程进行的考古发掘工作中，建设单位、施工单位应当配合考古发掘单位，保护出土文物或者遗迹的安全"。特别重要的建设工程或者跨省的建设工程，往往配合工程的发掘任务十分繁重，需要投入较多的考古专业技术人员和设备，一个省又往往难以承担，应由国家文物局根据配合该工程的任务和要求，按照统一的发掘计划组织实施。它既有利于保证重点发掘项目的完成和文物安全，又利于工程进行。在建设工程中发现的文物，它的价值和发掘时的复杂性往往一开始是很难断定的，只有随着发掘工作的进展才不断被认识。有的发掘因发现文物比较少，可能在较短的时间内完成发掘工作，建设工程可以继续施工。但也有的发掘因发现文物较多，遗迹现象复杂，文物价值较高等因素，发掘工作需要较长时间。在这种情况下，建设单位和施工单位应从有利于保护国家重要文物出发，适当调整工程安排，绝不能在发掘工作未结束前继续施工，以免使文物受到不可弥补的损失。

第二十条　凡因进行基本建设和生产建设需要文物勘探、考古发掘的，所需费用和劳动力由建设单位列入投资计划和劳动计划，或者报上级计划部门解决。

［释义］　本条是对配合建设进行文物勘探、考古发掘所需费用来源的规定。

对配合建设进行文物勘探、考古发掘所需的经费本条规定由建设单位列入投资计划。文物勘探、考古发掘是为配合基本建设和生产建设而进行的，或者说，埋藏在地下属于国家所有的文物，因建设工程才需要勘探、发掘，并作为一种保护措施实施。它既是为了保护文物，也是为了保证建设工程顺利进行和工程质量，是建设工程的组成部分。文物行政管理部门应与建设单位联系，确定文物勘探与考古发掘预算。根据国家有关规定，文物勘探经费预算定额内容有交通费、住宿费、补助费、民工费、技术工人费、工具损耗费、设备更新折旧费、资料整理费、回填费等。考古发掘经费预算定额内容包括人工费用：民工费、技术工人费；其他发掘费用：消耗材料费，器材、设备更新折旧费，记录资料费，运输费，占地补偿费，临时建筑设施费，标本测试鉴定费，发掘工作管理费，安全保卫费等。同时，对考古发掘特殊项目预算定额也有规定。按照这些规定编制勘探、发掘所需经费，列入投资计划，或报上级计划部门解决，对配合建设工程进行文物勘探、考古发掘工作，对建设工程如期进行都极为有利。

第二十一条　非经国家文化行政管理部门报国务院特别许可，任何外国人或者外国团体不得在中华人民共和国境内进行考古调查和发掘。

［释义］　本条是对外国人或外国团体在中国进行考古调查和发掘的规定。

对外国人或外国团体在中国进行考古调查和发掘，本条规定须经国家文化行政管理部门报国务院特别许可。开展涉外考古调查和发掘，对加强我国与外国的考古学术交流，借鉴外国考古发掘和文物保护技术都十分重要。《中华人民共和国考古工作涉外管理办法》对涉外考古的原则、条件和审批程序等作出了明确规定。考古调查和发掘既涉及考古学研究、文物保护等工作，又涉及管理工作诸问题，要充分维护中国权益。考古工作涉外管理办法规定："合作双方共同实施考古调查、勘探、发掘项目，并组成联合考古队，由中方专家主持全面工作。""合作双方应在中国境内共同整理考古调查、勘探、发掘所获取的资料并编写报告。报告由合作双方共同署名，中方有权优先发表"。"合作考古调查、勘探、发掘活动所获取的文物、自然标本以及考古记录的原始资料，均为中国所有，并确保其安全"。"合作双方都应当遵守中国的法律、法规和规章"。

四　馆藏文物

第二十二条　全民所有的博物馆、图书馆和其他单位对收藏的文物，必须区分文物等级，设置藏品档案，建立严格的管理制度，并向文化行政管理部门登记。

地方各级文化行政管理部门，应分别建立本行政区域内的馆藏文物档案；国家文化行政管理部门应当建立国家一级文物藏品档案。

［释义］　本条是对全民所有制文物收藏单位文物藏品保管的规定。

对全民所有制文物收藏单位收藏的文物，本条规定应进行登记、区分等级、设置档案、分级管理。在《中华人民共和国文物保护法实施细则》中进一步规定，文物藏品"分为珍贵文物和一般文物，珍贵文物分为一、二、三级"。"对文物进行分类分级保管"。文物收藏单位应对文物藏品进行登记，建立藏品总账和分类账，按照文物账项目要求认真填写，专人保管，永久保存；应按照国家关于文物藏品定级标准确定文物藏品等级，按级分别保管，对一级文物藏品重点保管；应建立文物藏品档案，其中包括建立藏品编目卡片和编制藏品分类目录、一级藏品目录。文物收藏单位对收藏的文物藏品，应建立严格的保管制度。保管工作应做到：制度健全、账目清楚、鉴定确切、编目详明、保管妥善、查用方便。本条第二款规定的分级建立文物藏品档案，文物保护法实施细则作了详细规定："全民所有制文物收藏单位收藏的文物，应当向文物行政管理部门登记。县、自治县、市人民政府文物行政管理部门应当将登记的珍贵文物档案报省、自治区、直辖市人民政府文物行政管理部门备案。省、自治区、直辖市人民政府文物行政管理部门登记的一级文物档案应当报国家文物局备案。"

第二十三条　全民所有的博物馆、图书馆和其他单位的文物藏品禁止出卖。这些单位进行文物藏品的调拨、交换，必须报文化行政管理部门备案。一级文物藏品的调拨、交换，须经国家文化行政管理部门批准。未经批准，任何单位或者个人不得调取文物。

［释义］　本条是对全民所有制文物收藏单位文物藏品禁止出卖和调拨、交换的规定。

对全民所有制文物收藏单位的文物藏品，本条明确规定禁止出卖。文物藏品归国家所有，是国家重要的文化财产，受法律的特殊保护。文物收藏单位对收藏的文物藏品依法享有保管权，负有保管职责，不具有对文物藏品的处分权。如文物收藏单位出卖文物藏品，将依法追究其责任。全民所有制文物收藏单位之间，可以通过调拨，或者交流文物藏品，互通有无，丰富本单位的藏品，充分发挥文物藏品的作用。为保证文物藏品安全和调拨、交换等依法有序进行，须经批准。《中华人民共和国文物保护法实施细则》对此作出详细规定："上级文物行政管理部门可以调拨、借用下级文物行政管理部门的文物。全民所有制文物收藏单位之间，经文物行政管理部门批准，可以交换或者借用其所收藏的文物。""一级文物的调拨、交换和借用，应当报国家文物局批准"。"二、三级文物和一般文物的调拨、交换、借用，应当报省、自治区、直辖市人民政府文物行政管理部门批准"。未按法定程序报经批准，任何单位或者个人均不得调取文物。

五　私人收藏文物

第二十四条　私人收藏的文物可以由文化行政管理部门指定的单位收购，其他任何单位或者个人不得经营文物收购业务。

［释义］　本条是对收购私人收藏文物的规定。

对私人收藏文物的出售本条规定一是可以由文化行政管理部门指定的单位收购。这里所说由文化行政管理部门指定的单位是：一、经国家或省、自治区、直辖市级文化（文物）行政管理部门批准，工商行政管理部门核发营业执照的文物商店及代购点。二、博物馆、纪念馆、文物事业机构等国家文物收藏单位。三、经省、自治区、直辖市级文化（文物）行政管理部门特别指定批准的其他单位。二是除指定单位外，其他任何单位或者个人不得经营文物收购业务。这是因为文物是国家的历史文化遗产，作为一种特殊商品要由国家归口经营，统一管理。1987年国务院《关于进一步加强文物工作的通知》明确规定文物市场"要坚决执行文物部门统一管理、统一收购、统一经营的规定。对一切未经批准的文物购销点，由工商行政管理部门坚决取缔"。

第二十五条　私人收藏的文物，严禁倒卖牟利，严禁私自卖给外国人。

［释义］　本条是对私人收藏的文物严禁倒卖或私自卖给外国人的规定。

对私人收藏的文物，本条规定严禁倒卖或者私自卖给外国人。私人收藏的文物，其所有权受国家的保护，但是所有权的转移必须严格遵守国家法律的规定，转移的渠道要受到法律的限制。文物购销业务国家规定是统一管理，统一收购，统一经营，因此私自倒卖文物是违法行为。文物作为国家和民族的历史文化遗产受到国家的保护，对文化遗产出境加以严格限制是国际社会共同确认的原则。私自把收藏文物卖给外国人，一是违反国家对文物购销统一管理的规定，二是极易使禁止出境文物流失国外，使国家的文化遗产蒙受损失。必须严格禁止，违者要受到处罚，直至追究刑事责任。

第二十六条　银行、冶炼厂、造纸厂以及废旧物资回收部门，应与文化行政管理部门共同负责拣选出掺杂在金银器和废旧物资中的文物，除供银行研究所必须的历史货币可以由银行留用外，其余移交给文化行政管理部门处理。移交的文物须合理作价。

公安、海关、工商行政管理部门依法没收的重要文物，应当移交给文化行政管理部门。

[释义] 本条是对拣选和移交文物的规定。

对拣选文物部门、拣选对象和方法、拣选文物移交原则等与公安、工商行政管理部门和海关在执法中没收文物的移交本条作出了明确规定。拣选文物是文物部门与银行、冶炼厂、造纸厂及废旧物资回收等单位的共同责任。拣选的对象是金银器和废旧物资中掺杂的文物，包括古代文物和近现代文物，其中古代青铜器、金银器、铜造像、木器、善本图书、货币等是重要拣选对象。《中华人民共和国文物保护法实施细则》规定："银行、冶炼厂、造纸厂以及废旧物资回收等单位的文物拣选工作，应当受文物行政管理部门的指导，并妥善保管拣选文物，尽快向文物行政管理部门移交。"文物部门应采取发送文物法规和文物鉴定标准，派员现场指导或巡回检查等多种方式，推动文物拣选工作，或派员直接拣选。拣选出的文物应及时登记，由专人保管，任何人不得私分、藏匿或侵占。《中华人民共和国文物保护法实施细则》对拣选文物移交的作价问题作出规定："文物行政管理部门接收移交的文物，应当按照银行、冶炼厂、造纸厂以及废旧物资回收等单位收购时所支付的费用加一定比例的拣选费合理作价。接收移交的文物行政管理部门支付所需款项有困难的，由上级文物行政管理部门解决。"对公安等执法部门移交依法没收的文物，规定为："公安部门、工商行政管理部门和海关等在查处违法犯罪活动中依法没收、追缴的文物，应当在结案后尽快按照规定移交文物行政管理部门。"对移交文物的鉴定与保管以及银行因研究需留用文物等则规定："文物行政管理部门应当对移交的文物进行鉴定，属于一级文物的，由省、自治区、直辖市人民政府文物行政管理部门报国家文物局备案。""银行留用拣选的历史货币进行科学研究的，应当征得国家文物局或者省、自治区、直辖市人民政府文物行政管理部门的同意"。被指定收藏移交的文物的单位，应按照文物藏品保管要求，认真做好藏品登记、建档和保管等工作。

六 文物出境

第二十七条 文物出口和个人携带文物出境，都必须事先向海关申报，经国家文化行政管理部门指定的省、自治区、直辖市文化行政管理部门进行鉴定，并发给许可出口凭证。文物出境必须从指定口岸运出。经鉴定不能出境的文物，国家可以征购。

［释义］ 本条是对文物出口和文物出境的规定。

对文物出口和个人携带文物出境本条规定了四个方面的内容：一是须向海关申报，二是须经鉴定并发给许可出口凭证，三是从指定的口岸运出，四是对经鉴定不能出境的文物可以征购。为保护我国文化遗产不致流失境外，我国文物出境鉴定的标准与出口界限，适用禁止出境和限制出境的法规及政策。禁止出境的文物包括：一、1949 年以前制作、生产或出版的具有一定历史、艺术和科学价值的文物、图书，原则上一律禁止出口；二、革命文物不论年限，原则上一律禁止出口；三、凡是有泄露国家秘密，或者歪曲、丑化中国人民形象或者在政治上有不良影响的文物、图书一律禁止出口；四、少数民族的文物，1949 年以前制作、生产的暂时一律不许出口；五、1949 年以后，具有高度政治意义和艺术水平的艺术创作、原手稿等，原则上禁止出口。限制出境的文物，根据文物的类别和每一类中不同品种的情况，分别划定三个界限：一部分以 1795 年（清乾隆六十年）为限，凡 1795 年以前的一律不许出口；一部分以 1911 年（清宣统三年辛亥以前）为限，凡 1911 年以前的一律不许出口；1949 年以前的一部分不许出口。1795 年和 1911 年以后允许出口的文物品种，还要根据文物本身所具有的历史、艺术和科学价值及存量多少来确定是否可以出境；经鉴定确属价值很高或已非常稀少的，仍应禁止出口。文物出境鉴定，《中华人民共和国文物保护法实施细则》规定："文物出境由国家文物局指定的省、自治区、直辖市人民政府文物行政管理部门进行鉴定。"设立文物出境鉴定机构，须经国家文物局核准。文物出境鉴定机构根据上述文物出口界限和鉴定标准，对申报出境的文物进行鉴定，以确定其能否出境。国家依法建立的文物经营单位申报出境的文物，经鉴定许可出境的，由鉴定机构钤盖火漆标识，经营单位在销售时填写专用发货票。海关根据火漆标识和专用发货票查验放行。个人申报携带、托运、邮寄私人旧存文物出境，由北京、上海、天津、广东或者国家文物局指定的文物出境鉴定机构负责鉴定，经鉴定许可出境的文物，即钤盖火漆标识和发给文物持有者文物出境许可证，从指定的北京、上海、天津、广州等海关运出时，由海关查验放行。经鉴定不能出境的文物，由文物行政管理部门登记发还或者收购，必要时可以征购。

第二十八条　具有重要历史、艺术、科学价值的文物，除经国务院批准运往国外展览的以外，一律禁止出境。

［释义］　本条是对国家重要文物禁止出境的限制性规定。

对禁止出境的文物本条规定了两层意思：一是具有重要的历史、艺术、科学价值的文物。《中华人民共和国文物保护法实施细则》规定："纪念品、艺术品、工艺美术品、革命文献资料、手稿、古旧图书资料以及代表性实物等文物，分为珍贵文物和一般文物，珍贵文物分为一、二、三级。"本条规定的重要文物为珍贵文物和根据文物出境鉴定标准与出口界限规定禁止出境的其他文物。二是经国务院批准运往国外展览的除外，文物出国（境）展览由国家文物局统一管理。文物是国家重要的文化遗产，运往国（境）外举办展览，应遵循积极慎重、保证安全、统一规划、细水长流、归口管理的原则。在以我为主，充分维护国家权益的前提下，推进文化交流与合作。重要文物展览项目，应事先提出计划，充分论证。所有文物展览项目，应按法定程序履行报批。易损文物和一级孤品严禁出国（境）展览。出国（境）展览的文物，为暂时出境并复运进境的文物，在文物出境前，须由文物出境鉴定机构根据批准文件和文物清单、照片查验无误后出具证明，海关据此放行。复运文物进境时，须根据文物清单、照片复验。

七 奖励与惩罚

第二十九条 有下列事迹的单位或者个人，由国家给予适当的精神鼓励或者物质奖励：

（一）认真执行文物政策法令，保护文物成绩显著的；

（二）为保护文物与违法犯罪行为作坚决斗争的；

（三）将个人收藏的重要文物捐献给国家的；

（四）发现文物及时上报或者上交，使文物得到保护的；

（五）在文物保护科学技术上有重要发明创造或者其他重要贡献的；

（六）在文物面临破坏危险的时候，抢救文物有功的；

（七）长期从事文物工作有显著成绩的。

［释义］ 本条是对具有所列保护文物事迹之一的单位或者个人给予奖励的规定。

对在所列某一方面保护国家文物成绩或贡献突出的单位或者个人由国家给予奖励本条作了明确的规定。文物是我国的重要文化遗产，保护国家文化财产有功，由国家给予奖励，是国家实行的一项重要政策和保护文物的重要措施之一。做出奖励行为的主体是国家。《中华人民共和国文物保护法实施细则》规定："有文物保护法第二十九条所列事迹之一的单位或者个人，由人民政府、文物行政管理部门或者有关部门给予奖励。"文物行政管理部门是人民政府主管文物保护管理工作的职能部门，应依法做好奖励工作。有关部门既包括依法负有保护国家文物职责的公安部门、工商行政管理部门、城乡规划部门和海关，也包括依法有保护国家文物义务的机关和组织。奖励的客体，是具有本条所列事迹之一的单位或者个人。奖励分为精神鼓励和物质奖励，前者如通报表扬、颁发奖状或证书等，后者的奖励标准，一类是国家制定的有关奖励标准的规定，另一类是授奖单位制定的有关奖励的具体标准的规定。

第三十条 有下列行为之一的，给予行政处罚：

（一）刻划、涂污或者损坏国家保护的文物尚不严重的，或者损毁依照本法第九条规定设立的文物保护单位标志的，由公安部门或文物所在单位处以罚款或者责令赔偿损失；

（二）在地下、内水、领海及其他场所中发现文物隐匿不报，不上交国家的，由公安部门给予警告或者罚款，并追缴其非法所得的文物；

（三）违反本法第十一条的规定，在文物保护单位的保护范围内进行建设工程的，或者违反本法第十二条的规定，在文物保护单位周围的建设控制地带修建建筑物、构筑物的，由城乡规划部门或者由城乡规划部门根据文化行政管理部门的意见责令停工，责令拆除违法修建的建筑物、构筑物或者处以罚款；

（四）在文物保护单位附近进行爆破、挖掘等活动，危及文物安全的，由公安部门或者由公安部门根据文化行政管理部门的意见予以制止，可以处以罚款；

（五）未经文化行政管理部门批准，从事文物购销活动的，由工商行政管理部门或者由工商行政管理部门根据文化行政管理部门的意见，没收其非法所得和非法经营的文物，可以并处罚款；

（六）文物经营单位经营未经文化行政管理部门许可经营的文物的，经工商行政管理部门会同文化行政管理部门检查认定，由工商行政管理部门没收其非法所得，可以并处罚款或者没收其非法所得；

（七）将私人收藏的文物私自卖给外国人的由工商行政管理部门罚款，并可没收其文物和非法所得；

（八）全民所有制博物馆、图书馆等单位将文物藏品出售或者私自赠送给其他全民所有制博物馆、图书馆等单位的，由文化行政管理部门责令追回出售、赠送的文物，没收其非法所得或者处以罚款，对主管人员和直接责任人员由其所在单位或者上级机关给予行政处分。

对于依照前款规定作出的行政处罚决定不服的，可以依法申请复议或者提起诉讼。

[释义]　本条是对所列违反法律规范的行为给予行政处罚的规定。

对需要给予行政处罚的违法行为，本条第一款规定了八项。其主要内容为：一、行政处罚的主体，即法律规定具有行政处罚权的行政机关和组织，有公安部门、城乡建设部门、工商行政管理部门、文化行政管理部门及文物所在单位。它们都是单独作为行政处罚的主体实施行政处罚权。二、行政处罚的客体是违反法律规范的组织或者个人。三、行政处罚的内容有警告、罚款等。对罚款数额，在《中华人民共和国文物保护法实施细则》中作出了规定，一种是规定了罚款最高限额为二百元以下或二万元以下，另一种是规定罚款数额为非法所得的二至五倍。还规定了"文物行政管理部门工作人员对有《文物保护法》第三十条第（三）、（四）、（五）项所列行为之一的人员，可以将其送有关行政机关处理。"行政处罚是对违法行为人的惩戒，其目的是使其以后不再重犯，因此处罚往往是一次性的，即贯彻一事不再罚的原则。在实施处罚过程中，应认真按程序进行。本条第二款规定了对依照前款作出的行政处罚不服的，可以依法申请复议或者诉讼。在《文物保护法实施细则》中规定了复议前置，即当事人对行政处罚不服的，可依法先申请复议；对复议决定不服的，可依法提起诉讼。当事人对行政处罚不申请复议或者不提起诉讼，又不履行的，作出行政处罚的机关可以申请人民法院强制执行，或者依法强制执行。

本条原来规定给予行政处罚的违法行为只有三项，对违法行为处罚面偏窄、偏轻，不利于文物保护。1991 年 6 月 29 日，七届全国人大常委会第二十次会议通过了关于修改《中华人民共和国文物保护法》第三十条、第三十一条的决定，根据保护文物的需要和新的情况，将需要给予行政处罚的违法行为增至八项，原有的三项规定中有两项未动，即现在第（二）、（七）项；一项修改后即现在的第（五）项，原为"未经文化行政管理部门批准，私自经营文物购销活动的，由工商行政管理部门给予警告或者罚款，并可没收其非法所得或非法经营的文物"。八项规定拓宽了对违法行为的行政处罚面，增加了行政处罚机关，增强了行政处罚力度。与此同进，增加了第二款。

在执行本条规定时，应注意"由公安部门或者文物所在单位"对违法行为实施行政处罚时，当其中的一个部门或单位做出行政处罚行为后，另一个部门或单位就不能再次依据本条第一项规定对于被处罚的当事人作出行政处罚行为。

第三十一条　有下列行为之一的，依法追究刑事责任：

（一）贪污或者盗窃国家文物的；

（二）走私国家禁止出口的文物或者进行文物投机倒把活动情节严重的；

（三）故意破坏国家保护的珍贵文物或者名胜古迹的；

（四）盗掘古代文化遗址、古墓葬的；

（五）国家工作人员玩忽职守，造成珍贵文物损毁或者流失的。

全民所有制博物馆、图书馆等单位将文物藏品出售或者私自赠送给非全民所有制单位或者个人的，对主管人员和直接责任人员比照刑法第一百八十七条的规定追究刑事责任。

国家工作人员滥用职权，非法占有国家保护的文物，以贪污论处；造成珍贵文物损毁的，比照刑法第一百八十七条的规定追究刑事责任。

任何组织或者个人将收藏的国家禁止出口的珍贵文物私自出售或者赠送给外国人的，以走私论处。

文物工作人员对所管辖的文物监守自盗的，依法从重处罚。

［释义］　本条是对所列犯罪行为给予刑事处罚的规定。

对需要给予刑事处罚即追究刑事责任的犯罪行为，本条规定了五款，其中第一款又规定了五项。其主要内容为：一、规定了贪污、盗掘等破坏国家文物的犯罪行为，或者因失职、渎职而造成国家文物损毁、流失等构成犯罪，应追究刑事责任，给予刑事制裁。二、刑事处罚的对象是具有犯罪行为的组织或者个人。

本条原来的规定在破坏文物的犯罪活动严重的新的情况下，有的已不适应，有的不健全，使严厉惩处破坏文物的犯罪活动缺乏法律依据。如原规定"私自挖掘古文化遗址、古墓葬的，以盗窃罪论处"，在执行中遇到的主要问题之一是难于取得物证，致使对犯罪分子刑事处罚面窄，或量刑畸轻，或以罚代刑。根据新的情况，为了严惩破坏国家文物的犯罪活动，确保国家文物安全，1991 年 6 月 29 日，七届全国人大常委会第20次会议通过了关于修改《中华人民共和国文物保护法》第三十条、第三十一条的决定，对原第三十条作了修改和补充。决定将第一款第二项中的"盗运珍贵文物出口"修改为"走私国家禁止出口的文物"，这样涵盖面扩大，既包括珍贵文物中的一、二、三级文物，又包括国家规定不能出口的一般文物，将"盗运"修改为"走私"也更加明确。在第一款增加一项"盗掘古文化遗址、古墓葬的"。古文化遗址、古墓葬各自是一个完整的整体，包括遗迹和遗物，盗掘首先就破坏了它们的完整性，破坏了它们的地层关系和文化遗迹，破坏了它们的历史、艺术和科学价值，就构成犯罪，不能以盗掘的具体文物（遗物）为唯一依据。同时，决定"将第三十一条第二款'私自挖掘古文化遗址、古墓葬的，以盗窃罪论处'删去"。决定还"将第三十一条第三款'将私人收藏的珍贵文物私自卖给外国人的，以盗运珍贵文物出口论处'修改为：'任何组织和个人将收藏的国家禁止出口的珍贵文物私自出售或者私自赠送给外国人的，以走私论处。'"这一修改增加了刑事处罚的内容，增强了打击走私文物犯罪活动的力度。决定同时补充增加了两款，即第三十一条的第二款和第三款，这是在新形势下保证国家所有文物不受侵害的需要。

在执行本条关于追究"盗掘古文化遗址、古墓葬的"刑事责任时，一是不能再根据已删去的"以盗窃罪论处"的法律规定，二是应根据《关于惩治盗掘古文化遗址、古墓葬犯罪的补充规定》给予刑事制裁。

八 附则

第三十二条　国家文化行政管理部门要根据本法制定实施细则，报国务院批准施行。

文物的复制、拓印、拍摄等管理办法由国家文化行政管理部门制定。

[释义]　本条是对国家文化行政管理部门依据本法制定实施细则和授权制定其他文物保护管理办法的规定。

对本条规定的实施细则，国家文化行政管理部门已制定了《中华人民共和国文物保护法实施细则》，于 1992 年 4 月 30 日经国务院批准，1992 年 5 月 5 日国家文物局令第二号发布。实施细则共八章，五十条。本条第二款规定需要制定文物管理办法，有些已经制定，如已发布实施的《中华人民共和国水下文物保护管理条例》和《中华人民共和国考古涉外工作管理办法》等行政法规和《关于拍摄电影、电视有关文物的暂行规定》和《文物出境鉴定管理办法》等行政规章。有些文物管理办法正在制定之中。

第三十三条　本法自公布之日起施行。1961 年国务院颁发的文物保护管理暂行条例即行废止。其他有关文物保护管理的规定，凡与本法相抵触的，以本法为准。

［释义］　本条是对本法生效、实施和文物保护管理暂行条例废止以及与本法相抵触的规定失效的规定。

对本法的公布实施等，本条作出了明确规定。1982 年 11 月 19 日，第五届全国人民代表大会常务委员会第 25 次会议通过本法。1982 年 11 月 19 日，第五届全国人民代表大会常务委员会令第 11 号公布实施。与此同时，按本条规定，1961 年 3 月 4 日国务院发布的《文物保护管理暂行条例》即行废止。在此之前，根据暂行条例和文物保护需要制定的保护管理文物的行政法规、行政规章和有关规定，凡与本法规定相抵触的即行失效，不再具有法律效力，不能再以它作为文物保护管理某项工作的依据，均应以本法的规定为准。

（原载孙琬钟等主编《中华人民共和国法律释义全书》，中国言实出版社，1996 年）

正确处理文物保护与基本建设的矛盾

邓小平同志发表南巡重要讲话和党的十四大以来，进一步改革开放的大潮汹涌澎湃，席卷全国，推动经济迅猛发展，各地建设热潮一浪高过一浪，形势令人鼓舞。面对如此良好的发展机遇，全国文物工作者正在抓紧贯彻落实"保护为主，抢救第一"的方针，建国以来规模最大的文物抢救维修工程已全面展开，文物安全情况继续好转。博物馆事业长足发展，成果喜人。

然而，开发区兴建热、房地产热、批租转让土地热等新情况，也给文物保护带来了极大的冲击和挑战。最近一段时期以来，一些文物在建设过程中惨遭破坏的情况不断发生。特别令人关注和忧虑的是，部分国家重点保护的珍贵文物，像广东虎门靖远炮台、四川都江堰、河南新郑郑韩故城及全国历史文化名城福州、宜宾等等，也未能幸免，已经给国家宝贵的历史文化遗产造成重大损失，广大人民群众及各界人士对此极为愤慨。目前，有关部门虽采取多种措施大力挽救，紧急制止，但从全国范围来看，在经济建设中忽视文物保护的情况仍极为严重，并有愈演愈烈之势。这是一个决定文物的存亡绝续的严重问题，必须引起高度重视，严肃对待。

造成这种情况的主要原因就是有法不依。《文物保护法》对于处理文物保护与基本建设相互关系的基本原则、报批程序以及人们在保护文物方面的行为准则和违法责任，都有明确具体的规定。1987年国务院《关于进一步加强文物工作的通知》中明确指出："任何部门、任何单位和个人都无权作出与这个法律相抵触的决定。"目前，有些地方的领导人和决策者片面追求眼前利益和局部利益，置法律于不顾，不听劝阻，强作决定，导致文物破坏。这完全是一种违法行为，国家文化（文物）行政管理部门有权制止，提起诉讼，追究法律责任。但从根本上讲还是认识的问题，即怎样正确认识建设有中国特色的社会主义的问题。建设有中国特色的社会主义，既包括物质文明建设，也包括精神文明建设，就是邓小平同志所讲的那样，要"两手抓、两手硬"，缺一不可。不能因为强调以经济建设为中心，就可以忽视精神文明建设，恰恰相反精神文明建设可以更好地保证经济建设这个中心。事实上，没有精神文明建设，就不可能建设有中国特色的社会主义。文物是我们祖先勤劳和智慧的结晶，是连接中华民族的强大精神纽带。做好文物保护并充分发挥其在各方面的积极作用，是建设社会主义精神文明的重要内容。因此对于各地党政领导来说，绝不能把祖国文物当作包袱，而是要像李瑞环同志所讲的那样，"以对祖国、对民族、对历史、对子孙高度负责的态度，把自己管辖范围内的文物保护好"。在一定意义上，这也是衡量是否重视精神文明建设，是否坚持"两手抓、两手硬"的一个标志。

在我们这样一个具有悠久历史、地上地下遗存极为丰富的国家搞建设，往往会与文物保护发生矛盾。如何处理好二者关系，早在 50 年代，在周恩来总理的关怀下，就确定了"重点保护，重点发掘，既对文物保护有利，又对基本建设有利"的方针。也正是周总理在五六十年代亲自处理解决了北京北海团城、古观象台等的保护问题，为我们提供了贯彻"两重两利"方针的极好范例。

当前，党的基本路线确定了以经济建设为中心，文物工作从总体上说，一定要围绕和服务于这个中心是毫无疑问的。但是处理一个具体建设项目与文物保护的矛盾，就不能简单地要求文物必须让路，而是应当从实际出发，对不同性质的矛盾采取不同的解决办法。一般的说，不可移动的文物是不能搬迁的，不仅要保护文物本身，而且要保护与之相关的环境，这是经过一百多年不断探索和总结，为国际社会普遍确认的原则。当然在特殊情况下，有的文物也可以搬迁，50 年代山西永乐宫的搬迁就是一例。但是，对像古观象台、虎门炮台这样的文物，就绝对不能迁移，只要离开原来位置，它的固有价值就全部消失了。实质上是破坏一处真文物，又另造一个假古董，是违反文物保护原则的。因此，在解决文物保护与基本建设矛盾问题的时候，一定要根据文物价值的高低和基建要求的条件，权衡轻重，区别对待，妥善处理。保护好祖国珍贵文物，体现了国家的整体利益和长远利益，这就是大局。那种认为只有文物给基建让路才是顾大局的观点是不对的。

依法办事，是贯彻"两重两利"方针的前提和根本保证。按照《文物保护法》的规定，凡是大型基本建设项目，如工厂、铁路、公路、水利工程，在选点、定线的时候，就要由建设部门和文物部门共同协作，进行文物调查、勘探，涉及文物保护单位的，要确定保护措施，列入设计任务，并且规定在文物保护单位内不得进行其他建设工程，如有特殊需要，必须履行报批手续。只有这样，才能使许多可能发生的矛盾得以事先解决。反之，等到矛盾已经发生再来处理，就很难达到"两利"。其后果往往不是文物遭到破坏，就是经济蒙受损失，不论哪种情况，归根到底，都是国家、民族利益受到损害。这是建国四十多年来在工作实践中取得的一条基本经验。

"保护为主，抢救第一"方针，是中央确定的当前文物工作方针，是建国以来国家保护文物一贯政策的继续和发展。依法正确处理文物保护与基本建设的矛盾，是贯彻这个方针的一个重要方面。各级文物行政管理部门必须不折不扣地认真执行这个方针，特别是各级领导一定要把自己的主要精力放到这方面来。要持续不断地宣传《文物保护法》，加强调查研究，了解各项建设方面的信息，主动地为建设部门提供文物分布情况，密切协作。凡是重大的文物保护措施，一定要经过认真的科学论证，倾听各方面的意见，做到决策的科学化、民主化。所有的文物工作者，都应以"责任在身，当仁不让"的精神，坚持原则，依法办事，努力做好工作，为两个文明建设，为建设有中国特色的社会主义作出自己的贡献。

（原载《人民日报》1993 年 11 月 1 日）

完善文物法律　加大执法力度

今年 11 月是《中华人民共和国文物保护法》（下简称《文物保护法》）颁布实施十五周年。十五年来，我国文物保护工作在文物维修、考古发掘以及革命文物工作等各个方面，都取得了令人瞩目的显著成绩，这是和认真贯彻执行了《文物保护法》分不开的。目前我国已经初步形成了以《文物保护法》为主体的文物法律体系，从而把我国文物保护工作纳入了法制管理的轨道，对我国文物事业的发展起着十分重要的作用。

《文物保护法》规定的文物保护基本原则和方法，实践证明是完全正确的。但是随着客观形势的发展，特别是社会主义市场经济体制的逐步建立，使我国文物保护的社会环境发生了很大变化，出现了许多新情况、新问题。这就使得《文物保护法》原来规定的一些具体要求和措施，已经不能完全适应客观情况的发展变化，需要进行必要的补充和完善。当前在修改《文物保护法》的指导思想上是有不同认识的。我的看法是，修改《文物保护法》，不是要修改它所确定的文物保护基本原则和基本方法，这些原则和方法是遵循文物保护工作自身发展规律而制定的，而且大都是为国际社会所共同确认的原则。它们是国际社会总结了一个多世纪以来在文物保护工作中正反两方面的经验而形成的。它所体现的客观规律，并不因为国家、民族和社会制度的不同而有所区别，更不能因为经济体制的改变而改变。因此，那种认为随着社会主义市场经济体制的建立，文物保护工作也要完全改变成为"经济行为"，并且还必须照搬照套经济领域中的做法的观点是完全错误的。文物保护和市场经济是分别属于两个性质完全不同的领域，都有自身发展的特殊规律，二者是不能互相取代的。否则就混淆了两种不同事物的质的区别，就会把事情搞乱。

越是改革开放，越要加强管理；越是市场经济，越要加强法治。在市场经济的条件下修改《文物保护法》，绝不是要用市场经济规律取代文物保护工作规律，而是要更加坚定地坚持遵循体现了文物保护自身发展规律的基本原则和方法，研究因市场经济的建立而变化了的社会环境和出现的新情况、新问题，有针对性地把这些原则和方法具体化，提出更加明确、更具体、更具有操作性的新措施，并且要在执行中加强执法力度。因此，在修改《文物保护法》的指导思想上，绝不是要放松、放宽，而是要更加严格，更加严密。只有这样，才能保证在社会主义市场经济的条件下，能更加科学、规范和有效地保护好文物，使我国的文物事业能够沿着正确的方向，持续健康地向前发展。

（原载《法制日报》1997 年 12 月 10 日）

祝贺《文物》月刊出版500期

　　我怀着十分激动的心情，祝贺《文物》月刊出版500期。《文物》月刊的创建和成长，是和新中国文物事业的发展历史紧密联系在一起的。它的内容从不同的侧面反映了我国文物事业的发展状况，反映了文物保护管理、学术研究与理论建设的成就和水平。1950年1月《文物》月刊的前身《文物参考资料》创刊，当时它的内容包括了文物、博物馆和图书馆三个方面，开始主要是报道这三个事业的工作动态，交流工作经验，普及专业知识，后来才逐步增加了学术研究文章的比重。到1959年改名《文物》时，更进一步明确了刊物的性质是学术性、资料性，并在重订的稿约中，特别强调了欢迎理论性文章和综合研究论文以及专题论著。多年来，它通过及时报道新发现、新资料，组织重大课题的学术讨论，发表新的科学研究成果等等而成为广泛联系全国文物考古工作者的信息中心。不仅在我国文物考古界赢得了很高的声誉，成为全国有影响的重点学术刊物之一，而且还受到了海外读者的欢迎。据了解，它是我国在海外发行量第一的华文刊物。

　　长期以来，我是《文物》月刊的一个忠实读者，同时与月刊编辑部在历史上还有一些特殊的关系。我已故的爱人胡清源同志从《文物参考资料》创刊就是刊物的编辑，一直在月刊持续工作达十年之久。记得这十年中刊物的编辑人员始终是两三个人。特别是1959年更名之后，对刊物的学术质量提出了更高的要求，她们担负的工作任务是相当繁重的，集组稿、改稿、设计、校对于一身，经常加班加点，或者把稿子带回家里来看，发稿前夕尤为紧张，有时促使我也不得不为她分担一些力所能及的工作。可以说，在《文物》月刊的艰苦创业过程中，我的家庭是付出了辛劳的。似水流年，四十几个春秋过去了，清源舍我而去也已二十六年。文物出版社和《文物》月刊已发生了巨大变化，在国内外都赢得了良好的声誉。我想，清源在九泉之下，一定会和我一起为《文物》月刊出刊 500 期而深感欣慰。我们衷心地祝愿《文物》月刊越办越好，继续坚持既定的方针，保持自己的独具特色和传统，为促进文物考古界的学术繁荣发挥应有的作用。

（原载《文物》1998 年第 1 期）

文物市场存在与否不取决于经济体制

文物是一个国家和民族的历史文化遗产，它是一个包括内容十分广泛的概念，既包括可移动的文物，也包括不可移动的文物。从总体上说，其中很大一部分，特别是不可移动的文物，都不具有商品的属性。人民英雄纪念碑、天安门、故宫、井冈山以及地下的古文化遗址，能作为商品推向市场吗？当然不能！只有一部分传世文物按照国家法律规定，允许作为特殊商品进入流通领域的才具有商品的属性。因此，笼统地说文物是商品是不确切的。

文物市场的存在与否，文物市场开放到什么程度不取决于经济体制，二者没有必然的联系。市场经济体制下可以没有文物市场，计划经济体制下也可以有文物市场。从世界范围来看，埃及是一个以私有制为主体实行市场经济的国家，但1983年埃及的《文物保护法》明确规定禁止文物买卖，不允许文物市场的存在。而以公有制为主体实行计划经济的新中国从建国一开始就存在着文物市场。是否开放文物市场？如何开放？开放到什么程度？主要应当服从于一个国家对自己的历史文化遗产的保护和管理的要求，而不是取决于实行什么经济体制。各个国家都有自己的国情，因而对文物市场的管理具体要求也不尽相同。但有一点是共同的，即所有国家对自己国内的文物流通都有严格的要求。可以说，许多国家对文物买卖的法律规定，都比我们现行的《文物保护法》规定更加严格，更加具体，恰恰这些国家都是实行市场经济的国家。迄今为止，我们还没听说过哪一个国家对本国文物是放任自流、不加任何干预而完全"自由买卖"的。

当前一些人指责我们法律规定不合理，要求全面放开文物市场，实行自由买卖。其主要理由就是"现在是市场经济!"仿佛搞市场经济，就必须把市场经济的原则和规范扩展到社会生活的各个方面，扩展到经济领域外的其他任何社会领域。谁要不遵循这些市场经济原则，就是不合潮流。谁要有异议，谁就是反对市场经济。这种把市场经济原则泛社会化的观点是完全错误的。市场经济原则的泛社会化，势必导致拜金主义的泛滥，这正是今天造成种种腐败现象的重要原因之一。对此我们必须保持清醒的头脑，切不可走进这个误区。社会是有分工的，各个不同的社会领域都有各自不同的特殊客观规律，市场经济规律和原则只能适用于经济领域，如果扩展到其他社会领域，就混淆了事物的质的区别，就会把事情搞乱，归根到底还会对市场经济本身带来危害。

根据国家法律规定进入市场的文物流通，当然要遵循市场经济的规律和原则，但是什么文物可以进入市场？对于这个特殊商品的市场采取什么原则来管理？却不是完全根据市场经济的原则来决定的，而是必须根据国家的法律和中央确定的文物工作方针和政策来决定。当前作为文物工作组成部分的文物市场就是要坚决贯彻"保护为主、抢救第一"的方针，依照法律规定进行改革和整顿，使之日趋规范化，才能保证其健康发展。

邓小平同志指出："思想文化教育卫生等部门都要以社会效益为一切活动的唯一准则，它们所属的企业也要以社会效益为最高准则。"并且对"把精神产品商品化的倾向"和"一切向钱看"的现象进行了严肃的批评。他指出："混迹于文艺界、出版界和文物界的一些人，简直成了唯利是图的商人。"文物、博物馆工作都属于文化领域，作为文物工作一个重要组成部分的文物市场管理，如何体现"要以社会效益为最高准则"的要求？我的体会是，我们制定文物市场管理的具体政策和采取的具体措施，都必须以是否有利于文物保护，是否有利于充分发挥文物在社会生活各个方面的积极作用，作为衡量政策和措施是否正确的标准，而不是相反。在当前文物市场相当混乱处于失控状态的情况下，如果在政策上推波助澜，全面放开，不加干预地完全自由买卖，只能是助长盗掘、走私文物等犯罪活动的蔓延，是和小平同志的要求完全背道而驰的，是不可取的。

在这里，我还要附带指出的是，文博事业可以办产业，但不能产业化。产业化就改变了文博事业的基本性质，也就必然要改变文博事业的方向走到邪路上去。因此，文博事业产业化和"教育产业化"、"文化产业化"等提法一样，都是市场经济原则泛社会化的一种表现，都是违背邓小平理论的。

（原载《中国文物报》2000 年 11 月 5 日）

《文物保护法》没有禁止
文物买卖的规定

2000年10月11日《中国文物报》刊登的丁飞同志《关于拍卖人民英雄纪念碑浮雕原作的法律思考》一文，文中对《文物保护法》一些规定的解释是不准确的。

文章认为"目前我国法律禁止文物买卖"，因为纪念碑浮雕原作是文物，所以"根据《文物保护法》，刘开渠夫人和女儿是不能将纪念碑浮雕原作进行拍卖的。否则，即是违法行为：将会受到行政处罚"。这是对《文物保护法》的误解。

《文物保护法》的条文中根本没有禁止文物买卖的规定，只是对经营购销文物的单位资格有严格的限制，不是任何人都可以自行自由买卖文物。但是所有公民只要是到经国家批准、合法经营文物的单位，买卖文物就是完全自由的。这里还需要说明的是，有人不仅错误地认为法律规定"文物不准投入市场作为商品交换"，而且还指责现行政策规定文物"只能由国营文物商店统一购销"。这也是不符合实际情况的。

建国五十年来。除"文化大革命"这个特殊历史时期以外，在以国营文物商店为主体的国内文物市场中，一直存在着经文物行政管理部门同意，经营各种不同文物品种的其他单位。特别是1992年以后拍卖行业的兴起，全国各地已经有一大批拍卖行从事文物拍卖的业务。上述根据《文物保护法》规定：由文物行政管理部门同意，并经工商行政管理部门批准从事经营、拍卖文物业务的单位，构成了当前国内合法的文物市场。任何公民私人收藏的传世文物，只要来源合法，都可以到合法文物市场范围内的任何经营文物的单位出售或者委托拍卖。这完全是合法的，而不是违法行为。根据上述情况，我认为丁飞同志的文章有两点需要更正：

第一，《文物保护法》没有禁止文物买卖的规定，因而丁文中所谓"目前我国法律禁止文物买卖"的说法是不能成立的。不错，人民英雄纪念碑浮雕原作是文物，但国家文物局、北京市文物局不同意拍卖浮雕原作的理由并不是因为它是文物。如果因为是文物就不许拍卖，我们将何以解释故宫博物院以上千万的高价从北京翰海拍卖公司收购了宋人张先的《十咏图》？事实上，现在各拍卖行属于文物的标的，大都是来自民间收藏的。如果"法律禁止文物买卖"的说法能成立，现在文物商店收购和出售文物以及各地拍卖文物的活动，岂不都是违法行为了吗？这是很明显的道理。

我认为，国家文物局和北京市文物局不同意拍卖浮雕原作并不是因为原作是文物，而是原作究竟应当属于谁的所有权和处理权的问题。无论是根据《著作权法》还是《文物保护法》，人民英雄纪念碑浮雕原作的所有权和处理权都应当是属于国家而不是个人。这是因为刘开渠先生在创作这组浮雕作品的时候，并不是一个完全的自由职业者，而是领取国家工资的公职人员。这组浮雕也不是属于他个人作品，而是国家确定的主题并由国家提供各种必要条件交由刘开渠先生进行创作的，即这是国家的任务，而不是刘开渠先生个人的自由创作。因此，它应当是属于职务创作的性质。对于职务创作的作品，作者只能拥有署名权和著作权。其创作作品本身的所有权和处理权，则应当属于国家。

同时，从文物的角度来看，根据《文物保护法》总则第四条的规定："国家指定保护的纪念建筑物、古建筑、石刻等，除国家另有规定的以外，属于国家所有。"人民英雄纪念碑是1961年由国务院公布的第一批全国重点文物保护单位，当然是"国家指定保护的纪念建筑物"。其所有权也理所当然地应当属于国家。至于浮雕原作，正如丁飞同志所正确指出的："尽管人民英雄纪念碑浮雕原作并非人民英雄纪念碑本身，纪念碑本体以及相关附属物，包括资料、备件、定稿等均属于文物，都在保护之列。"因此,纪念碑浮雕原稿事实上是人民英雄纪念碑这一文物的有机组成部分,而且是作为全国重点文物保护单位的重要原始档案来保存的。基于上述理由自然不能由个人进行拍卖了。

第二,《文物保护法》虽然没有禁止文物买卖的规定,但它禁止不经文化行政部门批准"私自经营文物购销活动",同时规定"私人收藏的文物,严禁倒卖牟利,严禁私自卖给外国人"。所谓"倒卖牟利"所指的是经营活动,以上行为都是违法的。因此,《文物保护法》第三十条二、三项,规定了对上述违法行为的相应的行政处罚。人民英雄纪念碑原作如果没有所有权的问题,而仅仅是一件个人收藏的文物,刘开渠先生的夫人和女儿将所有权属于私人的传世文物拿到文物市场去拍卖是完全合法的。因为这种行为既非"私自经营文物购销活动",也非"倒卖牟利",更不是"私自卖给外国人",怎么能受到相应的行政处罚呢?所以丁飞同志文章在这个问题上引用《文物保护法》第三十条二、三项,也是不适当的,应当更正。

一个时期以来,文物市场问题已成为社会关注的热门话题,在讨论中有各种不同意见是很正常的现象。但讨论问题一定要尊重事实,尊重法律。如果离开事实发表意见,岂不是无的放矢了吗?有人在报刊上发表讲话,写文章,或曰:"倒退十年,即使是'文物市场'这个名词也是人们无法想象的",或曰:"文物不准投入市场作为商品交换。"一句话,就是否认建国五十年来("文化大革命"时期除外)国内合法文物市场的客观存在。这对文物市场问题的讨论完全是误导。对于不接触文物工作的同志这样认识是可以理解的,如果从事文物工作多年还担任过领导职务,却对这客观存在的事实和公开出版的国家法规文件视而不见,反而对现行文物政策横加指责,就使人十分困惑而不可理解了。

(原载《中国文物报》2010年2月4日)

祝福与期望

在 21 世纪来临之际，作为一名文物工作战线上的老兵，我向《文物天地》编辑部的同志送上我美好的祝愿：愿《文物天地》越办越好，在社会主义精神文明建设中更好地发挥作用；祝我的同行朋友们工作顺利，成果丰硕，身体健康，精神愉快。

21 世纪，我们的祖国面临着新的机遇和新的挑战。20 世纪下半叶，随着高新科技的迅猛发展，极大地促进了经济全球化的进程。在这个进程中，既为我们进行社会主义现代化事业提供了机遇，同时也必然要出现种种新的矛盾和斗争。发达的西方国家凭借着优厚的经济实力，以高新科技为手段，以庞大的信息网络为依托，在文化渗透活动方面，正处于一种咄咄逼人的态势，这就是我们所面临的新挑战之一！文物是我们民族文化传统的载体，是祖国历史发展的见证，做好对它的保护和宣传工作，对于海内外炎黄子孙都会产生强大的凝聚力和激励作用。这正是保持和维护我们民族文化特性，抵制西方消极文化对我们渗透的一个重要组成部分。我们一定要从这个高度来充分认识与理解自己工作的重要意义和责任。

社会主义现代化建设事业，呼唤着先进的生产力。在生产力的诸因素中，人是最活跃的因素。文物工作，通过弘扬中华民族数千年文明和优秀传统，培育人们科学的世界观、崇高的理想、坚定的信念，提高民族的自尊心和自信心，这就为我们的经济建设提供了巨大的精神力量。用先进文化武装起来的人，就是先进的生产力的重要因素。文物工作，正是通过提高人的素质，而为经济建设这个中心服务的。正因为如此，文物工作在社会主义现代化建设的伟大事业中，有着不可或缺、不可代替的重要作用。

　　《文物天地》是文物事业的重要阵地。从另一个意义上说，也是建设有中国特色的社会主义事业的重要阵地。以往，它在普及文物知识、传递文物信息、弘扬祖国优秀文化传统、宣传爱国主义精神中作出了可贵的努力，发挥了重要作用。我们期望今后《文物天地》更能够担负起贯彻和体现代表先进文化的发展方向这一崇高使命，在新的世纪中，为两个文明建设，为中华民族的伟大复兴，作出自己更多的贡献。

（原载《文物天地》2001 年第 1 期）

必须正确处理保护文物
与发展旅游的关系

　　最近，连续发生水洗"三孔"、撞毁孔庙珍贵文物元代石碑以及徐州汉兵马俑被损毁等文物破坏事件，在社会上已经引起强烈的反响。值得注意的是，造成这几起文物破坏事件的重要原因，都是在不久前当地政府在未征得文化行政主管部门同意的情况下，即决定把长期以来原属于文化系统领导的文博单位列归旅游部门具体管理。由于管理体制的改变，新负责管理这些单位的领导人，既对国家文物保护的法律、法规和文物工作规律全不了解，又不听取文物干部的意见，自以为是地瞎指挥，因而导致了文物遭到破坏。这是一个我们应当认真总结的沉痛教训。

　　在一些地区，当前旅游业已经成为一个新的经济增长点，甚至有的地方已把旅游业作为本地区的支柱产业。遍布祖国大地丰富的文物古迹是吸引海内外旅游者参观的重要内容。依托这些文物古迹，恰当地处理好文物保护与发展旅游的关系，在以文物保护为前提的条件下，促进各地旅游业的发展，对于当地发展经济乃至社会主义精神文明建设都会起到积极的作用。但是，文物是人类的珍贵文化遗产，是不可再生的，一旦毁坏，即造成不可弥补的损失。因此，发展旅游绝对不能以损失文物为代价。

　　文物保护与发展旅游原本是应当相互促进、相辅相成的。文物古迹是重要的旅游资源，保护好文物是发展旅游业的重要条件。同时，通过旅游活动就可以更充分、更广泛地发挥它在宣传教育、丰富人们文化生活，以及促进中外文化交流等多方面的积极作用。因此，在一定意义上说，保护文物和发展旅游是互为手段、互为目的而密不可分的，但不是一切文物都是"旅游资源"，能够成为旅游对象的文物只是其中的一部分，也只是这一部分才是二者的结合点。如果要结合得好，就必须有个"度"，即必须以文物保护为前提，超过了这个"度"，就会走向反面。正如列宁说的，真理过一分就会变成谬误。文物工作是一项政策性、专业性很强的工作，因而不是任何部门、任何单位和任何人都能准确地掌握好这个"度"的。为此，哪些文物可以"开发"，如何"开发"？"开发"到什么程度？哪些文物不宜"开发"，或者暂时不宜"开发"，都应当由文物主管部门根据国家法律与中央确定的文物工作方针政策，遵循文物工作本身客观规律的要求来作出决定，并且还必须严格按照法律规定履行报批手续。发展旅游只能是充分利用文物工作根据自身规律要求所创造的成果，而不宜片面地强调要服从旅游的需要，决定"开发"目前还不宜"开发"的文物项目，尤其不能简单化地把文博单位并入旅游部门。不错，文物与旅游部门有十分密切的联系，但二者的职能和性质是有根本区别的。只能合作，不能合并。旅游业是经济产业，旅游公司是以谋求利润为目的的经济实体，文博单位则是以促进社会主义精神文明为宗旨的社会公益事业，把文博单位并入旅游公司就从根本上混淆了二者基本性质的区别，也违背了邓小平同志所指出的，"思想文化教育卫生等部门都要以社会效益为一切活动的唯一准则，它们所属的企业也要以社会效益为最高准则"的要求。因而这种做法是违背邓小平理论的，是不可取的。我们一定要坚持社会公益事业不能企业化，国有资产不能私有化。

目前，各地旅游公司兼并文博单位的情况仍在发展，甚至有的地方把文物局也与旅游公司合并，名义上文物局是政府职能部门，行政机构，实质上是属公司领导。中央一再强调要政企分开，企业必须与政府脱钩，而他们却创造了一个政企合并、由企管政的"新体制"。这恐怕古今中外全世界都是没有这个先例的。特别还值得注意的是，据了解，各地旅游公司兼并文博单位都是有选择的，凡是收益不好或没有收益的一概不要，兼并的对象专门选择原本收入最好或较好的单位。这即表明兼并的决策者根本没有考虑小平同志提出的文化单位必须要以社会效益为唯一准则或最高准则的要求，而是把"文物"当"摇钱树"，以单纯追求最高经济效益为目标。在这种指导思想下建立的管理体制，怎么可能会很好地掌握"度"的问题？水洗"三孔"就是一个典型的例子。"三孔"事件绝不是偶然性的失误，而是这种管理体制下的必然结果。因此，这种做法应当纠正。

我们认为，旅游和文物部门必须相互理解、相互尊重。文物部门应当加强旅游意识，在保护文物的前提下，最大限度地为发展旅游创造条件。旅游部门也应当认真贯彻执行国家法律和中央确定的文物工作方针，尊重文物工作的客观规律，彼此密切协作，共同把"度"掌握好。只有这样才能形成发展旅游与文物保护的良性循环，达到"两利"的目的。反之，掌握不好"度"，就势必造成"两不利"，既不利于文物保护，更不利于旅游业的可持续发展。我们期望，各地政府加强对旅游和文物工作的领导，正确处理好保护文物与发展旅游的关系，使保护文物和发展旅游很好地结合起来，互相促进，共同发展。

（原载《面向 2049 年北京的文物保护及其现代化管理学术论文集》，2000 年）

北京"迎奥"应当打什么牌？

北京申办 2008 年奥运会成功，不仅是北京市，而且也是我们整个国家一件具有十分重大意义的大事。但是北京要以什么面貌来迎接奥运会却是一个很值得研究的问题。近来，媒体大力宣传要把北京建成一个现代化国际大都市作为迎接奥运的目标，这当然是对的。可是我认为不能把北京"迎奥"的目标仅仅定位在建设现代化国际大都市上，应更注重发挥北京历史文化名城特色的优势。到 2008 年还有六年的时间。六年中，北京要想赶上纽约、阿姆斯特丹那样的现代化水平，需要耗费巨大的人力、物力和财力。即使能够赶上，世界上这样的城市已经不少了，再多一两个也不会有什么太大影响。而北京作为历史文化名城在全世界却是独一无二的，打历史名城这张牌才能扬长避短显出北京的优势，才能增强北京的吸引力和号召力，才能促进中外文化交流。

历史文化名城的保护与文物的保护是有区别的。保护文物要求的是保护它们全部的真实性、完整性，结构形式、位置等一般是不能改动的。保护历史文化名城则不同，并不是什么都不能动，重要的是保护好城市的整体格局和风貌。

北京城在几百年前就有了一套完整的规划设想，随着历史的发展形成了以"里九外七"（内城九座城门、外城七座城门）为外围，以皇宫为中心，南北贯穿中轴线的平面布局，这样完整有序的城市规划在世界上都是领先的，都是独一无二的。几十年前，美国一位著名的城市规划学者就曾作出过这样的评价："北京可能是人类在地球上建造的最伟大的单体作品，它的设计是这样的光辉灿烂，为我们今天城市提供了丰富的思想宝库。"

从明清时期发展到现代，北京城内还留下了许许多多的历史印记，就连一个个小胡同的名字都是有讲究的，都蕴含有历史的意义。具有独特风格的北京民居四合院更是中外闻名。外国人过去把北京叫做 Green City（绿色的城），是因为四合院里有许多大树，从高处看，北京城里一片绿，这样的生态环境，到现在更显得珍贵，这恰恰符合"绿色奥运"的要求。这些都是北京赖以名扬全球的城市特色，一旦失去这些，北京的价值就会大大降低。

现在的北京城，历史布局虽已遭到了相当程度的损坏，但只要以皇城为中心，把南至大栅栏，北至钟鼓楼、什刹海、德胜门，西至阜成门，东到东四东单，这一片地带保护好，作为一个已经残损，但相对完整的城市历史格局，其价值还是不低的。

"人文奥运"、"科技奥运"同等重要，缺一不可，但对北京来说"人文奥运"更为重要。高科技是在不断发展，日新月异的，今天看来是先进的，很快就会成为过时的，而北京作为一座具有重要历史意义和丰富文化内涵的历史文化名城，其价值是永恒的。它的价值是目前建造具有科技含量很高的现代化高楼大厦所永远无法比拟的。因此，保护好这个"人类在地球上建造的最伟大的单体作品"应当是"人文奥运"的主要内容。

北京市政府过去提出要保护二十五片历史街区，这是应该的，但还远远不够。如果只保护二十五片街区，不过是孤立的、分散地保护了几个放大了的"文物"，根本不能反映名城的整体格局。最近，首规委开会明确提出要把保护历史文化名城作为城建的重要内容，而且准备扩大保护范围，这是令人兴奋的好消息。既然方针已经确定了就要具体落实，我认为，现在一定要立即停止在二环以内把旧街区成片地夷为平地建新房的改造方式，这是对名城的抢救。事实上，旧城区胡同的房有相当数量是"旧"而不"危"，不宜统统列入危房改造的范围，其中还有不少是很有价值的更不能任意拆除了。当前旧城改造的重点，应该是大力加强基础设施建设，适当疏散人口，提高居民生活质量，而不是全部拆旧建新。建议政府尽快召集一些建筑、规划、文物等方面的专家，一起来研讨如何贯彻执行首规委已确定的历史文化名城保护的方针。按照保护古城整体格局和风貌的要求，调整和细化北京历史文化名城的规划，并采取有效的措施逐步落实。首先是要决定凡是尚未拆除的街区一律立即停止拆除，即使是过去有过决定也应当以现在的方针要求加以纠正。也许会使一些开发商在经济上受到一定的影响，但这与保护名城的价值是不能相提并论的。因为保护好北京这个"人类在地球上建造的最伟大的单体作品"，正是反映了广大人民群众的根本利益，只有这样才是真正的实践了"三个代表"的要求。也只有这样才能让北京真正成为既是古老的又是现代的，既体现优秀的文化传统又表现了先进的时代精神，以一个名副其实的历史文化名城的面貌迎接 2008 年奥运会的到来。

（原载《群言》2002 年第 9 期）

敦煌研究院成立六十周年暨常书鸿诞辰一百周年纪念会上的讲话

作为从建国至今五十多年来一直从事文物工作的老兵，我亲身经历了敦煌的发展历程，亲眼看到了身处荒漠戈壁的敦煌研究院经过几代人的艰苦奋斗，取得了巨大的成绩，成为国内外闻名的博物馆。最近，我看到樊锦诗院长写的一篇纪念常书鸿先生的文章。我和常老也是老朋友，他的事迹非常感人。从 1944 年以来，以常书鸿为首的专家学者们扎根敦煌，在荒无人迹的沙漠中开辟出一片天地，为保护和弘扬人类的文化遗产作出了卓越贡献。在这里我向敦煌事业的创始人、开拓者常书鸿先生表达崇高的敬意！也向段文杰、樊锦诗以及六十年来为敦煌无私奉献、艰苦创业的几代工作者表达崇高的敬意！

敦煌作为举世闻名的艺术宝库，具有鲜明的特性，它处在"丝绸之路"的特殊地理位置，同时又有强烈的世界多种文明互动的大背景，石窟中记录了绵延一千四百余年辉煌的历史文化，世界各种文明在这里沟通和交流。我们可以从敦煌学研究中看到，敦煌是融汇了世界四大文化体系、六大宗教、十余个民族的智慧和创造，因此敦煌是中国各民族乃至欧亚各国在文明互动过程中共同创造的文化。这些研究成果促使我们今天不能不首先思考敦煌文化的多元性。它不仅体现了中国各民族交流的成果，还体现了中外文化交流的成果。这就是我们常说的：敦煌不仅是中华民族的，也是世界的。由此我想到的一个问题，就是敦煌的文化有力地证明了生活在中华大地上的各民族自古以来就是以博大的胸怀、开放的精神，博采众长，不断汲取外来文化，融合而为自己的文化。正是由于开放的精神，才能够创造出如此辉煌的文化，这在全世界都是独一无二的。这一点对于今天我们国家社会经济的发展也更具有现实和深远的意义。一方面，我国西部大开发意味着中国古老的西部地区社会、经济和文化的全面发展，要以开放的精神去面对；另一方面，身处经济全球化和文化多元化的新时代，发生于汉唐以来的以敦煌为枢纽的东西方经济、文化的交融，带给中华民族的繁盛和辉煌，以及藏经洞珍宝被所谓的西方探险家肆意掠夺而带给中国人的屈辱等等，均可为当代社会提供启示，会使当代人对"全球化"、"区域化"等概念获得一种植根于历史的感悟和理解。所以，从这个深远的意义上来说今天敦煌更具有无可替代的、独一无二的重要地位。

经过近百年来中外学者对于敦煌石窟的研究，我们知道敦煌不仅是艺术的宝藏，而且是一座集历史、艺术、社会、科学之大成的人文宝库，蕴藏了中世纪社会的政治、经济、文化、生活等等各个层面，可以说是百科皆备，万象兼容，所以被称为"中世纪的百科全书"，确实当之无愧。敦煌石窟所承载的知识、信息，取之不尽，用之不竭。以此为研究对象的敦煌学也走过了百年历程，同样是多门类、多学科，包容社会生活的方方面面的百科学。这就是敦煌学蕴涵着的无穷无尽的巨大生命力，成为当今世界上最活跃的科学领域之一的原动力。如果说 20 世纪敦煌学的发展在相当大程度上是纯学术性的话，那么 21 世纪对敦煌学的关注将具有更大的现实意义。

但是，我认为今天敦煌学所有的成就，仅仅是刚刚打开敦煌宝库的大门，对于敦煌的认识也仅仅处于初级的阶段，距离真正全面深入地揭示敦煌宝库蕴含的历史信息和文化内涵的路程还很遥远。因此，我们今天还是要强调保护敦煌的任务至关重要，必须放在首位。由于文物的稀有珍贵和不可再生、不可替代，所以我们必须首先要完整地、真实地保护好敦煌，使这些表征国家身份与民族精神的文物能够完好地传给子孙后代，这是文物工作首要的任务，也是永恒的主题。敦煌研究院的三位院长都热爱敦煌，坚决保护文物。尤其改革开放以来的二十年，在段文杰和樊锦诗的带领下，敦煌在文物保护方面取得了一系列令人注目的科研成果，科学保护的水平居于全国领先地位。例如风沙整治、壁画病害机理的研究、窟区环境和窟内微环境的全自动监测、新壁画修复材料和空鼓壁画灌浆加固材料的开发，崖体裂隙加固和土遗址加固等，还开发了洞窟壁画数字化储存，壁画色彩的计算机复原以及以计算机为基础的修复档案系统等项目，为高科技和数字化在文物保护等多方面的应用奠定了基础。此外，从 1994 年就着手进行的大型图书《敦煌石窟全集》，在段文杰和樊锦诗以及一大批专家学者的共同努力下，也在今年全部由香港商务印书馆出版了，这是早在 50 年代郑振铎、王冶秋两位文物局长和常老的愿望，今天终于实现了。这些都是可喜可贺的事情。

在文物保护工作方面，除了自然对文物的破坏，改革开放以来的二十年，人为的破坏因素甚至成为更大的危害。在防止人为破坏诸因素中，一个突出的问题就是要正确处理文物保护与发展旅游的关系问题，这也是许多文物景点面临的难题。敦煌不论作为石窟博物馆，还是旅游胜地，其展示、服务功能，都是敦煌研究院不可缺少的组成部分。但是

近年来国内外观众的人数直线上升，有个统计数字，自 1979 年至今敦煌已经接待了四百万人次的游客，这对洞窟的小环境带来极大的破坏，还侵蚀壁画，加速病害的发展。研究院意识到强化展示、服务功能，绝不意味着石窟大门全部洞开，让观众尽取所需。恰恰相反，为了确保石窟文物的安全，对游人的入窟人数和观赏规则必须从严掌握，不可能要什么给什么，过度开放就会给石窟带来无法弥补的损害。敦煌提出了更主动、更积极的文物保护理念——预防性保护，这是国际文物保护的发展方向，更有益于延长文物的寿命。例如"敦煌莫高窟环境与石窟保护研究"、"洞窟游客承载量的研究"等等就是其中的项目。在科学研究的基础上，他们还积极筹划了许多措施，减轻洞窟的压力，例如增加参观景点，疏导游客，控制游客进入洞窟的时间和人数等等。其实这一点早在 20 世纪 80 年代国务院 101 号文件《关于进一步加强文物工作的通知》中就明确指出："要正确处理文物保护和发展旅游事业的关系，一

切旅游活动都要服从国家保护文物的规定，在保证文物安全的前提下进行。"在这个文件中还特别指出："像敦煌壁画这类易于毁坏的稀世珍宝，不能作为一般性的旅游开放点。"这个文件是由当时中共中央总书记胡耀邦同志亲自主持制定的，我参与了文件的起草工作。当时胡耀邦同志十分重视旅游事业，在文件起草过程中还特别邀请了国家旅游局长韩克华同志参加讨论。这个文件是经过大家的充分讨论后取得共识，最后由胡耀邦同志亲自定稿，为我们正确处理文物保护与发展旅游的关系指出了明确的方向。多年来，敦煌研究院正是这样做的。为了进一步处理好文物和旅游的关系，樊锦诗院长在去年的政协会上又提出了建立游客中心的方案，就是建设一座具有综合功能的莫高窟数字展示中心，设置演播厅、洞窟虚拟漫游厅等设施，游客将在这个中心全面了解敦煌和莫高窟的历史文化背景，在虚拟漫游厅身临其境地欣赏典型洞窟和丰富的敦煌文化，又适度结合参观洞窟实景，这样既使游客获得更多、更清晰的敦煌文化信息，又可提高接待能力，极大地缓解游客给莫高窟保护带来的压力。我很赞成这样积极开拓新思路的做法，充分利用当代信息技术、展示手段和以人为本的服务理念，为解决文物与旅游这一矛盾提供了最佳的途径。由于敦煌研究院始终如一地把保护文物放在首要位置，坚决贯彻文物保护法，使敦煌石窟得到了妥善的保护。在此基础上为了大力弘扬敦煌文化，又积极开拓新思路，才有了今天蒸蒸日上的事业和举世瞩目的成就。

今天我们看到从常书鸿、段文杰到樊锦诗，以三位院长为代表的大批有志者，为了保护和研究敦煌，经历了不平凡的六十年，他们热爱敦煌，恪尽职守，艰苦奋斗，始终如一地正确处理文物保与用的关系，使敦煌得到了很好的保护。他们被人们称为"敦煌的守护者"。他们甘愿过着清贫的生活，奉献青春，甚至毕生。经过几代人薪火相传，今天的敦煌研究院成为集人文社会科学和自然科学多种学科门类的综合性保护研究机构，集管理、收藏、保护、研究、展示、服务于一体，各项工作都在蓬勃发展，并处于国内领先地位。据我了解，樊锦诗和她的班子最近又提出了新目标，这就是敦煌要建成世界一流的遗址博物馆，实现世界一流的遗产收藏，世界一流的遗产保护，世界一流的遗产研究成果，世界一流的遗产展示与服务功能。我们相信向这一向世界前沿跨越的新目标经过他们的不懈努力一定能够实现。

认真贯彻《文物保护工程管理办法》

《文物保护工程管理办法》（下简称《办法》）的颁布，是进一步贯彻落实新修订的《文物保护法》的一项重要措施，是加强文物保护工程管理规范化、科学化的重大举措。《办法》对文物保护工程必须遵守的原则、工程分类、立项、勘察设计、施工、监理以及验收管理都作了明确具体的规定。它对提高文物保护工程的管理水平和工程质量无疑将会起到重大的作用。当务之急，就是希望国家文物局要尽快按《办法》第六条和第八条的规定，抓紧出台工程的相关规范标准和定额以及有关工程资质认定的办法和分级标准，以便于《办法》能够早日实施。

241

《办法》第三条规定："文物保护工程必须遵守不改变原状的原则，全面地保存、延续文物的真实历史信息和价值；按照国际、国内公认的准则，保护文物本体及与之相关的历史、人文和自然环境。"这是整个《办法》的核心，是贯彻执行《办法》，进行一切文物保护工程的出发点和归宿，《办法》的其他所有条款都是为了保证全面准确地贯彻执行这个原则。它是判断每一项文物保护工程成败的衡量标准。改革开放二十多年来，我们在文物保护工程方面做了大量工作，成绩是显著的。但毋庸讳言，也有一些工程是有问题的，有的地方把文物修得面目全非，真文物修成了假古董，使文物的固有价值遭到了严重的破坏，问题的产生就是因为违背了《办法》第三条规定的原则。近些年来，随着国家经济建设的发展，全社会的文物意识都有了普遍的提高。过去文物保护工作存在的一个突出问题，就是经费不足。因此，除了保证一些亟待抢救的重点文物修缮工程之外，曾经提出过一般要"维持不塌不漏"的原则，这是在当时历史条件下的权宜之计。现在不同了，不仅国家对文物保护经费有了大幅度的增加，而且一些地方和部门也有了出资保护文物的积极性，这当然是好事。但是，没钱办不了事固然不利于文物保护，而有了钱如果掌握不当，不按原则办事，也会办错事。我认为，对文物保护来说，后者的危害更甚于前者。因为"维持不塌不漏"，文物的本体还在，它的基本价值还在，建国五十多年来还没有出现过因为经费短缺不能修缮而导致文物全部垮掉的例子，而现在把真文物修成假古董，致使文物价值严重破坏的现象却屡见不鲜。出现这种现象的主要原因是过去在各项文物法规和文件中虽然对在文物保护工程中必须遵守的原则都有明确的规定和要求，但是却没有制定严格、科学的规范、标准等以保证原则实施的具体措施，以及监督和奖惩的制度。针对这种情况，出台了现在的《办法》，这是完全必要的和非常及时的。只要各级文物部门严格执行《办法》的各项有关规定，就一定能够避免错误，保证我们的文物保护工程健康有序地进行。

前些时候报刊上曾展开了一场关于如何对待《威尼斯宪章》（下简称《宪章》）问题的热烈讨论。这与如何贯彻执行《办法》是有联系的。我的看法是《宪章》确定的基本原则是正确的，具有普遍意义，应当坚持，但是具体的做法不能照搬。《办法》第三条规定的关于不改变文物原状，保存延续文物的真实历史信息的原则，以及保护文物本体及与之相关的历史、人文和自然环境的原则，都与《宪章》确定的基本原则相一致。对于这些原则必须坚持，不能动摇，一定要坚决贯彻执行。如果否定了这些原则，也就从根本上否定了这个《办法》。事实上，一个时期以来的争论，我还没有看到过一篇文章提出否定保持文物原状，否定保存真实历史信息的延续和历史环境的主张。这即表明，大家对这些基本原则是认同的。因而当前争论的问题，不是要不要这些原则之争，而是在贯彻执行这些原则过程中提出什么具体要求，采取什么具体做法上存在着意见的分歧，出现这种认识上的差异是很正常的。因为原则是抽象的，文物保护工程是具象的，从抽象到具象要有一个转化的过程。进行每一项文物保护工程都是要根据文物保护原则，密切结合保护工程对象的实际，创造性地把原则具体化，提出既符合原则又切合实际的方案。只有这样的方案，才是符合《办法》要求的方案。但是文物保护工程的对象是千差万别的，保护对象的差异性，决定了保护措施的差异性。保护对象不仅是东西方不同，就是在我们国家的不同地区、不同类型的对象也是有区别的。即使同一地区、同一类型的对象其所处的具体环境和需要保护的要求也是不同的。实际上文物保护工程就是给保护对象"治病"，只有根据不同的病情采取不同的治疗办法，对症施治，才能把病治好。如果对任何一个文物保护工程都千篇一律地套用一个模式、一种做法，显然是不切实际，是不可取的。近来有很多同志写文章都提出了修缮文物建筑一定要符合国情，不能照搬西方的做法，并且特别强调我们有自己的好传统。对这种意见，从原则上我是赞成的。但是我认为在这个问题讨论中，一定要把讨论原则和讨论技术严格区别开来，原则与技术是两个不同的层面，不能混淆。同时，也要把修文物建筑与修一般建筑的不同要求严格区别开来。修文物建筑最重要的是贯彻执行文物保护的原则，当然也要强调技术，但是在这里的技术是要服从和服务于文物保护原则要求的。修一般建筑对技术的要求，则主要是服从和服务于建筑的实际使用功能的需要。二者的修缮目的是根本不同的。我国的传统建筑以其独特的风格和完整体系而见称于世界，同时也在长期的实践中积累和形成了与之相适应的自成体系的营造技术和规范。对此我们应当予以高度的重视，并且应当把它与对待文物一样，作为我国宝贵的无形文化遗产加以保护、继承和发扬。但是，在文物保护工程中，不论是皇家还是民间保存下来的这些技术遗产都是属于技术层面的，它只能服从和服务于文物保护原则的要求，而不能也不应当取代文物保护的原则。我们常说中国有保护文物的优良传统，这有一定的道理和根据，但也不是十分的确切。因为在古代大都是出于不同的动机和目的而保护了"文物"，在客观上起到了保护"文物"的效果，而不是已经有了保护"文物"的意识，更不能说是保护文物的理论和原则了。比方说，早在汉代就有"发冢者诛"的规定，以后历代法律也有类似的规定，这对保护地下埋藏的古墓葬起了很好的作用。然而制

243

定这些规定的出发点并不是为了保护"文物",而是我国"敬天法祖"传统观念的反映,是为了对祖先的尊重。同样,皇家对皇家建筑的修缮也有非常完备和科学的技术规范,这也只是为了满足皇家建筑实用功能的需要,也不是把这些建筑作"文物"来进行修缮和保护的。如果我们把它作为保护"文物"的原则来看待就不适当了。我们应当承认,把古墓葬、古遗址、古建筑等作为"文物"来看待的理念,以及其保护理论和原则的形成和发展,西方是早于我们国家的。建国以来的文物法规直至新修订公布的《文物保护法》,其中一些保护文物的基本原则,大都是从国际上的规定移植过来并结合我国实际而规定的。因此,我们对待国际社会已经共同确认的一些基本原则的态度应当谨慎些,还是不要轻易否定为好。当然有些具体原则和做法是不能机械地理解和照搬的,但是它所体现的思想也还是有参考价值的。

文物保护工程是一项科学工作,制定每一项文物保护工程方案,都是应当建立在坚实的科学研究基础上。判断一个方案是否符合文物保护原则,是否切合实际,不应当由哪一个人或哪个领导说了算,而是应当由各有关方面的专家进行充分的科学论证,取得共识,并通过法定的审批程序批准后方可实施。对于有些带有普遍性并为大家共同关心的问题,还应当在更大的范围内,本着"百家争鸣"的精神,开展广泛的学术讨论,以促进决策的科学化和民主化。开展学术讨论,一定要坚持心平气和,以理服人,摆事实,讲道理,要言之成理,持之有故。切不可自视过高,盛气凌人,尤其不要随便指责别人是"僵化"、"保守"和极"左",其实这种扣帽子的本身倒恰恰是一种极"左"的表现。我认为,"百家争鸣"的过程,应当是相互学习、取长补短、相互补充、共同提高的过程,而不应该相互排斥、扬此抑彼。《办法》第二章第十条对文物保护工程作了要按照保护单位级别实行分级管理的规定。除规定全国重点文物保护单位和省(自治区、直辖市)级文物保护单位的文物保护工程分别由国家文物局和省、自治区、直辖市文物行政部门审批外,对于市县级文物保护单位及未核定为文物保护单位的不可移动文物的保护工程的申报和审批机关,则规定由省级文物行政部门确定。这样比较灵活的规定是非常切合实际的。因为从全国来看我们文物保护工程的技术力量在整个文物队伍中是比较薄弱的，各地区之间更是不平衡的。有的市县级文物行政部门既没有审批的合格专业人员又无组织实施的技术力量，如果硬性规定市县级文物保护单位及未核定为保护单位的文物保护工程都由市县级文物行政部门审批是不现实的。由此使我联想到另一个问题，即如果有的省确定市县级文物保护单位的保护工程方案由市县级文物行政部门审批，而经审批确定的方案又不合格，上级文物行政部门是否有权纠正？按照法理这是不言而喻的事。正因为如此，所以从《文物保护法》及其《细则》到现在颁布的《办法》都没有明确规定上级主管部门有纠正权的条文。这就有可能会引起人们的误解：一是有的基层文物行政部门可能认为自己拥有法定的管理权和审批权，只要经过自己审批并认为是理想的方案，特别是还可能得到当地政府主要领导的支持和赞赏，就可以组织实施，上级主管部门已无权干预；二是上级文物行政部门，特别是国务院文物行政部门，可能认为自己只依法拥有对全国重点文物保护单位的文物保护工程审批权，其他级别的文物保护工程的审批是属于地方文物行政部门的职权范围，即使是错误的方案，也不能"越权"强行制止，甚至可能还认为即使要管也管不了。这两种认识都是误解，都是不对的。我建议国家文物局在颁发有关贯彻执行法规的文件时，能够把上级文物行政部门有权纠正下级所作的错误决定，如果拒不纠正且造成严重后果的可以依法追究直接责任人的法律责任的内容写入文件，并加以强调。我认为，强调这一点，有利于加强各级文物行政部门的责任心，有利于《办法》的贯彻执行，有利于在进行文物保护工程中避免错误或减少错误。

（原载《中国文物报》2003 年 5 月 23 日）

对怎样认识文物价值的一点看法

2006 年 6 月 10 日是我国第一个文化遗产日。在遗产日前夕，国务院审核公布了第六批全国重点文物保护单位名单 1080 处，相当于过去四十多年公布的前五批名单数量的总和。其数量之大，内容之丰富都是史无前例的。与此同时，还公布了我国第一批非物质文化遗产名录 518 项，表明了国家对文化遗产保护的高度重视和关注。国家对文化遗产的保护采取的这些重大举措，是标志着新世纪我国文化遗产保护事业进入一个新的历史发展阶段的里程碑。

公布文物保护单位是文物工作的一项非常重要的基础工作，没有这项基础工作，对不可移动文物的保护管理是很难进行的。文物保护单位是需要一批一批地不断陆续公布的，这是因为一方面文物普查是一个不断反复进行的工作，在文物普查、复查和配合基本建设考古发掘过程中还会不断有新的发现，其中可能很多都是有重大价值的，应该积极加以保护；另一方面就是我们对文物的认识也在不断深化，过去考虑更多的是古遗址、古墓葬、古建筑、石刻等等，但是随着我们认识的深化，文物保护单位应该不仅仅只包括这些。从时代上来说，过去的认识仿佛什么都是越古越好，对近现代就注意不够，近现代又是重点选择革命文物，而忽视了其他方面。事实上，近现代是一个很重要的历史阶段。因为近一百多年来的近代史是中华民族经历的一个巨大历史变革的时代。近代史是中华民族灾难深重的一百年，也是中华民族觉醒的一百年，这是两方面的。既是屈辱的一百年，也是为了独立解放奋起斗争的一百年，表现了中华儿女不屈不挠的民族精神，那么这一个历史阶段中有多少可歌可泣的历史事实就是物化在文物之中，所以这段历史不能忽视、不能弱化，而是应该强化的。文物是历史的见证，它具有"百闻不如一见"的真实性，最有说服力，最有感染力。文物说明历史、弘扬文化，都是别的教育手段所不可代替的，所以必须加强这方面的工作。从第三批到第四批，公布全国重点文物保护单位就增加了这方面的内容。比如过去主要是选择革命的，后来也逐渐增加了像中美合作所、上饶集中营等。这些地方虽说是反动派残酷迫害共产党人的地方，是罪证，同时也是无数的革命先烈抛洒热血、奋斗牺牲的见证。这是具有双重意义的。这就要我们能以辩证法的眼光来看。不论是正面的还是反面的东西都具有各自的价值，根本问题是用什么样的立场观点来了解它、分析它、宣传它。只要我们能正确地运用马克思主义的立场、观点和方法对待文物，就可以"变毒草为肥料"、"化腐朽为神奇"，所以重视"反面教员"的作用也很重要。在文物工作中，不能说反面的就不保护。当然这也不是说要把它抬到不应有的位置上。但必要的、典型的，我们一定要保护，因为它是历史。真善美与假恶丑是相比较而存在，相斗争而发展的。没有比较就没有鉴别，完全排斥反面教材的观点，不是马克思主义的观点，有时反面教材能给人们以更深刻的教育。从这样的认识出发，文物保护单位增加近现代的内容是十分必要的，而且在内容上也要包括多个方面。因为不同内容的文物，可以从不同侧面真实地反映这一段历史的发展历程。这对于我们教育后一代，对于后代了解过去，了解我们近百年来屈辱的历史、先烈的斗争精神，进行革命传统教育、爱国主义教育，特别是国情教育，是最重要的，也是最直接的、最有说服力的。在革命博物馆展出的《肩负人民的希望》在社会上引起的强烈反响，就是很好的证明。

另外，对于文物保护单位选择的标准，有个怎样认识文物价值的问题。文物是一个包括内容十分广泛的概念。它的价值不仅仅是考古的价值，也不仅仅是古建筑的价值，文物的价值还有更广泛的意义。有些虽然列入了古墓葬或古建筑的分类中，但它既不是考古发掘的对象，也不是古建筑的突出代表，但还是要保护。为什么？因为有它特定的含义。

它反映了社会、历史的一个方面，对于教育后代很有作用。所以对于文物概念的认识，思路上要放宽，不要狭窄。比如黄帝陵，如果单纯从考古的角度去进行发掘，那就把这个保护单位给毁了。我有一个观点：现在搞"假古董"绝对要不得，但是历史上形成的一些东西，尽管它是假的，但它又是真的。所谓假，是指它不是真正的那位黄帝的陵寝；所谓真，就是说从汉武帝开始就认定了这里，而且在认定时也是有其政治意图的。到今天，炎黄子孙遍布全世界，黄帝陵一年有不计其数的人来朝拜。也就是说，炎黄子孙有这样一个"祖地"，具有极大的凝聚力和号召力。如果书生气十足地来认识、否定它，就把中华民族历史形成的凝聚力破坏了。确定文物保护单位的标准，主要是取决于文物本身的固有价值，是否能全面准确地认识文物的价值，是能否正确掌握标准的关键。特别是涉及人物的时候，一定要防止片面性，切不可简单化地"因人废物"，或者是"因物废人"。例如，"袁林"是袁世凯的墓地，从人物来说，是应彻底否定的，但是墓地的这组建筑物却反映了一个历史时期建筑的特色，是研究这一历史阶段建筑的重要实物例证。这正是"袁林"的价值所在，也是它作为文物保护单位的主要依据，绝不是为袁世凯树碑立传。这一点在说明、宣传中完全可以说得清楚，不会使人误解。如果因为袁世凯是否定人物，就对建筑物本身的特殊价值也不考虑，而否定它作为文物保护单位的资格，这种"因人废物"的做法显然是不适当的。因为文物保护名单不是光荣榜，文物是历史的见证，珍贵的实物史料，保护与否是取决于文物本身的固有价值，而不能单纯地考虑有关人物在政治上是进步还是落后或者反动。

又如北京袁崇焕墓和祠，袁崇焕是明末著名的将领，因遭反间计被凌迟处死。其佘姓家人冒险从刑场将其头部移至现址埋葬，并决定佘氏子孙要世世代代永远为袁氏守灵，迄今四百余年从未中断，这样的感人事迹在古今中外都是罕见的。清乾隆时，袁氏冤案平反，并为之建造了祠堂。20世纪50年代初，北京市曾一度考虑将袁墓迁至城外，当时几个重要的著名人士李济深、章士钊、柳亚子和叶恭绰联名致函毛主席，要求应原址保存。毛主席亲自批示同意了这个建议，袁墓要原址保护，同时对祠堂进行了整修。所有这些与袁氏墓祠的有关历史情况，都应当作为对这处文物价值评估的重要内容。袁崇焕墓和祠堂完全符合作为全国重点文物保护单位标准的要求，但是几十年来，从未申报过，直到最近才列入了第六批全国重点文物保护单位名单，说明过去我们没有准确地认识这处文物的价值，而是从古建筑角度看，祠堂只是几间很普通的房子，在建筑上没有什么价值，从墓葬来看，又只是一堆黄土，地下埋葬的仅仅是袁崇焕的头骨，而不是厚葬，有可能出土什么珍贵文物。因此，仅从古建、考古学这两方面来考虑，它的确没有突出的价值，殊不知恰恰是这样才向人们传递了这位杰出英雄不幸遭遇的真实历史信息，才更有教育意义。袁崇焕对明朝忠贞，至死不渝，在狱中已知自己将被处死的情况下，还亲自写信给部下，让他们不要为自己的冤屈而动摇保卫国土的决心，要他们坚守阵地，坚持反击入侵者，继续战斗。他这种感人至深的无私无畏的精神，正可成为当前进行"八荣八耻"教育的生动教材，这才是保护此处文物的重要意义所在。我们保护袁氏的墓和祠主要不是着眼于"物"的本身，而是着重在纪念与"物"相关的人，肯定他的功绩，学习他的精神。对于这类文物，如果只见物而不见人，甚至"因物废人"，显然也是不适当的。

再如，北京历代帝王庙是被列入古建筑类的，但是它的价值绝不能只局限于是一组与故宫同等规格、气势宏伟、布局谨严的古建筑。正如许伟同志在一篇文章中所说的，"体现我国统一多民族国家一脉相承历史特点的历代帝王庙祭祀体系是它的首要价值"。明清两代的帝王庙都始终把伏羲炎黄摆在主体大殿最为显赫的位置上，作为满族的雍正皇帝在三皇神位前行大礼三上香，乾隆更是强调要"上自羲轩，下至胜国"形成系列，要体现"中华统绪，不绝为线"，一脉相承。这也表明，伏羲炎黄是整个中华民族共同祖先的地位，已经早得到活动在中华大地各族人民的认同了。如果单纯地从古建筑本身进行研究，是不会涉及这些内容的，而这一点恰恰是帝王庙除了古建筑价值以外还具有另一种重要的价值。对于这种价值的肯定，也绝不能被理解为是对历代帝王将相无批判的崇拜和歌颂。文物工作不能拘泥于仅仅是考古、仅仅是古建筑等等，还要从宏观上，全面地来看待它、认识它。文物是特定的东西，它本身是物质的，所起的作用却是精神的。它有自己特定的内涵、表现形式、管理方法等，需要进行综合研究。任何一件或一处文物所蕴含的历史信息都不会是单一的，而是多方面的。因而每件或每处具体文物都往往具有多重价值，需要广泛地采用多学科的研究方法和手段对文物进行综合研究，只有这样才能从深度和广度上，揭示其蕴含的全部历史信息，从而对文物的综合价值作出全面的评价。选择文物保护单位的具体标准，也不应该是一成不变的，而是应当随着人们认识的变化而变化。我认为文物学是一门学问，我们应当不断地深化对文物价值的认识，对文物保护和管理规律性的认识，从认识和理论上不断创新，为完善和发展具有中国特色的文物学而努力。

（原载《中国文物报》2006 年 6 月 6 日）

坚持科学发展观，保护民族瑰宝[*]

　　历史文化名城保护现在存在的问题相当的严峻。现在全国有一百零一座历史文化名城，说句老实话，现在够格的不多了。能够比较完整保存下来的只有平遥、丽江、韩城等几个极少数城市。北京算什么呢？我们要想保护一个完整的北京城已经办不到了，争取保半个吧！但这半个也是岌岌可危，天天在出问题。昨天就在这个什刹海又发生一起砸四合院的事件，简直是无法无天，阻力之大由此可见。

　　我看，从领导到群众主要的问题还是认识问题，我们什么都跟国际接轨，唯独就在对历史文化名城的保护问题上没跟国际接轨。国际上在这方面的认识比我们一些人的认识高得多。记得 20 世纪 50 年代看到《人民日报》上有这么一段报道，德国的一位著名规划家到北京看到我们的胡同和四合院，拍案叫绝地说：没想到这里会有这么好的居住环境。后来参观了我们的总体规划展览，感到非常惊讶。他说："为什么要拆城墙？城墙怎么能拆呀！要拆城墙就和要我们填平莱茵河一样的不可思议！"这是外国人对北京城，对胡同和四合院的看法。

　　今天徐先生把我们北京城的历史说得非常清楚，我们这个历史文化名城为什么保护，保护什么？都作了明确的回答，但很多人对这个问题在认识上是不明确的。一位有名的美国城市规划专家爱德蒙德·培根（Edmand. N. Bacom）在几十年前对北京城就给予了极高的评价。他说："北京可能是人类在地球上建造的最伟大的单体作品。"它的设计

---

　　* 本文为"什刹海保护和利用"座谈会发言稿。

是这样的光辉灿烂，为我们今天的城市提供了丰富的思想宝库。人家是这么认识我们北京的，我们自己对北京就认识不到这个程度。他所说的单体作品是什么呢，就是徐先生说的："根据一个完整规划设计出来的北京城。"另外，一位丹麦的规划专家罗斯穆森（Steen Filer Rasmussen）也是在几十年前，看到一些我们介绍北京城的宣传品，都是讲什么天坛、八达岭、故宫，而没有谈到北京城本身的价值。他说："整个北京是一个卓越的纪念物，象征着一个伟大文明的顶峰。"他认为，这个重要意义和价值是需要我们很深入地、逐步地去体会的。从这些例子来看，国际专家对我们北京有这么高的一个评价，可我们一些人怎么看北京，就与人家的认识有很大的差距。

去年，在一次讨论"人文奥运"的座谈会上，我有一个发言，题目是"北京'迎奥运'究竟打什么牌？"我认为，不宜把北京"迎奥运"的目标仅仅定位在建设现代化国际大都市上，而应当更注意发挥北京历史文化名城特色的优势。因为像纽约、阿姆斯特丹那样的现代化大都市，在世界上已经不少了。即使我们能赶上，也不会有什么大影响。而北京作为历史文化名城，在全世界却是独一无二的。打历史文化名城这张牌，才能扬长避短，显示出北京的优势。我们提出的"科技奥运、人文奥运和绿色奥运"，实际上，老北京的绿化是很好的。当年外国人说，北京城是一个绿色的城（Green City）。站在景山上往下看，一片绿。我们的四合院里全都是有树的，我们的绿化不是铺草坪，而是种树，这是很好的绿化，我们的绿化都在胡同里、四合院里，简直好得很，这样的生态环境恰恰是符合"绿色奥运"的要求。"科技奥运"、"人文奥运"当然同等重要，但对北京来说，"人文奥运"更为重要。高科技是在不断发展、日新月异的，今天看来很先进，很快就会成为过时的。而北京作为一座具有重要历史意义和丰富历史文化内涵的历史文化名城，其价值是永恒的。它的价值是目前建造科技含量很高的高楼大厦所永远无法比拟的。因此，保护好这个"人类在地球上建造的最伟大的单体作品"，应当是"人文奥运"的重要内容。北京在全世界是唯一的，在中国也是唯一的。它是我们国之瑰宝、民族瑰宝，也是全人类的瑰宝。可是我们一些同志偏偏没有认识它、重视它。

保护历史文化名城绝不是像有些人说的那样，就是保护几个四合院，绝不是那么回事。好的四合院当然要保护，有的就不一定非得保护，更不是要保护破破烂烂的大杂院。反对改善人民群众的居住条件，这完全是误解或讹传。一个历史文化名城的保护是全面的、整体的，作为硬件是整体的，整个城都应当保下来，但是现在已经很难了。不过，吴良镛先生曾说：我们要永不言晚。这个很对，要言晚就消极了。我们应当积极尽最大努力，去争取能保多少就保多少。

几百年来，作为历史文化名城的北京城内，留下了许许多多的历史印记，许多胡同和四合院蕴含着丰富的历史信息。我们所说的硬件，是有形文化遗产。有形文化遗产是载体，它蕴含着历史信息、文化的积淀，特别是北京丰富的民俗文化还是无形文化遗产，都需要保护。所以，我们要保护历史文化名城，既要保护有形的，又要保护无形的。把有形的、无形的、精神的、物质的结合起来保护，把这个城市搞活。要运用各种形式和手段，把它们固有的、客观的各种价值展示出来，使人们在走街串巷的时候，处处感到浓郁的历史文化气息。这对外国人来说，比一些豪华的商业大厦，乃至现代化的文化设施更具吸引力。因为后者在国外已经司空见惯了，国外有的也许更豪华，更现代化。而一座具有悠久历史的中国古城风貌，则是外国人所从未看到过的。北京城当年要是能完整地保护下来，肯定会成为世界最有吸引力的旅游城市。现在如果再不加强保护，不仅是文化上的巨大损失，从经济上讲也是不合算的。最近中央领导、市委领导、区里领导都十分重视古城风貌的保护，客观形势是很好的，但就在这种情况下，居然还有人拿大棒子砸四合院，实在太不像话了。这是绝对不能容忍的。

保护北京城，保护文物，这是我们这一代人的历史责任。我不是专家，但是我自封是一个痴迷者，是文物保护的痴迷者，所以我就要大力宣传文物保护的重要意义。有人给我扣帽子，说我是文物界最大的保守派，甚至有人写信骂我是最大的顽固派，改革开放的绊脚石。我也不在乎。有些人总是把"保护"和"保守"画等号，这是不对的。

一个是要对"保护"这个概念正名。人类发展到今天，特别是20世纪后期，高新科技突飞猛进的发展，加大了人类对自然的索取力度，以致给地球制造了许多麻烦，出现了洪水泛滥、地震频繁、大气污染、南极雪化、气候变暖以及沙尘暴等等异常现象。据说，"自发现臭氧洞以来，差不多每年都在加深，现在可占面积差不多是美国本土四十八洲总面积的三倍"。而所有这些，都与人类过度开发有关，甚至已经危及人类赖以生存的地球。在这种历史背景下，一些未来学家才提出了社会可持续发展这个新的发展观。可持续发展的前提就是要保护环境，保护生态，保护资源。否则，就会使人类出现危机。因此，"保护"绝不是落后的概念，恰巧相反，是最新的概念，是积极的概念，不是权宜之计，而是战略方针。不仅仅是文物要保护，地球也要保护。现在人们常说要观念更新，不更新就跟不上日益发展的客观形势。我看在保护历史文化遗产问题上，首先就要对"保护"这个概念有新的认识，用新的概念代替旧的概念。我们人类已经进入了一个新的历史时代，可持续发展这一新发展观的提出，使人类正面临着一场划时代的环境革命。有人说，这是继农业革命、工业革命之后，人类面临的第三次文明式的革命。

1999年6月5日世界环境日，日本政府曾提出了"环境立国"的新战略，表示要把21世纪定位为"环境世纪"。事实上，在新的世纪里，一定要把环境保护摆在突出的重要位置上，已经成为大家的共识了。保护环境，当然是既包括自然环境，也包括人文环境。因为人文环境往往是人类与自然和谐的成果。我们必须承认，宇宙是无限的，人的认识也是无限的，但人类今天对宇宙的认识则是很有限的。对宇宙认识的未知数，远远大于已知数。我们人类应当谦虚些，因为我们还远远没有达到进入"自由王国"的境界。地球目前出现的种种异常现象，都是自然对人类"无知"的报复。马克思早就说过："文明如果是自发的发展，而不是自觉的发展，则留给自己的就是荒漠。"

党的十六届三中全会，中央新一届领导创造性地运用马克思主义的基本原理，提出了要全面、协调、可持续发展的科学发展观。同时，还提出了要树立正确的政绩观。不坚持科学的发展观，政绩观就不可能正确。也就是说，只有建立在坚持科学发展观的基础上，才有可能树立正确的政绩观。盖高楼大厦是发展，是政绩；保护历史文化也是发展，是政绩。不过，高楼大厦如果被毁掉，还可以再建，甚至会建得更好。历史文化遗产是不可再生的，一旦被毁，就是永远无法弥补的损失。因此，如果建高楼大厦是以破坏重要历史文化遗产为代价，就不但不是政绩，而且还是错误，甚至是历史性的错误。因为这是违背了全面、协调发展的原则，也就不可能达到可持续发展的目的，因而是不符合科学发展观要求的。所以怎么看政绩，怎么看发展，新的党中央在这方面的认识上，是有了不起的重大突破。这是对"发展是硬道理"，乃至可持续发展观的一个重要的新发展，这才是真正的与时俱进，理论创新。

二是怎样认识保持民族文化特性的问题。有人说，西方文化都是先进的，中国文化是封建落后的。保护它干什么？因此，一个时期以来，崇洋媚外的现象相当严重，甚至我们的黄土地也被说成是落后的根源。前些年出现的《河殇》，就是这种思潮的典型代表。这种观点是极为有害的。民族文化是一个民族的灵魂，失去了自己民族的传统文化，就是失去了自己民族的灵魂。一个没有灵魂的民族，这个民族还能存在吗？我们历史上有许多民族，现在已经没有了，多数是被同化了。所谓同化就是在文化上被同化了。文物是国家历史的见证，是民族文化的载体。保护文物，保护我们文化遗产的问题，就是尊重自己祖国历史的问题，是保存自己民族文化特性的问题。现在，经济全球化，文化怎么办？我们认为文化一定要多元化，而不是一元化。文化多元化，政治多极化。这是我们跟霸权主义美国人不同的地方，也是根本性的分歧点。西方对我们实行"西化"、"分化"的一个重要手段，就是从文化、意识形态，包括价值观、人生观，全面地来推销他们那一套。他们不仅仅是要求在经济上一体化，政治上一极化，而且在文化上也是积极地要求一元化。他们以经济实力为后盾，以高科技为手段，依托庞大的现代化信息网络，进行思想文化渗透活动。因此，不保护我们自己的民族文化，就不可能让我们的民族继续存在下去。这是很严重的一个问题。我国著名历史学家陈寅恪曾经有一个非常精辟的观点，我是很赞成的，曾在很多场合积极宣传过。这个观点是：他在《唐代政治史述论稿》这部书里讲道，在南北朝的时候，存在一种现象，即判断一个人的族别，不是看他的血统，而是看他的文化。那时的北魏、北齐、北周，有汉化了的胡人，也有胡化了的汉人。汉化的胡人忘了自己是胡人，胡化的汉人也只知道自己是胡人，而非汉人。他举了一个很生动的例子，就是说北齐高祖高欢，从血统上说，他是渤海望族，是中国人，不是鲜卑人，但是他胡化了，所以他自己认为自己就是鲜卑人。他的次子高洋是第三代皇帝，在登基的时候，找了高欢的老臣杜弼，问他：安邦治国到底用什么样的人？杜弼脱口而出说："鲜卑车马客，会须用中国人。"意思是说鲜卑没文化，要说安邦治国还得中国人。他就气极了，以为讽刺自己，后来竟借故把杜弼杀了。这给我们一个很好的启示，就是一个人的文化要是变了以后，他对自己的历史什么都不知道了。这个例子充分说明了保护民族传统文化的重要性。我们年轻的时候，日本人对我们实行奴化教育，就是要篡改中国的历史，那时是强迫性的，所以收效不大。我们不但不信，而且还反抗。可是现在西方的文化渗透是无形的，是以一种潜移默化的形式出现的，其危害性就太大了。这一点比经济侵略、军事侵略还厉害，是最可怕的。美国军事占领伊拉克，可是天天都有自杀炸弹大爆炸，一天也不得安宁。在经济上掠夺人家，也是只会激起人们为争取自己的生存而斗争。但要是让人家洗了脑子，数典忘祖，全盘西化了，不自觉地成了二鬼子，就什么都完了，就彻底解除武装了，所以对文化问题绝不能掉以轻心。我说的文化是指广义的文化，什么麦当劳，什么肯德基，这都是一种文化现象，不那么简单。西方对其他国家实行文化渗透，就是要用他们的文化潜移默化地取代其他民族的固有文化，从根本上、思想上让你割断与自己民族和国家的历史文化的联系，从而达到精神统治的目的。他要摧毁的正是一个民族赖以独立生存的精神支柱。我们中华民族几千年来能屹立于世界，屹立于东方的一个重要原因，就是因为我们有自己中华民族的优秀传统文化，成为团结海内外炎黄子孙的巨大凝聚力量。因此，我们一定重视文化渗透与反渗透的斗争。实际上，这个斗争是随时随地都在我们生活中进行的一场没有硝烟的"软战争"，谁战胜谁的问题，是关系到我们国家民族生存的大问题。苏联解体、东欧剧变，很多人认为这是社会主义制度的失败，这是完全错误的。恰恰相反，这正是没有坚持社会主义制度的后果。美国的《历史的终结》作者佛·福山就很得意地说："冷战不是以军事征服对方，而是以意识形态征服对方的方式和平地结束的。"这正是多少年前毛主席所最担心的"和平演变"。前车之覆，后车之鉴。所以，我们一定要对此保持高度的警惕，要十分重视文化、意识形态的问题。特别是对青少年加强这方面的教育是极为重要的。

最后，我想再次强调：我们一定要从科学发展观的高度来认识和理解保护文化遗产、保持民族文化特性在社会全面发展进程中的地位和作用。我们一定要从全球化的国际大环境中，从文化渗透与反渗透斗争的高度，来认识和理解保护文化遗产、保持民族文化特性的重要性和现实意义。

我借今天这个机会吹吹牛，向大家宣传保护文物的重要意义，给"保护"这个概念正正名。就算是一个文物保护的痴迷者说的一些痴迷的话吧！

纪念中国文化遗产研究院
成立七十周年

中国文化遗产研究院（原中国文物研究所）从 1935 年文整所成立至今已有七十余年的历史，研究领域最初主要为古建筑维修，逐步增加了文物科技保护、博物馆学及古文献研究等各方面内容，成为集社会科学和自然科学研究之长的综合研究机构。这七十年是辉煌的七十年，她曾经拥有相当多的人才，业务力量是很雄厚的，如赵政之、祁英涛、杜仙洲、余鸣谦等古建筑专家，胡继高、王丹华、陈中行、奚三彩等科技保护专家，为我国文物保护事业作出了不可磨灭的贡献。尤其是在"文化大革命"期间，古文献研究曾集中了全国最杰出的专家，如唐兰、商承祚、朱德熙、唐长孺、于豪亮等，开展了银雀山竹简、马王堆帛书以及吐鲁番文书等整理的学术活动，打破了当时全国学术界万马齐喑的沉闷局面，取得了巨大的学术成就。之后，这一工作成为当时的中国文物研究所业务的重要组成部分。

由于历史上的种种原因，古建筑维修及古文献研究都逐步走向衰落，培养的人才大都流失了，而离退休专家也没有充分发挥其余热，传统的优势逐步丧失，新的领域尚未开拓，人才队伍青黄不接，中国文物研究所发展面临重要的转折时期。

郑振铎、王冶秋同志曾经有成立三大中心的构想，即文物研究中心、科学技术中心、资料信息中心，其中文物研究中心从事社会科学方面的基础研究，以及文物本体的研究等；科学技术研究包括两方面，一是古建筑维修技术研究，二是文物保护科学技术研究。目前，文研院除了资料信息中心基础较好外，其余两方面均亟须加强，尤其要复兴古建筑维修研究和古文献研究这两项传统优势。为此，我提以下三方面建议：

第一，坚持百花齐放、百家争鸣的"双百"方针，坚持学术民主，摒除门户之见，活跃学术气氛，力争成为全国文物研究学术中心，并在国际上发挥积极影响。

第二，研究院必须是开放的，通过搭建文物保护理论、技术、研究的交流平台，集中全国优秀人才，采取聘用兼职人员和离退休老专家返聘等方式，充分发挥全国优秀人才和老专家优势，博采众长，补充薄弱环节，抓紧培养自己的研究队伍，促进新生力量的成长。培养人才必须十分重视实践，这是文物工作的突出特点。没有丰富的实践经验，就不可能获得有价值的研究成果。一定要重视研究与应用的统一，把二者紧密结合起来，只有这样，才能培养出合格的有用人才。

第三，成立中国文化遗产研究院标本室。标本室主要包括两方面，一是地下考古出土的标本，二是传世流散文物。建议国家文物局将存放在故宫的原文物总店的海关截留文物转交给文研院。这批文物凝结着好几代文物专家的心血，反映了中华人民共和国文物保护的实践，是新中国文物保护事业的物证。其本身就是个大文物，决不能分散，应该集中放在文研院，成为文物研究中心的物质基础，同时可以充分利用这批文物，培养人才。

总而言之，中国文化遗产研究院的前途不可限量，希望她能承继辉煌的过去，开拓更加灿烂的未来。

（原载《中国文物报》2008年2月20日）

在"京杭大运河保护与申遗杭州"
研讨会上的发言*

非常感谢全国政协文史委员会给我一个机会参加这次考察和会议。在这十多天当中，我看了很多东西，前两天又听了大家许多精彩的讲演，所以对我来说是一次很好的学习机会。使我学习了很多东西，给我很多启发。

因为文史委员会的同志要我也作个发言，现在我就想着重对我最关心的关于"申遗"的问题讲几点意见。

第一，我认为当务之急就是要非常准确的界定我们申遗的具体对象范围。这是我们进行"申遗"工作的前提，但是对这个问题大家在认识上还没有完全统一。一是物质文化遗产和非物质文化遗产，是分开申报呢，还是把它们捆绑申报。我个人意见是，只申报物质文化遗产，具体对象就是历史上的古代大运河。在前些时候报纸上有很多文章，谈到物质文化遗产和非物质文化遗产的问题，我感到有些看法很值得商榷。有人认为物质文化遗产和非物质文化遗产是不可分割的，你中有我，我中有你，我对这个说法很难苟同。我认为非物质文化遗产和物质文化遗产是泾渭分明的两个概念，绝不是两个混淆不清的概念，完全可以分开。不存在你中有我、我中有你的问题。物质的就是物质的，非物质的就是非物质的。二者另一个区别是，物质文化遗产是静态的，非物质文化遗产是动态的。举例来说，不久前国家博物馆

---

* 本文为 2006 年 5 月在杭州"京杭大运河保护与申遗杭州"研讨会上的发言稿。

举办的非物质文化遗产展览，展品有梅兰芳戏装。戏装是物质的，是静态的。它在展览中只是辅助展品，而不是作为非物质遗产来展出的。梅兰芳的唱腔、水袖、身段表演才是非物质遗产，唱腔和表演都是动态的。而梅兰芳的唱腔和表演也只是京剧这个非物质遗产的重要组成部分，不是全部。又比如说，古建筑是物质的，也是静态的，是物质文化遗产，但是修缮古建筑的瓦工、木工、油漆彩画等统统工艺，则是非物质文化遗产。因为修缮古建筑是需要工匠应用这些传统技术去操作的，技术操作的过程，是非物质的，是动态的。从以上两个例子可以清楚地表明：一动一静、一虚一实，是完全可以分得清的。联合国接受遗产申报也是把二者截然分开的。大运河是物质的，理应作为物质文化遗产进行申报。二是由于运河航运的发展也促进了沿河两岸城市的发展和繁荣，因而在运河周边遗留下许多和运河有联系的物质文化遗产，那么是不是申报的对象呢？我说有的是，有的不是。比如昨天在杭州看到的三座非常有价值的桥，它们是运河的产物，是直接服务于运河的，直接建在运河上的，就应当作为申报对象。我认为凡是直接有联系的，像桥梁、闸门、码头，包括一些水利建设的构筑物，都是直接用于运河的，这些物质文化遗产都应当作为大运河的申报对象。但除此以外还有很多，像什么太白庙等，就不应该作为申报对象了，因为他跟运河的关系就不是那么密切了。总之，申报遗产的具体对象只能限于大运河和与它直接有联系的、不可分割的那些物质文化遗产，非物质文化遗产不能作为这次大运河的申报项目。但是，在运河两岸城市中的确出现许多很有特色的非物质文化遗产，如杨柳青年画和沧州武术、杂技等等，它们和那些虽非与运河本身有直接联系而又很有价值的物质文化遗产一样都应当保护或抢救。它们都应当是在申遗中说明大运河价值和作用的重要内容，但保护的对象并不一定是申遗的对象，二者是有区别的。三是目前的大运河有些河段是古、今并存的。要不要都作为"申遗"对象？我的意见是只申报"古"的，不申报"今"的。因为它是"今产"，不是"遗产"。四是古代大运河的有些河段废弃已久，我认为也应作为"申遗"的对象，而且应当进行考古调查、勘探和发掘，很可能会发现有价值的遗存。最后一个问题是分段申报还是整体申报。我认为还是要整体申报。不久前，国家文物局把大运河作为全国重点文物保护单位，报请国务院审核，业已同意。大约在 6 月 10 日左右，中国文化遗产日期间，即将公布第六批全国重点文物保护单位名单，其中就有大运河，就是要整体保护。我觉得这是国家文物局对大运河保护采取的一个非常重要的措施，也是大运河申遗的前提。根据《中华人民共和国文物保护法》规定，确定全国重点文物保护单位原则上都是要自下而上的申报，先做好工作，做好工作后逐级上报，最后经国务院审定公布。像长城吧，早在 1961 年公布第一批就有八达岭长城了，后来又逐渐增加了山海关等其他地段的长城。直到后来申报遗产的时候，才提出来整体的保护问题。但是《文物保护法》还有一条规定，就是在特殊情况下，也可以自上而下地指定有的重要文物作为全国重点文物保护单位。过去我们对大运河作为文化遗产的重要性是认识不足的。在我的记忆当中，建国以来公布的各级文物保护单位中，从来没有一个是运河。现在我们认识了，所以国家文物局根据《文物保护法》的规定，果断地把大运河指定为全国重点文物保护单位，这是非常正确和及时的，这样我们就可以根据《文物保护法》、根据《文物保护法实施细则》、根据《文物保护单位管理办法》这些法规的要求进行操作了。因此，从 6 月份公布之日起，所有古代大运河就成了全国重点文物保护单位，各有关省、县的文物主管部门就可以全面介入古代大运河的保护管理工作，按照文物保护单位的要求，划定保护范围和建设控制地带，设立标志说明，建立记录档案，指定专门机构或专人进行保护管理，以及制定保护规划等工作。所有这些，也都是大运河申遗必须做的基础工作。可以说，我们大运河申遗工作从此就开始迈出了第一步，所以我认为这是国家文物局为大运河申遗作出的重大贡献。这也是我为什么极力主张把物质文化遗产的大运河作为申遗的对象的理由。以上就是我对大运河申遗工作最关心的问题的看法，说多了些。以下要谈的两个问题就比较简单了。

第二，也是大家都说过的，首先是部门的交叉，建设部、水利部、交通部、文物局、文化部都有关系。按照文物保护单位来说，是国家文物局管，申报物质文化遗产，这也是国家文物局管。但是申报过程中它的保护和管理，则是涉及许许多多的部门，包括有许许多多的利益问题。如果不很好的协调，只靠文物局来做，恐怕是很困难的。其次是地区的交叉，既有省与省之间的交叉，又有县与县之间的交叉，问题非常复杂。因此，一定要建立协调的机制，同时还要立法。要有法律来支撑，这是很重要的一条。大运河的保护管理与长城很相似，长城已由国务院法制办制定了一个《长城保护管理条例》。我建议，借鉴长城的经验，也制定一个大运河的保护管理条例，由国务院公布，有这样一个条例事情就好办多了。同时，还要抓紧做好大运河的全面保护管理规划。在全面规划的框架里面分段作详规，分段实施，有了规划，有了协调机制，有了法律的支撑，申遗工作就有保证了。

第三，是必须加强领导。因为这么一个涉及方方面面的复杂工作，如果没有强有力的领导，是办不到的。我建议从中央到相关省市都应当建立大运河申遗的领导小组。2005年年底国务院颁发《关于加强文化遗产保护的通知》，在这个通知中要求国务院要成立一个文化遗产保护的领导小组，这个小组要有一个负责同志担任组长。现在这个小组已经成立了，是陈至立同志当组长，其他有关单位都要参加的。我认为中央的大运河申遗的领导小组，可以直接挂靠在国务院的领导小组，也就是作为国务院领导小组建立以后抓的一件实事，同时在国务院42号文件里还要求各省市都要建立这种类似小组，那么有关省市就应当把大运河申遗工作也作为这个领导小组的一项重要工作。我想如果从上到下，都有这样一个领导小组来抓，我们的申遗工作就大有希望了。这次考察的会议使我们大运河申遗工作有了一个良好的开端。我认为关键就在于狠抓落实。我希望我们大家共同努力，锲而不舍，踏踏实实，一步一个脚印的做些实事，以期大运河申遗能够早日成功。

关于《历史文化名城名镇名村保护条例》的修改建议

第一，1982 年国务院公布了我国第一批二十四座历史文化名城名单。同年，把名城保护内容写进了《中华人民共和国文物保护法》（下简称《文物保护法》）。之后，2002 年修订的《文物保护法》又增了名镇、名村的保护内容。这是我们对文化遗产保护概念从认识到实践的一个新发展。因此，名城、名镇、名村的保护是属于文化遗产保护的范畴。由于保护工作与城市建设密切相关，因而它又是城市建设规划的内容，写进了城市规划法。我认为本条例的总则应明确写出制定本条例的法律规定的依据。建议总则第一条修改为：为了加强历史文化名城名镇名村的保护与管理，继承中华民族优秀的历史文化遗产，根据中华人民共和国文物保护法、城市规划法制定本条例。

第二，对于名城、名镇、名村，保护是目的，规划是实现目的的手段。保护需要有明确的原则和具体的要求，其后才能根据确定的保护原则和要求进行规划。制定保护原则和要求，一定要从实际出发，有针对性，有可操作性和可检查性，才能落实，才能起到保护作用。在这方面条例的内容提得薄弱了些，需要加强，而且还要考虑的更周密些，不要使人有隙可乘。例如，名城保护要整体保护是一条很重要的原则，本条例中就没有这条规定，只是在第二章第七条中规定名城必须有一个以上的街区。这对正在准备申报的城市来说问题不太大，但对已列为名城的城市，如果当地的领导人为了开发就可能认为只要保留一个街区即可保留名城称号，其他街区就可以进行开发，更不会考虑整体保护的问题了。对于这些城市如果规定不具体就可能产生负面影响。因此，条例规定一定要从实际出发有针对性，而且既要考虑静态的物质遗存保护现状和问题，又要考虑动态的人，特别是不同领导人的思想状态，有针对性地作出严密规定才能使保护要求落到实处。

第三，名城与名镇、名村的保护原则和要求是有很大区别的。名城的保护现状与二十年前公布第一批名单时的情况也发生了很大的变化。目前已经不可能用一个尺度要求所有名城，更不可能用一个尺度要求所有的名城、名镇、名村。必须从现状保存的实际情况区别不同对象，提出不同要求，制定不同规定。我意最好能把名城与名镇、名村分开制定两个条例。如有困难就需要充实现在这个条例的内容，并对有些章节作必要的调整。我建议把现在第三章的保护与规划分开，增加一章，专写保护的原则和具体要求作为第三章。规划作为第四章，只从规划的角度提出编制规划内容的要求以及必须履行的程序等。

第四，目前国家公布的一百零三座历史文化名城只有少数保存比较完整，绝大多数都已遭到不同程度的破坏，有的已完全面目全非。现在需要加强保护的名城只有两种情况，一是保存完整，二是保存了一些街区。在条例规定保护原则和要求时就需要区别对待，提出不同的要求。2005 年经国务院批准的"北京城市总体规划（2004～2020）"对名城保护提出了若干重要原则和要求很值得借鉴，特别是第一次提出了整体保护的原则，这对保存较完整的名城是完全适用的。该规划提出对整体保护的重点是保护城市的传统空间格局与风貌，要保持城市传统街道肌理和尺度，最大限度地保留原有的历史建筑。因而要调整城市交通政策和原有的道路红线，并探索适合上述要求的市政基础设施建设的模式。对于原有历史建筑（老房子），要制定科学合理的房屋质量评判和保护修缮标准，制止大拆、大建。特别是该规划还提出了若干机制保障的要求，如建立制度化的专家论证和公众参与机制，以及明确产权、鼓励居民按保护规划实施自我改造更新，成为房屋修缮保护的主体者等。我认为上述原则都是非常正确和必要的。

第五，北京城市总体规划（2004～2020）中除了提出对名城要整体保护的原则，还提出了保护历史文化保护区的要求。在此以前，北京已经公布了若干片历史文化保护街区。曾有人以为保护名城就是保护好若干街区，这是对名城保护在认识上的误解。事实上，保护名城首先是要整体保护。文化街区以及文物保护单位的保护，只是整体保护的重要组成部分，不能把街区保护代替整体保护。保护的街区主要是突出街区固有的传统特色，如北京的大栅栏、什刹海，南京的秦淮河、夫子庙，上海的外滩，天津的三条石（可惜已完全破坏）以及无锡的祠堂街、荣巷等等。因此，保护文化街区不仅要保护好街区的历史建筑，保持街区的肌理和尺度，而且还要保护好老字号和民俗文化等非物质文化遗产，才能更突出街区的特色。我看北京市总体规划所提这些原则和要求都可考虑写入条例。

第六，目前已有相当数量的名城已很难整体保护，而是只残存一些原有的街区。对于这些城市只要还保存有少数完整街区就仍然可以继续作为名城保护，但对这些名城的街区就不能要求它必须有街区本身的突出特色，与整体保护的城市文化街区要有区别。保护这些街区主要是保留这个城市的记忆，因为它已是这座名城历史发展仅有的见证了。可考虑完整名城的特色街区，称之为历史文化保护区，只有残存的名城街区称为历史街区。

以上是我对名城保护的一些看法，仅供参考。我建议最好由法制办主持，请建设部、国家文物局分别推荐一些有研究而又对情况熟悉的专家召开一个座谈会，请专家们对条例进行一次认真讨论，提些意见。我想对条例的修改是会有帮助的，盼能予以考虑。

（原载《中国文物报》2004 年）

坚持唯物辩证法，加快和
深化文物事业的改革[*]

我完全拥护李鹏同志的政府工作报告，以改革统揽全局是非常重要的。当前要加快和深化改革，这是对任何事业、任何部门的共同要求。问题是改什么？革什么？如何改？如何革？不同性质的事业、部门和地区的改革都应当有不同的内容，不同的方法。我认为，在加快和深化改革过程中，一定要坚持唯物论，反对唯心论，坚持辩证法，反对形而上学。就是要从实际出发，提出适合于各个不同性质工作的客观规律的改革设想，切忌"一窝蜂"、"一刀切"。一种模式是不可能解决所有问题的。在经济部门行之有效的，就未必适用于文化部门。在文化事业中，不同层次、不同性质的事业和部门也不能采取一种模式，提出一样要求。比方说，政府报告提出：各种文化事业，都要加强经营管理，提高经济效益，用这个原则要求文物考古工作就不适当。田野考古的成果，是很难出经济效益的。挖出了珍贵文物，可能有较高的经济价值，可是不能拿出去卖钱！因为那不是我们考古发掘的目的啊！更何况有些考古学现象根本就不能卖钱，但是的确有极高的学术价值。磁山、裴李岗文化是中国考古的重大发现，要把那里的破瓦片去卖钱，也值不了多少钱。

改革是历史的必然，任何事业、任何部门不改革就不能发展，但改革业必须从实际出发，要依靠那个行业、那个部门的行家里手和群众，

---

* 本文为全国政协七届一次会议小组发言稿。

因为只有他们最了解本行业本部门的情况和工作规律。对于文物事业的改革，我们文物工作者是"责任在身，当仁不让"的。所有其他行业的改革的好经验，我们都不能生搬硬套，只能是学习借鉴，结合我们工作的实际情况，通过自己的实践，去探索、创造适合于我们文物工作性质、规律的改革办法。

（原载《文物工作》1988 年第 3 期）

建议北京图书馆善本
古籍仍在文津街旧馆保存案[*]

北京图书馆是国家最大的图书馆，由于业务的发展和新书不断增加，1987 年在北京西郊建成新馆。城内文津街旧馆藏书包括全部善本古籍，均将移入新馆保存，而城内柏林寺原藏普通古籍则移入文津街旧馆收藏。按该馆所藏善本古籍极为丰富，文津街即因所藏文津阁四库全书而得名。善本古籍在旧馆专库保藏多年，以其建筑环境及设备条件适宜保存古书，故保藏十分妥善。闻新馆善本书库设在地下室，室内至今渗水，防潮设备存在问题。如善本古籍移入该库，水潮气湿，安全问题，实无保障。善本古籍均为国宝性文物，一旦受损，无法弥补。建议善本古籍与普通古籍均在城内文津街旧馆保存，作为北京图书馆的一个分馆，成为古籍专门图书馆，对藏书的保管和使用，更为有利。

提案人

　　谢辰生　史树青　王世襄　罗哲文　陈高华

---

* 本文为全国政协七届一次会议委员第 1790 号提案。

采取果断措施加强文物保护案[*]

近几年来，各地文物走私活动猖獗，并因此而诱发了盗掘古墓、盗窃博物馆馆藏文物违法犯罪活动的恶性发展。有的地方在光天化日之下数百人聚众挖掘古墓，几天内破坏古墓上千座。许多出土文物通过各种渠道流出境外，致使国际市场文物价格下跌。这种严重情况，为建国以来所仅见。1987 年国务院先后颁发了打击文物走私的《关于打击盗掘和走私文物活动的通告》和《关于进一步加强文物工作的通知》，文化部和各地区有关部门采取了相应措施，贯彻两个文件，使有的地区挖掘地下文物之风有所收敛，但盗窃博物馆馆藏文物的发案率仍在继续不断上升。同时，在城市建设和其他基本建设工程中，也不断发生建设性的破坏文物事件。此外，还有些单位占用或使用文物建筑，不尊重科学，不尊重法律，对古建筑乱拆乱改，破坏文物原貌。总之，某些文物正处于存亡绝续的关键时刻，必须引起各级政府领导、各有关部门以及全社会的重视和关切，迅速采取果断措施，加强文物保护工作。否则几千年留存下来的祖国文化遗产有可能在我们这一代人手中遭受严重损失，我们将成为愧对祖先，愧对子孙的历史罪人。为此，我们建议：

（一）1987 年国务院颁发的《关于进一步加强文物工作的通知》，对于发挥文物作用，加强文物保护管理，以及处理文物保护和各方面的关系，都提出了明确的原则和规定，只要认真贯彻执行这个文件，许多问题就可以得到解决。但是贯彻这个文件，涉及公安、海关、旅游、宗

---

* 本文为全国政协七届一次会议委员第 1481 号提案。

教、城市建设、计委、财政、教育等有关部门，完全由文化部直接去协商解决是有困难的。我们建议请国务院负责同志牵头，召开一次由各有关部门参加的专门会议，研究协商落实国务院文件的精神，统一认识协调关系，使有关部门根据文件精神结合自己的职能，提出各自落实国务院文件的具体办法和措施。

（二）严厉打击文物走私、破坏文物的严重犯罪分子。根据1987年高检、高法联合颁发的关于文物走私、破坏文物犯罪分子的量刑标准的文件，文化部国家文物局应主动促请公、检、法有关部门，尽快研究集中处理一批走私、盗窃、破坏文物、监守自盗以及渎职等造成文物巨大损失的大案要案，对一些情节极端严重的罪大恶极犯罪分子，依法处以极刑。并要通过报纸、广播、电视等新闻媒介，大张旗鼓地进行公开宣传，以儆效尤，教育广大群众遵纪守法，自觉地与一切盗窃、破坏、走私文物的违法犯罪活动作斗争。

以上建议请转国务院研究处理。

提案人

王振铎	谢辰生	启　功	杨希枚	李希泌	王世襄
石　泉	廖井丹	张文寿	徐苹芳	史树青	金冲及
刘炳森	陈岱孙	唐　弢	林甘泉	袁永熙	何正璜
安金槐	陈高华	傅熹年	李　新	贾题韬	王仲殊
廖沫沙	林子东	殷叙彝	滕　颖		

加强故宫博物院的保护管理案[*]

故宫是我国明清两代的皇宫，为我国古代建筑精华，也是世界现存最完整、规模最大的宫廷建筑，为人类文化遗产之瑰宝。加强保护措施，使故宫世世代代永久保存下去，持久地发挥它的积极作用是我们的历史责任。

但是，近年来到故宫参观的中外游客人数猛增，最多日达四万余人，给故宫带来严重的损坏：地面拼砌的石子花路和铺地砖大量被磨损（这种铺地砖今天已不能烧制）；参观人群呼出的碳酸气腐蚀石刻和建筑彩画的情况十分严重；御花园内游人摩肩接踵，果皮、纸屑等任意弃掷，致使古树枯死。长此下去，后果将不堪设想。为此必须采取果断措施，改变目前这种破坏性开放的状况。我们赞赏和支持文化部王蒙同志最近提出关于整顿故宫的设想，并提出以下几点建议：

（一）调整参观路线。把一般公开参观点限制在中路太和殿和东、西路现有参观点，御花园、乾隆花园等都作为特殊参观点。

（二）控制参观人数，提高门票价格。每天故宫参观人数应限制在一定数量之内。对于特殊参观点，还应当借鉴外国如日本修学院离宫、桂离宫参观办法，定时、定量，在一定时间（如半小时或一小时）内限定售票人数，分批送行参观。现有门票价格都应适当提高。

（三）凡是进入建筑物内部参观的如绘画馆、珍宝馆、钟表馆等，地面都要采取保护措施，如铺设尼龙地毯等。

---

* 本文为全国政协七届一次会议委员第 1482 号提案。

（四）以上意见请转文化部、国家文物局和故宫博物院研究提出具体实施方案报请国务院批准后实行。

（五）目前占用故宫的各单位应尽快分批迁出，以减少不安全因素。

提案人

王仲殊　徐苹芳　谢辰生　史树青　邢贲思　王世襄

范镜渊　盖山林　陈高华　林甘泉　余绳武　汝　信

殷叙彝　张乾二　罗哲文　刘炳森　陈　征　王亚辉

金冲及　侯仁之　安金槐

建议焦枝铁路洛阳段避开龙门石窟保护区，以利文物保护案*

　　龙门石窟是我国三大石窟之一，是驰名中外的艺术宝库，1961 年国务院公布为全国重点保护单位。1969 年修建焦枝铁路时，正处于动乱时期，未经科学论证和必要的法律程序即在仅距石窟保护区 100 米处修建了现有的焦枝铁路线。据地震部门的测定表明，每天多达五十余次来往车辆所引起的震动，对石窟带来了极为严重的影响，近十年来已经有二十余处雕刻出现崩塌。据了解，目前正在准备修建焦枝铁路复线，仍然要穿过龙门石窟保护区，这样势必再施工爆破，以及竣工后列车通过量加大，而大大增加震动强度，对龙门石窟的安全造成严重的威胁。对此，地方政府和文物部门已多次提出异议，但至今问题仍未得到合理的解决。我们建议，为保护龙门石窟，焦枝铁路应当避开龙门石窟保护区。具体方案应按照《文物保护法》的规定程序，由铁道部门会同文物部门约请各有关方面的专家进行科学论证后再确定。在方案未经法定程序批准前，不要施工，以免造成损失。鉴于这个问题涉及不同系统的有关部门，建议请国务院或国家计委出面协调处理。

提案人

　　　　谢辰生　安金槐　史树青　郑孝燮　唐　弢　罗哲文
　　　　王世襄　王世英　陈高华　傅熹年　廖井丹　曾德林

---

* 本文为全国政协七届二次会议委员第 0873 号提案。

石　泉　金冲及　徐苹芳　姜伯勤　阎维仁　王仲琦
余绳武　胡如雷　冀淑英　李　新　韩德培　袁永熙
刘导生　邢贲思　许立群　陈　健　吴介民　白介夫
王济夫　韩克华　华君武　杨宪益　赵　枫　郑雪来
筱俊亭　黄新德　孙执中　李小春　王铁崖　张广达
殷叙彝　盖山林　汝　信　王振铎　陈岱孙　常　诚
林甘泉　李京文　樊　骏　蒋和森　林子东　滕　颖

坚持以社会效益为最高准则[*]

我坚决拥护李鹏总理的报告。报告实事求是地肯定了成绩，也实事求是地指出了存在的困难和问题。报告总结出六条基本经验，非常好，反映了实际情况。我想就李鹏总理的报告谈两点意见：

第一，报告中没有提到社会科学。我同意大家的意见，希望能增加这个内容。因为我们这些年来的失误主要都是在社会科学领域，并不是在自然科学领域。几年来，两次资产阶级自由化的泛滥，是我们最值得总结的经验教训，问题正是出在社会科学领域。当前社会上最关心的许多问题，如分配不公、通货膨胀、官倒腐败等等，都是和赵紫阳同志在经济上的错误指导思想有直接关系的。资产阶级自由化就是要在经济上搞私有制，在政治上搞多党制，在文化上搞全盘西化，而经济是中心。经济搞得如何，直接影响其他方面，而其他方面又会反作用于经济，所以谈经济只谈措施是不够的。目前面临的许多问题，不仅都是属于社会科学的范畴，都需要在治理整顿、深化改革的过程中，在实践上总结经验，加以解决，而且还应当在理论上给予回答。国际上的风云变幻，苏联、东欧出现的一些现象，也需要我们进行很好的调查研究。当然，问题是复杂的，需要认真地进行研究和探索。但所有这些，都是社会科学的任务。因此，我建议中央要重视社会科学，加强理论建设。

第二，是关于怎样正确处理好坚持四项基本原则与坚持搞好改革开放二者的关系问题。李鹏总理指出，在现实生活中存在着两种截然不同

---

* 本文为全国政协七届三次会议作者和徐苹芳的联合发言稿。

的改革主张，一种是社会主义制度的自我完善的改革开放，是以坚持四项基本原则为前提、为基础，坚持社会主义方向的改革开放；另一种是把中国引向资本主义制度的改革开放。如何对待、怎样解决好这个问题是一个很重要的问题。最近有人提出要用四项基本原则，规范和指导改革开放，我认为这个提法很好。因此，我建议各行、各业、各部门都应该根据自己的实际情况来考虑怎样坚持社会主义的改革方向。过去出现许多矛盾与失误主要原因在于没有把社会主义方向作为前提，只是抽象地谈改革开放，使许多措施偏离了方向。例如"一切向钱看"的问题。早在党的十二届二中全会上，邓小平同志在反对精神污染的讲话中就批评了"一切向钱看"，也批评了文物界。后来，在全国党的代表大会上小平同志又明确指出，文教卫生等部门必须要以社会效益作为最高准则。可是小平同志讲话后，这股歪风不但没有刹住，反而愈演愈烈，这也是和赵紫阳同志不顾条件地提倡创收有直接关系的。一个时期几乎把经济效益当作衡量一切工作的标准，同时又不是非常科学地讲经济效益。例如，"少花钱，多办事"也算是讲经济效益，但是那个时候把经济效益与赚钱多少画了等号，这种错误风气影响到各个领域。值得注意的是，在平暴之后，我们有的地方还以改革的名义，对文博单位要求经济指标，我认为，这是偏离社会主义方向的。我们文物工作、博物馆主要应该强调社会效益，不应该主要强调经济效益。我们的改革一定要以怎样有利于文物保护，有利于文物发挥作用，有利于提高文物的社会效益，作为衡量我们工作的标准。不能把赚钱多少作为标准，尤其不能将经济承包作为文博单位改革的主要内容。当然，我们并不反对在出色完成本职工作的前提下，从宣传群众、服务群众出发，搞一些与本身业务有直接关系的经营活动，争取获得一定的经济收入，以弥补经费之不足。但是完全与业务无关的经营活动，搞什么家具展销、开饭馆、办舞会等是不适当的。

我们文物工作面临许多困难，而很多困难和问题是因为"一切向钱看"造成的。比如，文物部门和宗教部门为有的寺庙归属问题矛盾很尖锐，原因是多方面的。但不能否认，无论哪个部门都有个别单位和个人

277

是出于经济的考虑。有的文物部门管理的寺庙，不把它作为精神文明阵地，而是搞什么人体奥秘展览，影响很坏，就是为了追求经济收入。僧人管理寺庙接受布施是合理的，但也存在有个别出家人利用寺庙为自己捞香火钱的现象。如有个寺庙的老和尚圆寂后，就在他房间里清理出一二十万元人民币现钞。说明金钱不只腐蚀了一般人，也腐蚀了佛门子弟。所以我认为，正确处理坚持四项基本原则和改革开放的关系，一个重要方面就是反对"一切向钱看"。

（原载《文物工作》1990 年第 3 期）

建议采取坚决果断措施，
严厉打击盗掘古墓的犯罪活动[*]

中共中央关于制定国民经济和社会发展十年规划和"八五"计划的建议中提出要"进一步加强文物特别是重点文物的保护和管理工作，严厉打击盗窃和走私文物的犯罪活动"。这是非常重要、完全必要的。中国是世界的文明古国，保存在地上、地下的文物极为丰富，是中华民族宝贵的历史文化遗产。对文物的保护和管理，是我们这一代人的历史责任，但是近年来全国各地不断发生盗掘古墓的犯罪活动，数以千计的古墓遭到洗劫。据不完全的统计，仅 1986 年全国就有五千处以上的古墓葬、古遗址被盗掘。1987 年 5 月国务院颁布《关于打击盗掘和走私文物活动的通告》之后，盗墓活动一度有所收敛。但是近据报载和有关部门介绍，从 1987 年年底开始，近一两年来各地盗墓之风又起，而且愈演愈烈，所列举的事实，触目惊心，令人发指。1987 年底至 1988 年 5 月，湖南省邵阳市所辖境内被盗古墓约三千座，仅新宁县被盗古墓即高达两千五百座。1990 年 1 月以来，河南省荥阳广武山东西 20 公里的范围内，就有近千座古墓葬被盗掘。在"要致富，挖古墓，一夜挖个万元户"的蛊惑和煽动下，参加盗墓活动的人数从三五成群发展到成百上千，其中包括一些党员、村干部，从夜里偷着干到光天化日之下明火执仗成群结队集体活动，盗墓手段从手工挖掘发展到用电锯等机械，甚至动用了雷管炸药。1990 年 1 月至 3 月，河南巩县的一些盗墓团伙，使用

279

＊ 本文为全国政协七届四次会议大会发言稿。

桑塔纳轿车、摩托车四处作案，有的还鸣枪示威，气焰十分嚣张。三门峡的一些犯罪分子盗墓时，竟派人持枪警戒，殴打、袭击执勤干警。这些犯罪分子大都与境内外文物走私贩子有密切联系。1990 年三四月间，就有三十多个港澳台及沿海地区的走私贩子，携带巨款到河南三门峡市坐收文物。盗墓活动不仅使祖国文物遭到极大破坏，而且也严重地败坏了社会风气，影响了社会治安，已成为导致社会不稳定的因素。这种严重情况，不仅为建国以来所未有，而且也为我国历史上所罕见。如不采取坚决果断的措施，严厉打击，及时刹住这股歪风，就会给祖国宝贵的文化遗产造成巨大的、不可弥补的损失，就是我们这一代人对历史、对后代子孙的失职。

惩罚不严、打击不力是盗墓活动恶性发展、屡禁不止的重要原因。一些地方对盗墓活动或者视而不见，听之任之，或者以罚代刑。有一个县三百多座古墓被盗，查获盗掘和走私案五十多起，涉及一百五十多人，但大都追赃罚款了事。这就助长了一些人"不怕抗拒从严，只要家里有钱"的冒险心理。有的地方一些盗墓分子和文物贩子已经因此致富盖起高级住宅，有的犯罪分子发财后逃出境外，加入了外籍，又持外国护照潜回那里继续作案。造成惩罚不严，打击不力的原因，一方面是有些地方领导和有关部门对保护文物的重要意义缺乏认识，对文物破坏造成的严重后果也认识不足。另一方面，法律规定也确有不完善之处。《文物保护法》规定："私自挖掘古文化遗址、古墓葬，以盗窃论处。"因而盗墓分子，只能依照刑法中有关盗窃罪的规定追究刑事责任。以盗窃论罪，往往以盗窃所得的价值金额量刑。事实上，古文化遗址、古墓葬主要在于它的历史、科学价值。有的文物也有经济价值，但有不少文物经济价值很小，而科学价值极大。科学价值的损失，是不能用值钱多少来衡量的。因此，盗掘古墓不宜与一般盗窃犯罪等同对待。

我国历史上历代对盗墓贼都施以重刑，早在汉代就有"发冢者诛"的规定。为了严厉打击目前盗掘古墓的犯罪活动，保护祖国文化遗产，我们建议：第一，请全国人大常委会在《刑法》中增加关于盗掘古墓量刑标准的条款；第二，把严厉打击盗掘古墓犯罪活动，纳入最近中央成立的全国治安综合治理委员会的工作范围；第三，请国务院责成各级人民政府，对所辖行政区域内发生的盗掘古墓犯罪活动，要组织公安、海关、工商行政管理、文物等部门共同协作，综合治理，大张旗鼓地开展专项斗争。打击不力者，要追究领导责任。纵容包庇，以及勾结犯罪分子作案的，要从严、从重处理。

应当高度重视三峡工程
淹没区的文物保护问题*

三峡工程是举世瞩目的巨大工程。它将淹没十几个县市。在这个范围内地上、地下保存着大量而珍贵的文物古迹，据现在已经掌握的情况，仅在淹没区就至少有五百处以上。在地面上保存的文物古迹，既有从汉阙到明清时代的古建筑、古石刻，又有反映近现代历史的革命文物、纪念建筑物。特别是地下还埋藏着从新石器时代以来的大量古文化遗址和古墓葬。所有这些，都具有很高的历史、艺术、科学价值，反映了我国历史发展和灿烂的古代文化。全国重点文物保护单位涪陵白鹤梁石刻和著名的大溪文化遗址就都是处于淹没区内。长江流域和黄河流域一样，是中华民族早期文化发祥地之一，三峡地区又恰好是早期文化遗存集中的重点地区，在三峡地区的大量古文化遗址和古墓葬，对于研究楚文化、巴蜀文化及其相互关系具有极为重要的科学价值，尤其是巴文化主要分布在三峡地区，如果任其淹没，就会使巴文化的研究失去了重要依据，在科学上、文化上造成不可估量的损失。

重视不重视文化遗产，是衡量一个国家文明程度的尺度之一。埃及兴建阿斯旺水坝工程中，在国际援助下，仅为迁移阿布森堡神庙一项工程，即用了六千多万美元，说明了国际社会对人类文化遗产的重视。三峡工程是举世瞩目的巨大工程，在这个工程中，我们怎样对待文物保护的态度，同样是举世瞩目的。希望国家有关部门，特别是水利部门和文

---

* 本文为全国政协七届五次会议大会发言稿。

物部门要高度重视这一问题。目前，国务院即将兴建三峡工程的议案提请这次人大会议审议，准备列入十年规划，即使到"九五"计划上马，就我国现有的文物干部力量来看，要将这一地区所有文物都"抢救"保护下来是不可能的，肯定要有相当一部分文物被淹没。因此，必须对三峡地区所有文物，在全部勘察的基础上，分类、排队，根据其价值大小，实行"重点保护、重点发掘"的方针，想尽一切办法以最大的努力，把其中最重要的文物尽可能"抢救"下来，把文物损失减少到最小的程度。这是一项十分艰巨而刻不容缓的任务。为此我建议：

一、根据中华人民共和国《文物保护法》的规定，凡进行大型基本建设工程项目有关文物保护、调查、勘探、考古发掘的经费应列入建设单位的投资计划和劳动计划。因此，这项经费应当按法律规定在三峡工程经费中作为一个独立项目单列，不宜列入移民预算。由于时间紧迫，文物勘探、调查、发掘、迁移工作都必须超前进行，现在就需要拨出一定经费，以利工作尽快进行。

二、国家文物行政主管部门要成立专门班子，在全国范围内抽调专业干部支援三峡工程淹没区文物"抢救"的工作。同时，进行这项工作的干部力量和经费，应由国家文物行政主管部门统一调配，统一掌握，组织实施，以免分散使用，造成浪费。

三、对于重点保护和发掘的文物，要采取不同的保护措施，并充分发挥文物的作用。发掘出土的文物可以在三峡地区的适当地点建立博物馆保存和展出。白鹤梁石刻是不可移动的文物，只能就地保存，可考虑辟为水下博物馆。这样既有利于文物保护和发挥文物作用，又可以为三峡地区增添新的景点，促进旅游事业的发展。这些项目希望能纳入三峡地区的建设规划。

《文物保护法概论》序

　　《中华人民共和国文物保护法》经过修订，于 2002 年 10 月由第九届全国人大常委会第三十次会议通过，并由国家主席江泽民签署 76 号令公布实施。这是保护祖国文化遗产的重大举措，是标志我国文物保护工作又进入了一个新的历史发展阶段的里程碑。它将对我国文物保护工作健康持续的发展起到重大的推动作用。

　　1982 年公布实施的《文物保护法》是对十年动乱"四人帮"严重破坏法制的拨乱反正，施行以来，对于提高全民族的文物保护意识，加强文物保护工作，起到了重要作用。二十年来文物保护工作取得举世瞩目的成就是与认真贯彻执行《文物保护法》分不开的。但是，随着改革的深化、开放的扩大和社会主义市场经济的发展，社会环境发生了很大变化，文物保护工作在新的条件下，出现了一些新情况、新问题亟待解决，而原来《文物保护法》的一些规定已经不能完全适应新形势发展的要求。因此，从 1996 年开始，经过五年多的时间，在广泛听取各个方面的意见，总结文物工作实践经验的基础上，拟定了《文物保护法》（修订草案），于 2001 年 9 月经国务院常务会议讨论通过后提请全国人大常委会审议。之后经过全国人大常委会四审表决通过，颁布实行。

　　新的《文物保护法》是一部与时俱进的法。它在坚持原法确定的基本原则和方法的基础上，总结了改革开放二十年实践的新经验，从现实存在的实际出发，针对因社会主义市场经济的发展而变化了的社会环境和出现的新情况、新问题，特别是一些不利于文物保护的突出问题，作出了许多比原法更明确、更严格、更严密、更具有操作性的新规定。法的条文从原法的三十三条增加到八十条，在加强文物行政、管理职权和明确文物行政部门及政府有关部门的行政执法主体地位和执法权等方面都较之原法有了很大的发展。更重要的是新法把长期以来在实践中行之有效的文物工作指导方针上升为法律准则，把"五纳入"的具体要求分别写进了新法的条文，这对于我国文物保护工作具有极为重大的现实意义和深远的历史意义。

"保护为主、抢救第一、合理利用、加强管理"的方针是文物保护工作总的指导方针，《文物保护法》的所有规定都体现了这个方针的要求。因此，是否符合这个方针的要求，是衡量在执法过程中是否正确地执行法律各项规定的标准。这个十六字方针是一个有机联系、不可分割的整体。最近，单霁翔同志在学习新《文物保护法》的几次座谈会上都特别强调必须全面准确地贯彻执行这个方针，而不能各取所需，这是非常重要的。

"保护为主、抢救第一、合理利用、加强管理"的方针，正确地体现了保护与利用的辩证关系。保护为主是对利用而言的，保护与利用不是对立的，而是统一的，二者应当是相互促进、相辅相成的。在一定意义上，又是互为目的、互为承启的。但是必须明确，保护是第一位的，保护是利用的前提和基础，而且保护还要贯穿于利用的全过程，"利用"必须受"保护"的制约。我们经常强调文物要"古为今用"，然而古之不存，安为今用？这是很明显的道理。只有这样理解和处理保护和利用的关系，才能形成二者的良性循环，才能在保护的前提下，保证文物的永续利用。至于"抢救第一"，则是指在保护问题上，要区分轻重缓急，体现了李瑞环同志提出的要"先救命、后治病"的要求。

"合理利用"的"合理"有两层意思。其一是利用的是否合理。首先是要掌握一个"度"，即保护与破坏之间的"临界点"，超越了这个"度"，影响到文物的安全就是不合理，反之，即是合理的。其二，利用的目的是把文物仅仅当作"摇钱树"，还是充分发挥文物的宣传教育、科学研究的作用，为加强社会主义精神文明建设服务？前者是不合理的，后者是"合理"的。而且前者的利用即使是能保证文物安全，依然是不合理的，后者的利用如不能保证文物安全，同样也是不合理的。因此，只有完全符合以上两个条件，才能算是真正的"合理利用"。这样说并不是完全不要经济效益，事实上，越是重视社会效益，经济效益就越好。反之，如果只是单纯地追求局部的暂时的经济效益，不仅会损害社会效益，归根结底，还会损害长远的经济效益。

"加强管理"应当是既管"保"又管"用"，因此，正确处理文物的保护和利用的关系，正确处理文物利用的社会效益和经济效益的关系，是"加强管理"的重要内容。"加强管理"的主要任务，就是严格执法，采取各种有效措施，排除一切危及文物安全的因素，克服种种危害事业发展的倾向，在文物保护与利用的过程中，坚持把保护放在首位，以社会效益为最高准则，在保护的前提下，充分发挥文物在各个方面的积极作用。只有这样才是全面准确地贯彻执行了文物保护工作的方针，也只有这样才能保证文物保护工作沿着正确方向，健康持续地向前发展。

新的《文物保护法》内容比原法增加了很多，增加的条款是原法的一倍多，覆盖了文物工作的所有方面，而且一些规定针对性都很强。但是法律条文只能明确具体地规定应当怎样做，不许怎样做。它不可能具体回答为什么这样做，为什么要禁止的理由。而人们对《文物保护法》的各项规定，不仅要知其然，还要知其所以然，才能自觉地遵守并全面准确地去贯彻执行。因此，正当新《文物保护法》公布实行之际，为了适应人们学习、宣传、贯彻新法的需要，李晓东同志适时撰写出版了《文物保护法概论》一书。

李晓东同志几十年来一直从事文物保护管理工作，他是制定原《文物保护法实施细则》初稿的起草人，又是修订《文物保护法》工作全过程的参与者。这部《文物保护法概论》有一个显著特点，就是作者不是对新《文物保护法》的条款逐条逐句地进行具体释义，而是从宏观上阐述了文物的定义、特性、价值和作用、立法宗旨以及规定各种管理制度和措施的原则，用以说明新《文物保护法》各项规定的必要性和合理性。因此，对当前学习、宣传新《文物保护法》而言，《概论》是值得推荐的一部很好的辅助读物。它可以帮助人们更好地理解新《文物保护法》内容的精神实质，提高人们正确贯彻执行新《文物保护法》的自觉性。

（原载《文物保护法概论》，学苑出版社，2002 年）

《文物保护法通论》序

　　新中国成立以来，我国的文物保护事业和文物保护法制建设取得了显著的成绩。与之相比，我国的文物保护法学的基础研究还显得比较薄弱。迫切需要文物法学研究方面的著述来弥补这一缺憾。《文物保护法通论》正是一部适应这一需要，从法学理论出发，在法律制度比较的层面进行系列阐述的文物法学专著。

　　《文物保护法通论》一个显著特色就是没有拘泥于新文物保护法的法律条文而就事论事，而是着眼宏观，兼顾各方。首先，作者在本书《绪论》中，用相当大的篇幅，阐述了文物的定义、价值和作用，以及立法宗旨，从坚持科学发展观的高度，说明文物保护在社会全面发展进程中的地位和作用；从在全球化国际大环境中必须坚持文化多元化，保持民族文化特性的高度，说明文物保护的重要性、迫切性和现实意义，明确地回答了什么是文物和为什么要保护文物的问题。其次，该书在对《文物保护法》的研究方法上，特别注重了比较研究。"比较"是人们认识事物本质的基本方法之一，有比较才有鉴别，只有通过比较，才能析异同、知长短、见优劣，才能开拓视野、启发思考，也才能鉴往昔而知未来。作者对我国 2002 年新《文物保护法》和世界上主要国家的文物立法及国际公约文件，从理论与实践两个层面对文物保护法律制度进行了全面、系统地分析、研究。从纵向来说，从历史的角度，对我国文物法制建设的各个阶段的利弊得失进行了对比、总结。从横向来说，对世界上有代表性的国外立法条例和主要的国际公约、文件进行了抽象比较。在此基础上，得出了颇有见地的结论：第一，作者对新中国文物保护法制建设的历史进行了回顾和总结，说明建国五十多年来，国家对文物保护的方针政策、指导思想和确定的基础原则和制度是一贯的。"从本质上说，新法与旧法在立法精神上是一脉相承的"，"文物保护法的修改是围绕着在新的历史条件下，如何进一步实现 1982 年文物保护法的立法宗旨来进行的"。第二，作者对世界上一些国家的文物法规和主要的国际公约和文件，进行了认真的比较研究，充分证明我国确定的文物保护法基本原则和制度与国际上共同确认的基本原则是完全一致的。此外，作者在解释文物保护法有些条文时，还运用了国内与文物保护有关的其他法律规定，来说明这些条文的必要性和合理性。可以说《通论》作者所得出的结论是非常正确的，是很有说服力的，反映了文物保护工作的内在规律和国内外文物界的共识。

文物工作的本质属性和规律并不会因为国家、民族、社会制度的不同而有所区别，更不能因为经济体制的改变而改变。因此，那种认为原文物保护法是计划经济的产物，随着社会主义市场经济体制的确立，就必须打破它的条条框框，文物保护工作也要完全改变为"经济行为"，要照搬经济领域中的原则和做法来规范文物保护工作的观点是完全错误的。在市场经济的条件下，绝不是要用市场经济规律取代文物工作规律，而是需要更加坚定地遵循体现了文物保护自身发展规律的基本原则和制度，研究因社会主义市场经济的建立而变化了的社会环境和出现的新情况、新问题，从现实存在的实际出发，有针对性地把这些基本原则和制度更具体化，提出更明确、更具体、更具有操作性的新措施，并在执行中大力加强执法力度。在指导思想上，绝不是要放松、放宽，而是要更加严格、更加严密。新修订的《文物保护法》，把我国长期行之有效的"保护为主、抢救第一、合理利用、加强管理"的文物工作方针，写进了总则，上升为法律准则，并且在法律条文中，对加强文物行政管理职权和明确文物行政部门及政府有关部门的行政执法主体地位和执法权等方面都较原法有了很大发展，就充分体现了这个指导思想。因此，我们在工作中一定要严格执法，全面准确地执行国家的文物工作方针，正确处理文物保护与利用的关系、社会效益与经济效益的关系，特别是文物保护与市场经济的关系，坚持把保护放在首位，以社会效益为最高准则。只有这样，才能保护社会主义市场经济条件下能更加科学、规范和有效地保护好文物，使我国文物事业沿着正确方向，健康持续地发展。

《通论》的几位作者，都是曾亲身参与《文物保护法》修订稿起草、审查工作的专业法律工作者，有着较深厚的法学理论功底。对该书的撰写用力甚勤，不仅为薄弱的文物法学研究注入了一股清泉，更为重要的是，它弥补了以往文物法学研究偏重对文物保护实践的总结而缺乏从法学理论的角度对文物保护法律制度进行科学概括的不足。该书的问世，无疑对人们全面、深刻、准确地学习、理解和贯彻执行新《文物保护法》大有裨益。同时，也为进一步完善我国文物保护法律制度提供了重要的参考，必将为推动我国的文物法制建设，繁荣我国文物法学研究起到积极的促进作用。

（原载《文物保护法通论》，中国城市出版社，2005 年）

亲切的关怀 永恒的思念

今年是周恩来总理诞辰一百周年。

周总理是中华民族的一代伟人。他把自己的一生无私地奉献给了中国人民的解放事业和社会主义建设事业。建国后，他日理万机，组织和领导着国家的各项建设事业，其中也包括文物考古工作。他对文物考古工作的一系列原则指示和具体指导，为文物考古工作指出了明确的方向。新中国文物事业发展的各个历史时期，从法令法规和方针政策的制定到许多重大问题的具体处理，无不浸透着周总理的心血。

一

早在全国解放前夕，北平（今北京）还没有和平解放的时候，周总理就派人到清华大学找到梁思成先生，要他在地图上标明北平城内重要文物建筑的具体位置，以确定万一和谈破裂时不得作为炮击的目标。同时，还提出要了解全国各地的重要古建筑分布情况。当时由清华大学和中国营造学社合办的中国建筑研究所立即赶编出了一本《全国重要古建筑文物简目》的小册子，根据周总理的指示，发给解放军各部，要求部队在军事行动中注意保护。在一次会议上，总理还特别指示南下大军要注意保护著名的宁波天一阁和吴兴嘉业堂藏书。正是根据周总理的指示和采取了措施，才使各地许多重要文物古迹在解放战争中能够幸免毁于战火。

新中国成立后，在周总理的关怀下，中央人民政府政务院立即陆续颁发了一系列有关文物保护的法令、法规。第一个法令就是颁发《禁止珍贵文物图书出口暂行办法》的命令。根据这一命令文化部门和海关采取了有力的具体措施，使得当时很多外国的"文化团体"和个人在企图携带大量珍贵文物图书出境时，都被海关扣留了。从此结束了旧中国听任外国人为所欲为，巧取豪夺，使祖国文物大量外流的历史时代，也标志着中国人民的的确确在帝国主义面前站起来了。

1951年10月，从香港传来一个消息，当时被抵押在香港一家外国银行里的两件珍贵文物：王献之的《中秋帖》和王珣的《伯远帖》，将于11月28日抵押期满，但物主却无力赎回，因而一些外国人都在觊觎着这两件珍贵法书。文物局立即将以上情况向政务院反映，并建议收购这两件文物，以免被外国人买去。很快就得到了周总理同意购回的批复。总理的批示非常具体，考虑得非常缜密，在"同意购回王献之中秋帖及王珣伯远帖"的同时，还特别要求："须派负责人及识者前往鉴别真伪，并须经过我方现在香港的可靠银行，查明物主郭昭俊有无讹骗或高抬押价之事，以保证两帖能够顺利购回。"并且对购价数字的批准程序和付款方式都作了具体的批示，要求购款一定"待《中秋帖》及《伯远帖》运入国境后拨还"，以保证万无一失。根据总理的指示，文物局副局长王冶秋偕同故宫博物院院长马衡和上海文管会主任徐森玉两位著名老专家立即赶赴香港，终于以四十八万港币顺利购回，拨交故宫博物院入藏。

这件事在当时具有很大的思想和政策教育的意义。一方面坚决禁止珍贵文物出口；另一方面在建国伊始，百废待兴，经济还很困难的情况下，却以重金购回这两件法帖。它生动地体现了新中国的文物保护政策，鲜明地体现了人民政府对待自己祖国文化遗产的主权意识。不仅对敌对分子造谣共产党人要毁灭古代文化的谰言是有力的驳斥，同时也教育了那些对共产党和人民政府虽然并不抱敌对态度但还有疑虑的人们。此后，又多次经总理批准从香港收购了许多珍贵文物回来。

直到1966年"文化大革命"前夕，又是经总理批准收购了一批善本图书和碑帖，其中包括南宋浙本《荀子》和目前已知最早的珍贵元刻蝴蝶装《梦溪笔谈》，以及宋拓《神策军纪圣德碑》。正是由于周总理的亲切关怀，才使很多流散海外的珍贵文物陆续回归祖国。这也充分表明我们党和政府是何等珍视我们祖国的文化遗产。联想到前些时候，为"卖文物"问题曾引起了一场激烈的争论，有人甚至主张把卖文物作为文物工作"改革"的突破口，把一些反对出卖珍贵文物的人一概斥之为"保守"。究竟孰是孰非？我们还是从总理怎样对待祖国文化遗产的态度中去寻求答案吧！

二

新中国成立以后，经过短暂的经济恢复时期，很快就出现了社会主义建设的高潮，在一些城市和乡村开展了大规模的基本建设。

新的形势给文物工作提出了新的课题，在城市建设和各项基本建设中，常常会涉及地上、地下的文物。如何正确处理二者之间的矛盾，已成为当时文物工作迫切需要解决的重要问题。正是周总理为我们确定了"重点保护，重点发掘，既对文物保护有利，又对基本建设有利"的方针，并且身体力行。他亲自处理这些矛盾的实践，是贯彻执行这个方针的典范。

1954年，首都北京的城市建设和生产建设日益发展，人口激增，原来窄小的街道，已不适应高速发展的交通要求。当时大街小巷还保存着许多牌楼。有的很有价值，也有像早在袁良担任北平市长时期就改为钢筋水泥的东、西四牌楼，并没有什么文物价值，却已成为当时城市交通的严重障碍。对这些牌楼是保存还是拆除？这个问题提到了国务会议上进行讨论。有人主张全部拆除，也有人力主统统保留，甚至慷慨陈词，激动得流下了眼泪。周总理耐心地听取双方争论之后，意味深长地引用了唐人李商隐的诗句："夕阳无限好，只是近黄昏！"婉转地指出了坚持全部保留的人所反映的感情是"黄昏"思想。会后决定把那些妨碍交通又价值不大的牌楼拆除，其中有价值的迁移到另外地方保存。

就在牌楼拆除问题处理后不久，又发生了北海团城的拆除与否的问题。团城的地址在金代叫小圆岛，它与北面的琼华岛（琼岛）同是人工筑成。金世宗在这里营建了大宁离宫，元初又在岛上建造了"仪天殿"，明代重加修葺，改名"承先殿"，并且改筑为砖城，这就是现在的团城。团城两面临水，碧波粼粼。它与北海诸建筑构成了一组严整的古建筑群，具有很高的历史和艺术价值。要拆除团城很自然地遭到郑振铎、梁思成、翦伯赞等专家们的坚决反对。情况反映到国务院。就在1954年炎夏的一个下午，周总理来到团城，亲自考察。事先没有告诉文物局的负责同志，来了以后也不让接待的同志去通知。他绕城走了一周，然后停留在团城上，眺望着北海的琼岛，注视着金鳌玉蝀桥上来往的车辆和行人，不时和陪同来的同志交换意见，又亲切地询问了当时在团城办公的文物局同志的看法。总理在团城停留了两个多小时才离去，最后终于决定保留团城，让中南海国务院院墙向后移，马路向南扩建，解决交通问题。

周总理每天处理着党和国家的多少大事，可是对团城保留与否这样问题，不但亲自处理，而且还亲临现场研究，才作出决定。当年在团城接待总理的同志回忆起这段往事时，还止不住自己心情的无比激动。

牌楼和团城，一个拆除，一个保留。这就说明，在处理文物保护与基本建设矛盾的时候，既不能一律拆除，也不能统统保存；既不是一切服从建设，也不是一切服从文物保护。而是要根据社会主义建设的需要和文物价值的大小，权衡轻重，区别对待，妥善处理。该拆除的就坚决拆掉，必须保留的，也要想尽办法坚决保留下来。保留也不是都要原地保存，而是应当根据不同的情况和条件，有的原地保护，有的也可以迁移保存。总理对牌楼和团城的处理，为我们贯彻"两重两利"方针，正确处理文物保护与建设的矛盾，提供了范例。今天北京市建设平安大道，正是从总理对团城保护的决定中得到启示，精心设计，使许多重要的文物保护单位得以保存下来，再一次有力地证明执行这一方针的必要性和正确性。

周总理不仅为文物工作确定方针，指明方向，而且对重要文物的日常保护工作也关怀备至。1957年夏天，北京十三陵的稜恩殿雷击起火。

当时周总理正在国务院开会，得到这个消息马上指派正在参加会议的郑振铎、梁思成等同志去现场调查，并指示：对全国重要古建筑都要安装避雷针。我国历史上有许多古建筑都是毁于雷火的。由于周总理的关怀，全国各地的重要古建筑都先后安装了避雷针，得到了妥善的保护。

三

在贯彻"两重两利"方针的过程中，对考古发掘工作，又进一步确定了在国家经济建设发展时期，必须以配合基建为主的具体工作方针。这是从实际出发的，因为我们目前对地下文物，已知的是少数，未知的是多数。建国以来的重大考古新发现有百分之九十左右是在建设过程中偶然发现，而不是主动发掘出来的。一些主动发掘的项目反而往往是毫无所获。如果不是以配合基建为主要任务，很可能有些重要文物就会在基建中毁掉。因此，根据这个方针，对已知的一些著名帝王陵墓，由于与基建矛盾不大，保护条件又比较好，历来是不主张发掘的。就是这个具体的方针，也得到了周总理的肯定和支持。早在50年代，著名明史专家吴晗联系了郭老、沈雁冰等知名人士联名上书总理，要求发掘明十三陵的长陵，其目的无非是要取得明史研究的新资料。

当时郑振铎、夏鼐等同志都表示反对，因而周总理没有批准。最后采取了一个折中方案，只同意发掘定陵作为试点。定陵发掘后，由于科学保护技术没有过关，出土的龙袍等非常珍贵的文物很快就完全炭化变质，说明这种发掘实际上是对文物的严重破坏。1972年，郭老又上书总理要求发掘乾陵，总理还是没有同意。记得当时王冶秋同志传达总理的指示，大意是说："郭老的要求是可以理解的，如果能够发掘乾陵也是好事。但是好事不能都在我这一代人做完，还是留给后代子孙去做为好。因为那个时候的条件要比我们今天的条件好得多。"以后各个方面不断提出要求发掘乾陵的呼声很高，国家文物局都是根据总理的指示精神而没有同意。

建国近半个世纪以来，从各个不同的方面都表明周总理为文物工作确定的"两重两利"方针是完全正确的。在今后一个相当长的时期内，仍然要继续坚持执行这个方针。多年来的无数事实还证明只要认真贯彻执行这个方针，严格依法办事，就可以使文物保护与基本建设的矛盾得到比较妥善的解决，而且在不同程度上达到"两利"的目的。反之，就很难达到"两利"，其后果往往不是使文物遭到破坏，就是经济上蒙受损失，不论哪种情况，归要到底，都是国家、民族的利益受到损害，这是建国四十几年来在工作实践中取得的一条基本经验。

四

十年动乱，林彪、"四人帮"煽动极"左"思潮，严重破坏法制，鼓吹扫荡一切历史文化遗产，使祖国文物经历了一场浩劫，蒙受了巨大损失。但是由于周总理有力地抵制和排除了他们的干扰和破坏，又由党中央、国务院颁发了关于保护文物的文件，重申了党和国家保护文物的一贯政策。周总理早在 1966 年红卫兵刚刚上街扫四旧的时候，就立即果断地派遣一个团的解放军部队进驻故宫保护。之后，1967 年又为保护杭州灵隐寺、成都宝光寺、泰山文物和曲阜的孔府、孔庙、孔林等作了一系列重要指示。就在这一年周总理还批准了刘家峡水库修建保护炳灵寺石窟的堤坝工程。1968 年，北京地下铁道要经过建国门元代古观象台，原设计是要把观象台迁移，又是周总理批示，决定原地保存观象台，要求地铁绕过观象台施工。正是在周总理的直接关怀下，在"文化大革命"初期，使许多重要文物得到了保护。

1970 年周总理决定在国务院成立"图博口"，把王冶秋同志从"五七"干校调回北京负责"图博口"的业务工作。当时总理一再向王冶秋表示，"今后我来关心你们的工作"。从此，对文物工作抓得更紧、更具体、更细致了。1971 年以后，他亲自抓了故宫开放、出土文物出国展览，满城汉墓和长沙马王堆汉墓的发掘，并且批准了《文物》、《考古》、《考古学报》的复刊和重建文物出版社，甚至对文物书刊印刷设备更新的问题也作了具体指示。长沙马王堆三座汉墓的发掘，周总理先后作了五次批示。从发掘领导小组成员的确定到技术力量的安排，都作了十分周到的布置。有些细节，甚至比专业工作者还考虑得周密。例如，一号墓女尸刚出土，1972 年 6 月 17 日总理就指示："出土尸身和衣着、帛文，非变质不可，请立即采取办法转移到冰室，消毒，防腐，加以化工处理。"

周总理还十分重视文物考古的宣传工作，并且要求非常严格。他指示向群众宣传文物，要处处为观众着想。观众是不是看得懂，听得明白，解说是不是回答了观众可能产生的疑难问题？1971 年 7 月周总理在审阅新华社报道"文化大革命"期间考古新收获的新闻稿时，因为新闻稿关于金缕玉衣图片的说明很笼统，没有交代清楚出土时的情况，就在上面批示："此注（按：指玉衣照片）未回答：两件葬服是否还裹在男女骷髅上，还是遗落散开，后经我们加工的。"

1973 年 4 月，新华社准备发关于马王堆汉墓女尸解剖的新闻稿。周总理在看了新闻稿后又特别关照：关于名词要改为通俗的话语，让读者能看懂。

周总理还亲自抓了故宫重新开放后的《故宫简介》。他请郭沫若同志组织班子编写，然后又亲自逐字逐句审阅修改、定稿。谁能想到，就是这几千字的普普通通的《故宫简介》也渗透了周总理的心血。正是在周总理的直接领导下，才使得文物考古工作在短短的几年里，又取得了可喜的成绩，宣传了祖国优秀的历史文化和新中国考古工作的成就，在国内和国际上都产生了很大的影响。

敬爱的周总理对文物工作最后一次重要指示，是 1973 年 9 月 15 日。那天，他陪同法国总统蓬皮杜参观大同云冈石窟，这一我国古代雕塑艺术杰作一再赢得法国贵宾的赞赏，总理也十分高兴。可是，他看到一些佛头破损严重，有的像身基石风化，感到很忧虑。主管的同志说已经有了一个十年修缮规划。他轻轻地摇了摇头。参观后，在休息室前，他向中外记者说："云冈石窟艺术，我们一定要想办法保存下来！刚才说有十年修缮规划，时间太长了，我们要在三年修好。三年以后请你们再来参观。"

那时，周总理已经重病在身了。可是就在一个月后，他又带病陪同加拿大总理特鲁多去洛阳龙门石窟参观。后来听当时陪同的同志说，在奉先寺参观时，陪同人员向总理介绍说这是用武则天脂粉钱修建的。总理突然地问："你读过骆宾王讨武曌檄文没有？"接着总理就背诵了一大段檄文直到"试看今日之域中，竟是谁家之天下"为止。人们在当时并没有很在意，现在回想起来，联系到当时的历史背景，是颇发人深思的。

自从周总理在云冈作了指示后，云冈便立即投入了紧张的修缮工程。

三年过去了，1976 年 9 月 15 日，云冈的修缮工程按照周总理的指示如期完成。可是周总理已经离开我们八个多月了。

我们永远不会忘记敬爱的周总理在病情已经十分严重的时候，仍然关怀着文物保护工作。1975 年盛夏的一个傍晚，总理走过北海阅古楼，要进去看看里面庋藏的乾隆时期的《三希堂法帖》刻石。因为当时门上着锁，没有进去。事后我们把刻石拓片送给了总理。那时，总理病情已经日益恶化，他还亲切地询问此刻石的保存情况。

五

江泽民同志在纪念周总理诞辰一百周年大会上讲话中说："周恩来！这是一个光荣的名字，一个不朽的名字。在他的身上，凝聚着中华民族的传统美德和工人阶级的优秀品格。"对此我们有着很深的感受。记得在 1960 年国务院 105 次全体会议通过《文物保护管理暂行条例》和第一批全国重点文物保护单位名单后在送请周总理审阅的时候，他提出了不要把"八一起义指挥部旧址"列入名单。大家知道八一起义正是周总理和朱德、贺龙、叶挺、刘伯承等同志一起领导和指挥的，所以他才提出不要把指挥部旧址列入名单。最后"八一起义指挥部旧址"虽然在名单中作为我党建军的纪念地被保存下来。可是周总理却一再强调说："八一起义向国民党反动派打响了第一枪，大方面是正确的，但路线是错误的。当时提出在农村建立革命根据地，以农村包围城市的只有毛主席，应当宣传秋收起义。"几十年来，周总理为中国人民解放事业作出了不可磨灭的贡献，建立了不朽的功勋，他却永远那么谦虚，从来不表现自己，这种崇高的品德对我们是多么深刻的教育啊！

可是周总理对其他同志却又都关怀备至，凡是为革命做过有益工作的人，他都不会忘记，而且给予充分的肯定。1975 年夏，他住在 305 医院，病情已经很严重了。那时，王冶秋同志为了能分散一些总理对病情的注意力，特意定期送一些书画和名人书札给他观赏。有一次，他听王冶秋同志说常州发现了一批严复的信札，很感兴趣。于是文物局马上电告江苏省和常州，由常州博物馆的陈晶同志专程送来。周总理在看完这批信札后发现，有一封信表现了严复对袁世凯称帝的不满情绪。他对此十分重视，立即通知王冶秋把这批信札送请专家鉴定真伪，如果确系真迹，对严复的政治评价就要重新考虑了。他由此联想到杨度的问题，于是派秘书告诉王冶秋同志说："当年袁世凯称帝时，'筹安会六君子'的第一名杨度，最后参加了共产党，是周总理介绍并直接领导他。总理说：请你告诉上海《辞海》编辑部，《辞海》上若有杨度词目时，要把他最后加入共产党的事写上。"

后来经专家鉴定，那批严复手札是假的，而杨度最后参加共产党的事，却轰动了史学界。周总理虽然重病在身，还记得向有关同志交代这件事，这种关心同志，对同志极端负责的精神，使大家都深受感动。

敬爱的周总理离开我们已经二十二年了。他的音容笑貌仿佛就在眼前，他的崇高的品格和精神，永远深深地铭刻在人们的心里。当前，我们的国家正在建设具有中国特色的社会主义道路上，走向 21 世纪。各项建设事业，其规模之大、速度之快都是前所未有的。文物保护的任务比任何历史时期都更加繁重和艰巨，而且是机遇和挑战并存，使祖国的一些重要文物正处于存亡绝续的关键时刻。在这方面，国际社会是有深刻的历史教训的。产业革命和二次世界大战之后，一些国家都发生过在建设中破坏文物的情况，至今使他们后悔莫及。我们一定要抓住机遇，迎接挑战，努力学习周总理的崇高精神，把自己的工作做好，为开创文物工作新局面而作出自己的贡献。我们也恳切地期望在举国上下学习周总理的高潮中，从中央到地方的各级领导同志都能像周总理那样，对文物工作予以足够的重视，加强领导，强化管理，努力避免重复走人家已经走过的弯路。但愿在未来的世纪里，当我们各项建设事业取得辉煌成就的时候，不要在保护祖国珍贵文化遗产的问题上留下什么遗憾。

（原载《中国文物报》1988 年 3 月 11 日）

新中国文物、博物馆事业的
主要开拓者和奠基人[*]

　　王冶秋同志是新中国文物、博物馆事业的主要开拓者和奠基人。
1949 年，他从一个党的优秀地下工作者成为主管全国文物、博物馆事
业的领导人，从此把自己后半生的全部精力无私地奉献给了文博事业。
建国以来，文物、博物馆事业有了很大发展，取得了举世瞩目的成就，
都是同冶秋同志长期呕心沥血、辛勤工作分不开的。他为新中国文物、
博物馆事业的创建和发展作出了突出的重大贡献。

　　新中国的文博事业是在旧中国遗留下来极为薄弱的基础上，几乎是
从无到有逐步发展起来的。建国伊始，主要是颁布法令、建立机构、培
养干部、制定方针政策。当时冶秋同志作为唯一的副局长协助郑振铎局
长主持全局工作。事实上，振铎局长除了参与确定大政方针，处理重大
事项以外，日常的具体工作主要是由冶秋同志负责主持的。记得 1949
年我刚刚到文物局工作，郑振铎局长交给我的第一个任务就是起草有关
文物保护的法规，当时他还给了我一些外国资料作参考，但在起草过程
中，曾经多次讨论，几番修改，却是在冶秋同志和裴文中同志具体指导
下进行的。每次研究讨论都由冶秋同志主持，直到定稿才送请振铎局长
最后审定。一开始起草的是：《禁止珍贵文物图书出口暂行办法》、《古
迹、珍贵文物、图书及稀有生物保护办法》、《古文化遗址及古墓葬之
调查发掘暂行办法》。完成后不久，又由冶秋同志主持并直接参与起草

---

　　* 本文为《回忆王冶秋》序。

了《关于征集革命文物的命令》和《关于保护古文物建筑的指示》。分别上报后，于1950年先后经中央人民政府政务院批准颁布。这些文件是针对近一百多年来祖国文物被外国人巧取豪夺不断流出国外，国内许多地方文物遭到破坏而处于无人管理的严重情况而制定的。主要是对外防止盗运，对内严禁破坏。它的颁布和实施，基本上杜绝了珍贵文物大量外流，以及国内严重破坏和盗掘文物的现象，为发展新中国文物、博物馆事业奠定了初步基础。

1953年，我国国民经济第一个五年计划开始实施，城市建设的发展，各项基本建设的展开都涉及文物保护问题。因此，如何适应这种新的形势，妥善地处理好文物保护与各项建设的矛盾已成为当时的突出问题。而迫切需要解决的是方针政策和干部队伍的问题。

关于方针政策问题，首先是适时地报请政务院颁发了《关于在基本建设工程中保护历史及革命文物的指示》，提出了在基建过程中要保护文物的具体要求。同时针对当时面临的新形势，考虑到主客观条件的需要与可能，在周恩来总理的关怀下，提出了"重点保护，重点发掘，既对文物保护有利，又对基本建设有利"的方针。文物局据此确定了把配合基本建设进行考古发掘作为整个文物工作的重点，进而又确定在国家经济建设发展时期，考古发掘工作必须以配合基建为主的具体工作方针。冶秋同志既是决策的参与者，又是方针的坚决执行者。他历来反对不加区别地"凡古皆保"、"全面发掘"，而是主张重点保护、重点发掘，也反对那种不愿配合基建而追求主动发掘大墓的单纯挖宝思想。建国以来考古工作取得了巨大成就，许多重点考古新发现已经为全世界所瞩目，其中百分之九十都是在各项建设过程中偶然发现的，有些主动发掘的项目，却往往毫无所获。几十年的历史说明当时制定的方针是完全正确的，对新中国文物事业的发展起了重要的作用。直到今天乃至今后一个相当长的时期里，也仍然需要继续执行这些方针。

关于干部队伍，大家知道，旧中国遗留下来的考古专业工作者屈指可数，要依靠这寥寥无几的考古专业工作者去完成当时配合基建的繁重而又紧迫的任务是不可能的。特别是任务急、时间紧，亟须在短期内培训出一批新生力量。于是文物局提出了采取短训班的办法来解决。当时在这个问题上有不同看法，发生了争论。主要是有的同志认为，考古学作为一门严谨的科学，不可能在短期内培养出适应这门学科要求的专门人材，因而对举办短训班能否成功有怀疑。是冶秋同志坚持认为只有这个办法才能适应面临的客观紧迫需要，否则无法解决这个矛盾，而必然造成损失。最后终于取得了共识，决定由文化部、中国科学院考古研究所、北京大学联合举办为期三个月的短期考古人员训练班。训练的内容着重于田野考古技术，以期使这些学员很快掌握这些技术，在工作中可以操作，以保证在配合基建工程中的发掘工作符合考古学的基本要求，至于更高深的学问只有留待以后在工作中继续学习了。从 1952 年开始连续举办了四届，共培训了 341 人。正是依靠这支新生力量，在全国范围内开始了以配合基本建设进行考古发掘为中心的全面文物保护管理工作。后来，许多训练班的学员在实践中努力工作，刻苦学习，逐步成为学有专长的专家学者，其中大都成为各地文博工作的骨干力量或者领导干部，所以有人把这四届短训班喻之为文物战线上的"黄埔四期"是很有道理的。实践证明，这批短期训练出来的队伍，在新中国文博事业的发展过程中起了历史性的重大作用。这不能不归功于冶秋同志。

1949 年，文物局刚成立，冶秋同志按分工是主管博物馆工作。因此，他在协助振铎局长确定和处理许多有关文物保护方面的重大问题的同时还着重抓了博物馆工作。首先是接管和改造旧馆。在他的领导下，顺利地接管了旧中国遗留下来的博物馆。同时对这些馆进行了改造，修改了陈列内容，整顿和充实了干部队伍，建立健全了规章制度，使这些馆发生了本质的变化，成为社会主义文化事业的组成部分。与此同时，开始了新型博物馆的建设，在北京成立中央革命博物馆筹备处，并由冶秋同志直接负责领导。1951 年又以文化部的名义发出了《关于地方博物馆的方针、任务、性质及发展方向的意见》，明确提出地方博物馆建馆方针是地方性和综合性的，从而推动了地方博物馆的建设。

1954 年，郑振铎同志调任文化部副部长，由冶秋同志接替担任文物局局长，主管全国文博事业，他的担子又重了。为了更好地了解情况，掌握全局，他经常深入基层、深入实际，到全国各个地区的重要文物点和博物馆进行调查研究，尊重专家意见，倾听群众呼声，努力做到决策的科学化和民主化。就在他担任局长之后，连续抓了一些关系到文博事业全局的大事。特别是 1956 年，在文物工作方面，为配合全国兴起的农业合作化高潮，由他主持代国务院起草了《关于在农业生产建设中保护文物的通知》，于 1956 年 4 月 2 日经国务院批准颁发。正是在这个文件中第一次提出了文物普查和建立文物保护单位的要求，这是带有根本性的非常重要的基础工作。随即又确定在山西进行文物普查试点，逐步推向全国。根据这个文件，全国各省、市、自治区都很快公布了一批文物保护单位，加强了文物保护管理工作。在博物馆方面，1956 年 5月以文化部的名义在北京召开了解放后的第一次全国博物馆工作会议。会上冶秋同志作了题为《发展博物馆事业，为科学研究服务，为广大人民群众服务》的报告，这是会议的主要报告。这次会议明确了博物馆的基本职能和方针任务，介绍了苏联的博物馆工作经验，讨论了《博物馆事业的十二年远景规划》。会后，又接着到济南召开了全国地志博物馆工作经验交流会。会议主要是参观我国第一个完成地志博物馆陈列的山东省博物馆，进行经验交流，从而进一步推动了其他地区省级博物馆的建设。

1958 年大跃进"左"的指导思想，当然也影响到文物、博物馆事业，在文物、博物馆工作中提出了一些脱离实际、急躁冒进的不适当的口号，给事业带来了不利的影响。但是就在当时"举国犹狂"的大跃进气氛中，1958 年 11 月冶秋同志在江西召开的革命纪念馆馆长会议上，却能冷静地对革命遗址、纪念建筑的调查保护和恢复工作，提出了要保护原状、环境等重要的正确原则。特别是在如何表现领袖故居和革命活动的问题上，他强调指出，"要特别注意到革命活动是在党中央集体领导下进行的，是同革命干部和广大群众血肉相连的，是同革命大事件联系在一起的"，含蓄地表达了他反对突出个人、神化领袖的观点。他的这些意见，至今还应当是革命纪念馆所必须遵循的原则。

1958 年，中央北戴河会议决定在天安门建立中国革命博物馆和中国历史博物馆，冶秋同志是建馆领导小组成员并兼任两馆筹建办公室主任。建馆期间，他暂时离开了局的工作岗位，而是把全部精力都投入到建馆任务当中去，日以继夜地忘我工作。在中央领导的关怀下，经过他和大家的共同努力，终按期完成了建馆任务。

中国历史博物馆和中国革命博物馆，以及中国人民革命军事博物馆的建立，是标志新中国博物馆事业发展进入一个新阶段的里程碑。建馆期间，许多中央领导同志对两大馆陈列的指导思想和原则，以及许多具体历史问题都提出了很重要的意见。在展品上则是集中了全国的文物精华。两大馆的陈列，既不是效法西方，也没有照搬苏联，而是从中国自己的实际出发，进行了新的探索。根据我国保存文物十分丰富的特点，以史释物，以物证史，史物结合，用博物馆的语言，形象地展现了中华民族的历史，展现了中国革命的历史。尽管现在看来有些问题还值得研究，甚至不够妥当，但历史地看，从总体上看，两大馆的陈列，从内容到形式是有创造性的，在思想性、科学性和艺术性方面都达到了一个新的水平，而且颇具中国特色，对新中国博物馆事业的发展，起到了巨大的推动作用。在我们充分肯定两大馆成就和历史作用的时候，同时也必须肯定冶秋同志在建馆过程中付出的辛劳是功不可没的。

1959 年，为了总结经验，纠正大跃进中的失误，由冶秋同志主持，首先是在总结全国十年来文物保护管理工作正反两方面经验的基础上，着手草拟《文物保护管理暂行条例》，经过近两年的时间，十易其稿，于 1961 年由国务院颁发，同时颁布了第一批一百八十处全国重点文物保护单位名单，并为此发布了《关于进一步加强文物保护和管理工作的指示》。之后，冶秋同志委托王书庄同志主持，又陆续制定了文物保护单位、考古发掘、古建维修及限制文物出口等一系列具体管理办法，报请文化部颁布，为进一步做好文物保护管理工作打下了坚实的基础。

冶秋同志因建馆期间过度操劳，在两大馆建成之后，就病倒了，经常吐血。但是冶秋同志并没有完全休息，而是带病坚持工作，并且着重抓了贯彻中央提出的"调整、巩固、充实、提高"的八字方针。1962年他组织全局业务骨干进行务虚，经过反复讨论研究，最后形成了《关于博物馆和文物工作的几点意见》，即通常简称的文博工作十一条。十一条对文博工作的各项业务都提出了明确的原则和具体的要求，纠正了1958年大跃进中"左"的失误，使文博工作逐步恢复了正常的工作秩序。可是正当文博工作努力贯彻《文物保护管理暂行条例》和文博工作十一条初见成效，建立了严格的规章制度，加强了基础工作，逐步走上了计划管理、健康发展轨道的时候，史无前例的"文化大革命"开始了，从而导致文博事业在十年动乱中遭到严重破坏。

"文化大革命"是一个特殊的历史年代，在这个年代里，每个人都经历了各自不同的遭遇，也经受了各自不同的考验。冶秋同志正是在这场急风暴雨的斗争考验中，表现了一个老共产党员的本色。他不畏强暴，坚持原则，在他的工作范围内，从各个方面对"四人帮"的倒行逆施进行了抵制和斗争。

"文化大革命"一开始，冶秋同志就遭迫害被关进牛棚。在被"审查"期间，他坚持实事求是，逐一驳斥了强加给他的一切诬陷不实之词，因而被工、军宣队内定为"死不改悔的走资派"。直到1970年周总理点名把他从咸宁干校调回北京才又重新主持工作。他恢复工作以后，在周总理的关怀和直接领导下，抓了故宫开放，"无产阶级文化大革命期间出土文物展览"，出土文物出国展览，《文物》、《考古》、《考古学报》三大刊物的复刊（这是请郭老写的报告由周总理批准的），马王堆汉墓发掘等几件大事，以及后来他自己直接抓的银雀山竹简、马王堆帛书和吐鲁番文书整理出版，使在"文化大革命"中被破坏的文博工作逐步得到恢复，在短短几年内又取得了可喜的成绩，在国内外产生了很大影响。

在"文化大革命"期间，冶秋同志对"四人帮"的抵制和斗争是坚决的。在方针问题和干部问题上，早在1971年当他刚刚恢复工作的时候，就在一次会议上明确提出"文物工作十七年是红线不是黑线"。以后在不同的场合又反复讲了他的这个观点，影响很大，对广大文物工作者是个鼓舞，却刺痛了"四人帮"一伙。1974年4月，上海《文汇报》出现了不点名批判冶秋的文章，说他的观点是"黑线"回潮，复辟逆流。之后在批林批孔的高潮中，文化组又突然派调查组来文物局，撇开党委直下基层搜集材料，并宣称马上接管文物局。当时大家非常紧张，也不知道是什么背景。直到粉碎"四人帮"之后，在文化部查到上海徐景贤给于会泳的一封绝密信件，就是为"红线"问题要于会泳就近进行调查了解，采取措施整冶秋同志，才知道文化组要接管文物局的原因。幸而当时中央很快就决定文物局直属国务院不再划归文化组，使他们要整冶秋同志的计划未能实现。

在"文化大革命"期间，许多干部群众遭到"四人帮"的打击和迫害，特别是文化系统被诬为"三旧"之一，许多人被打成"黑线人物"、"黑干将"、"黑爪牙"。1969年以后北京文化系统的干部绝大多数被下放"五七"干校劳动。当时江青公然宣称不但对"旧人员"，就连原文化部大楼和家具也统统不能再用。冶秋同志恢复工作以后，首先是利用总理交办筹备出土文物出国展览的机会，在为国务院起草向各地调文物参加去英、法展览的文件中，最后加了一条，要求各地凡是文博业务干部，即使"有问题"，也都要归队重新工作，从而使地方大批文博业务干部较早地重返工作岗位。接着他又把下放到"五七"干校的文物系统干部陆续全部调回北京，恢复工作，有的虽然没有回到原来单位也都安排在文物系统其他部门工作。这在当时整个国家机关中是很少见的。特别是冶秋同志还从"五七"干校抽调了一批文化系统其他部门的干部到文物系统来工作，其中大都是很有才干而又被"四人帮"视为不能用的干部。这些干部当时有的作为"5·16"分子还在受审查，有的共产党员还没有恢复党的组织生活就被调回北京。冶秋同志在一次干部大会上公开宣称说抓"5·16"是"瞎胡闹，是搞派性"。因而在"五七"干校引起了很大震动。冶秋同志这样"大胆"的做法在社会上也引起了反响。一时社会上有不少人都把文物系统视为干部的"避风港"，很多老同志表示要到文物系统来。有些在公安、教育部门受"四人帮"迫害的干部也陆续调到文物系统工作。这些初到文物系统的"新"干部，后来有的在二十几年的工作实践中锻炼成长，已成为现在文物系统各部门的领导骨干。也有很大一部分干部在粉碎"四人帮"以后又先后返回他原来的工作部门，大都成为那里的领导，有的已经成为部一级干部。在粉碎"四人帮"以后恢复的文化部各司局，有不少司局干部是从文物系统中输送过去的。因此，在"文化大革命"期间，冶秋同志排除了"四人帮"的破坏和干扰，坚持了党的干部政策，不仅保持了文物系统干部队伍的稳定，而且还为其他系统保护和保存了一大批干部，这在当时历史条件下是非常难能可贵的。至今在偶然的场合，这些分散在各部门的同志重聚在一起，谈到这一段往事的时候，都充满了对冶秋同志由衷的敬佩和怀念之情。

粉碎"四人帮"后，他带病坚持工作，积极从多方面在文博战线上进行拨乱反正，努力消除十年动乱对文博工作造成的严重后果。1977年8月在大庆召开了全国文物、博物馆、图书馆工作座谈会，他在报告中从政治上清算了林彪、"四人帮"对文博工作的破坏，提出了恢复各项业务工作的具体意见。他在报告中特别强调建国以来不但文博工作不是黑线，文艺和其他工作也统统不是黑线。当时三中全会还没开，"两个凡是"的影响还在，我们生怕他的话会惹麻烦，悄悄把"文艺和其他工作统统不是黑线"这句话从录音带上洗掉了。现在看来，我们担心是多余的。就在大庆会议之后，他向我提出了要赶快制定《文物保护法》的问题，并且要我立即着手起草。大家都知道《文物保护法》是1982年公布的，却不了解最早提出要制定文物保护法的是冶秋同志，而且最初的几稿还是经过他和华应申同志审定的。

党的十一届三中全会以后，各条战线都出现大好形势。冶秋同志在这种大好的形势下本来可以为新中国文博事业作出更大贡献，但他已重病在身了。更令人痛心的是，一个时期，社会上许多流言飞语，对他恶语中伤，把一个对"四人帮"进行坚决斗争的同志，反诬为是"四人帮"线上的人，甚至把文物局说成是"四人帮"控制的单位。指责冶秋的主要"罪状"是在"文化大革命"期间为康生搞了几百件文物，这真是天方夜谭。事实是，此事与冶秋同志毫不相干，与文物局也毫不相干。康生在"文化大革命"中搞了很多文物的时间是1968年至1970年，拿文物的地点是北京市文物图书清理小组，文物来源是文物工作者夜以继日付出辛勤劳动从造纸厂、炼钢厂和街道查抄物资中抢救出来的。当时，冶秋同志还关在牛棚，文物局机关已被"砸烂"。冶秋同志从1966年"文化大革命"开始到1970年从咸宁调回北京的这段时间里根本没有见过康生的面，又怎么可能给康生搞文物呢？冶秋同志不但在"文化大革命"期间没有给康生送文物，而且他和郑振铎同志早在建国初期就共同提出：文物工作人员一律不得自己收购、收藏文物，并且始终身体力行。他主管文物工作长达三十年，从没有为自己收集过一件文物，真正做到了"久在河边站，就是不湿鞋"。他的这种精神，也影响了当时文物局的所有同志，都能做到不收购、不收藏文物，形成了文物局的一个优良传统。遗憾的是这个传统在最近几年已经被搞乱了。

"江青请王冶秋吃过螃蟹"，这是对冶秋同志罗列的又一条罪状。这是事实。不错，1973年菲律宾的马科斯夫人访华，冶秋同志应约出席了江青为招待她举办的文艺晚会。晚会结束后，江青留冶秋同志和当时文化组的一些人一起吃螃蟹。记得冶秋同志事后和我们谈及此事，对江青和文化组一些人非常反感。特别是当他提到江青为了一件小事当众要刘庆棠自己打屁股的事时说："这些人实在太无聊了。"过去冶秋同志和江青素无交往，为什么江青要请冶秋吃螃蟹？连冶秋同志自己也不清楚。但他并未因此而"受宠若惊"，靠拢"四人帮"，而是始终和他们保持着距离。最能说明问题的是，在此之后，1974年底为迎接四届人大的召开，文物局在历史博物馆筹备举办一个《各省、市、自治区所发现文物汇报展览》。在展览中有两处与江青有关：一是汉印"皇后之玺"，当时曾被误会为吕后之印，颇受江青重视；二是西沙一组文物陈列柜中展有江青一封慰问电报。冶秋同志在审查展览预展时看到后，立即对负责这次展览工作的沈竹同志说："我们的展览不要摆有关江青的东西，一定要撤掉后再正式展出。"当时使沈竹同志很为难，如果照他的原话传达，说不定马上给冶秋同志招来横祸。如不照办，冶秋同志又说得那么斩钉截铁。最后还是同杨振亚馆长等少数同志一起商量后，才以"皇后之玺"非发掘品，科学性不强；江青电报是内部文件不宜公开，以免泄密为理由都撤掉了。

江青请冶秋吃螃蟹于前，冶秋撤掉有关江青展品于后，说明冶秋同志对"四人帮"的政治立场是何等坚定，态度是何等鲜明！不管是"给康生搞文物"，还是"江青请吃螃蟹"，都是发生在北京，而且是近几年内的事情，这本来很容易搞清楚，只要稍作一点调查，就会真相大白。但一时间人云亦云，以讹传讹，搞得满城风雨，影响到全国。特别是那时正是大量平反冤假错案的时候，却又对冶秋这样一位好同志制造了一起新的冤假错案。它说明一切问题都必须严格实事求是，不管是谁，只要离开了这个原则，把想象当成事实，用感情代替政策，就一定会把事搞错。其结果是，正当自己痛斥别人伤害了自己的时候，偏偏自己又正在伤害别人。这是很值得人们深思的。冶秋同志的问题，最后还是小平、耀邦同志的干预才得到澄清平反，而冶秋同志已是病重卧床，不能活动了。

冶秋同志的一生，是不屈不挠为自己理想而奋斗的一生，无论是在地下工作时期，还是在社会主义建设的年代，都一直是奋不顾身，兢兢业业地工作。他对自己理想和事业的忠诚，经历了六十多年的风风雨雨，始终不渝。新中国文博事业发展的每个历史时期，从法令、法规和方针、政策的制定到规划、计划、组织实施，无不浸透着冶秋同志的心血。直到他病重期间，说话都已困难，每逢同志们去看望他谈到文博工作情况的时候，他总是热泪盈眶，念念不忘文博事业的发展，直到生命最后的一息。他不愧是新中国文物、博物馆事业的主要开拓者和奠基人。

冶秋同志虽然离开了我们，但他的那种对理想、对事业无限忠诚的革命精神，对工作认真负责、一丝不苟的工作作风，以及刚直不阿、廉洁奉公、严于律己的高尚品德，都是永远鼓舞和鞭策我们前进的精神力量。

今年是冶秋同志八十五周年诞辰，国家文物局决定出版《回忆王冶秋》专集来纪念他。这也是文物界许多和冶秋熟悉的同志的共同心愿。纪念冶秋同志，不能只停留在口头或文字上，而是要在行动上、实践中，学习他那种坚持原则不随风倒；办实事不尚空谈；认真负责，不搞花架子；言行一致，不要两面派的好作风，特别是那种不谋私利、一心为公的献身精神。不久前，我刚刚住院进行了膀胱癌的手术治疗。古稀之年，患此绝症，来日毕竟不多了。但是只要有三寸气在，我仍将以冶秋同志为榜样，不屈服于来自任何方面的压力和影响，在生命有限的时间里，继续为坚持党和国家正确的文物工作方针而斗争，为保护祖国文物而斗争，以自己的实际行动纪念冶秋同志，"鞠躬尽瘁，死而后已"。

（原载《回忆王冶秋》，文物出版社，1997 年）

纪念西谛先生诞辰一百周年[*]

今年是西谛先生诞辰一百周年，逝世四十周年。国家文物局决定由局党史资料办公室负责编辑出版《郑振铎文博文集》以资纪念。编辑工作由叶淑穗同志负责，并嘱我参与其事。事实上，我只是出出主意，提供一些线索，大量的资料搜集、整理、编选工作是叶淑穗同志完成的。从 1997 年 10 月开始，经过叶淑穗同志五个多月的辛勤努力，不仅在各种书刊中收集了不少西谛先生有关文博方面的文章，而且还从文化部档案室和北京图书馆西谛先生手稿中收集了很多从未发表过的讲话、文稿和信件。时间从 20 世纪 20 年代开始直到他遇难前夕写的最后一篇遗作《〈古本戏曲丛刊四集〉序》，共选出八十篇，约四十五万字。我有幸先睹为快，通读一遍。在通读过程中，西谛先生的音容笑貌不时浮现在我的眼前，尤其是读到他叙述一些有重大学术价值的文物时，仿佛又听到他经常说的"不得了"、"好极了"的激动赞叹声！读完这部稿子，使我深深感到西谛先生不仅是杰出的作家和学者，而且还是一个具有远见卓识和开拓精神的事业家。这本文集的出版，将有助于人们更加具体深刻地了解西谛先生对祖国文物保护和研究作出的重大贡献。

西谛先生早在 20 世纪 20 年代就开始注意和重视研究文物和现代考古学。1927 年"四·一二"政变后的第三天西谛先生与胡愈之、周予同等人联名给吴稚晖等国民党要人写信强烈抗议，要求严惩凶手。为免遭迫害，于 5 月乘船避难去欧洲英、法、意等国。在此期间，他注意考察了各国的著

---

[*] 本文为《郑振铎文博文集》前言。

名博物馆，并在各大图书馆博览群书。1928 年 2 月在伦敦撰写了《近百年古城、古墓发掘史》，1930 年由商务印书馆出版。这是最早向中国学术界全面介绍埃及、巴比伦、亚述和特洛伊、迈锡尼、克里特等地田野考古发掘的著述。他在为这本书写的题为《古迹的发现与影响》的序言中，明确地把 19 世纪中叶之前以攫取珍宝为目的对古城、古墓进行滥肆发掘与 19 世纪中叶以后现代考古学进行科学的田野考古发掘，严格地区别开来，严肃地谴责了那些"或劫、或掠、且骗、且偷"的"挖宝"行为。他认为这种单纯"挖宝"行为，使我们看来为无价之宝的东西，"不知被毁弃了多少！""这是考古学上的一个大劫"。这篇序言的观点说明西谛先生对文物的认识一开始就打破了传统的古董观念，而是把文物作为历史的见证，科学的实物史料，用以纠正和补充历史文献记载的讹误和不足。他在序言中说："对于古代的遗物，自一钉一瓦以至于残碎的小偶像，都是十分宝贵的。""有时一片碎陶器所叙述出来的古代生活和艺术，反而较之王宫、王墓为更重要"。在七十年前能对文物的价值和作用有如此精辟的见解，是十分可贵的。在他这种全面深刻理解文物价值的基础上而形成的文物意识，一直影响到以后他学术活动的各个方面。1932 年他出版了一时脍炙人口的《插图本中国文学史》，30 年代与鲁迅合作辑印《北平笺谱》、重刊《十竹斋笺谱》可以说都是这种意识的反映。1940 年至 1947 年，他以其三十多年收集所得资料，陆续编印了《中国版画史图录》五辑二十册，是集中国版画之大成的巨著。在这里，他高度评价中国版画在世界版画发展史上的领先地位，充分肯定了版画作为研究古代"生活实相"和"社会变迁"的生动史料价值。与此同时，1946 年他又筹资组成"中国历史参考图谱刊行会"。从1947 年开始主要依靠他自己一个人动手，从各个方面收集资料，陆续编纂出版了内容空前丰富，收集有各类图片三千余幅的中国第一部大型《中国历史参考图谱》二十四辑。在编纂过程中得到了李济之、郭宝钧、夏鼐、曾昭燏等人的大力支持，为他提供了不少从未发表过的珍贵出土文物照片。他在图谱序言中说明，发愿纂辑此书的目的是"俾人人皆能置此一篇，而亲炙于古人之实际生活"。正是由于西谛先生充分认识到文物作为真实、形象生动的历史信息载体对于历史研究的重要性，因而才重视把文献与文物结合起来研究历史，说明历史。这对学术研究工作是有开创性意义的。

西谛先生以极大的爱国热忱，致力于保护祖国文物。早在抗日战争时期，他留在孤岛上海，除继续从事写作和其他文化活动外，用了很大一部分时间和精力，废寝忘食，不顾生命安危，千方百计地为国家抢救了大量珍贵善本古籍。最早是 1938 年他几经曲折为国家抢购了已经沉没了三百年的《脉望馆抄校本古今杂剧》。在他得悉这一重大发现消息的那一天，激动得彻夜未眠，用他自己的话说："这兴奋，几与克复一座名城无殊！"[1] 当时，由于兵燹离乱，许多著名的藏书家旧藏陆续流入书市，一时上海、北平的书贾非常活跃。在此期间，美国的哈佛燕京学社、敌伪的华北交通公司以及汉奸陈群、梁鸿志等纷纷进行抢购。西谛先生目睹这些珍贵善本，或为敌伪所得，或将流往国外，感到极为忧虑。于是与当时留在上海的张元济（菊生）、张寿镛（泳霓）、何炳松（柏丞）、张凤举等人联名电请重庆政府考虑进行抢救，不久即得陈立夫、朱家骅电复同意，并派中央图书馆馆长蒋复璁（慰堂）秘密到上海协商具体进行办法。当即商定由他们五人组成"文献保存同志会"，由西谛先生亲自草拟了办事细则七条，并决定动用中英庚款董事会原为中央图书馆建馆的存款用来购书。当时工作环境相当艰苦，但他们下决心克服一切困难，全力以赴。1940 年 3 月西谛先生致张泳霓的一封信中说："我辈对于国家及民族文化均负重责，只要鞠躬尽瘁，忠贞坚苦到底自不致有人疵议。""其中甘苦诚是'冷暖自知'。虽为时不久，而麻烦已极多"。"然实甘之如饴！盖本为我辈应尽之责也"。从 1940 年 1 月至 1942 年太平洋战争发生之日止，共两年的时间，他们为国家抢购了善本古籍三千八百多种，其中宋元刊本三百余种，已接近于北平图书馆馆藏善本的总数。按当时北图编印的善本书目所载馆藏共计三千九百种。在这两年中，西谛先生几乎对其他事情都不加闻问，而是把全部精力投入了对善本古籍的抢救，而且时刻要与张泳霓、张菊生等其他几位先生协商，往来信札达数百通之多。这次选择了一小部分收入文集，这

---

[1] 见《脉望馆抄校本古今杂剧》跋。

些信札是一份很珍贵的史料，是几位忠贞的爱国志士在敌伪的环伺下，历尽艰辛抢救祖国文化遗产的记录。1940 年底重庆派故宫博物院古物馆馆长徐鸿宝（森玉）到上海协助鉴定古籍收购工作，他目睹这时的工作情况，曾致函中央图书馆馆长蒋复璁（慰堂）说西谛等人"心专志一，手足胼胝，日无暇暑，确为人所不能，且操守坚正，一丝不苟，凡车船及联络等费，从未动用公款一钱"①。虽只寥寥数语，却是西谛等人为国家、为民族忘我工作，廉洁奉公的真实写照。这次抢购的善本古籍，除其中有八十余种宋元善本当时即由徐森玉携带经香港送往重庆外，还有三千余种陆续运到香港，在太平洋战争发生后被日寇全部劫往日本。抗战胜利后，几经交涉才于 1947 年由王世襄先生押运回国。船到上海时，是西谛先生指定由孙家晋同志和我，还有一位中央图书馆的潘先生到码头迎接的。这批书在解放前夕被悉数运往台湾。还剩余的几百种则始终集中保存在上海爱文义路觉园的法宝馆，由西谛先生委托孙家晋同志等负责保管，迟迟未向南京移交，一直拖延到上海解放。于1950 年交由董必武同志率领的中央工作团华东分团接收，使这批珍贵图书得以保存下来。

抗战胜利后，西谛先生除积极参加民主运动外，还十分关注着祖国文物的命运。1946 年他参加了上海区清点接收封存文物委员会，参与点收了陈群、伪上海大学法学院、台湾银行、日人高木等处敌伪藏书。并于 1946 年 1 月发表了《敌伪的文物哪里去了》的文章。他在文章中高度评价祖国文物"不仅是中国先民们最崇高的成就，也是整个人类的光荣与喜悦所寄托。它的失去，绝对不能以金钱来估值，也绝对不能以金钱来赔偿"，严肃地揭露和谴责了当时国民党接收部门侵吞逆产中的文物。他列举了其中许多已知的极为重要的文物名单，追问"这些东西都到哪里去了？"强烈呼吁当局采取措施，集中收回这些散失的文物。

1947 年，他又痛感当时有很多珍贵文物通过上海流出国外的现实，发表了《保存古物刍议》一文，猛烈抨击了近百年来中国文物被大量

① 原件现存台北中央图书馆。

掠夺盗运出境的现象，提出了保护文物的原则。他在文章中，认为那些把重要文物私运出国的人"简直是卖国行为，而应该处以叛逆的罪名"，"其行为可恶，可恨，其居心更可诛！""我们应以全力来打击那些盗卖古物的不肖子孙们！"他还有力地驳斥了当时有人主张"把不切实用的古物、古书去换些有用的外汇"的观点。他说："这种盲目无知的议论，连常识也没有的说话，也许足以耸动同样的盲目无知的人们。但稍稍懂得人类发展的历程的人，便会立刻斥责其荒谬的。"重温西谛先生这篇文章感到分外亲切，一个时期以来，不是也有人鼓吹要把卖文物作为文物工作"改革"开放的突破口吗？不是也有人主张把博物馆藏品投放文物拍卖市场吗？相隔数十年，争论的观点，何其相似乃尔！看来，今天重新发表这篇文章，还是很有现实意义的。

面对当时文物外流的现实，西谛先生除了写文章大声疾呼以外，他还多方筹款，大量购买了从北方运到上海的古代陶俑，以尽量减少其流往国外的损失。在此期间，适逢张葱玉韫辉斋所藏名画不幸为人捆载出国，他为此深感痛心，因就商于葱玉，决定出版《韫辉斋所藏唐宋以来名画集》。同时使他联想到流散海外还有更多的名画，于是又决定把域外所藏的中国古画搜集起来印刷出版，作为过去祖国文物被掠夺、被盗卖的历史记录。先是出版了《西域画》三辑，以揭露帝国主义者在我国西陲恣意掠夺我们伟大艺术杰作的真实面目。之后，又用了一年半的时间，出版了《域外所藏中国古画集》二十四辑。他出版这些图集的目的，并不是单纯供人们观赏，而是用来说明祖国文物大量外流，"楚人之弓未为楚得"的痛心事实，以激发国人保护民族文化遗产的爱国热情。

1949 年中华人民共和国成立，西谛先生出任了共和国第一任文物局局长，王冶秋为副局长，成为新中国文物、博物馆事业的主要开拓者和奠基人。在他就任局长职务后不久，即上书周恩来总理将他在上海重金收购的几百件古代陶俑全部捐献国家，并与王冶秋同志共同倡议，从事文物工作人员，都不要购买和收藏文物，从此，形成了文物系统工作人员的一个传统，1997 年被列为国家文物局颁发的《中国文物、博物馆工作者职业道德准则》的内容之一。

当时，西谛先生社会活动很多，还有不少兼职，除了担任全国政协文教组组长，又先后被任命兼任中国科学院考古研究所和文学研究所所长。因此，在文物局他主要是参与确定大政方针、人事安排和处理重大问题，由冶秋同志负责主持处理日常的具体事务。但是对方针、政策等带全局性的问题以及一些重大的业务性工作，则往往事必躬亲，而且还一抓到底。1949年，我到文物局工作后接受的第一个任务就是西谛先生要我起草保护文物的法规。当时我对这方面的情况一无所知，是西谛先生在向我交代任务的同时，就把他事先已经收集准备好的民国时期国民政府颁布的文物法规和一些国外的文物法规材料交给我作为参考，并且明确交代先搞禁止文物出口、考古调查和发掘等几个单项的法规性文件。同时对文件内容和重点又逐一作了指示。如果不是他为我提供参考资料，如果不是他的具体指点，我是写不出来初稿的。以后又在冶秋和裴文中同志的具体指导下经过几次修改，才完成任务。最后经西谛先生审定于1950年报请中央人民政府政务院发出了"为颁发《禁止珍贵文物图书出口暂行办法》的命令"，"规定古迹、珍贵文物、图书及稀有生物保护办法并颁发《古文化遗址及古墓葬之调查发掘暂行办法》的命令"、《关于征集革命文物的命令》和《关于保护古文物建筑的指示》等中华人民共和国第一批保护文物的法令、指示和办法，为新中国的文物保护管理作出了积极的贡献。这不能不首先归功于西谛先生。

1953年我国国民经济第一个五年计划开始实施，大规模的基本建设工程在全国各地广泛开展起来。由于古代人民劳动生息的地方，其自然环境等各方面的条件，也往往适宜于今天来搞建设。因此，在城市建设和改造，以及各项基本建设工程中必然要涉及地上、地下的文物保护问题。西谛先生和冶秋同志都充分认识到这一必然规律性，预见到文物保护与各项建设可能发生的矛盾，适时地报请政务院颁发了《关于在基本建设工程中保护历史文物和革命文物的指示》，提出了在各项基本建设过程中保护文物的具体要求和措施。这个文件的初稿就是西谛先生亲自起草的。说明他对工作中的重大问题，不但亲自参与，而且还亲自动手。在我们查阅档案过程中就发现了不少公文初稿是西谛先生亲自起草，然后"会"有关处室。这充分表现了一个具有很高文化素养的学者风度，也反映了西谛先生对工作高度认真负责的精神。这种优良作风，对于一个国家机关的第一把手来说是非常难能可贵的。这与有的人把重要文件、讲话也通通推给别人起草，自己只是画圈、签字，不修、不改，照本宣读的官僚主义作风，恰恰形成了鲜明的对照！

西谛先生对工作历来是极端负责和雷厉风行的。就在报请政务院颁发文件的同时，当即与冶秋同志商定把配合基本建设进行考古发掘工作作为当时整个文物工作的中心任务。为了取得各个方面对这一工作的支持，他主动地到基建部门为工程技术人员作《基本建设工程中保护地下文物的意义与作用》的报告。还通过科普协会举办讲座，亲自讲课，宣传党和政府的文物保护政策，普及文物知识。从 1953 年到 1954 年的一年时间里，他在各个不同场合关于这一内容的讲演，以及见诸报端、公开发表的文章就达五六篇之多。因为具体内容有重复，这次文集只收入了三篇。正是由于西谛先生和冶秋同志的高瞻远瞩，从战略高度确定了整个文物工作的重点和方向。因而仅在短短的一年时间里，就在实践中取得了十分显著的成果，1954 年举办的《全国基本建设工程中出土文物展览》正是这一成果的反映。这个展览当时在史学界引起了震动，在社会上引起了强烈的反响，大多数中央领导同志都参观了这个展览，毛主席曾两次到展览会上来参观。这一成功的实践，得到了周恩来总理的支持和肯定，在他的关怀下，进一步确定了"重点保护，重点发掘，既对基本建设有利，又对文物保护有利的方针"。也就是通常说的"两重两利"方针。几十年来的实践，继续证明这个方针是完全正确的。我国的考古工作近几十年取得的举世瞩目的巨大成就，正是执行这一正确方针的结果。当我们满怀信心地面向 21 世纪，准备迎接中国考古黄金时代到来的时候，必然要回忆起当年正确决策给我们奠定的基础，而深深地怀念我们事业的主要开拓者和奠基人西谛先生和冶秋同志。

西谛先生在文物局刚刚成立的时候，一方面抓了确定方针政策，制定法令、法规；另一方面还特别着重抓了机关重要人事安排和整个事业的队伍建设。当时文物局各业务处室的负责人和主要业务干部，几乎都是由他推荐安排的，而且一个突出的特点就是所有业务处的正、副处长都是学有专长的专家，甚至是在国际上也很有声誉的知名学者，如博物馆处处长裴文中、副处长王振铎等。本来他还安排徐森玉或夏鼐任文物处长，向达任图书馆处处长，但迟迟没有到任，因而只任命了著名书画鉴定专家张珩和图书馆学专家万斯年分别担任文物处和图书馆处副处长。罗福颐、徐邦达、傅忠谟、罗哲文以及后来的顾铁符、马耕渔等都是文物处的业务秘书。文物局是主管全国文博事业的一个专业性很强的政府职能部门，起用了这样一批具有相当专业水平的业务骨干，对于推动事业的发展无疑起了重要的作用。当时在全国范围内，文物工作队伍十分薄弱，尤其是专业人员更是屈指可数，远远不能适应形势发展的客观需要，特别是为配合大规模基本建设而进行的考古发掘工作最迫切需要解决的专业干部问题。为此，西谛先生和冶秋同志果断地排除各种不同意见，决定提请文化部、中国科学院和北京大学联合先后举办了四届考古人员训练班，共培训了341人，及时分配到全国各地参加配合基本建设的抢救性考古发掘工作。同时，他还推动北京大学创办了历史系考古专业，从而促进了文物考古工作新生力量的成长，扩大了文物考古队伍。就是依靠这支队伍，在以后短短的几年里就取得了令人瞩目的显著成绩。

建国初期，西谛先生还和冶秋同志一起组织了对解放后接管的博物馆改造工作，明确了以马克思主义为指导，把博物馆作为进行爱国主义教育和历史唯物主义教育的宣传教育阵地。在这个指导思想下，他重点抓了对故宫博物院陈列的改革，筹建了绘画馆、陶瓷馆等专馆，使故宫陈列发生了根本性的变化。这次文集收入的《故宫博物院改革问题报告》就是他亲自起草的。

1956年西谛先生主持召开了第一次"全国博物馆工作会议"，确定了中国博物馆事业的性质、方针、任务和发展方向。会议之后，在全国各地相继建立了以全面反映地方自然环境、历史发展和社会主义建设为内容的综合性省级博物馆，为中国博物馆事业的发展奠定了基础。同年，他还主持召开了第一次"全国考古工作会议"，在会上作了题为《考古事业的成就和今后努力方向》的报告，并作为国务院科学规划委员会考古组组长，与尹达、夏鼐共同主持制订了《考古学研究工作十二年远景规划》。

在此期间，为充实丰富各大博物馆的馆藏，西谛先生在文物局专门成立了文物收购小组，面向社会，开展了大量的文物征集工作。以故宫博物院绘画馆为例，故宫旧藏绘画精华，绝大部分已于解放前夕运往台湾。在绘画馆开馆时其中很大一部分展品都是解放后接收捐献、地方上调或由文物局收购后拨交故宫博物院的。

长期以来西谛先生对祖国文物大量外流，极感痛心，如何使这些流失海外的文物重新回归祖国怀抱，是他多年的心愿，但在解放前是根本无法实现的。1949 年他担任文物局局长以后不久就开始考虑如何实现他的这个愿望。1950 年 10 月他参加中国文化代表团赴印度、缅甸访问，途经香港得悉郭昭俊所藏"二希"：王献之《中秋帖》、王珣《伯远帖》，因在银行抵押期满，无力赎回，准备出售。他当即嘱徐伯郊先生急告上海徐森玉转请文物局迅速设法抢先收购。此事很快得到周总理的批准，并派王冶秋同志偕同徐森玉、马衡兼程南下洽购，终以四十八万港元购回拨交故宫博物院入藏。当时他还在国外访问，后在仰光接伯郊详函告知经过，非常高兴，并且说"凡是'国宝'，我们都是要争取的"。1952 年 1 月回国后，他立即着手筹划搞一个通盘计划报请批准后实施，并决定在香港设立一个有徐伯郊参加的收购小组。从"二希"回归之后，又陆续收购了许多珍贵文物，如唐韩滉《五牛图》、五代董源《潇湘图》、顾闳中《韩熙载夜宴图》、宋徽宗赵佶《祥龙石图》、马远《踏歌图》、李唐《采薇图》、赵孟頫《三竹图》、吴镇《渔父图》以及一大批珍贵的善本图书，都是堪称国宝的稀世珍品。其中陈澄中藏书是当时收购的重点。陈与北方周叔弢都是著名的藏书家，曾被人称为"南陈北周"。从 1952 年开始就由徐伯郊出面交涉，直到 1955 年才成功地收购了包括著名的南宋世綵堂的《昌黎先生集》、《河东先生集》以及许多宋元善本、明抄黄跋等，都是陈氏藏书的精华。所以西谛致函张菊生说:"从此,善本图书的搜集工作,除了存于台湾及美国者外,可以告一段落了。"这些回归的国宝都分别拨交故宫博物院和北京图书馆,极大地丰富了他们的馆藏。大家都知道从境外收购国宝都是经周恩来总理批准的,但是我们也不要忘记自始至终具体筹划和操作的是西谛先生。同时,我们也不能忘记徐伯郊先生在这方面所作的努力是功不可没的。

文物局在解放初期主管的业务,除文物、博物馆事业外还有图书馆。西谛先生历来对图书馆十分重视。早在 1946 年他就写了"上海应该有一个国立图书馆"的文章,呼吁在上海建一个国立图书馆以满足广大读者和专家学者们的需求。他引用了马寅初的一句很生动形象的话说:"只有吐出来的,没有吃进去的,无论如何是不行的。"解放后,他担任文物局局长,对图书馆事业更为关注。他提出图书馆要采取各种形式,最大限度地为读者服务。他建议成立"参考咨询部"或者"顾问部",要经常举行展览会、座谈会。他强调不仅要到图书馆来看书,而且还应当"送到工厂、农村和部队的大门上去,送到每一个城乡的角隅,送到每个没图书馆、图书室的地方去,供给广大人民阅读"。他还亲自组织专家,主持召开了图书分类法的座谈会,并产生了委员会和研究小组,提出了制订新的图书分类法的任务,并且亲自为《图书分类法问题研究资料》撰写前言。所有这些都对于建国初期图书馆事业的发展起了重要的作用。

西谛先生还十分重视文物的宣传和出版工作,并且注意普及与提高相结合。今天《文物》月刊前身《文物参考资料》,就是在他的倡议下,早在 1950 年 1 月由文物局资料室创办的。他还非常注意运用展览的形式作为充分发挥文物作用和反映工作成果的宣传手段。1950 年到1951 年由他亲自主持,在午门城楼上连续举办了《伟大祖国艺术展览》、《伟大祖国建筑展览》、《敦煌展览》和《抗美援朝展览》等许多展览,对于当时向广大人民群众进行爱国主义教育发挥了积极的作用。20 世纪 50 年代初期在文物局办公的地方——团城,经常举办各种内容的小型文物展览,有时一件重器就举办一次展览,例如 1950 年 3 月 3

日为表彰刘肃曾捐献虢季子白盘，就在团城承光殿举办了虢季子白盘特展。董必武、郭沫若、沈雁冰、马叙伦等都到团城参观了展览。当时，这种小型展览已经成为文物局向领导、向群众汇报工作的一种特殊方式。至于要全面系统反映全局的工作成果，则往往在故宫或历史博物馆举办大型的文物展览。1954年的《全国基本建设工程中出土文物展览》和1955年《五省出土文物展览》所展出的文物，都是当时配合基本建设工程进行考古发掘工作的最新成果。这些重要展览结束后，都是由西谛先生亲自主持编辑大型文物图录精印出版。为了保证文物出版物的印刷质量，早在1952年他就考虑要把上海的两家制版印刷所迁京。这件事是西谛先生通过上海出版公司总经理刘哲民先生洽办的。当时，上海有一家专做铜版的开文制版所，实际上主要是著名制版专家鹿文波的一家人。鹿文波曾在日本学习制版技术。他的子女制版技术是他亲自精心培育的，技艺水平都很高。另外有两家珂罗版印刷所。一是戴圣保的申记，二是胡颂高的安定，这是上海硕果仅存的两家珂罗版印刷所。西谛先生打算把他们全部迁京。为此事我曾分别陪同吴仲超、张鸿杰同志三次到上海与他们具体洽谈条件，最后还是冶秋同志决定安定印刷所继续留在上海，后并入上海印刷研究所。鹿文波的开文制版所和戴圣保的申记印刷所则全部迁京，作为故宫博物院的印刷所。迁京的条件是两个所的彩色铜版和珂罗版印刷设备全部由国家作价收购运京，所有的技工十余人一律携眷北来，并且事先都为他们安排了宿舍。特别是对鹿文波许以高于一般干部若干倍的高薪，其他技工的工资也比当时一般干部和工人高得多。在当时的历史条件下，如果不是西谛先生恐怕是很难办到的。

　　1957年，在西谛先生倡议下，成立了全国唯一的专门出版文物考古书刊的文物出版社，并在故宫印刷所的基础上建立了文物印刷厂。鹿文波的精湛技艺为提高文物出版社出版图书的印刷质量发挥了十分重要的作用。由鹿文波制版的《故宫博物院藏陶瓷选集》、《故宫博物院藏花鸟画选》等，其印刷质量已完全达到了当时的国际先进水平，在国内外都得到了好评，也为文物出版社赢得了良好的声誉。"文化大革命"

期间，一度曾决定撤销文物出版社并入人民美术出版社，就是因为总理看见了文物出版社出版的这几本高质量图录，才又决定恢复文物出版社，并且还亲自批示要进口新的印刷设备充实文物印刷厂。这说明当年西谛先生下决心重金请鹿文波进京的决定是何等正确！

建国后，西谛先生主管文物、博物馆事业不过短短的十年，在这个短暂的时间里，他从方针政策、指导思想、队伍建设、业务建设以及宣传出版等各个方面，都为新中国文物、博物馆事业的创建和发展，作出了重大的贡献。特别是他基于对祖国文物的价值和作用的深刻理解，基于对自己伟大祖国的热爱而形成的文物保护的指导思想，体现了文物保护工作自身发展的客观规律，已经成为我们制定方针政策的理论依据之一。这也是西谛先生为我们文物工作者留下的宝贵的精神财富。

西谛先生一生光明磊落，爱憎分明，刚直不阿，实事求是。他对人、对事、对事业都是实事求是的，绝不随波逐流、见风使舵、放弃原则。1958 年当他即将出国访问的时候，也正是在思想界掀起"拔白旗"热潮的时候，那时他已成为被批判的对象，"厚古薄今"是批判的内容之一，许多报刊已经陆续发表了一些对他批判的文章。可是他不幸失事遇难，于是一些刊物不得不临时撤下批判稿子，换成悼念文章。当时《文物参考资料》只是转载了《新文化报》刊登的沈雁冰、钱俊瑞、刘芝明、夏衍、王冶秋等人几篇简短的悼诗和悼文。就是在悼文中，也还有人点了他的"厚古薄今"问题。事后冶秋同志又写信给沈雁冰请他写一篇全面有分量的文章在《文物参考资料》上发表，却遭到了拒绝。至今我还清楚地记得他给冶秋复信的最后几句话是："若以四十年之故交，作盖棺之论定，则我非其人，抑亦今非其时也。"弦外之音，不言而喻！西谛先生当时对自己的处境是清楚的，因为已经有人找他谈过话，而且谈得不太愉快。说明他并未屈服于当时的压力，而自我否定，而是坚持了自己认为对的观点。就在出访前不久，他在新华书店总店业务研究班上一次讲话中，很明确地表示古旧书业不同于一般的企业，应当"既是企业，又是事业，必须有眼光，心中有数"。他还说："厚古薄今，不是买一本古书就是厚古了。把有用的古书送到专家手里，就是为今，不是厚古。发现文化学术资源是有功的。"他的这番话，一方面是用以鼓励古旧书业的同志能安心本职工作，一方面又再一次坦率地表述了他自己的观点，充分表现了西谛先生的坦荡胸怀和无私无畏的精神。我们今天正是非常需要学习他这种精神，用这种精神去排除那些似是而非的各种奇谈怪论的干扰，坚定不移地为坚持党和国家确定的正确的文物工作方针而斗争！

西谛先生离开我们已经四十年了，四十年来我们的事业已经有了很大的发展，并且取得了举世瞩目的成就。西谛先生泉下有知也会感到欣慰的。但是也应当清醒地看到，我们正面临着前所未有的各个方面的严重挑战！一些西谛先生在世时已经消失了的现象，现在又在新的历史条件下重演，对此我们绝不能听之任之，绝不能掉以轻心！西谛先生说得好："不仅好利的商贾们是民族文化的叛逆者，即放任他们将古物、古书源源流出的责任者们也将是中华民族的千古罪人！"这是值得我们每一个文物工作者，特别是领导人深思的。

当我们纪念西谛先生诞辰一百周年，逝世四十周年的时候，一定要以西谛先生为榜样，像他那样对自己的伟大祖国，对祖国珍贵的文化遗产，爱得那么深切！爱得那么执著！以责任在身，当仁不让的精神，全面、准确、坚决地贯彻党中央确定的"保护为主、抢救第一"的文物工作方针和"有效保护、合理利用、加强管理"的原则，与一切破坏祖国文化遗产的现象作不懈的斗争，为开创文物、博物馆事业的新局面作出自己的贡献！

（原载《郑振铎文博文集》，文物出版社，1998 年）

也忆质斌同志二三事

1998 年 12 月 23 日的早晨，我刚刚到红楼，就听到了质斌同志逝世的噩耗，心情感到非常沉重。质斌同志到文物局工作尽管只有两年多，但在这短短的时间里，他那种实事求是，认真负责，廉洁奉公，严于律己的优良作风，充分表现了一个老共产党员的高尚品格，给人们留下了极为深刻的印象。读了彭卿云同志《回忆任质斌局长二三事》之后，也回忆起与质斌同志接触中使我难忘的几件事。

一 "天天都好像坐在火山口上"

1979 年底，质斌同志就任文物局局长不久，有一天他问我："卖几个兵马俑行不行？"当时我立即回答说："绝对不行！"并且向他介绍了为什么不能卖的法律和政策依据。当时他只是笑了笑没有表态。过了几天，他把我找去说："这几天我查阅了有关文物法规和政策的一些文件，按政策兵马俑的确不能卖，我来文物局之前，不少同志都说文物局的同志保守，思想不解放，看来他们也是不了解情况。"之后，质斌同志从实际出发，以严谨的科学态度，依据党和国家关于文物工作的一贯政策，结合当时文物工作存在问题的实际情况，经过约半年时间的调查研究，终于对文物工作的指导思想形成了自己的看法。他研究了文物工作面临的形势和问题，深感当务之急是要先把文物保护下来，正如他后来经常讲的"留得青山在，不怕没柴烧"。因此，他提出了一定要把"保护"放在各项工作的首位，把是否有利于"保护"作为安排确定各项工作轻重缓急的标准。所以他才反对主动发掘大墓，提出要"土地爷"继续"尽职尽责"为我们保护好地下文物的主张。特别是在他任内一直坚持每年都要搞一次全国性的文物安全大检查，许多博物馆、文保单位的安全设备都是在他任内重点解决的。他在一些会议上说："初来时原以为搞文物工作会轻松些，但在了解情况后，才感到工作不仅不轻松，而且任务艰巨，责任重大，现在天天都好像坐在火山口上。"从要"卖几个秦兵马俑"到"天天都好像坐在火山口上"这一思想的转变，充分表现了质斌同志一切从实际出发的科学态度，也表现了他对党的事业的忠诚和对工作极端负责的精神。

二　严格实事求是

党的十一届五中全会期间，有一天深夜两点多，质斌同志突然把我叫到红楼，要求我立即写一份有关王冶秋同志和文物局给康生搞文物的情况，因为在全会上，很多中央委员都提到这件事。当时我感到非常惊讶，当即表示根本就没有这样的事，并且告诉他康生搞文物的时间是1968 年到 1970 年，当时文物局已被"砸烂"，王冶秋关在牛棚，不可能给康生搞文物。他听了觉得很有道理，要我立即将实际情况写个材料给他，但是没有说是什么用途。我回去后连夜赶写了一份材料第二天送给了他。当时我的心情很不平静，因为这关系到冶秋同志和文物局的声誉，如果照此以讹传讹，将造成很不好的影响，所以同时又给胡耀邦同志写了一封澄清事实的信发出去。三天后，耀邦同志把信批给了文物局，批示的原文是："质斌、轶青同志：此信请你们认真对待；一切问题必须严格实事求是，对文物局历史、对王老，对一切同志都应如此。……"质斌同志对此十分重视，立即决定先在直属单位传达，然后再将批示发给全国文博系统。由于我在信中提到："王震同志曾对我说'你们文物局的同志要保护这个老头（指冶秋同志）'"，"王冶秋找康生是我出的主意，因为当时康生说话起作用，对工作有利，免得事事找总理，反而会给总理找麻烦"。质斌同志在传达以前为此曾专门找王震同志对我说的情况进行了核对，证明确有其事才进行传达。在传达时，特别说明信中所述情况他已核对属实。遗憾的是，传达之后，在局领导成员中有的同志不知出于什么考虑，坚决不同意印发全国，致使冶秋同志冤案在全国范围内澄清被推迟了好几年。但当时质斌同志的态度是非常明确的。他这种严肃认真，尊重事实，对同志认真负责的精神，使我深受感动而永志难忘。

三　廉洁奉公　严于律己

质斌同志到文物局工作时，已年过花甲，而且身体不太好，所以有时出差需要老伴胡志学同志随行照顾。胡志学同志的编制在文物局机关，应属于文物局的干部。陪同质斌同志出差的往返交通费用，完全可以由机关报销，但是质斌同志公私分明，严于律己，坚持志学同志的往返旅差费由他自己支付。他在文物局工作两年多的时间里多次出差，都是照此办理的。

改革开放后，文物局的外事活动日益频繁，每个新局长到任都会收到来自国外的许多邀请，质斌同志对这些邀请都是一概婉拒。就是按计划安排的一些出国访问活动，他也总是让给其他的同志去，自己却把主要的精力和时间放到调查研究，了解情况方面。直到他即将离职的前夕，才去了一次日本，这也是他一生中唯一的一次出国访问。

质斌同志虽然离开了我们，他的廉洁奉公、严于律己的优良作风，对于我们队伍建设来说，实在是很有现实的教育意义的。

忆谢老

似水流年，转眼谢稚柳先生离开我们已经两周年了。谢老走得那么突然，他走的时候，虽然已是八十九岁高龄，但我一直感到他去得太早了，他还有许许多多的事情没有做完。这对我们的事业来说，实在是个很大的损失和遗憾。

我是解放以后才认识谢老的，但是他的名字却早已熟悉了。说起来，我们还是本家，同是武进罗墅湾人。他和我的哥哥谢国桢（刚主）是老朋友。抗战期间，在重庆他又与我的姐夫石毓符一家过从甚密。所以抗战胜利之后在北京的刚主家里，石毓符和我姐姐每谈到在后方的生活时，总是要提到与谢老交往的情况。因此，我与谢老虽尚未谋面，固心仪久矣。

20 世纪 50 年代初，我经常出差上海，有时一住就是一两个月之久，有不少工作需要到文管会、博物馆去联系，这才与谢老相识，并逐渐熟起来。但是彼此没有什么直接联系的工作，所以交往很少。真正和谢老有比较密切的往来，直至到后来已无话不谈，却是从组织全国古代书画鉴定组开始的。早在 60 年代首次组织对书画进行全国巡回鉴定工作时，我已经参与其事。记得 1962 年 4 月书画鉴定组要到东北几个省去鉴定，文物局电请谢老和韩慎先先生（夏山楼主）先到北京集中再一起出发。不幸韩慎先先生刚到北京就突患脑溢血而溘然长逝。这次谢老来京是我去车站迎接的。恰巧火车误点到北京时已经过了吃饭的时间，只好把谢老接到我家，给他做了一份腊肠炒面和一碗鸡汤。这本来是非常普通的饭，却引起了谢老的不安。他边吃边说："现在大家都很困难，你如此招待我实在过意不去。"过了两天我去他下榻的新侨饭店，谢老突然笑着送了我一张他新画的荷花，似乎是对我那顿晚餐的回报。当时我感到很难为情，同时，又非常高兴。因为，这是我得到的谢老的第一张画。可惜的是在"文化大革命"期间，这张画与1948年初张大千和于非闇合作为我画的《红药双蝶图》一起遗失了。不久前，张大千那张画突然在拍卖市场出现，因为有我的上款，经过交涉，现已物归原主。而谢老的那张荷花，却至今杳如黄鹤，已不知流落谁家了。

十年动乱，大家都在挨整，书画鉴定工作已然中辍，当然彼此也没有什么往来。粉碎"四人帮"，特别是党的十一届三中全会以后，各条战线都在进行全面的拨乱反正，恢复对全国进行书画鉴定工作又重新提到议事日程。首先提出这个建议的是谢老和王冶秋同志的夫人高履芳同志。他们分别写信给当时在国务院分管这方面工作的谷牧同志呼吁恢复书画鉴定工作，得到了谷牧同志的支持。谷牧曾多次要求文物局尽快恢复这项工作，并指出开展这项工作的重要意义。遵照谷牧同志的意见，经文物局研究决定由我负责组织这项工作。为此我专程去上海向谢老报告这个好消息，并征求他的意见。谢老非常兴奋，特意与夫人陈佩秋一起请我到国际饭店吃西餐。席间他谈了许多如何开展这项工作的意见，使我感到当时他对这次工作已经有了比较全面的设想。

1983年4月，文物局在北京召开了"全国古代书画巡回鉴定专家座谈会"，研究讨论如何在全国开展古代书画鉴定工作问题，会议由沈竹同志和我主持。当时的中央书记处书记、中宣部长邓力群同志和文化部代部长周巍峙同志出席了会议。力群同志非常重视这项工作，他认为这是功在千秋的大好事，当时就决定由中宣部发文件作为国家的任务下达，要求各地有关部门都给予支持。在会上正式成立了由谢稚柳、启功、徐邦达、杨仁恺、刘九庵、傅熹年、谢辰生等七人组成的中国古代书画鉴定组。我并不是书画鉴定专家，而是代表文物局负责组织协调等行政事宜。同时，经过协商推举谢老和启功先生为组长。后来启老因为学校方面还有工作，而且他的社会活动特别多，不可能参加每一期鉴定工作的全过程。事实上，组长的重担更多地压在了谢老身上。他是鉴定工作八年中一天不缺的人。

由于有中央和国务院领导同志的支持，在会后不久即由中宣部发了文件，并且在 1983 年下半年就在北京开始了鉴定工作。从此这个平均七十五岁高龄的小组，偕同一批编辑出版和摄影工作人员，每年两期，从岭南到白山黑水，走遍了祖国大地。自 1983 年到 1990 年 5 月，历时八年，行程数万里，巡回鉴定遍及二十五个省、市、自治区，对 208 个收藏单位和一部分私人收藏进行了鉴定，共过目古代书画 61000 件，终于完成了任务，对中国大陆上保存的古代书画基本上摸清了家底。可以说这是中国文物保护史上的一次空前壮举，是一项历史性的重大基础工程，对整个文物事业的发展，都将会产生深远的积极影响。在这八年中，老专家们本着对文物、对后人负责的原则，兢兢业业，一丝不苟，只讲奉献，不计报酬。特别是谢老和启老，不仅是古代书画鉴定家，而且还是当代著名的杰出书画家。在巡回鉴定过程中，所到之处，都有一串长长的名单，向他们求书求画。两位老人，在紧张鉴定工作之余，还不顾辛劳，为宾馆服务员、司机和其他人员写字作画。在八年中，他们在各地留下的书画，简直是不计其数。两位老人的书画都是一幅千金的，他们搞鉴定不但没有任何报酬，反而还要无偿地为人写字作画，这是一些人很难理解的。记得谢老曾对一位记者说："有许多事情是不能用钱计算的。我所以全身心地投入这项工作，目标只有一个，把国家现存的书画宝藏搞清楚，以便向后人交账。至于这件事本身的价值，留给后人去评说吧！"八年中谢老坚持不懈，甚至不考虑自己的健康状况，只想着重任在肩，无论如何要把这件事做好。他有两次在工作进行中病倒，还继续坚持工作。一次是 1988 年 6 月在旅顺，有一天早晨，谢老突然在房间里晕厥过去，立即被送到当地海军医院，经专家会诊认为应当马上停止工作进行疗养。但是谢老执意不肯，一天医院也没有住，只作了短暂的休息便又开始工作。接着便率领鉴定组奔赴吉林、沈阳，历时三个月完成了吉林、黑龙江和辽宁三个省的鉴定任务。第二次是在华南地区进行鉴定，最后一站到达深圳，鉴定深圳博物馆的藏品。有一天早晨，大家正准备上车去博物馆的时候，谢老又突然晕倒在地，大家非常紧张，立即叫救护车把他送往医院。可是在他缓解之后，又不顾大家的劝阻，还是坚持不住医院，晚上就回到了住地，第二天继续参加鉴定工作。他这种忘我的奉献精神深深地感动了鉴定组的所有同志。后来文物出版社随同鉴定组工作的编辑和摄影同志在一起议论时，都说书画鉴定组的工作，能够坚持八年终于完成任务，取得了具有历史意义的巨大成就，应当首先归功于谢老，这是很公允的评价。

1990年5月中国古代书画鉴定组虽然对全国书画的鉴定工作已经完成，但是鉴定组的任务并没有完全结束。因为小组成立时就明确了要把鉴定工作的成果落实到出版物上传之后代。当时决定，每鉴定一个阶段，凡是真品就出版一册文字目录（多的可以出两册），是为《中国古代书画目录》；然后选出其中佳品，出版一部每个作品都附图版的图目，是为《中国古代书画图目》。其中最佳品编为彩色大型图录，是为《中国古代书画精品录》。所以鉴定工作一开始就请了文物出版社的编辑和摄影的同志随同工作，在鉴定过程中，边鉴定，边记录，边照相，并及时整理出版。到1990年5月鉴定工作结束的时候，已经出版了部分文字目录和图目，但是还有大部分没有出版，《精品录》只出了一册。因此，鉴定组还要把未完成的工作，继续做下去。后来因为《中国美术全集》出版后又决定继续出版《中国美术分类大全》，其中古代绘画和书法两卷由文物出版社负责出版，这两卷与原定出版的《精品录》的内容和要求是完全一样的。为了避免重复印刷，经协商决定把两者合而为一，集中力量出版《中国美术分类大全》的古代绘画和书法两卷，不再另外出版《精品录》，并组成了绘画卷的编委会，由谢老担任主编。这三种出版物除《中国古代书画目录》（即文字目录）十册于鉴定工作结束后不久即出齐以外，《中国古代书画图目》原计划出二十四辑，但还未出到一辑即因经费困难而难以为继。至于《中国美术全集分类大全》绘画和书法两卷则因缺乏启动资金而迟迟不能出版。1992年谢老移居美国后与我时有书信往来，还始终对此念念不忘。谢老最关注的是《中国古代书画图目》，认为《图目》是这次书画鉴定成果的集中反映，是极有价值的一部资料性工具书。所以他多次向我表示，"大全"慢慢地出还可以，《图目》则一定要尽快出全，这样我们就可以基本交账了。1995年我为经费问题多方奔走，终于经房维中同志的斡旋，找到财政部副部长刘积斌同志，请他支持，承他慨允，决定由财政部下文给国家文物局，拨款八百万，分年度分期下达文物出版社作为出版周转资金。当时，我真是欣喜若狂，马上函告谢老这个喜讯，并和他商量是否可以回国召开一次关于安排出版计划的会议。不久接到谢老复函表示同意我的意见，决定回国参加会议。1995 年 11 月，由文物出版社安排在北京达园宾馆召开了这次会议。大家兴高采烈地研究讨论并确定了分类大全绘画卷和《图目》出版计划的安排。会议期间，谷牧和邓力群同志都到会看望了大家，并在一起进行了座谈。力群同志建议在 1997 年香港回归之后再在北京开一次会，让大家来检查一下出版社的工作进度。谷牧同志特别对几个老人说："咱们一个也不许'走'，一定要看到香港回归，一定要看到我们的计划的实现。"会议开了三天，时间虽短，但问题解决得很顺利，大家都非常愉快。我们小组七个人特意在达园院子里一起照了相，这也是八年来我们七个人唯一的一次合影。会议结束后的当天晚上谢老就离京返沪了，当我送他到机场握手告别的时候，还彼此相约 1997 年在北京重相见，谁知这一别竟成永决！

1996 年，从上海传来谢老在美国癌病手术效果较好的消息，我曾两次去信均无回音，到年底又听说他已返沪住院治疗。1997 年春，沈竹同志去上海探亲，我托他无论如何去看看谢老，并代我向谢老致意。他到上海不久即去了医院探望谢老，并来信说谢老精神很好，谈了一个多小时，并且谈到了年底还要到北京开会的事。沈竹同志说如果那时去不了北京，可以改到上海来开会，谢老很客气地说那不必了。当时我得到这个消息还非常高兴，说明谢老的健康状况是比较稳定的。不料相隔还不到一个月的时间，却传来了谢老逝世的噩耗，对我说来实在感到太突然了。

出版经费得到解决之后，出版社的出版进度已明显加快，《大全》绘画卷第一册已经出版，《图目》也已出版到第十八辑。计划到 1999 年底，二十四辑可以出齐作为庆祝建国五十周年的献礼。我想，当《中国古代书画图目》出齐的时候，我一定要专程去上海把出版的最后一本《图目》呈现在谢老的墓前。我要亲自对他说："安息吧，谢老！您的愿望已经实现了！"

二　书信

致中央文教小组负责人

几个月以前，我曾为古建修缮问题和定县中山诸王陵破坏事给您写过一封信，信中也反映了一些文物工作中存在的问题。以后不久，我就下乡来参加农村社会主义教育运动。两个多月来，在参加这个比土改更为广泛更为复杂、更为深刻的大规模群众运动中，使我受到了许多教育，更深刻地体会了主席关于在社会主义社会中还存在着阶级、阶级矛盾、阶级斗争的分析和指示。同时，在工作实践中也更深刻地体会到少奇同志的指示"一切从实际出发，不要有框框"的重要性，由此而联想到文物工作中的一些认识问题。我也有些看法，似乎还不为多数人所同意。因为您一贯关心文物工作，所以才又冒昧地写这封信，谈谈自己的意见，供您在考虑文物工作时的参考。

我认为，文物保护管理工作在文化工作中是一项特殊性很大的工作，它有自己的特殊规律，和文艺工作大有不同，因而把一些文艺方针完全套在文物保护管理工作上面是不适当的。有人强调文物工作也要贯彻"百花齐放，推陈出新"的方针，我不同意这个看法，我认为这是文艺方针，不是文物工作的方针，不能因为文化部整风，着重在整文艺方针，要坚决贯彻"百花齐放，推陈出新"的方针，文物工作也就要"推陈出新"一番。主席说："盲目地表面上完全无异议地执行上级的指示，这不是真正在执行上级的指示，这是反对上级指示，或者对上级指示怠工的最妙方法。"周扬同志在一次报告中说"推陈出新"是一般的规律是对的，但作为文化工作方针的"百花齐放，推陈出新"，是有其特殊的具体的含义的，二者不能完全混淆起来。不错，文物工作是文化工作的一个组成部分，是属于上层建筑的范畴，它应当而也完全可以为社会主义革命和建设服务，这是它和其他文化工作的共同点。但是正如主席所说："尤其重要的，成为我们认识事物的基础的东西，则是必须注意它的特殊点，就是说，注意它和其他运动形式的质的区别。只有注意了这一点，才有可能区别不同的事物。"文化工作是分门别类的，它的共同点贯穿于各项文化工作之中，而各项不同的文化工作各又有其不同于其他文化工作的特殊性，同是为基础服务，其方法不同，形式不同。不认识这一点，就不是从实际出发。因此，我个人认为，如果"百花齐放，推陈出新"是文艺工作方针，那么，文物工作的具体方针倒不如说"百家争鸣，古为今用"更确切些。因为文艺工作和文物工作是不同的，据我个人体会有以下几个方面：

第一，文艺必须反映时代精神，为基础服务。它是通过先进的人物形象去教育人民。文物是过去历史时代的产物，它本身不可敏锐地反映今天的时代精神。它对人民的教育作用，是通过对文物保护、整理、研究、宣传来实现的。其所以是上层建筑，并不是文物本身反映了我们的社会主义基础。因为文物大都不可能反映今天的基础，因为它不是今天的上层建筑，但是文物工作即保护、整理、研究、宣传都有个观点问题，按照斯大林的说法："上层建筑是社会对于政治、法律、宗教、哲学的观点，以及适于这些观点的政治法律制度。"正是从这个意义上来说，所以文物工作是属于上层建筑的范畴。

第二，文艺工作的文化革命，必须推陈出新（从形式到内容）而文物工作的文化革命，主要是如何"古为今用"。文艺的推陈出新，要把舞台上的帝王将相代之以工农兵，对旧有的形式也要有所革新，有所创造，使之与新的内容相适应。而文物工作则不能以新的文物去代替旧的文物（当然历史在不断发展，有的东西今天不是文物，明天可能就是文物，但新的文物总不能代替旧文物，旧文物仍然是文物，仍然要保护的），也不能对文物本身加以改造而"推陈出新"。文物工作需要改造的不是文物本身，而是我们对文物工作的立场、观点、方法。文物能否"古为今用"，决定的关键在于我们对于文物的保护、整理、研究、宣传的观点是否正确，是马克思主义的观点，还是资产阶级，甚至封建主义的观点？文物不一定全有阶级性，"蓝田人"就没有阶级性，阶级社会中的生产工具也没有阶级性，但是对待它们的观点是有阶级性的。因为文物只有通过文物工作才能够起作用。不同的阶级，对待文物有不同的观点，所以文物工作是有阶级性的。因此，如果说京剧要不要改革，是写先进人物还是写中间人物的斗争是反映了文艺战线上意识形态的阶级斗争。那么，对待文物的保护、整理、研究、宣传的不同立场、观点、方法的斗争，就是反映了文物工作中意识形态的阶级斗争。

第三，文艺工作在对待古代文化遗产的态度，必须根据主席的指示，取其精华，去其糟粕，而不能无批判地兼容并蓄，但文物工作者就不能对待文物只保其精华而毁其糟粕。因为文物的精华与糟粕是杂糅在一起的，并不是那么泾渭分明。就是明显的又有精华，又有糟粕的文物，也难得把它分解开来。一部闽刻《金瓶梅》，我们总不能把它的淫秽部分用刀子裁掉，而只能在出版时加以删节。有的文物机构在讨论时比较一致的意见是只保精华，不保糟粕，其中包括一些比较负责的干部。我认为这是不对的。首先是对精华与糟粕这个概念的理解问题。主席所指的民主的精华、封建的糟粕是指思想内容而言的，是指的思想意识形态方面，而不是一般所说的好、坏、高、低的意思。但有一个文物工作队的负责同志和大家说周口店出北京猿人头骨的地方是精华，其他地点（出石器等地点）相对而言就是糟粕。前者主要是保护，后者就可以不必。这和主席所指精华和糟粕的概念是完全不同的，因而也是不正确的。其次，文物的内容太广泛了。从原始公社到现在，经济基础到上层建筑，无所不包，所以文物并不都存在着精华与糟粕的问题。北京人、蓝田人、石刀、石斧怎样去理解它的精华与糟粕呢？取其精华，去其糟粕，是今天进行文艺创作，或评价古代文化艺术作品时所必须遵循的，当然对其他历史文化遗产也应如此。但是只能是指意识形态方面。文物是实物史料，它只能作为史料供今天的科学研究，文艺创作的参考。科学研究人员（包括文物工作者在内）、文艺工作者只能对文物进行研究以后，通过自己的咀嚼消化才可能取其精华，去其糟粕。文物只是第一性的资料，它本身不能改变原来面貌，因而也不能到文物本身上取其精华，去其糟粕。

第四，正面与反面的问题。有人认为，文化艺术提倡写正面人物，所以文物的保护也只能是只保正面的，不保反面的。这种认识也是片面的。如前所述，文物是实物史料，是说明历史的实物例证。因而正面的、反面的都应当保，它们可以从不同的角度说明问题，也可以从不同的角度去教育人民。特别是说明阶级斗争的文物，除了正面的革命文物以外，说明阶级压迫的文物几乎都是反面的文物，上饶集中营、中美合作所，不正是从反面给人以深刻的阶级教育吗？此外，一些卖身契、叫歇碑也都是如此。而保存这些文物的意义也是十分重大的。它可以作为实物例证，非常生动，具体形象地教育我们下一代。要保证我们下一代，甚至若干代永不变色，就应当把保存这些文物也作为阶级教育工作的一个重要内容。因为通过保存这些文物就可以把阶级斗争的教育一代一代地传下去。

第五，"政治标准第一，艺术标准第二"是进行文艺批评的根本原则，但把它作为文物保护的标准就不完全适合。我接触的一些文物工作者包括一些负责的干部有一种比较普遍的看法，就是说保护文物的标准应当是"政治标准第一，学术标准第二"，并且认为，《文物保护管理暂行条例》规定的保护标准，要看文物本身的历史、艺术、科学价值大小，是没有阶级性的，是不适当的，应当加以修改。前些时候，文物局本身检查过去文件时，就是把这个问题作为问题提出的。我对此有不同的看法。文艺不同于学术，文艺作品的政治标准是指其思想内容而言的，艺术标准是指其艺术技巧和形式而言的。主席说："有些政治上根本反动的东西，也可能有某种艺术性。"处于没落时期的一切剥削阶级的文艺共同点，就是其反动的政治内容和其艺术形式之间所存在的矛盾。"内容愈反动的作品，而又含带艺术性，就愈能毒害人民，就愈应该排斥"。可见艺术形式和技巧是有相对独立性的。京剧改革主要是内容，其形式虽然随着内容的变化，要有所创新，有所变化，但它毕竟是京剧，作为京剧这个剧种的艺术形式和技巧来说，是没有阶级性的。它既可以在过去为封建社会统治阶级服务，也可以在今天为社会主义、工农兵服务。而学术不同于文艺，它没有什么相对独立的各种"学术"形式。如果说"早春二月"内容是资产阶级的，但具有艺术性，但我们就很难说罗尔纲论李秀成的文章，是内容错误，而学术水平很高。因为一般说法，谈学术水平，除了自然科学以外，凡是属于意识形态方面的，首先还是个观点问题，要么是无产阶级的，要么是资产阶级的。世界上不存在超阶级的学术观点，因为学术和观点是不可分离的，所以在这个意义上说，政治标准、学术标准也是合二而一、不可分割的。如果一定要说"政治标准第一，学术标准第二"，事实上就是承认了学术的超阶级性。当然，同样立场、观点、方法的也可以对同一文物，得出不同的评价，同是马克思主义者，学术水平也可以有高低之分，但它不涉及政治标准问题。所以我认为《文物保护管理暂行条例》规定的以历史、艺术、科学价值作为保护的标准是恰当的，不宜代之"政治标准第一，学术标准第二"。因为我们国家颁布的法令，不言而喻，就是要求用马克思主义的观点来评价历史、艺术、科学价值，不能在这里抠字眼。但是我也不否认，在某些情况下，学术要服从政治，要政治标准第一，学术标准第二。比方说，历史博物馆陈列的地图，把一些兄弟国家的边界空起来，这是完全正确的，但是我们不能把一切古代地图都通通毁掉。又如朝鲜同志不同意我们《史记》的某些记载，我们也不能因此而把这些记载都通通删去。一定要坚持自己的史料划地图，或者硬要发表反驳别人的文章，在今天来说是错误的，是个政治问题，但也不能就毁地图、删《史记》。这就是学术要服从政治，在这里把文物保护和学术区别开来是十分必要的。宣传介绍必须从当时当地的政治需要出发，必须遵循主席提出的六条标准。然而，保护文物就要看得更远些，因为"政治"这个概念，在不同时间、地点、条件下是有其不同的具体内容的。某些文物在今天不宜公开陈列，将来就可能可以公开陈列，所以今天就必须保存，以待将来，不能因为今天不适宜陈列的文物就连保护也不保护了。赵佶、赵构的书法在今天批判舞台上都是帝王将相的时候，大量宣传可能不太适宜，然而到了共产主义社会，阶级已经消灭了，这些书法就不失为研究我国书法艺术的重要资料。就是赵孟𫖯的字（听说您很不喜欢赵体）也仍然是研究当时书法的重要依据，作为资料来说是应当保存的。总之，宣传介绍是思想教育工作，宣传什么？介绍什么？必须从今天的政治需要出发，必须有利于今天的兴无灭资斗争。而保存什么，则不仅要考虑到今天的需要，而且还要考虑到明天的需要。就是介绍资料方面，也应当把普及和提高、公开宣传和内部参考区别开来，问题要具体分析，不能绝对化。

除了以上的理由以外，从文物保护工作的特殊性来说，"政治标准第一，学术标准第二"这个提法也是不适当的。敦煌、龙门就其内容来说都是宗教内容，虽然个别的作品也间接地反映了当时的一些生活情况，甚至有的作品还在一定程度上表达了人民的愿望，突破了宗教的教义。但总的来说，它本身就是统治阶级为统治人民麻痹人民而开凿的。它的基本内容是有害的。如果按照这个标准来决定存废，岂不是就都不保护了呢？显然是需要保护的。因为它是我们的珍贵艺术遗产，是我们的艺术工作者学习民族艺术传统，创造我们自己民族形式的新雕塑的重要参考资料。问题在于我们怎样对待它？怎样宣传它？怎样利用它？观点正确就起好作用，观点不正确就起反作用。在龙门被盗的帝后礼佛图的地方，如果树立标志，说明被盗的经过，就可以激发人民的反帝斗争情绪，对人民群众进行爱国主义教育，这就是"古为今用"么。在此我们如果大肆宣传宗教思想，让人民群众也来焚香礼佛，自然就是大错而特错了。问题的关键不在于文物本身，而是在于从事文物工作的人的思想立场、观点方法。

第六，关于厚今薄古的问题，有人因为现在大演现代戏，在社会科学界也在贯彻厚今薄古的精神，所以认为文物工作的方针也应当是厚今薄古。我认为，厚今薄古是一般的规律，任何时代的任何统治阶级在上升阶段都是厚今薄古的。今天我们要厚今薄古当然是对的，但作为文物工作的方针就不一定很适宜。这个口号主要是针对颂古非今的思想而言的。在文物工作队伍中有这样一些人，的确是颂古非今，对这种思想强调一下厚今薄古是完全必要的，但作为工作方针就很难落实。考古研究所又怎样厚今薄古呢？所以依我看来，文物工作的厚今薄古，实际上就是"古为今用"。只要是用正确的观点来对待文物，也就是厚今薄古了。不能说现在的文物要多保，古代的文物要少保。越古的越要少保，越近的越要多保。这不是从实际出发，而是从定义出发。在《文物》杂志上，最近多搞了一些革命文物是对的。但是不能把这个框框套到文物保护工作上来，要多保革命文物，少保古代文物，而是要看文物的价值大小该不该保，不能按古今来决定保多保少。事实有些文物工作者已经出现这种思想，仿佛古代文物可以少保些，破坏了也无足轻重似的。这显然是不对的。有人很怕提古代文物保多了，而且自己也认为是保多了。在我看来，古代文物也许有不该保而保了的，但是应当看到也有不少该保而没保好的。究竟是多了还是少了，现在还很难下结论，因为没有一个人是经过周密的调查研究的。没有调查研究就说多了，或者是少了，是缺乏科学根据的，因而也是不足信的。

综上所述，我认为，文物工作方针不宜借用文艺的"百花齐放，推陈出新"的方针，说"百家争鸣，古为今用"似乎更确切些。有的同志说我这种提法是割裂了双百方针，双百方针是必须一起来提的。可是根据我的体会，似乎并非如此。主席说得很明白："百花齐放是一种发展艺术的方法，百家争鸣是一种发展科学的方法。"可见二者还是可以分开来提的。文艺工作中有创作，也有文艺批评。后者是百家争鸣，所以文化部的方针总是要提"百花齐放、百家争鸣、推陈出新"。而文物工作中没有创作，对于文物的保护整理、研究、宣传介绍，基本上是属于社会科学范畴，而不是文艺工作。加上百花齐放，也未为不可，不加上也不一定就是错误。因为有时文艺工作也是只提"百花齐放、推陈出新"么。也有的同志说："百花齐放、推陈出新"是有机联系的，而我这种提法是彼此"毫无联系"的。以我的看法，在文物工作上"百家争鸣，古为今用"是不可分割的。只有"百家争鸣"，才能更好地"古为今用"，古为今用是通过"百家争鸣"来实现的。因为"古为今用"主要是充分发挥文物本身固有的价值在社会主义革命和建设过程中的积极作用。而人们对文物价值的认识是有一个过程的，只有通过"百家争鸣"使人们从不同的角度研究探讨，才能对文物价值的认识不断深化，才能更全面、更准确地揭示文物固有价值，使之为社会主义革命和建设服务，所以我认为"百家争鸣"与"古为今用"不是"毫无联系"，而是关系密切。

以上是我对文物工作的方针和指导思想的看法，因为最近接北京来信说文化部的整风已经转入到各司局，我很关心文物局整风的情况，所以才写这封信反映我的意见，恳请予以考虑，如有不妥请批评指正。

    此致
敬礼

谢辰生谨上
1964 年 12 月 9 日

致胡耀邦*

耀邦同志并转中央书记处同志：

最近在文化系统、出版系统都比较广泛地流传说，在耀邦同志和任重同志交接的中宣部例会上，耀邦同志点名批评了王冶秋，据说是根据一位同志的来信。耀邦同志说"文化大革命"期间康生拿了八千多件文物，王冶秋应负责任，要作检讨（大意如此）。是否属实，我开始是怀疑的。因为任质斌同志未向文物局的同志作过传达，后来有很多同志都这样说，而且说是听的正式传达，看来是事出有因了。一个时期以来，社会上对王冶秋同志和文物局确有不少议论，集中的问题，一是说王冶秋、文物局给康生等人送了很多文物；二是文物局是康生要成立的，因而王冶秋问题很大，文物局问题很大，其源盖出于康生。据说，王冶秋同志当顾问之后外电和香港报纸也有所评论。对此，我有不同的看法。我在文物局工作三十年，对文物局的历史和现状都比较清楚，有责任向中央反映事实真相和自己的观点，这也是符合党内政治生活若干准则的要求的，因为准则要求很重要的一条就是要"尊重事实"。因此，我决心写这封信将真实情况汇报如下：

一、康生在"文化大革命"期间搞走大量文物与王冶秋同志的关系问题。据我了解，此事与王冶秋同志毫不相干，与文物局毫不相干，与文物局其他同志也毫不相干。康生搞文物的时间是 1968 年至 1970

---

* 本文为作者针对粉碎"四人帮"后社会上广泛流传王冶秋、文物局给康生送了大量文物的谣言，而向中央写的辩诬信。

年，拿文物的地点是北京市文物图书清理小组（后改为文物管理处，现在是北京文物局），文物来源是文物工作者日以继夜付出辛勤劳动从造纸厂、炼铜厂和街道抄家物资中抢救出来的。当时王冶秋同志还关在牛棚，王冶秋同志是1969年秋宣布解放，不久即下放湖北咸宁，1970年回北京，1970年5月成立国务院图博口，王冶秋任副组长，军宣队同志任组长，1973年12月成立文物局。从1966年"文化大革命"开始到1971年王冶秋同志根本没有见过康生的面，自然也就无法对康生盗窃文物负责了。当然在康生病重之后，他的确通过王冶秋同志、文物局把他的旧藏和巧取豪夺的一大部分文物交给了故宫。这已经是1974年以后的事了，和康生盗窃文物是没有任何关系的。据我了解，不仅在"文化大革命"期间，王冶秋没有给康生搞过文物，就是"文化大革命"以前的十七年中，王冶秋也没有拿过国家收藏文物给康生和任何人送过礼，甚至康生要看文物和善本书，也是康生自己到博物馆、图书馆来看。1972年在故宫展出无产阶级"文化大革命"出土文物展览，康生是很想看的，但王冶秋从未拿过一件珍贵展品送给康生看过。三十年来王冶秋同志自己不但没有拿过公家的文物，也没有买过文物。建国初期郑振铎任文物局长，他自己是很喜欢文物的，但担任局长之后，即不再买文物以避嫌疑，所以文物局的干部也都不买文物，这是文物局的一个传统。北京市查抄的文物图书有不少负责同志和其他同志都去拿过或廉价购买，但没有一个在文物局工作过的同志去拿过一件文物或一本书。说明在这个问题上，文物局的同志不但无可指责，而且还是值得表扬的。

二、成立文物局的问题。文物局正式成立于1973年底，1974年改属国务院。事情的经过是：1974年批林批孔高潮中，文物系统有些人写信给"四人帮"告王冶秋的状，上海《文汇报》出现了不指名批判王冶秋同志的文章，说王冶秋同志一些讲话是黑线回潮、复辟逆流。在此以前，文化组的刘庆棠在天津一次座谈会上批判无标题音乐，指责文物工作搞历史文物是复古思潮的表现，矛头直指周总理。姚文元批评报道马王堆女尸是影响当前的火葬，也有人说出国文物展览是以古压今。

就在这个时候，文化组突然宣布要接管文物局，派了调查组，撇开局党委，直下基层，搜集材料。文化组的一些人也扬言很快就要接管，文物局要有好戏看了。在此情况下，我们深感问题严重。王冶秋对"四人帮"的政治态度是坚定的，"四人帮"要整王冶秋也是全国文物工作者所共知的。真的文化组接管，我们肯定要挨整。所以我写了一封信给康生，建议文物局不要归到文化组。我之所以写信给康生原因有二：一是王冶秋同志曾说过王震同志叫他有事找康生，不要事事找总理。这一点后来得到了证实。去年我两次在王震同志家里都谈到这个问题：一次是王震同志主动和我说："你们文物局的同志要保护这个老头（指王冶秋），康生罪行与他没有关系。"一次王震同志对我说："王冶秋找康生是我出的主意。因为当时康生说话起作用，对工作有利，免得事事找总理，反而会给总理找麻烦。"二是有一次王冶秋同志从康生处回来说他在康生那里骂了那些人（"四人帮"），康生说："这些人是不会死心的。"这给我一个错觉，仿佛康生对"四人帮"也有所不满，或许是鸟之将死其鸣也哀，人之将死，其言也善吧，所以我才敢于写了那封状告文化组的信。后来康生批给了吴德、吴庆彤同志，建议文物局直属国务院。康生批件又送给华国锋同志等领导同志传阅。先念同志批示："坚决按照康老的意见办。"后来四届人大以后在总理参加的最后的一次国务院会议上，总理正式宣布了文物局直属国务院。这就是事情的全部经过。我认为判断是非应有客观的标准，不要因人废事、因人废言，不能是坏人说的话就统统反其道而行之（此处有胡耀邦同志批语："很对！"）。难道"四人帮"说煤球是黑的，我们就必须说煤球是白的吗？文物局直属国务院对事业发展是有利的，与康生罪行无关，不能因为是康生的建议，就要否定它，更不能因此而构成文物局什么罪名。

以上反映的基本事实，我敢以身家性命来保证，关于社会上对王冶秋同志和文物局的其他的一些议论，还有不少是捕风捉影，甚至是无中生有。告状人有的在"四人帮"横行时期也是告状人。在这里，就不一一赘述了。当然王冶秋同志是有缺点的，有些同志有意见我自己也是有意见的。但几年来王冶秋同志对"四人帮"的政治立场是坚定的，态度是鲜明的，我想有些中央领导同志也对此有所了解。

文物工作是一项学术性、政策性很强的工作。在内容上，从经济基础到上层建筑，从社会科学到自然科学无所不包。在工作关系上，涉及工、农、兵、学、商各个方面，直至国内、国外，问题相当复杂，搞不好就出问题，但有些问题的解决文物部门又的确无能为力。三十年来文物工作经历了曲折的道路，一支数量很小的队伍，出于对祖国文化遗产的热爱，不怕辛苦做了大量的工作，成绩是应当肯定的。但是最近一位行政七级的老同志在会上要求"对康生领导下的三十年工作总结经验教训"，特别对 1971 年以来的文物工作提出了尖锐的、使人十分惊讶的指责。他说近几年对马王堆等重要历史文物的宣传和举办出国展览是"一个政治大阴谋"。我认为这种说法是不正确的，不能因为一个人，或者道听途说，就否定一个单位、一条战线，要知道在这条战线上还有多少群众在辛勤地工作啊！我从事文物工作三十年，从建国后第一个法令起，三十年来文物工作的有关文件、报告、报纸社论我都参加了讨论，而且多数还是由我执笔的，我认为三十年来的实践证明，文物工作的方针政策基本是正确的，成绩是主要的。我对当前文物工作中的一系列方针性问题有自己的看法，可能有些意见和有的领导包括中央领导同志意见不一致，我准备另外再写信系统地反映我的看法。

记得过去主席说如今共产党员不如海瑞者多矣，当时我曾暗想应当补充一句：而今领导不如李世民者多矣。其实魏征的存在，是以有李世民为前提的。如果李世民不能容忍魏征，恐怕魏征就只能变成比干了。粉碎"四人帮"之后，党的优良传统得到了恢复和发扬，实事求是的风气正在逐步形成，特别是党的五中全会制定了党内政治生活若干准则，这是适用于所有党员的准则，从党的主席到一般党员都应当以这个准则要求自己，越是领导要求就更要严格，所以我满怀信心地相信当今领导一定会从谏如流、实事求是的。习仲勋同志处理人民来信就是一个很好的范例，我写这封信也正是从仲勋同志处理人民来信的态度中得到鼓励的。

最后，我再次表示我反映的基本事实是符合实际情况的，特别是王冶秋同志与康生盗窃文物无关的问题，希望中央彻查。如果发现我是捏造，我愿受党纪国法制裁。如果确属事实，也希望没有深入调查、偏听偏信就向中央反映情况的同志能够吸取教训。我也恳切希望耀邦同志调查之后在适当的场合对这个问题澄清一下，否则王冶秋同志给康生搞文物的事就成为真的了。这是关系到一个同志的名誉问题的事。我的看法如有错误，希望领导给予批评教育。

  此致

敬礼

谢辰生谨上
1980 年 3 月 26 日

致胡耀邦、万里、赵紫阳、习仲勋

耀邦、万里、紫阳、仲勋同志并转中央书记处同志：

出于对文物事业的热爱，经过反复的思想斗争，不断地克服了时起时伏的各种私心杂念，我决心写这封信，向中央反映自己关于文物局机构改革的意见。虽然现在中央对改革方案已经确定，我仍然想谈谈个人的看法，希望中央给予考虑。首先要说明的是，我在自己亲身感受中，不仅在理智上，而且从感情上，都深感中央关于精简机构、改革干部制度的决定，的的确确是一场革命，是一项关系国家前途的重大战略措施，我表示衷心的拥护。但是对文物局与文化部合并这个具体问题却有一些不同的意见。我在文物局工作了三十二年，对它的历史变迁和现状都比较了解。从三十多年来的历史经验，结合当前文物工作的形势和任务来考虑，我认为，文物局保留独立机构为宜，最好是保持现状，着重解决副职、虚职过多的问题，精简行政人员，充实业务力量，使文物局系统各级领导班子真正实现革命化、知识化、专业化、年轻化，这样就完全可以达到克服官僚主义、提高工作效率的目的。如果为了尽可能减少某些机构的重叠，似可考虑与文化部合署办公，把党务、纪检、人事、行政、计财等工作并入文化部的综合部门，但仍保留国家文物局的牌子，在业务工作上保持独立，对上对下可以直接行文，避免增加层次。要不要保留国家文物局这个牌子，对文物事业有极大的影响，把国家文物局变成一个部属局，从历史的经验和现在的实际情况看，恐怕可以肯定，对文物工作是削弱而不是加强。我这样提出问题是有理由的：第一，文物工作具有自己的鲜明特点，与任何机构包括各个文化部门的业务都不存在彼此重复、相互重叠的问题。它有大量工作不属于意识形态工作的范围，而是解决保护文物与各个方面的矛盾，并且往往涉及工农业生产建设、城乡建设、商业、外贸、工商行政管理、宗教、旅游、园林以及部队等各有关部门，政策性很强。许多问题现在文物局不能解决的，将来的文化部也同样不能解决。而将来文化部能解决的，保留文物局也同样能解决。因为即使部的权力加大，终究只限于自己的范围，对其他部门是没有约束力的，一些重大问题还必须及时向党中央、国务院反映。现在文物局只有局、处两级，重大问题可以直接上报中央、国务院，改为部属局就必须经部转报，这样不但没有减少层次，反而增加了层次，不但不能提高效率，搞不好还会误事，对工作是不利的。第二，过去文物工作的基础是非常薄弱的，十七年中虽然有很大成绩，但它的基础还是在建国初期的 50 年代，当时文物局在北海团城，不和文化部在一起办公，具有相对的独立性，全局一百二十人左右，局长郑振铎、副局长王冶秋，局领导只有两个人，处级干部多为知名专家，如文物处副处长张珩（书画鉴定老专家），博物馆处处长裴文中、副处长王振铎（著名的科技史专家）。仅文物处即有二十余人，而且绝大多数是专业人员，其中副研以上的八九人。全局人员业务干部比重较大，力量也强，所以工作发展也快。目前全国各地的主要业务骨干多数都是 1950 年至 1955 年举办训练班培训出来的，是当前文物工作的重要力量。1956 年文物局搬进文化部大楼合署办公，人员减至五十多人，特别是 1958 年文化部大精简，文物局的编制砍到十八人，不仅一些专业人员陆续调离，而且直属单位包括故宫、革博、历博统统下放北京市，给后来的工作带来很大影响。之后，接踵而来的是反右派、文化部整风等一系列政治运动，业务工作基本上没做多少事。十年动乱，文物又遭到了严重的破坏。直到 1970 年国务院成立图博口、1973 年成立国家文物局，由于周总理直接抓文物局的工作，才使工作逐步恢复，而且由于周总理亲自抓了出土文物展览、故宫重新开放、马王堆发掘等工作，1971 年亲自批准了《文物》、《考古》、《考古学报》杂志复刊，这是全国最早复刊的杂志，因而使这一段的文物工作在国际、国内都有很大影响。粉碎"四人帮"以后，特别是三中全会以来，工作又有了新的发展，过去各省基本上没有专门的文物经费，甚至文物局直拨的文物修缮费也往往被文化局挪用，给剧团吃掉了。1977年以来经过文物局的多方努力才把文物经费从文化经费中分出来戴帽下达，尽管为数甚少，总是从无到有，前进了一步，但一些地方也还有挪用的情况。以后各地又有部分省市成立了省文物局（一般只有二三十人，是同级机构中人数最少的），才真正使工作有了保证，经费有了保证。实践证明，有一个机构和没有机构是大不相同的。可以说，当前文物工作的形势比任何时候都好，特别是1980年和1981年书记处两次讨论文物工作，对整个文物战线工作的同志都是一个很大的鼓舞和鞭策。文物工作能够有今天这样的局面实在是很不容易的，如果文物局合并文化部势必导致地方文物局也要统统撤销合并到文化局，这无论从哪方面说，都会使文物工作削弱，从而使全国文物工作已经形成的较好局面全然改观，影响实在太大了。第三，现在的文物工作与50年代乃至70年代初期都已大不相同。十年动乱造成的严重后果，许多问题至今未能解决，而我国实行对外开放、对内放宽政策之后，使文物战线上又出现了不少新问题和新情况。正如去年中央书记处所指出的，当前文物保护、管理、科研等方面存在的问题相当大，文物市场混乱，文物走私活动猖獗，各地私挖古墓情况不断发生，文物破坏情况严重，有的地方甚至发生县委自行批准拆卖古建筑的事件，有些文物破坏的情况简直触目惊心，这些现象已经引起社会上许多知名人士、专家学者和群众的强烈不满。我们说文物工作形势比任何时候都好，这是指中央的重视，是指从中央到地方成立了专门机构，使工作和经费比过去略有保证，但是也应当同时看到，文物工作存在的问题，也比任何时候都严重，工作任务比任何时候都繁重得多、艰巨得多。近一两年来任质斌同志对此深有所感，文物局党组一再强调要把文物安全防护工作放在第一位，报请国务院发了文件，指派专人到各地督促检查，向国家争取经费改善各地的安全防护条件，但是情况仍未根本好转，这是由于有多方面因素造成的，要改变这种局面，还需要从多方面加强文物工作，而且刻不容缓。在这种情况下，撤掉了国家文物局，其利弊是显而易见的。希望保留国家文物局这块牌子，并不是个别人的看法，而是反映了广大文物工作者的愿望，也反映了不少专家学者们的意见。一个时期以来，各地有不少同志来信为文物局是否合并而担忧。最近，在人大常委会法制委员会讨论《文物保护法》的座谈会上，有的专家也为文物局要合并而忧虑。合并的效果，当然需要实践来证明，但文物工作不同于其他工作，文艺、电影、出版、宣传一时受到影响是以后可以挽回的，而损失了文物就是根本无法弥补的，是存亡绝迹的问题。机构合并有许多具体问题需要解决，必然要影响日常的工作，而文物工作在今天是需要争分夺秒来进行的。权衡利弊，似乎还是不并为好，像朝鲜尚且有一个直属政务院的文物局，而我们这样一个具有五千年甚至可以上溯到一百七十万年悠悠历史的国家，有一个独立的文物局不是非常必要的吗？这的确是一个很值得慎重考虑的问题。

我们的国家是世界闻名的文明古国，保存文物之丰富是任何国家所不能比拟的。这些反映中华民族灿烂光辉文化的文物，不仅是中国人民的珍贵文化遗产，而且也是世界人民的宝贵精神财富。我们每一次考古重要新发现都会引起全世界人们的瞩目，保护好这份遗产是我们这一代人的历史责任。最近，由于陈云同志的关怀，国务院成立了古文献整理规划小组，这是一件非常重要的事。事实上，遍布在全国地上、地下的文物，正是一份与文献同等重要的实物史料，而且它涉及的领域更为广泛，许多文物可以补充、纠正历史文献的不足和谬误。保护好这些文物并加以整理研究、宣传，不仅对于向人民群众进行爱国主义教育、提高人民民族自尊心和自信心以及建设社会主义精神文明起着重要作用，而且还可以直接为社会主义建设服务。近年来，文物考古工作者勇于探索，运用考古学手段考察古代历史地震的情况，为地震长期预报提供了不少资料，对江、河、海岸和沙漠的历史变迁以及对古代水文的变化进行考察都取得了初步成果。葛洲坝的建设，其中就有文物工作的一份功劳。文物工作者配合葛洲坝的建设工程做了不少工作，为工程设计提供了很重要的资料。遗憾的是，至今文物工作的重要性、迫切性和复杂性还没有引起一些领导和有关部门的注意，对文物破坏造成的严重后果也认识不足，这正是今天许多问题迟迟得不到解决的重要原因之一。当然，我们文物工作者工作做得不够，对上对下的宣传不够也是有责任的。我如此强调文物保护的重要，绝非本位主义，恰恰是从全局出发、从共产主义的未来出发的，社会越是向前发展，文物工作的意义就会愈益显示出来。

我是一个普通文物工作者，机构合并与否，和我个人没有任何利害关系，写这封信，只是出于对祖国文化遗产的热爱，出于对自己从事三十年工作的责任感，"耿耿此心，可誓天日"。记得1980年我给耀邦同志的一封信中提到李世民和魏征的问题，今天的领导是无产阶级革命家，自然不能和封建帝王相提并论，一个普通党员也不宜与魏征相比，但这个历史经验还是可以作为历史的遗产来借鉴的。我满怀信心地相信而今的领导一定会虚怀若谷，倾听不同意见，实事求是，从谏如流的。我直率地提出了自己的看法，如有不妥请予以批评指正。

　　此致
敬礼

谢辰生

1984 年 3 月 17 日

致胡耀邦[*]

耀邦同志：您好！

不久前两次面聆教益，很有启发，颇受鼓舞。您的意见我已向文物局党组、文化部党组和中宣部主管文物工作的廖井丹同志原原本本作了传达。最近我们在昆明召开文物普查会议，各省市文物部门负责同志都将参加，将由井丹同志在讲话时将您的指示主要精神作传达以进一步推动文物工作。此外，近两个月来我们根据您的意见，抓了几件事，现将有关情况汇报如下：

一、关于文物和旅游事业结合的问题，这是您在谈话中很强调的一点。我前些时候参加了旅游工作会议，最近谷牧同志要韩克华同志和我一起去西安落实 1986 年计划中的几个项目，了解一下实际情况，在西安住了六天，有机会和克华同志就文物和旅游结合，以及遵循一些什么原则等问题交换了意见。经过长谈，我们已在原则上直到具体处理的方法都取得了完全一致的意见。返京后，我们根据协商的意见对西安的几个项目发文陕西文物局，同意发掘秦俑坑一、二、三号坑，铜车马和唐华清池的方案，要召开专家会议进一步论证。我认为，今年的七个重点，陕西很重要，应当抓好，但必须保证科学，保证质量，既要积极，又要慎重，我们共同确定的项目是符合这个原则的。根据各地文物分布的情况，我认为，在抓好七个重点的同时，还有必要在兼顾一般时支持

---

* 本文为作者在中南海参加修改关于加强文物工作的中央文件讨论，会两个月后，向胡耀邦同志做的工作汇报。

一些将来可能成为重点的地方。因此在面上投资和规划也还要有重点。据我了解，泉州就是一个很值得重视的地方，很有发展前途。一个美国华人何炳棣到泉州后盛赞泉州是中国的第二个西安。这里有大量阿拉伯的史迹，有著名的五星桥、洛阳桥。最近一个阿拉伯巨商捐赠一百五十万美元要帮助泉州修复清净寺（宋代），前些时候一批阿拉伯国家的大使去泉州参观感到非常惊讶，中国为何会有这么多古代阿拉伯国家的有关史迹？除此以外，过去泉州地处前线，三十年来城市变化不大，许多街道还保留着古老的风格。所以，我建议由旅游局城乡部和文物局共同组织人一起搞一个文物与旅游以及城市发展三结合的全面规划，作为历史文化名城规划的一个试点。此事谷牧同志甚为赞成，克华同志也已同意，并约我过些时候一起去泉州了解情况。这不仅有利于文物和旅游事业，而且还有团结第三世界（阿拉伯国家）的政治作用。

二、关于华侨博物馆问题。我去西安以前曾专门去了厦门、泉州和福州。目前的情况是福建的同志积极性很高，厦门已有一个华侨博物馆，泉州市也想搞一个，吸收侨资的可能性是有的。我们在京曾去侨办，见到了一位副秘书长，据说华联正准备在北京筹备一个规模较大华侨博物馆，因此华侨博物馆的布局似应通盘考虑。我想华侨的面窄了些，华裔的问题似乎也要考虑。廖晖同志在国外我尚未见到他，拟待与廖晖同志交换意见后再向您汇报。

三、关于曲阜作为孔子研究中心问题，谷牧同志也有此意，我们已将您的意见转达山东同志。根据您的这个精神，我们最近正准备接受章太炎后裔捐献一大批太炎遗稿、遗书，拟拨交浙江，在杭州建一章太炎纪念馆，使之逐步成为章太炎的研究中心。

四、关于保护科学技术问题。今年6月文化部要办一个文化科技展览，其中文物部分作为一个专馆，文物科技既有现代的，也有传统的，展览内容颇具特色，有些是外国没有的，届时恳请您能来看看给予指示。

以上是近两个多月我们抓的几项工作，特向您汇报。现随函附上《历史文化名城词典》一册、《中国书画精品录》一册请您审阅。文物工作必须做好宣传，在此以前我们还出版了一部《中国名胜词典》，受到国内外的欢迎，现已脱销，正在补充内容再版。目前尚在编辑的还有《中国名人名胜词典》和《中国文物精华词典》，俟出版后即当奉上。辞书有群众性，宣传效果是好的。

《中国书画精品录》是1983年以来我们书画鉴定小组工作的一个成果。书画鉴定是一项基础工作。1983年开始我们组织了国内最有名的几个老专家和中年专家组成了全国书画鉴定小组，计划在五年内对全国各地收存书画巡回鉴定一遍。在鉴定过程中组织一部分中青年专业人员随同鉴定，一方面可以记录老专家的经验，一方面在实践中学习提高。这样可以一举三得，一是充分发挥了老专家的余热，二是培养了新的一代，三是把工作成果落实到出版物上传之后代。我们的做法是，每鉴定一个阶段，凡是真品即出版一册（多的可以二册）文字目录，是为《中国古代书画目录》，然后选其中佳品出版一部"图目"是为《中国古代书画图目》（每张画皆有图版），其中最佳品编为彩色大型图录，是为《中国古代书画精品录》。现在看来五年内恐难完成，还需要延长一至二年。因为东西确实不少，而老专家多已七十岁以上，过分紧张是不行的。在出版物中少数是有不同意见的，我们采取了凡是有争议的，都在目录中注明各自的看法，鉴定中不作争论，各自的理由可以另外发表文章，以免影响工作进度。这样做是比较实事求是的。

我明天去昆明开会，归来后又要去日本参加苏绣展览开幕式，4月下旬方可返京，找廖晖和去泉州都要在5月份了。关于改革问题、文物系统的工作问题，我想回来后再向您汇报我的一些想法。

　　　　此致
　　敬礼

　　　　　　　　　　　　　　　　　　　　谢辰生谨上
　　　　　　　　　　　　　　　　　　　　1986年3月29日

致廖井丹、邓力群

井丹同志并转力群同志：

今年1月外交部韩叙副部长曾召集会议传达中央关于在午门广场进行迎接国宾活动的指示，并且提出要从接待里根开始。会上有不少同志提出异议。春节前夕韩叙同志又召开会议，据称中央书记处已作出决定，不必再提意见，并决定翻修广场地面，铺设地下管道以解决用水问题，午门匾额也要改挂国徽。此事原系外事组同志参加会议，我是刚刚知道，深感此举值得慎重考虑。

午门外不是个迎宾的好地方，而是封建皇帝过去举行"献俘大礼"的场所。据乾隆钦定《日下旧闻考》记载："如遇凯旋献俘诸大典，皇上御午门楼行受俘礼"，"所以钦鸿贶崇武功也"。而且举行受俘礼的仪式十分隆重，大清会典载其事颇详尽，每次受俘都是："于先期工部设御座于午门楼正中。至日质明，内大臣率侍卫咸服立两观翼楼阶上，护军统领护军立阶下，均佩刀环。""王公文武各官分班立，均与太和殿大朝礼同"。皇帝出宫时，要"鸣金鼓，奏铙歌"。待皇帝升座后，"受俘兵部官率将校引俘至金鼓下跪。兵部尚书跪奏：平定某地所获俘囚等，谨献阙下。宣旨大臣宣制曰：所俘交刑部"。随即由刑部官械俘出施行。"将校引由天安门右门出。丹陛大乐作，王公百官各就拜位，行三跪九叩礼毕，乐止，礼成，鸣金鼓，奏铙歌，皇帝乘舆还宫"。乾隆平准部，底定回疆和平定大小金川均在午门举行受俘礼，皆见于正史。《清史稿·高宗本纪》云："二十五年（1686年）春正月戊申，以西师凯旋。……丁巳，上御午门行献俘礼。"即是一例。乾隆历次受俘皆有受俘诗。郎世宁曾作献俘图，巴黎有铜版印制图片刊行于世。以上情况，为中外史学界所熟知。因此，将午门外作为迎宾重典场所实不妥当，特别是从里根开始尤应慎重。如果台湾、香港乘机造谣挑拨，说我们含沙射影，岂不造成不良政治影响？如果我推说不知此段史实，则更是贻笑大方。为此写信给您请再向书记处反映，予以重新考虑为感。匆匆即致敬礼！

谢辰生上

1984 年 2 月 10 日

据了解，公安部门对此也有异议，这里保卫工作比大会堂前难做得多，很难确保绝对安全。　　又及

致谷牧

谷牧同志：您好！山东曲阜问题纪要发出后，省里有人反映市个别领导在搬迁问题和后围墙问题上有些想法值得研究：一、按纪要中提到要保留少量客房接待国家元首，为此他们拟以此为据，不搞全部搬迁，只搞部分搬迁，府内则仍须保留客房、伙房归市经营；二、后围墙不再修以后，将来可能要拓宽马路，占用部分用地。我意此事须慎重考虑，并有以下两点建议：一、孔府招待所必须全部迁出，并按期完成不留尾巴，接待元首是难得遇到的事，可以保留少数几套客房，伙房则应迁出，平时绝对不能再接待客人。一旦有特殊需要接待者，应作为特殊情况处理临时解决，不能以此为据继续保留客房进行经营。二、围墙不修是考虑经费问题，不意味着孔府范围的改变，应当在保持原有范围的前提下，适当绿化，或搞个简易的栏杆和标志。马路不宜占用孔府范围内的土地。以上意见妥否请批示。

如您同意，我们将以文物局名义函告省文化厅

此致

敬礼

谢辰生上

1985 年 4 月 30 日

致万里、谷牧

万　里
谷　牧　同志：

现送上中宣部代中央草拟的关于加强文物工作的文件一份。此件草拟过程详见报告。近年来文物工作有发展也存在不少问题，从主观上是我们文物部门管理不善存在官僚主义，客观上则是管理体制、干部队伍（质量和数量）、事业经费等都与事业发展的需要很不适应。另一个重要原因是在指导思想上有各种不同认识，因此发一个新的比较全面的文件是非常必要的。今年5月在国务院常务会议上，廖井丹同志曾汇报过我们正在起草一个文件，当时万里同志曾表示：搞一个文件很好，可以由国务院发。这个文件原拟建议以中央和国务院名义下发，根据万里同志指示和十三大党政分开的精神，还是用国务院名义发为好，但文件的内容是可以不改动的。先特送上请审阅，如原则可以，是否请您关心一下，早日提交国务院讨论下发，以利文物事业的发展。

　　　　此致
敬礼

谢辰生　谨上
1987 年 10 月 9 日

冶秋同志不幸逝世，所有文物工作者都十分悲痛。在冶秋病重期间，他虽不能说话，但每逢有人看望谈及文物工作他总是热泪盈眶，直到生命垂危还关心着文物工作。您二位老领导都与冶秋比较熟悉，所以我才写这封信，恳切请求能使文件早日讨论下达，因此文件已上报多时，迄无下文。

致朱镕基

镕基同志：您好！

三年前我为京九铁路建设中文物保护经费问题曾写信给您，得到您的支持，使问题顺利解决，至今铭记在心，特再次向您表示衷心的感谢！写这封信，是向您反映有关文物局机构改革的看法供您参考。最近盛传机构改革要重搞五合一的文化部。国家文物局将重新降格为文化部的部属司局。是否属实不得而知，但总是反映了一种看法。我对此是有不同意见的。1982年中央决定成立五合一的文化部，当时我曾写信给耀邦、紫阳、万里、仲勋同志建议保留国家文物局（原件附呈请您一阅）。耀邦同志已表示同意，王任重同志在中宣部会议上也传达了这种意向。但是由于赵紫阳同志以已作出决定不容更改为理由而坚决反对，以致未能实现。为弥补这一遗憾，中央书记处会议确定成立由文物专家组成国家文物委员会作为文化部的咨询机构。经过几年的实践证明，五合一明显削弱了文物局的管理职能。1987年5月国务院常务会议讨论李先念同志关于打击盗墓等文物方面犯罪活动问题的批示，为加强文物工作的领导，会议决定恢复国家文物局单独行使职权，仍由文化部代管。1987年11月，国务院颁发了101号文件《关于进一步加强文物工作的通知》。文件规定："为了切实加强对文物工作的领导，成立由国务院领导同志、有关部门负责同志和专家组成的国家文物指导委员会，协调、解决文物工作中的重大问题。国家文物事业管理局同时也是国家文物指导委员会的日常办事机构。"但由于某种原因而未能付诸实施。这个文件是1984年开始启动，由书记处书记、中宣部部长邓力群同志约请了国务院有关的十二个部委的同志和专家，进行了充分认真的讨论，形成了文件初稿。1985 年 11 月中央书记处讨论文物工作问题，会议又决定由耀邦同志牵头主持对文件进行修改，我是这个修改小组成员之一，1987 年初完成了修改稿，后以中宣部、文化部党组名义上报中央书记处和国务院。不久，耀邦同志职务变动，文件也迟迟未批，直至十三大以后，经万里、谷牧等同志批示才以国务院的名义颁发，但机构问题迄未完全落实。

根据建国四十多年来的历史经验，结合当前文物工作面临的形势和任务，文物工作必须加强领导，强化管理。机构改革最好能恢复国家文物局为直属局，并成立由国务院领导同志牵头的国家文物指导委员会。提出以上建议的理由是：

第一，文物工作具有区别于其他文化工作的鲜明特点和特殊规律。它的工作性质是科学管理。其业务内容涉及社会科学、自然科学以及工程技术等多种学科；其工作关系涉及城建、基建、工农业生产、外贸、旅游、宗教、公安、海关乃至部队等各个部门，是一项专业性、社会性、政策性很强的工作。而且它的大量工作都不属于意识形态工作的范围，与文化部其他业务在性质上是根本不同的。特别是由于它工作的复杂性和涉及方面的广泛性，有些问题，文物局解决不了，文化部同样解决不了，而必须及时向党中央、国务院请示，并且往往是时间紧迫刻不容缓，多一个层次对工作是不利的。恢复直属局有利于减少层次，提高工作效率。

第二，当前文物工作所面临的形势是严峻的。文物市场混乱，走私文物、盗掘古墓等犯罪活动猖狂，城建、基建、房地产开发等建设性破坏文物事件迭有发生，而且往往是法人犯法、以权代法、屡禁不止。问题之严重不仅为建国以来所未有，而且也是历史上所罕见。文物工作的任务比任何时期都要繁重和艰巨。由于这些问题的解决涉及方方面面，只靠文物局是很难解决的，必须要多方协作，综合治理。因此成立一个有权威性的非实体的机构国家文物指导委员会来加强领导是非常必要的。

我国是世界著名的文明古国，保存文物之丰富是其他国家所不能比拟的。如何保护好这份具有世界意义的珍贵文化遗产是我们这一代人的历史责任。文物工作与文艺电影、出版宣传工作不同的一个突出特点是，其他工作如果出现失误，今后是可以挽回的，而文物损失了，却是永远无法弥补的。记得 1960 年陈毅同志在主持国务院 105 次全体会议讨论《文物保护管理暂行条例》和第一批全国文物保护单位名单时讲的一番话是非常精辟的。会议一开始他刚看到第一批一百八十处文物保护单位名单时，就突然站起来说："这个会我不能主持，我们是有五千年文明史的国家，你们只提出保一百八十处文物，如果后代子孙知道是我主持会议，是要骂我陈毅的。"当时的文化部党组书记齐燕铭同志立刻向他解释这是第一批，今后还要陆续公布，而且地方上还有很多省级和县级的，这样他才继续主持会议。在会议中特别指出我们起草的《条例》有些规定太软，他要求再修改得严格些。会上他还批评了当时北京市拆除西单双塔寺中双塔的错误。他说："在文物保护的问题上，宁可保守，不要粗暴。如果说二者都是错误，保错了随时可以纠正，拆错了是不可能纠正的，是永远无法挽回的。"他还说："修古建筑一定要保持它的古趣、野趣，绝不允许对文物本身进行社会主义改造。"陈毅同志的这些话至今仍很有现实的指导意义。当前我国的各项建设事业的规模之大、速度之快都是史无前例的。在我国这样历史悠久的国土上进行大规模的建设必然会与文物保护产生矛盾，如果处理不好就会造成不可弥补的损失，说我们这份珍贵遗产，正处在存亡绝迹的关键时刻是不过分的。在这方面，国际社会有过深刻的历史教训。产业革命和二次世界大战以后，在一些国家都发生过在建设中破坏文物的情况，使他们后悔莫及。20 世纪中叶以后，国际上制定的各项有关文物保护的国际公约和一些国家的文物法规所共同确认的原则，就是总结了一百多年来正反两方面的经验而制定的。目前文物保护问题，在国际上已经越来越受到重视，我们在机构设置、严格管理、经费投入等方面与其他国家都有不小的差距，这是和我们文物大国的地位很不相称的。我们一定要吸取国际上的历史教训，努力避免重复走人家已经走过的弯路。因此，文物机构只能加强，不要削弱。越是改革开放，越要加强管理。越是市场经济，越要加强法制。在社会主义市场经济的条件下，文物管理绝不是要放松、放宽、搞活，而是要更加严格、更加严密、更加规范。只有这样，才能保证文物保护事业能沿着正确的方向，持续健康地向前发展。

根据以上理由，特冒昧向您提出文物局机构改革的建议，热切期望您能予以议处。如有不妥盼能予以批评指正。随函递上一本《回忆王冶秋》文集，供您了解文物工作历史情况的参考。

　　此致
敬礼

　　　　　　　　　　　　　　　　　　　　　　谢辰生上
　　　　　　　　　　　　　　　　　　　　　　1998 年 1 月 22 日

致朱镕基

镕基同志：您好！

不久前，听到您在讨论三峡工作的一次会议上的讲话传达，大家都很高兴。因为几年来一直悬而未决的库区文物保护规划问题，看来有希望解决了。最近，我们一些专业工作者应三建委移民局之约，到三峡进行了为时一经旬的文物考察，最后经讨论都各自提出了对库区文物保护的书面意见。现将参加考察的考古专家组和我个人对长江三峡工程淹没区及迁建区文物保护规划的书面意见，连同巫山等地古墓被盗掘后的现场照片六张一并随函附上，请您一阅，供您考虑三峡库区文物保护问题的参考。三峡库区文物抢救工作理应超前进行，而且还要组织得当，争分夺秒才可能把文物损失减少到最小的程度。但遗憾的是，几年来由于认识的差异，意见的分歧，而又未及时协商、交换看法，"规划"还未审批，经费迟迟不能到位，以致抢救工作不但未能超前，反而远远滞后于移民等其他各项工作。通过这次考察，我们深感三峡文物抢救工作是极为艰巨的。目前的情况是，有些地面文物已被定为保护对象，但在紧张的移民过程中被群众拆除、破坏；地下文物的丰富地区，盗掘走私文物犯罪分子活动猖獗，有的珍贵出土文物已被走私出境，形势是严峻的。据了解，2003 年的水位到达 135 米的时候，其回水线有的地区要达到 156～158 米不等。文物抢救必须考虑要在 2003 年以前把海拔 135 米的淹没线及回水线以下的文物发掘、搬迁和其他保护工作全部完成，即使现在"规划"立刻批准，经费完全到位，如果不在全国组织业务力量全力以赴，要在短短不足五年的时间里完成"规划"确定的任务恐怕还是有困难的，因此必须加强领导、加强管理。文物工作是一项政策性、专业性很强的工作，建议业务工作应以省、市文物部门为基础，由国家文物局总把关，统一领导，建立健全业务工作的各项管理制度，以保证经费使用得当。

关于文物保护经费问题，我认为保护三峡库区的文物是国家的责任，制订库区的文物保护规划，也应是国家的任务。其所需经费如果全部列入移民经费计划是有困难的。其不足部分似应由国家负责解决。我建议白鹤梁和博物馆建设经费不列入移民经费，并不是要把这个项目取消，而是希望由国家经其他渠道安排解决。特别是白鹤梁是库区唯一的全国重点文物保护单位，价值很高，在国内外都有很大影响，它的经费安排必须与其他项目同步落实，它的保护工作必须与其他项目同步进行。以上意见仅供参考，不妥之处请予指正。

此致
敬礼

谢辰生上

1998 年 7 月 8 日

致朱镕基

镕基同志：您好！

1998 年 12 月我应重庆移民局之约，参加了三峡白鹤梁题刻等三处重要文物保护方案的论证。经过认真讨论形成了专家组的论证意见，现随函附上请您审阅。在此之前，1998 年 9 月我还参加了三建委召开的关于三峡文物保护规划的专家论证会。专家论证肯定了规划组提出的保护规划方案，提出了一些意见，建议修改补充后尽快审批以利工作正常进行。当时意见之一就是建议把白鹤梁三处重要文物另行专题论证，现在这三处也已专题论证完毕。可以说，整个三峡文物保护规划均已通过专家论证，当务之急就是希望三建委尽快审批规划、落实经费。当前的情况是，由于规划未批，经费不能按规划安排，已严重影响文物抢救工作的正常实施。三建委首次拨付文物保护经费是 1997 年 9 月，真正到位是 11 月，1998 年的经费到位时间也是年底。这两年安排的考古发掘面积，重庆地区约占规划总面积的三十分之一，地面文物更是未安排一处实施搬迁保护。同时，这两年三建委对迁建区抢救项目基本未安排，致使大量古墓葬、古遗址、古民居、石刻等遭到严重破坏，不法分子对古遗址、古墓葬的盗掘活动更是十分猖獗。为此拖下去，后果实不堪设想。原以为专家论证通过规划之后，三建委会很快审批，但从去年 9 月至今已近半年之久仍杳无消息，而三峡工程正在加快进行。文物抢救本应超前，现在已经严重滞后。造成今天这种局面的来龙去脉，去年文物局曾有一个报告写给岚清同志说得很清楚，是符合实际情况和可信的，现随函附上请您一阅。从 1992 年人大通过三峡工程至今已经七个年头，距 2003 年到达 135 米高度只有四年的时间，而绝大多数重要文物是在 135 米以下的，抢救任务极为繁重。一项需要超前而且还必须争分夺秒才能完成的重要任务，工程已接近了七年，春节过后又是两会，如果第二季度规划还不能审批，按照三建委年度经费要到第四季度才下拨的习惯，则到达 2003 年的工作时间已不足四年，最多不过三年有余，为此短暂的时间完成极为艰巨的任务实在是太困难了。为此恳请您能敦促三建委火速审批规划、落实经费，万不能再拖延了。同时，我再次建议：一、一定要加重文物局的责任，业务工作应由文物局总负责、总把关，并组织全国业务力量全力以赴。二、移民局和长委会都不宜直接领导业务，而应当着重加强经费的审计，对违法、违纪者应严肃处理。任务艰巨，时间紧迫，如果再继续拖延，到三峡工程完成的时候，却有大量文物遭损失，我们这一代人，将何以对祖先？何以对子孙？何以对人民？恐怕在国内国际都会产生不良的政治影响。坦率地说，如果真的出现这种情况，李鹏同志和您也都是有责任的。我已年近八旬，身患绝症，个人得失早已置之度外，故再次上书直谏，不恭之处尚祈见谅。

　　此致
敬礼

谢辰生上

1999 年 2 月 14 日

致张德勤

德勤同志：

9月21日星期三下午2时半，我把南京云锦研究所复制的马王堆素纱禅衣和定陵万历龙袍，送到先念同志家里，请他过目。先念同志对此很感兴趣。在交谈中，当他了解到万历龙袍已经全部炭化时，先念同志说："我历来反对主动挖大墓，挖出来保护不好，就毁掉了。你们应当重点搞好配合基建的考古发掘，不要随便挖帝陵、大墓。"在谈到文物市场问题时，先念同志说："卖文物要分析，对那些存量大、复制品多的如铜钱等可以卖，但珍贵文物不能卖。过去马王堆发掘后，我对王冶秋同志说出土的文物卖一件行不行？这是开玩笑的话。真要卖，我就不干！"当时，我还反映了当前文物破坏性"开发"的情况，有时我们文物部门往往被视为"保守"，先念同志说："我比你们还保守，不要怕人家说你们'保守'，该怎么办就怎样办，应当坚持的，就要坚持。"

先念同志对文物工作很关心，过去文物出口等许多重要问题的报告，都是经他批示的。白马寺借调故宫元代塑像也是我写信反映，经先念同志批给统战部要他们"完璧归赵"的。这次在他家除看复制龙袍外，还谈了近一个多小时，他的意见可否向部领导反映一下，请酌定。

　　此致

敬礼

谢辰生

1988年10月4日

致李鹏

李鹏总理：您好！

　　现随函送上我给家华、铁映同志并转您的一封信的复印件，内容是关于虎门炮台保护的问题，希望您能在百忙中一阅，俾能了解高速公路与炮台矛盾的来龙去脉，并恳切请求您能考虑我的几点建议。虎门靖远炮台在去年3月遭部分破坏后已引起国内外的强烈反响，因此对这个问题的处理也为全社会所关注，特别是对今后全国的文物保护会带来很大的影响。如果在国务院纪要中既从既成事实的实际出发，确定移动文物的方案，又明确指出是非问题作为经验教训，引以为戒，要求各建设单位今后一定要依法办事，加强法制观念，注意文物保护，就会对今后文物工作有很大的推动作用。反之，如果只重方案，不谈经验教训，就会对整个文物工作产生不利影响。当前各项建设与文物保护的矛盾是一个十分突出的问题，各地在建设中破坏文物的情况屡见不鲜，有的性质十分严重。事实上，只要依法办事，这些矛盾是完全可以解决的，许多破坏文物的情况大都可以避免。把虎门的问题作为一个教训，要求各地，特别是文物集中的地区一定要严格执法，按照法律规定程序办事，就会坏事变成好事。纪要中如不强调甚至回避这一点，人们就会得出结论：不管法与不法，不管采用什么手段，只要造成既成事实就会得到承认，如果所有部门和单位都群起效尤，国家大法岂不成为一纸空文了吗？这与党和国家一再强调加强民主与法制的要求是完全背道而驰的。所以建议在纪要中一定要分清是非，处理可以淡化，措词可以缓和，但不能不写。广东的基层文物干部敢于依法力争的精神是可贵的，似应予以肯定，这将对全国文物干部都是很大的鼓舞和支持，对今后文物工作是有利的。以上意见妥否请您参考，冒昧陈词希能见谅。

　　　　此致

　　敬礼

谢辰生上

1994 年 3 月 14 日

致邹家华、李铁映、李鹏

家华、铁映同志并转李鹏同志：您好！

关于虎门靖远炮台和高速公路的矛盾问题，我原拟据理力争，采取一个两全的方案，务期使炮台遗址无损地保存下来。但在赴穗的飞机上，从关根同志和我的谈话中，已预感到事态发展的结局。因此，我在会议上发言只是说明了炮台的重要性，阐述了文物保护的原则和为什么炮台不能移动的法律和理论依据，希望领导和桥梁专家们能够理解，而没有尖锐地提出可能引起争论的问题，以避免在会场上造成紧张和不愉快的气氛。现在中央已作决定，我仍然认为有责任反映一些实际情况和我个人的看法。首先，我建议中央领导同志在处理这个问题的时候，一定要把从既成事实这个实际出发而作的决定与造成这个既成事实过程中的是非问题区别开来，如果只作决定不谈是非，坦率地说，我就不服，而且很可能对今后全国的文物保护产生不利影响。我完全拥护李鹏同志在会议上的讲话，指出了广东省在建设中对文物保护注意不够，并要求各地今后在建设中要注意保护文物。但我所指的是非问题不是针对广东省的所有领导和负责工程设计的桥梁专家，而是指具体负责工程的大桥公司负责人，他们一年来的许多做法极为不妥，也可以说是完全错误的。据了解，对他们的一些做法，林若同志也有意见。下面我想就几个问题谈谈个人的看法：

一、怎样认识下移方案对文物保护的得失问题。从现象上看，18米和24米的暗道和暗室，在整个虎门炮台群的总面积中只是一小部分，不要说下移，即使毁掉，似乎也不必那样大惊小怪。对一般不了解情况的同志，这样认识是完全可以理解的。但从文物保护的角度看，认识就不同了。我们认为，这次高速公路与炮台的矛盾，文物方面付出的代价是很大的。即使制订保护规划，可以有得有失，仍然是失大于得。第一，靖远炮台在虎门诸炮台中历史意义最大、价值最高。因为它是指挥台，规模最大、配炮最多，关天培壮烈牺牲于此。由于当时的激烈战斗，英侵略军摧毁了炮台，使今天保存下来的只是一部分遗址。正因为如此，所以它既是帝国主义侵略的历史见证，又是中华民族觉醒的标志，反映了中华儿女为抵抗外来侵略顽强战斗的民族精神，是向人民群众进行爱国主义最具体、最生动的教育阵地。其教育作用是其他炮台所不能替代的。判断文物的价值，不同类别的文物有不同的标准，一件瓷器，完整的比损坏的价值要高得多。但对炮台来说，其价值高低主要取决于它在当时所起的历史作用，这就是为什么残破的靖远炮台价值高于其他完整炮台的原因。第二，目前要移动的虽然只是 18 米暗道和 24 米暗室，但是去年大桥公司不听劝阻强行施工已经摧毁了围墙 10 米、墙基 64 米和兵房遗址 120 米。靖远炮台残存遗址面积是小于其他炮台的，据统计，现在要移动的和去年已摧毁的部分加起来的面积，占整个残存面积的三分之一强。对于如此重要的炮台遗址，要损失三分之一，自然不是一件小事。为保护这个重要遗址而呼吁，绝不能认为是几个文物专家在小题大做，危言耸听。第三，按现在的设想，文物方面最大的"得"是要求广东拿出一笔经费，制订整个炮台保护规划与大桥建设同步实施。这当然是非常好的。但需要说明，根据法律规定，各级文物保护单位的具体保护管理工作都应由所在地人民政府负责，其所需经费也要列入地方财政预算。国家文物管理部门的职责主要是调查研究、业务指导、督促检查中央的方针政策和国家法律的执行情况，以及行使法律赋予的对有关项目的审批权力，而不可能具体负责对全国所有保护单位的保护管理工作。文物保护的好坏，首先还是地方政府负责。如有问题，国家文物部门只能负检查督促不力的责任。关于经费问题，现在一些同志中存在一种误解，仿佛只要是全国重点文物保护单位，其维修保护经费就应当由中央负担，这是不符合法律规定的。不错，中央确实有一笔用于文物保护的直拨经费，这是在 50 年代周恩来总理决定的。当时每年只有二百万元左右，主要是考虑到文物的分布各省是不平衡的，而财政收入各省也有差异，有些文物多而财政收入少的省，无力负担本地区亟待抢救的文物发掘或维修的经费，而用此项经费予以重点补助。这就是中央文物直拨经费的使用原则，它是补助性质的，而不是承包性质的。广东在改革开放中是居于前列的省，经济实力当然比内地的省份要强些，即使没有这次矛盾，对虎门炮台也理应制订保护规划分批、分期实施。当然，中央也可以给予适当的补助。因此，这次要搞规划、建基地只不过是为了解决公路问题而促进了这项工作。从法律上说，这原是广东省的份内事，而不是额外负担，更不能视为是对文物的特殊照顾。根据以上三点，在解决这次矛盾中，文物方面代价很大，失大于得就不言而喻了。尽管如此，如果广东省领导能按期兑现承诺，实现规划，作为一个老文物工作者，抛开矛盾不说，我仍然表示赞赏和由衷的感激。不过，从大桥工程方面来说，则是有得无失、有利无弊，完全实现了既定方案，达到了造成既成事实、迫使文物方面就范的目的。如果用早在建国初期周总理确定的"两重两利"方针来衡量，这显然是欠公允的。

二、关于造成既成事实过程中的是非问题。首先要说明：大桥公司现在施工的具体路线，并不是文物局批准的路线，这有大桥公司的报告为凭；现在要移动的暗室、暗道并非施工中新发现，而是早已存在，这有广东省政府批准的保护范围的文件为证。对于这一基本事实，大桥公司一直回避或歪曲，用以混淆视听，欺骗领导。去年二三月间，大桥公司不遵守他们给文物局报告中所说路线完全避开炮台的承诺，不按照文物局批复中应对靖远炮台遗址进行考古调查后才能施工的要求，即根据他们改变了的路线强行施工，破坏了靖远炮台的墙基、围墙和兵房。如果不是东莞政府采取果断措施强行制止，将会造成更大的破坏，这完全是一种违法的错误行为。之后，国务院办公厅根据徐志坚同志主持召开的两次座谈会，先后两次发了文件，要求大桥公司停止施工、迅速制订文物保护方案上报，经各方专家论证同意后实施，而大桥公司竟未予理会，继续施工，这才是真正的无组织、无纪律。对此，似未闻广东省领导同志有何批评，倒是对基层文物干部有不同意见却频频施加压力，这是很不公平的。

关于方案问题，一年多来的事实表明，大桥公司从来就没有考虑过真正要保护文物的方案，而是坚持他们的既定方案，并千方百计造成既成事实，迫使文物让路。开始他们不顾法律、不听劝阻、强行施工，造成了对炮台遗址的破坏，以致引起国内外的强烈反响，在舆论的压力下才考虑对策。他们的对策，仍然是坚持文物让路，根本不听国务院办公厅两个文件的意见，一方面迟迟不提方案，一方面从东西两面抓紧施工，终于造成了今天这种"兵临城下"的既成事实。在国务院的座谈会上，徐志坚同志曾明确要求他们搞几个方案，并要有模型和具体资料，以便比较论证。但是，在去年 11 月广州召开的论证会上，大桥公司一开始只提出了一个下移的方案，而且谎称这是徐志坚同志指示搞的。国务院开会我是参加了的，当时徐志坚同志根本没有这样指示，大桥公司负责人竟然在这样一个严肃的论证会上公然说谎，企图以领导指示影响专家，这是极不妥当的。特别是，他们在会上提出的下移方案，只是意向性的，既无模型、图纸，更无实施这个方案的具体技术资料，根本无法进行论证，而且下移原则所有文物专家和有的桥梁专家也不同意。他们才又临时提出了一个减道方案。经过讨论，最后形成的论证意见是，大部分桥梁专家同意下沉方案，如国务院批准减道方案也是可以接受的；所有文物专家和有的桥梁专家不同意下移方案，减道方案是可以接受的。可是不久他们就又完全推翻了自己已经同意了的意见，而继续坚持下移方案，不接受减道方案。这即表明，他们提出的减道和所谓的几个设想，从一开始就缺乏诚意，就是要否定的方案，提出来的目的不过是一种姿态，是为堵别人的嘴。事实上，在去年矛盾刚发生的时候，大桥开工不久，如有诚意，不论是稍稍移动一定的角度使之避开炮台，或者采用爬坡方案都是没有问题的，可见非不能也，是不为也。因此造成今天不能两全的被动局面，理应由大桥公司承担全部责任。

三、根据以上情况，我提出以下几点建议：第一，希望领导权衡轻重，慎重决策。如决定下移方案，大桥公司应尽快拿出具体的下移设计方案，经文物专家、工程技术专家论证同意后，会同文物部门组织实施。在方案未定之前，不得在文物保护范围内施工，尤其不能拆动文物。如因此而影响工期，应由大桥公司自己负责。第二，一定要分清是非，明确指出大桥公司违法破坏文物的错误，以及种种不妥当的做法。处理可以淡化，性质不能改变，这样才有利于他们吸取教训。第三，广东省和东莞市的基层文物干部能够顶住来自各方面的压力，忠于职守，坚持依法办事是可贵的，值得提倡的精神，应予以表彰和奖励。在这个问题上，我是个"保守派"，古稀之年四到虎门，坚决反对移动文物，说了不少话，必然会影响到当地文物干部的情绪和看法，如有不妥，我负全部责任，切勿责怪基层文物干部，一定要保护他们的积极性。

以上的看法和意见仅供领导参考，我过去曾向有的领导表示：我对任何一个领导都是尊重的，但又绝不会违心地迎合任何领导同志意图，而改变自己认为对的看法，否则就会违背了作为一个文物工作者的职业道德。最后我要表示，无论中央决定什么方案，我一定组织服从，在行动上坚决与中央保持一致，并且还会主动积极地向自己熟悉的同志做解释工作，但对是非的看法则保留自己的意见。千秋功过，让历史评说吧。如有不妥，请批评指正。

　　此致
敬礼

谢辰生上

1994 年 3 月 17 日

致孙家正

家正同志：您好！

听说您和岚清同志都对我们几个老同志关于保护故宫环境的呼吁作了批示，感到非常高兴。前几天，文物局副局长董保华同志在故宫约请签名的人去座谈了一次，故宫同志就安装大电视屏幕的必要性和可靠性作了说明，并就如何整顿商业网点提了一些设想，没有谈到现状。我们对故宫同志从博物馆现代化加强宣传效果出发，提出这个项目的愿望都表示理解，但是大家仍然坚持原来的意见，不赞成在太和门搞这个项目。不仅是影响环境，而且也增加了不安全因素，因为安装屏幕要拉很长的电线（明线）到太和门，这对防火是不利的。我们认为，故宫博物院与一般博物馆是有区别的。它首先是故宫，是全国重点文物保护单位。它展示的最珍贵、最重要的展品就是紫禁城这一座举世无双的古建筑群；它所展示的内容，最吸引人的是宫廷原状陈列。故宫收藏的古代艺术珍品固然十分重要而且应当展示，但展示这些珍品的陈列，对故宫整体来说，只能是它的重要组成部分，而不是第一位的。而且这些陈列是在故宫古建筑内展示，因而它的展示要求和手段，都要受到文物建筑保护原则的制约，而且是永恒的制约，因为这些原则是永远不会改变的。因此，在任何时候，在任何条件下，故宫博物院只能是在保护故宫原状的前提下，开展博物院的各项业务活动，而不能单纯从一般的博物馆要求出发"改造"故宫。就是说"博物院"一定要服从"故宫"，而不是要"故宫"服从"博物院"。记得1960年陈毅同志在国务院105次全体会议上有一句名言，他说："对文物本身绝对不允许进行社会主义改造。"这是当时他主持讨论《文物保护管理暂行条例》时讲这句话的。这个意见也是与国际社会所共同确认的原则相一致的。根据这个原则，有些展示手段和现代化设施对一般博物馆是完全必要的、可行的，对故宫来说就未必是可行的。当然如果是在地下陈列就不受这个制约了，但是地下陈列的建设也必须考虑故宫地上的安全能否得到保证，也要慎重。以上是我们对故宫博物院的基本看法供参考。

　　此致

敬礼

谢辰生上

1998 年 6 月 16 日

致李伟

李伟同志：您好！

很不好意思又要麻烦您。最近，我们一些老同志为东方广场事十分忧虑，又写了一份紧急呼吁书。现随函附上，请能代为转陈镕基同志考虑。此事关系甚大，涉及北京这一历史文化名城的总体布局问题，反映了长远利益与眼前利益、民族国家整体利益与局部利益、人民根本利益与少数投资商的利益的矛盾，也涉及我们到底要不要加强法制，要不要服从法律的问题。为此事罗干同志在就任首规委主任前一天曾打电话给我，也向其他一些专家征求过意见。大家一致认为目前的方案是不可取的，是不能接受的。当时项目尚未批准，仍在停工。现在据说不但已经开工，而且地基打得很深，是为将来再增高度创造条件。因而使我们深感不安，所以又写了这份呼吁书，再次恳请领导予以慎重考虑为感。

此致
敬礼

谢辰生上
1998 年 7 月 31 日

致李铁映

铁映同志：您好！

春节将临，给您拜年。感谢您的支持，终于由社科院、文化部、文物局三个单位联合举办了纪念郑振铎百年诞辰的座谈会。可惜您未能出席，是个遗憾。现在又有两个情况向您汇报，希望得到您的关注和支持，并盼能将我们意见向中央有关领导代为反映。一是文物市场问题；二是有些省要将文保单位与旅游企业合并捆绑上市的问题。因为您主管文物工作整整十年，对文物工作的情况和基本规律最了解，所以恳切期望得到您的支持，并通过您的影响，不要使文物工作偏离正确方向，造成工作的损失。现将以上两个问题的情况和我的意见分别汇报如下：

一、文物市场问题。最近我看到全国政协教科文卫委员会给中央、国务院写的一份《关于进一步加强打击文物盗窃和走私工作的建议》，这个建议总的来说写得很好，反映了当前文物工作存在的问题，提出了一些很好的意见。但其中关于进一步开放和规范文物市场的建议则是极为不妥的。建议说："馆藏文物越来越多，保管困难"；"国家应重点保护一、二级文物及三级品有价值的文物，允许三级或三级以下文物上市流通，并参与文物的国际交流"。这里说得很清楚，就是要把馆藏三级或以下文物投放市场并且还要卖到外国去。因而进一步提出了"对出境文物的限制要放宽，不能简单地以年代的划分作为出境文物的限制标准"（见附件）。所有这些意见，都是违背《文物保护法》的。文物法及其细则明确规定：禁止出卖馆藏文物；三级文物属于珍贵文物；珍贵文物一律禁止出境。建国以来，禁止珍贵文物出口是我们国家的一贯政策，建国后颁布的第一个文物法令就是禁止珍贵文物出口令。因此，全国政协教科文卫委员会的意见是直接违反法律规定的，是不可取的，是完全错误的。回顾十年来您关于文物市场问题的批示或口头意见，直至文物拍卖要"直管专营"的主张，都是为广大真正文物工作者所拥护的。遗憾的是您的正确意见，始终没有得到认真的贯彻执行，特别是1992年以来，更是在有些方面完全反其道而行之，有些情况已经被您"不幸而言中"。这正是造成今天文物市场混乱局面的主要原因。据海关、公安等部门的反映，当前的文物盗窃、盗掘、走私等犯罪活动大都与混乱的文物市场有千丝万缕的联系。因此，当务之急，应当是依法整顿混乱的文物市场，而不是全面放开、自由买卖，更不是要鼓励珍贵文物出口。国家对于关系到国计民生的粮食、棉花购销已经实行严格的管理，棉粮都是年年可以再生产的尚且如此，为什么对作为不可再生的祖国珍贵文化遗产的文物却偏偏要全面放开而不许专营？"专营"不是区分市场经济和计划经济的标志，埃及1983年文物法明令禁止文物买卖，取消文物市场，难道他们实行的是计划经济吗？我认为文物市场仍然应当坚持专营归口管理，当然不能故步自封搞老一套，而是要在调查研究的基础上，走出一条适应新形势、新情况的新路子来，关键是要深化改革。

二、关于有的地方试图把文保单位和博物馆与旅游企业合并捆绑上市的问题。最近，继桂林市把七星山五个公园和桂湖三处著名景点划归旅游公司经营准备出海上市之后，一些省市也要采取类似办法把一些文物保护单位和博物馆与旅游企业联合组成旅游公司准备上市，而且不仅涉及一些历史文物，甚至涉及如井冈山、红岩乃至总理和鲁迅纪念馆等革命文物。我认为，这种设想是不妥当的，必须采取十分慎重的态度，而不宜鲁莽行事。旅游是经济产业，旅游公司是以谋求利润为目的的经济实体，文博单位则是以促进建设社会主义精神文明为宗旨的社会公益事业，把两个性质根本不同的事物捆绑在一起就混淆了事物的质的区别，就会把事情搞乱。特别是革命文物上市尤为不妥，而目前确有此动向。不久前，江西省一位副省长就曾对井冈山革命遗址能否上市问题打电话给文物局征求过意见，张文彬同志明确表示不能同意。我认为把革命遗址作为旅游产品上市，不仅是错误的，简直是对革命先烈的亵渎。这样说，我绝不是要把革命遗址排斥在旅游之外，恰恰相反，我则是很希望旅游部门能组织更多的特别是国内旅游者去革命遗址参观，这种参观主要是使参观者受到爱国主义和革命传统教育，同时也同样可以取得相应的经济效益。但在指导思想上绝对不应当把革命圣地作为商品来对待。事实上，社会效益与经济效益是统一的，而且应当成正比，越是重视社会效益，经济效益就越好。如只是单纯地追求暂时的经济效益，不仅会损害社会效益，而且归根到底还会损害经济效益。对文博单位来说，一定要坚持把社会效益放在首位的基本原则。小平同志明确指出："思想文化教育卫生部门都要以社会效益为一切活动的唯一准则，它们所属的企业也要以社会效益为最高准则。"并且对"把精神产品商品化的倾向"和"一切向钱看"的现象进行了严肃的批评。他指出："混迹于文艺界、出版界和文物界的一些人，简直成了唯利是图的商人。"因此，把风景园林、文博单位与旅游企业合并为旅游公司上市的做法，是违背邓小平理论的，是不可取的。我认为一定要坚持社会公益事业不能企业化，国有资产不能私有化。对国家重点文物来说，提出"谁投资、谁开发、谁保护、谁受益"的原则也是值得研究的。现在，"上市"之风来得很猛，而且多是省、市领导拍板作决定，事先并不征求主管业务部门的同意。如果没有中央领导同志的表态，文物局是挡不住的。这不仅是一个面临的现实问题，而且也是一个需要研究的理论问题。实应十分慎重，切不可一哄而起。以上意见如无大错，您可否转请岚清、关根同志考虑？

　　此致
敬礼

谢辰生上
1999 年 2 月 14 日

致刘淇

刘淇同志：您好！

　　我从北京新闻中听到您在保护皇城会议上的讲话内容，其中提出了要以对历史、对民族、对国家负责的态度整体保护皇城。之后又辗转听说这个整体保护的原则也有可能扩大到二环以内的整个老城区。对于我这个年逾八旬，为保护北京古城奋斗了半个世纪的文物老兵来说，实在是个天大的喜讯。我对北京市新一届领导作出了如此具有远见卓识的英明决策表示由衷的钦佩和感谢！这个功在当代、利在千秋的决策，如果经过努力得以实现，它将成为建国后北京市人民政府一个永垂史册的最大政绩，也是最得人心的重大举措。这绝不是溢美之词，我可以有把握地说，这是反映了很多专家学者乃至北京市基层大多数老百姓的看法。据我了解，人们在街谈巷议中大多数人都对那种推平头的危改方式反映十分强烈，如果进行一次广泛的、不施加任何压力的客观民意测验，就一定会证明这一点。为此我恳切地期望市领导一定坚持这个决策，促其早日实现。我认为，当务之急就是要下决心立即制止在二环以内，特别是皇城区仍在继续拆除完整四合院的危改活动。四合院是古城的细胞，毁掉了四合院，古城的生命也就消失了。近几年来，古城格局和风貌已遭到极其严重的破坏，是令人十分痛心的。但是，二环以内如果能立即停止乱拆风，还可以依稀看到这个驰名世界的古城轮廓，因此您现在提出整体保护原则实在是一场及时雨。也许有人提出，如果古城保持现在这样陈旧的面貌，如何迎奥运？这是完全多虑的。事实上，如果我们能把老城区整体保存下来，到 2008 年奥运时，使人们能够看到一个古老的历史文化名城，虽然是陈旧的（当然应当是整洁的）也必然会赢得人们的赞许。反之，如果按照南池子的模式，把老四合院推平而代之以不伦不类的所谓高级别墅，其效果只能是遭到非议甚至谴责。现在对北京大规模拆除老四合院，来自国际社会的批评已经不少了。现随函附上我在一次学术研讨会上所作的题为《北京迎奥应当打什么牌?》的发言稿供您参考，请您指教。同时，我对实现您的决策提出以下几点建议：

第一，从战略上重新考虑调整北京市的总体规划，合理配置城市功能的布局，特别是要调整完善和细化不久前出台的北京历史文化名城保护规划。这个规划基本是好的，对存在的问题抓得很准，但缺少如何解决这些问题的有针对性的具体措施，需要进一步补充。

第二，调整老城区的危改政策。改变现在由开发商说了算的局面，彻底否定推平头的危改方式。凡是完整不危的老四合院，都应原地保存。

第三，调整对城区的危改时限。老城区目前存在的诸多问题是五十年来积累而形成的，要在短期内完全解决是不现实的。如果一定要赶时间，就只能采取大拆大跃进的方式。这是与保护古城的原则和要求相违背的，是绝对不可取的。因此只能采取逐步解决的办法，不能要求时限太紧，没有必要一定赶在奥运之前，否则政府就要投入较多的资金。

第四，北京古城这份珍贵遗产是属于整个中华民族的，也是属于全人类的。北京市政府固然负有直接保护的责任，同样中央政府也负有不可推卸的责任，因此建议国家应当在政策和保护资金上给予支持。

第五，在危改中一定要保护老百姓，特别是弱势群体的合法权益，尤其不能采用粗暴手段欺压老百姓。前几天，南池子一位住户送给我一份材料，现随函送上请您一阅。其中有些情况实在令人气愤，开发商、拆迁办有什么权力殴打群众? 据我所知，他们采取的手段还有更恶劣的，恶劣到令人难以置信的程度。我作为一个普通公民和党员，恳切请求市领导对南池子的违纪情况进行调查，对有关人员严肃处理，以缓解群众情绪，维护社会稳定。南池子是首批公布的二十五片保护区之一，现在这种做法根本不是保护而是彻底的破坏，如果不及早纠正，则皇城整体保护的原则就会完全落空。

我已属耄耋之年，坦率地提出上述意见，绝无任何私利可图，完全是出于对祖国文化遗产的热爱，出于对弱势群体老百姓的同情，也是出于对党风廉政建设的关心，如有不妥请予指正。

此致

敬礼

谢辰生上

2003 年 3 月 4 日

顷又见《北京晚报》刊登有三眼井将成为仿古街的消息，"仿古"提法本身就与国际社会通认的"真实性"原则相违背的，万万不可照此实施，否则就成了第二个南池子，是违背您的讲话精神的。

致刘淇

刘淇同志：您好！

前几天我收到敬民同志的来函，得知了4月9日市委会议的内容和市里决定对保护四合院拟采取的措施，极为欣慰，特别是您的重要批示尤为感谢。我认为市里的设想非常切合实际，我完全拥护。当务之急是要尽快全部付诸实施，例如公布四合院名单，至今尚未落实，而名单中的一些很好的四合院正在消失，再拖下去将会有更多的重要四合院继续被拆毁，这使人深感忧虑和痛心。据了解，在"非典"肆虐时期，在旧城区拆毁四合院的活动的确停止了一段时间，但随着抗击"非典"斗争不断取得胜利，在旧城区拆除活动又开始了。首先是西城区和花市，而且不是个别的拆除，而是成片的拆除。最近听说东城区又在一些地区的四合院重新写上了"拆"字。看来推平头式的危改活动已卷土重来，这是与您的批示和4月9日市委会议决定精神完全相违背的。我们党的规矩历来是下级服从上级、全党服从中央，各区委、区政府如有不同意见可以按正常组织程序提出意见，而不能置上级组织的决定于不顾，各行其是，这是违反组织纪律的行为。在中央所在的首都出现这种情况实在令人感到惊讶和困惑不解。因此，恳切希望您能予以关注制止这种违纪行为，并尽快公布名单，落实敬民同志提出的各项措施。据市文物局说，名单已上报市府，迄未批复。我想即使个别的四合院因特殊原因需要拆除也应通过专家论证并按照您的批示"必须市级领导批准"方可进行，否则听任现在这种情况继续发展，不仅名城遭到进一步的破坏，而且也有损市委的领导威信。当然，停下来会有不少需要解决的问题，这是应当通过学习、各方协商解决的。我们党历来要求局部利益要服从整体利益、眼前的暂时利益要服从长远的根本利益，这是与"三个代表"的要求完全一致的。当前，全党全国正在掀起学习"三个代表"的高潮，联系危改的实际，一座举世无双的名城保护与几个开发项目相比，孰轻孰重？哪一个代表了广大人民群众的根本利益？怎样做才是真正地实践了"三个代表"的要求？这应当是不言而喻的。

敬民同志来函收到后我非常兴奋，因此在回信时对如何充分发挥名城的特殊功能，为"迎奥"服务问题说了一些我的看法，现将原信复印件随函附上，请您一阅，仅供参考。我建议可否选一个具有典型意义的地段作为试点。例如，现在争议很大的西长安街民族宫对面那一片旧城街区，是拆掉盖大楼还是原状保留进行必要的整治作为北京古城展示的一个景区，我们很多从事历史、文物考古研究的人力主采取后一种方式，而坚决反对拆掉盖大楼。理由是：这一地段是目前保存的唯一能说明从辽、金、元到明、清北京古城五个朝代历史沿革发展变化的地段，其他能说明这一历史发展的地段均已被毁得荡然无存了。这一地段是辽金都城东北角与元大都西南角交汇的地方，现在的西长安街南侧人行道就是元大都南城墙旧址。明永乐建北京城时才把南城墙南移到了现在前三门的位置。这一片街区的布局和胡同走向都是与这些历史变迁密切相关的。举个例子，如现在的受水河胡同就是元代金口河的河道位置，金口河是元代郭守敬利用辽金都城北护城河拟解决元大都漕运而开通的河道，但未成功，后来，河道填平成了胡同，初名臭水河胡同，至民国时期袁良任北平市长时觉得这个名字不好听才改名为受水河胡同。此外，这里还保留着许多历史的印记，就不再赘述了。因此，这里是一个很有价值的地方，如果能够搞一个集保护、建设、文化、旅游各方面内容的综合性规划，突出它的历史文化内涵，就会建成一个很有特色的社区。其价值和意义是建几个大楼所无法比拟的。主张在这里盖大楼的意见，除了大楼业主看中了这个黄金地段之外，有些同志很可能是从长安街的现状考虑的，因为目前沿长安街两侧已经是高楼林立了。如果在中间保留这么一块旧街区，似乎"不太协调"。其实，从保护古城的角度来看，长安街现状才是最大的不协调，东方广场就是一个最大的败笔，这是过去我们决策失误造成的。今天我们还是要从对历史、对民族、对国家负责的高度，总结过去的经验教训，纠正失误，而不是要迁就既成事实，继续向"失误"看齐，错上加错。这也正是我们强烈要求保护这一地段的一个重要理由。

前几天我还参加了一次筹建元大都土城遗址公园朝阳区段规划座谈会，现将参加会议专家们的主要意见向您汇报如下：大家的一致意见是不赞成重建两段元代土城，也不满意海淀区遗址公园的做法，并建议在奥运之前把元代土城申报为全国重点文物保护单位，我是赞成大家这些意见的。理由是：元代土城是文物保护单位，它的本体还在，最有价值的就是它的本体，本体不存在，它的价值也就消失了。建遗址公园是可以的，但必须把本体摆在最突出的位置上，公园的任何措施和设施都必须围绕着突出文物本体。

谢辰生

2003 年 3 月 4 日

致刘淇、王岐山

刘 淇
　　　　同志：您好！
岐 山

　　南池子改建工程竣工后，媒体一片赞扬声，给予了充分的肯定。有人说城区危改即将以此为样板重新启动。对此，我们感到很不安。

　　我们认为南池子模式从不同角度评价会有不同的结论，不宜笼统地肯定或否定。首先，南池子改建作为既成事实的现状，基本上保留了原来街区格局的肌理，新建筑设计也是采取了改造的民居形式，而不是高楼大厦，因而总体上没有明显地造成古城风貌的破坏，这是应当肯定的。其次，新的建筑对于将来的居住者生活条件将有很大的改善，这也是不言而喻的。但是肯定这些，并不等于它就是应当推广的典型。因为从保护历史文化名城的要求来看，在南池子整个改建过程中，有很多值得总结的教训，而不是一个值得推广的经验。

　　另据媒体报道，即将组织开展申报北京皇城为"世界文化遗产"的工作。按照申报世界文化遗产的条件，就要求必须保持"遗产"的真实性和完整性。对照南池子的做法，不仅不是成功的经验，而且是一大败笔。有的媒体说，南池子是整体保护、适度更新，这不是事实。实际上，南池子是适度保护、大片更新，而且这个"度"也很小，只保留了三十几个老四合院，其他大量的老四合院被夷为平地，重新建造了现在的新民居。任何事物，量的变化就会导致质的变化。"遗产"必须是原来的遗物，原汁原味，这就是它的真实性。南池子大量拆旧建新的做法，如果推广到整个皇城，就从根本上改变了皇城作为遗产的性质，也就从根本上"拆掉"了申报世界遗产的基本条件，申报是不可能成功的。如果推广到整个古城区，就是拆掉一个真实的老古城。新建了一个模拟的仿古城，后果也是严重的。根据以上理由，我们建议不要把南池子模式作为推广的典型，宣传也要适度。还是坚持原来市里决定对古城内的传统建筑，根据实际情况分别采取保护、维修、整治与翻建的办法为好。以上意见仅供参考。

　　此致
敬礼

谢辰生

2003 年 9 月

致温家宝、胡锦涛

家宝同志并锦涛同志：

　　我是八十二年前出生在北京的老北京市公民，又是在文物战线奋斗了半个多世纪的文物老兵，对北京古城的保护问题极为关切。顷阅报载家宝同志在考察北京城建工作时的讲话，明确指出："要在加快旧城改造改善人民居住条件的同时，十分注意保护好文物和历史文化遗产，保护好古都风貌。"对此我感到极为兴奋。正如几个月前听到刘淇同志关于要整体保护皇城讲话时一样高兴。但是，面对严峻的现实，又使我五内如焚深为忧虑。

　　今年4月北京市委提出要加强对北京古城的保护，并决定公布在古城区内需要保护的四合院名单，以便于广大人民群众进行监督。不久由于"非典"肆虐，拆除四合院的活动被迫中止。但在抗击"非典"取得胜利之后，拆除活动又卷土重来，而且一些已列入名单的四合院亦被拆毁。7月16日，北京市在东四十二条举行了为古城区第一个四合院保护院落挂牌的仪式。北京市主要领导刘淇、王岐山同志亲临现场为四合院揭牌。仪式完成后又召开了由各区各部门主要负责人参加的座谈会。刘淇同志强调指出："对四合院要成片保护、要加强规划、旧城内不允许成片'推平头、盖楼房'。对此态度要坚决、措施要果断。保护好文物、保护好四合院、保护好古都风貌是市委、市政府的历史责任。"这话讲的是何等的好啊，充分表达了市领导的决心。但是就在刘淇同志讲话后的第三天，7月18日午夜，二十几个手持大棒的人分乘小面包和小车闯入西单前老莱街民宅砸了四五个四合院，并打伤群众四人，其中一个小女孩才十五六岁（此事曾见于《北京晚报》）。在此案件发生后的几天内，在城区内又连续发生了同样情况的事件。尤其使人难以理解的是，据说 7 月 22 日深夜竟发生了由北京市检察院一位副检察长亲自率人砸了高检职工的四合院宿舍。现随函送上几个老莱街受害群众给中央领导的申诉信请您一阅。我真诚地期望中央领导能够直接听到来自基层老百姓的声音，以了解下面发生的真实情况。在党中央所在地的人民首都竟发生这样的咄咄怪事实在令人感到震惊和愤慨！！！几年来在危改中，开发商、拆迁办以粗暴手段欺压老百姓的事件虽已屡见不鲜，但尚未发生过像现在这样聚众持械夜袭民宅的严重事件。这表明北京有那么一股力量明目张胆地向市领导提出的保护古城的正确决策进行挑战，而且还有恃无恐。这是很发人深思的。也许有人认为已与政府签过合同，程序上是合法的。我想，在合同条文中总不可能有允许打砸群众的内容吧！？夜袭民宅的打、砸、抢行为，是对人民群众基本权益的粗暴侵犯，是违反宪法的，是触犯刑律的。现在已在社会上引起强烈的反响，如不采取果断措施，严肃处理，听其继续发展，将直接影响到首都的社会稳定。而且如果任其继续拆除四合院的活动不加制止，则家宝同志关于要十分注意保护文化遗产保护古都风貌的讲话精神和市委、市政府下决心保护古城的决策就会落空，后果是严重的。但是此事如无中央的关注和支持，只靠基层公安部门侦破和处理是很困难的。过去几年中，开发商、拆迁办派人殴打或其他方式欺压百姓的事件，迄今没有一件得到公正的解决，最后总是以老百姓忍气吞声地接受不公正的现实而告终。有的公安人员也是只能暗暗对老百姓同情，因为对他们办案来自各方面的压力和阻力实在是太多、太大了。

北京是世界上独一无二的历史文化名城，国际上给予了极高的评价，是祖先留给我们的一份珍贵的遗产，保护好并使之传至后代，不仅仅是北京市委、市政府的历史责任，而且是我们这一代人的共同责任。您们是当前我们党和国家的最高领导，理所当然地负有这个责任。因此，我写这封信向中央紧急呼吁，恳切请求中央领导同志支持北京市委、市政府关于保护北京古城的正确决策，促其早日实现，并提出以下几点具体建议：

一、最近几年对北京古城格局和风貌的破坏是十分严重的，令人非常痛心，已在国内外引起强烈的反响。现在仅存的部分无论如何是不能再继续破坏了。北京市应按刘淇同志讲话在旧城区不允许"推平头、盖楼房"的意见，立刻停止继续拆除四合院的活动，并尽快公布北京市已确定保护的四合院名单，以便于人民群众进行监督。至少是要正式通知区政府严加保护、禁止拆除。因为名单迟迟不公布，就留给了一些人继续拆除四合院活动的时间和空间，对古城保护极为不利。

二、北京市最近连续发生的夜袭民宅的打、砸、抢事件，性质是严重的。锦涛同志提出"群众利益无小事"的理念，赢得了广大人民群众的赞许和拥护。北京发生如此粗暴侵犯人民群众基本权益的事件，显然不是小事。因此，恳切请求中央能予以关注，并督促北京市进行彻查，依法严惩肇事者，追究幕后指使者的法律责任。处理结果也应公开登报，以平民愤，以儆效尤，以利维护首都的社会稳定。

三、北京皇城申报世界遗产我非常赞成，但是我建议不要把南池子模式作为典型推广到整个皇城区。我认为南池子模式是拆旧建新的典型，不是保护古城的典型。对古城保护来说，是需要我们总结的教训，而不是值得推广的经验。因为南池子是以推平头的方式拆除了大量的老四合院，重新建了这些仿古的新建筑，保存的老四合院比重很小。媒体宣传说应保的已经全部得到了保护是不符合实际情况的，这样宣传是很不实事求是的。如果以此为样板推广到整个古城区，其结果就是拆掉了一个老古城又新建了一个仿古城。这是与国际社会共同确认的真实性与完整性的原则要求相抵触的。新创造的建筑群怎么可以作为遗产申报呢？整个皇城区如以此模式改造，大量拆旧建新，我有百分之百的把握说，申报世界遗产肯定得不到批准。因此，皇城区的保护还是应当按照市领导同志关于"当前必须停止对皇城内拆旧改'新'的行为。不能鼓励营造新景观的计划"的意见实行。只有这样，才能保持皇城的真实性和完整性，申报世界遗产才是有希望的。看来阻力相当大。

北京古城是国之瑰宝，是民族瑰宝，也是全人类的瑰宝，对它的保护问题是有国际影响的。我正是基于对北京古城重要价值的认识，基于自己毕生从事文物工作的责任感，才坦率提出以上几点意见，绝无任何私利可言，耿耿此心，可誓天日。如蒙考虑，使北京市委、市政府的决策能排除阻力得以完全落实，则北京古城幸甚矣。我认为保护好北京古城，是民族利益、国家利益，它反映了广大人民群众的根本利益和长远利益，这恰恰是符合"三个代表"重要思想要求的。

我年逾八旬，早已离开工作岗位。本可以不问世事，在家坐享含饴弄孙之乐。但作为一个共产党员，则必须恪守自己为共产主义事业奋斗终生的誓言，对党的事业绝不应漠不关心，并且我坚定地相信，历史发展的客观规律是不可阻挡的。不管出现什么曲折，不管遇到什么艰难险阻，健康的力量一定会战胜腐朽的势力，正义的事业一定会取得最后的胜利。我们在正确的党中央领导下，就一定会实现中华民族的伟大复兴。正是基于这种信念，尽管酷暑逼人挥汗如雨，还是坚持写了这封信，不管其效果如何，今后我只要有三寸气在，仍将继续为保护祖国文化遗产而努力奋斗，并向一切危害我们党的事业的种种不良现象作不懈的斗争，鞠躬尽瘁，死而后已。

　　此致
敬礼

谢辰生谨上

2003 年 8 月 25 日

致温家宝、胡锦涛

家宝同志并锦涛同志：

您好！非常感谢去年9月，你们在我呼吁保护北京古城的信上作了重要批示，这不仅对北京，而且对全国都具有十分重要的意义。近一年来，建设部对危改拆迁问题颁发了很多规定。北京市正在着手"修编"和制订北京《历史文化名城保护条例》，并明确提出对旧城要进行整体保护的原则。这对北京旧城来说是极为重要的。这两个文件如能早日出台，不仅可以使北京历史文化名城得到保护，而且还会对全国起到示范作用，从而产生重大的影响。对此令人感到十分的欣慰，但是对照现实却又使人感到非常忧虑和不安。

自去年9月以来，在北京旧城区内拆旧街区盖高楼大厦的建设活动从未间断，致使今天的古城面貌又发生了很大变化。不仅是在内城范围内，东西城又有不少高楼拔地而起，就是在皇城核心地带的南长街西侧，亦有半条街被夷为平地，在与故宫近在咫尺的北池子，一座计划超高的办公大楼正在抓紧施工。最近在什刹海还要将旧鼓楼大街拓宽30米，德胜门内大街拓宽50米，如果照此办理，将对古城的固有格局造成严重破坏。今年春我曾到什刹海参加一个座谈会，就在前一天，什刹海鸦儿胡同又发生了一起棒子队夜袭民宅的事件，一个青年被打骨折，也是分乘几辆汽车去的，与去年老莱街的事件完全一样，至今均未破案。看来要把中央领导关于保护历史文化遗产和古都风貌的批示落实到实处，阻力还是相当大的。鉴于以上情况，我们一些老同志最近又联名给北京市主要领导同志写了一封信，提出了一些具体建议。现随函附上，敬请一阅，并渴望得到中央领导同志的支持，俾使我们祖先留下的举世无双的北京古城现存部分能最大限度地保存下来。尽管现在与去年相比，古城风貌又进一步遭到破坏，但是只要下决心，采取果断措施，把内城核心地带抢救出来，则仍是一件功在当代、利在千秋的大事，也可以说是建国五十多年来，政府在北京留下的一个最大的政绩。因为它体现了国家的、民族的、广大人民群众的根本利益和长远利益，是与科学发展观的要求完全一致的。

据了解，当前在旧城区一些不符合古城保护要求的建设项目，不仅有开发商和北京市的单位，而且还有一些是中央的国家机构或所属单位，据说把南长街的半条街夷为平地的就是中央的保密工程。按通常的做法在皇城中心地带成片拆除旧街区是要征得市文物部门同意的，但此项工程文物局事先毫无所知，也不便过问。北池子要建设的超高的高检办公大楼也是中央机关。此外，还有一个使我很不理解的项目，就是《人民日报》本部远在东郊正处于"修编"规划的新开发地带，但他们却要在城内东单建一个会议大厦，而且明确提出要求拆迁两个文物保护单位：一个是于谦祠，另一个是城区内保存四合院中的精华——麻线胡同3号。原是唐绍仪的故居，后为王鹤寿同志的住宅，是一座非常好的园林式的院落。这样的庭院在北京城内已很少见。我认为，《人民日报》的要求是违反《文物保护法》的。《文物保护法》第二十条明确规定："建设工程选址，应当尽可能避开不可移动文物，因特殊情况不能避开的，对文物保护单位，应当尽可能实施原址保护。"这里所说的"特殊情况"，是指一些关系国计民生、国家安全，如三峡水库等重点工程的需要，而不是一般的开发建设项目。即使是重大工程项目，如果遇到具有很高价值的文物，一旦离开原址，其价值就完全消失了，也还要坚持原址保护。三峡库区唐陵的白鹤梁是世界上著名的古代水文站，就是绝对不能搬迁的，最后还是决定投资上亿元，建水下博物馆实施原址保护。又如"文化大革命"期间北京修建地铁，原计划要把建国门的古天文台向西平移，当时我们向中央反映了不同意见，最后周恩来总理做出了"天文台不能移，地铁绕行"的决定。三峡、地铁都是属于公共利益需要的重大工程，《人民日报》会议大厦则是属于部门的需要，二者是不能相提并论的。因而也就不存在所谓"特殊情况"的问题了。建议《人民日报》会议大厦最好另选新址，如果要在原地修建，也必须严格执行文物保护法的规定，修改原设计，避开文物保护单位，而不是拆迁文物保护单位。我想越是中央领导机关和所属单位，越应当模范地遵守法律，严格按有关规定的程序办事，越要带头贯彻执行中央领导的指示，对保护历史文化遗产和古都风貌予以大力支持。

据说，北京"修编"和《历史文化名城保护条例》要到年底或更晚些时候才能出台。对现实的情况如果不采取有力措施加以控制，而听任一些建设项目一片片的蚕食旧街区，恐怕待"修编"和《条例》出台时所谓整体保护的对象就已经不存在了。等到 2008 年奥运的时候，展现在人们面前的北京古城将是一个支离破碎的古城，这是有损我们国家形象的。一个举世无双，保存了几百年的古城，如果毁在我们这一代人手里，我们这一代人就是在这个问题上犯了历史性的错误，是既对不起祖先，也对不起后代子孙的。为此，一些老专家才又写信给北京市主要领导同志，坦率提出意见，同时我也再次向中央领导提出紧急建议：一、在北京市"修编"和《名城保护条例》出台之前，首规委不要在旧城区内再审批修建商业大厦、高级写字楼、五星宾馆、会议大厦以及成片拆除旧街区的项目（包括中央机关的项目）；二、过去已经审批尚未实施也要暂时停止实施，留待"修编"和《条例》出台后，按照"修编"和《条例》的要求进行调整和安排。因为在旧城如果继续进行上述建设项目是与北京城市空间发展战略研究提出的"旧城有机疏散"、"市域战略转移"的基本结论相违背的。不采取这样的果断措施，"修编"提出的对旧城"整体保护"的原则就根本不可能落实。据说上述一些原则都是得到国务院充分肯定的。我认为采取措施控制旧城区的建设项目既有利于名城保护，也有利于北京城市空间发展战略的实施。恳切期望中央领导能予以关注和支持。

入夏以来，狂风暴雨骤袭京城，给长期居住在危房的老百姓生活带来很大困难，更加重了旧城区内的危改任务，成为亟待解决的突出问题。但这种局面是五十多年来多方面因素造成的历史旧债，而不是因为要保护名城造成的。那种认为强调保护名城就是不关心老百姓的疾苦，就是妨碍危改的观点是不符合实际情况的，是不正确的。我认为保护名城与危改是两项性质根本不同的任务。二者不存在必然的矛盾，恰恰相反，二者倒是可以相互结合、相互促进的。专家们从来没有人反对过危改本身，而是反对以开发商为主导，以开发项目带危改"推平头、盖大楼"的危改方式。以开发带危改这个提法本身就没有把危改放在首位。事实上，危改反而成了实现开发目标的手段，以致一些房地产开发成了有些人暴发致富的捷径，甚至成了滋生腐败的温床。几年来的实践证明，这种不适当的危改方式，既严重破坏了古都风貌，又在使一部分老百姓生活条件得到改善的同时，损害了另外一部分特别是基层弱势群体群众的利益，导致了成千上万人的不断上访。这是众所周知有目共睹的客观事实。因此，北京市在给中央报告里对这种不适当的危改方式是否定的。这与专家们的意见完全一致。

毋庸讳言，如果以其他危改方式取代现在的方式，势必需要政府加大对危改的投入，可能会给政府带来一定的困难。然而即使没有这个原因，政府加大危改投入也是完全必要的。我由衷地拥护中央提出要节约办奥运的精神，我们毕竟还是发展中国家，没有必要与人家比豪华比阔气，这也不是现代化的标志。如果减少一些豪华的楼、堂、馆、所或形象工程建设用于危改还是不无小补的。同时，北京市如确有困难，国家是否也可以考虑在政策和周转资金上给予必要的支持，以保证北京这座名城得到有效保护。因为北京古城是属于整个中华民族的，北京市固然对保护负有直接的责任，同样国家也是负有不可推卸的责任的。

我为保护北京古城已经奋斗了半个多世纪。早在 20 世纪 50 年代就曾为保护北京城墙而奔走呼吁，以致我和罗哲文同志等被人称之为"城墙派"。最后还是拆光了，我们失败了。五十年后的今天，拆城墙是一个决策的失误，已成为大家的共识，但也已成为永远无法弥补的历史遗憾！记得 1960 年陈毅同志在他主持的国务院 105 次全体会上说：在文物保护的问题上，"宁可保守，不要粗暴"。因为保错了，是随时可以纠正的，拆错了就是永远无法弥补的损失。当时，他还特别对北京市拆除西单双塔寺双塔的事提出了批评。当前，整个北京古城区面临着存亡绝续的关键时刻，重温陈老总四十年前的名言还是很有现实意义的。为此，再一次，也许是最后一次机会向中央领导紧急呼吁，采取果断措施，把古都仅存的部分保存下来，以避免重演拆除北京城墙的历史遗憾。写这封信完全是出于为国家为民族的历史责任感，坦率直言尚请见谅，如有不妥，请批评指正。

　　　　此致
　　敬礼

　　　　　　　　　　　　　　　　　　　　　谢辰生谨上

　　　　　　　　　　　　　　　　　　　　　2004 年 8 月 19 日

致 华 建 敏

建敏同志：您好！

不久前，在国务院讨论遗产日的会议上，我曾建议起草文件时最好能有针对性和可操作性。事后，我曾向有关部门提过一些具体意见，是否被采纳不得而知。最近再三考虑，感到非常重要的两点最好能吸收到文件当中。在此特再向您反映：一是当前遗产保护存在最突出的问题就是法人违法、有法不依、违法不究。因此建议文件中一定要强调严格执法、依法行政，任何单位和个人都无权作出与法律相抵触的决定。各级文物行政管理部门有权抵制和制止违反法律的决定和行为，并及时向上级反映，直至依法提起诉讼。文物行政部门不作为、有问题不反映不处理造成文物损失的要追究责任，严肃处理。这样既对文物行政部门给予了支持，又提出了严格的要求，有利于依法行政。

二是关于历史文化名城保护问题。目前名城保护问题很多，而且非常严重，建议名城保护条例能尽快出台。2002 年新修订的《文物法》有关名城保护条款中又增加了要保护村庄、城镇的内容，这是对遗产保护理念上的又一新发展。目前，国际上对保护乡土建筑文化遗产也十分关注，当前我国名城保护虽然问题较多，但在祖国大地有价值的村镇还有不少保存完好。因此，我们应吸取在城市危房改造中破坏名城的经验教训，在今后城镇化的过程中要注意保护好名村名镇。不久前，中央政治局第 25 次集体学习时，锦涛同志在关于坚持走中国特色的城镇化道路的讲话中指出："一定要坚持保护环境和保护资源的基本国策"，"切实保护好生态环境和历史文化环境"，并且强调"必须以规划为依据"。

这个精神对保护名村名镇极为重要，建议把锦涛同志的讲话精神写到文件中去，可否在名城保护条款中加一段话："在发展中国特色的城镇化进程中，一定要坚持保护环境和保护资源的基本国策，切实保护好生态环境和历史文化环境，把保护优秀的乡土建筑文化遗产作为城镇化发展战略的一个内容，纳入到全国城镇体系规划、城市总体规划、村庄和集镇规划当中去。"如果文件中能加上这段内容，对今后城镇化中保护名村名镇将会起到巨大的作用。以上意见仅供参考，请予考虑为感。

　　此致
　敬礼

谢辰生谨上
2004 年 11 月 22 日

致市文物局

市文物局：

　　来函敬悉。华夏综合楼涉及的两个一般四合院，考虑到周边环境已完全改观，其本身亦属普通的一般院落，并非有特殊价值必需保存，我意如确有需要重新翻建更新或处理是可以动的。但该地如何利用、重建什么建筑，则仍应按市领导关于保护古都风貌的要求，在体量、高度、风格等方面请规委严格把关审批。总的说来，我们一定要坚决贯彻执行总书记、总理的批示精神和现在市委领导同志的意见。过去有什么决定或计划，也应以现在中央领导的批示精神为准。正如新《文物法》颁布后老《文物法》即已废止，要按新法要求办，而不能用老法的原则来抵制新法的实施。这是不言而喻的。总理明确批示："保护古都风貌和历史文化遗产，是首都建设的一件大事。"相对来说，过去决定的局部地区建设项目就是小事，局部建设项目当然要服从古都风貌、文化遗产的保护。"小事"自然要服从"大事"，这也是不言而喻的。

　　总书记批示："关键要狠抓落实。"理所当然地应当按照上述原则来落实，而不是相反，否则，中央领导的批示意见岂不是"落空"了吗？刘淇同志曾一再强调"旧城内不允许成片推平头、盖楼房"，并要求"态度要坚决，措施要果断"。这是完全符合中央领导同志批示精神的。我们就是要坚决按照中央和市委领导的意见办。根据我的认识和理解特提出两点意见：

　　一、对旧城区内四合院保护应当具体分析、区别对待，不宜一刀切，也不是一律都不能动。该保的坚决保，可放的就坚决放。首先是要重点保护好精品，绝对不能为迁就现实的建设项目需要拆好的，保次的。保一定要坚决，这是我们必须坚持的原则。例如这次提出的两个普通四合院，从现实的情况出发是可以考虑动的。但是像于谦祠、麻线胡同3号院（唐绍仪故居），尽管周边环境也已面目完全改观，但还是应原地保存，既不能拆也不能迁。名人纪念建筑和天文台一样，一旦离开原址，其蕴含的历史信息就全部消失了，价值也就不存在了。同时，具有园林性质的四合院在技术上是搬迁不了的，它与一座现代建筑不同，不可能整体平移，"迁"就等于"拆"，这是绝对不可取的。

二、必须坚决按照刘淇同志关于"四合院要成片保护"、"旧城内不允许成片推平头、盖楼房"的意见办。孟端胡同45号院就是要"推平头、盖楼房"，这与刘淇同志意见相违背的，也是不符合中央领导同志批示精神的，必须慎重考虑。这一组四合院据闻始建于康熙，当然是文物。在我记忆中除了过去看到的如那家花园、半亩园等著名宅第花园之外，迄今为止，现存四合院中这是我看到的最好的一组四合院了。而且周边还有宋哲元故居以及周家的四合院（南荣北周是近代民族资产阶级的代表）。宋哲元、陈载道等也都应列入名人范围，他们的住所理应是名人故居，怎么能为盖几座大楼就拆掉呢？我认为这些四合院是古城区内仅存的精华部分，45号院是精华中的精品，恐怕在其他区也很难找到与之相比的四合院了。在中央和市委领导如此重视北京名城保护的情况下，我们文物部门或文物工作者如果同意其拆迁盖大楼，我们将何以向人民群众交代？向后代子孙交代！又如何向中央和市领导交代？80年代中央书记处曾要求文物部门一定要"以责任在身、当仁不让的精神做好工作，要知难而上，不要见难而退"。因此，在这个问题上我们的态度一定要坚决，不应当有任何顾虑，否则，就是没有尽到自己的责任。我是坚决不同意拆除或迁移的。当然，不拆会有许多问题需要解决，我希望还是大家都本着对国家、对民族负责的态度，由各方面专家一起共同协商，找出一个两全之策为好。特别是大家应一起好好学习三中全会的精神，把解决这个问题作为如何贯彻落实三中全会精神的一个内容，到底怎样做才是符合全面、协调、可持续发展的方针。这个方针是新一届党中央创造性地运用马克思主义基本理论提出的一个新的科学发展观。我认为保护好古都这个历史名城是完全符合这个科学发展观要求的。以上意见请予考虑为感。

　　此致
敬礼

谢辰生上

2004 年 12 月 4 日

致温家宝

家宝同志：您好！

　　最近南京旧城改造直接危及历史文化名城的保护，我们一些老同志联名写了一个关于保留南京历史旧城区的紧急呼吁书，现随函附上，恳请您予以关注和支持。值得注意的是，与此同时，江苏省常州市也正在对名城历史街区进行大拆大建，甚至未按法律规定程序报批即动手拆除省级文物保护单位。这两个城市的拆迁都是以开发商为主体，得到当地政府的支持。在拆迁中，都动用了警力对居民强行拆迁，在社会上引起了强烈反响。最典型的例子是常州市强行拆除省级文物保护单位藤花旧馆门楼，这里是苏东坡终老遗址，在拆除中发现了宋代构件，进一步证实了确系东坡终老的地方。此处产权现为私人所有，房主人为保护文物不同意拆迁。在强行拆除雕花门楼时，竟将房主人一位七十多岁的老太太从住处在地上拖拉至警车上，致使老人被惊吓突发脑梗塞送往医院。当时有一位新华社记者正在采访，也被带上警车。人民警察竟如此粗暴对待人民，实在令人无法容忍。我很怀疑在有些地区我们党和政府的领导，究竟是在市场经济条件下驾驭资本和开发商为巩固和发展社会主义制度服务，还是为资本和开发商的要求所左右？如果发生后者的情况则是很危险的，因为它会进一步滋生腐败，直至动摇、破坏我们社会主义制度的基础，这是令人深感忧虑的。

　　目前，南京、常州改造历史街区的拆迁活动正在紧张进行，情况十分紧急，如不采取措施加以制止，恐怕连亡羊补牢的机会都没有了。为此，我恳切地请求甚至是哀求您予以关注，我建议请两市政府立即暂停正在进行的拆迁活动，由建设部会同国家文物局派员偕同名城保护专家委员会的专家到现场考察论证，根据中央关于科学、民主、依法执政和去年国务院42号文件关于加强文化遗产保护的通知中有关名城保护的要求，与地方政府共同协商提出具体解决的方案，严格遵照法律规定的审批程序报请批准后再组织实施，应纠正的必须坚决依法纠正。一个时期以来，在房地产开发过程中，如何保护私人产权的问题是一个需要解决的突出问题，一些地方政府在批给开发商土地使用权的时候，对这片土地上的私人所有房产根本不征求产权人的意见，就把产权也批给了开发商处理。在一些城市的开发项目往往是要把项目用地上的所有居民统统赶走，如私房主提出异议，协商不成，就强行拆迁，甚至是由法院出面。保护私人生活资料所有权从我国第一部宪法到现行宪法都有明确的规定，现在这种作法是违反宪法的，这个问题不解决，很可能会成为社会不稳定的因素，而且也是与六中全会提出构建和谐社会的精神相抵触的。

我国历史文化名城的保护目前面临的形势十分严峻，在我国现有一百零三座名城中，除几个极少数城市保留较为完整外，绝大多数都遭到不同程度的破坏，形成这种局面的一个重要原因就是缺乏法律的规范，从1982年公布第一批二十四座国家历史文化名城至今已经二十四年了，迄未出台一个名城保护条例。对此，主管部门是有责任的。前十年文物局与建设部都有责任，第一批名单公布后长达十年之久才由文物局会同建设部于1992年起草了一个名城保护条例初稿，当时因国务院已明确名城保护管理由建设部负责，因此条例起草工作即移交建设部负责了。之后，每次名城保护专家委员会开会，大家都一再催促条例应尽快出台，部领导也多次承诺，但还是一拖再拖，一拖又是十年，直到本世纪初2002年才由建设部上报国务院，转眼又是四个年头了，还是杳无消息，法制办对此是有责任的。我迫切地期望国务院法制办能遵照42号文件的要求，抓紧条例的制定工作，争取早日出台，否则再拖下去恐怕大多数名城就已经有名无实了。

我今年已八十有五，而且经过两次癌症手术，来日已经不多了，但作为共产党员只要一息尚存，就应当始终关心党的事业，关心国家大事，因此又写了这封信，所提意见敬请予以考虑为感。

　　　　此致

　　敬礼

谢辰生谨上

2006 年 10 月 16 日

三 新闻专访及其他

旅游使中国文化走向世界*

文化部文物局顾问谢辰生同志，不仅是文物学术界有经验的专家，对我国旅游工作也曾提出了许多建议性意见。

一　是什么在吸引游人

"外国人到中国来，对什么最感兴趣"？年过花甲的谢辰生同志这样提出问题。不等我回答，他便接着说：

"外国旅游者到中国来，除了欣赏自然风光、民族风情外，主要是看文物古迹。故宫、长城、天坛已成了中华民族的象征。这些文物的科学价值和历史价值是最吸引游人的。游人要看的是'特色'，而'特色'则突出地表现在文物古迹上。从这个角度说，文物与旅游是相互促进、相得益彰的关系。文物通过旅游发挥作用，旅游能使中国文化走向世界。旅游若离开了文物也就失去了其重要基础。"

二　乾陵里还有什么？

谢老认为不能从旅游的角度去开挖陵墓。他说："地下的东西是未知的。即使知道是谁的墓，也不知墓里有什么东西。比如，陕西乾陵里还有什么？谁也不知道。如果挖出来，究竟是否吸引游

---

　　* 本文为《文物工作》记者专访稿。

人，也没有知道，而且开挖乾陵耗资巨大，所以我是不赞成挖乾陵的。现在挖掘出来的墓，大多是基建工程中的偶然发现。如果有目的地去挖，不但耗资大，而且在现有条件下不能保护文物。文物保护不好，还谈什么利用呢？如果没有三十多年来的文物保护工作，也就没有今天这样丰富的文物资源。"谢老诚恳地说："西安城墙现在已成为重要的旅游点，但是在1958年决定保护它的时候，没有人预见到今天发展旅游的需要，而是着眼于它的历史价值。保护文物是千秋万代的事情，不能急功近利。试问，如果没有当年对西安城墙的保护，哪里还有今天的利用？保护不仅是前提，是基础，而且必须贯彻于利用过程的始终。没有保护就谈不上利用。这是很明显的道理。搞文物旅游一定要首先着眼于地面上的，要把现有的潜力发挥出来，切不要舍近求远。"

三 "共同"与"相互"

"在遵循世界通用的文物保护原则的基础上，文物和旅游完全可以协调好关系。"谢辰生同志自信地说："我们文物部门和旅游部门可以共同制订出规划，使文物和旅游相互促进。"

不久前，谢老去了一次福建泉州。他告诉记者，那里完整地保留了古泉州风貌。泉州是海上丝绸之路的重要部分，古时和阿拉伯交往多，因而至今这里仍有许多阿拉伯风格的古迹，其中不少在阿拉伯都是少见的古迹。谢辰生同志介绍说："'灵山圣墓'在风景优美的东湖之畔，据说是穆罕默德的两位门徒安眠之所。传说虽有争论，但文物至少是宋代以前的。另外，泉州有大量阿拉伯文的碑刻，也是非常珍贵的史料。有一位阿拉伯国家的大使，见了碑刻激动地说：这是我的祖先呵！所以如果开放泉州，必然会吸引大量的阿拉伯游人。"

谢老认为，文物部门就可以把这样的文物古迹推荐给旅游部门，使文物、旅游得以协调。

四 文物标志着历史的水平

　　谈到古建维修，谢辰生认为：修复古迹不能面目一新。他说："作为文物，即使是残缺的，也比完全修复而掺假更吸引游人。进行单一的古建维修，必须符合原来的结构、形式和工艺。残损的是什么材料，修补用的也必须是什么材料。文物标志的是历史的水平，而不是今天的水平，修复文物万不可毫无根据地凭空捏造。陈毅同志在六十年代就曾说过：对于古代建筑的修复，一定要保护古趣和野趣。对文物本身，绝不允许进行社会主义改造。"

　　谢老对记者说，在国外，修复文物也是十分慎重的。如果不得已而用其他的材料来修补，那么色彩上和旧有的必须加以区别，还要向参观者说明是现代补上的。至于雕塑等艺术品则是不能修补的，如果维纳斯的断臂被补上，肯定成为大笑话，珍贵的价值也就失去了。

（原载《文物工作》1986 年第 4 期）

文物是对外开放和发展
旅游的重要资源，当务之急
是打击文物走私、制止文物流失

　　"目前，我国文物走私盗窃活动十分严重，文物的保护面临着建国以来的最大威胁。当前，文物工作应重点抓一下反文物走私的问题。"这是文化部文物局顾问谢辰生最近在文化部外联局，对即将出使驻外使馆文物官员讲的一番话。

　　谢辰生说，现在一些地方流传着这样的说法："要致富，挖古墓，一夜变成个万元户。"文物走私刺激了盗窃，诱发了盗墓之风。对此，我们应引起高度的重视。

　　谢辰生说，文物古迹是我国对外开放发展旅游事业的重要资源，保护文物可以使其更好地为两个文明建设服务。近几年，我们举办了一些文物出国展览，这不仅加强了我国同国外的文化交流，同时，对增进我国与世界各国人民之间的友谊也起到了桥梁的作用。

　　谢辰生在简要介绍了我国当前文物机构设置、文物保护单位和文博队伍等基本情况之后说，中国有五千年连绵不断的文明史，有丰富的文物遗产。中国文明对世界文明起到了很大的作用。了解历史、研究历史，除了文献之外，文物起的作用很大。文物不仅可以恢复历史，还可以起到纠正历史和证史的作用。文献记载的历史，不少是通过文物最后获得了佐证。因此，我们说文物很重要。文物是祖国历史的见证，是民族文化的象征。

谢辰生强调说，文物是先人创造的物质文明和精神文物的遗物。文物是不能再生产的。现在有些单位和个人，借开放之机，大肆走私盗窃文物，致使大量珍贵文物外流，这是违反《文物保护法》的犯罪行为，也是广大人民群众所不能容许的。文物是全国人民共同的财富，执行《文物保护法》是每个公民的职责，对那些走私盗窃文物等违法犯罪活动必须严厉打击。

（原载《中国文物报》1987 年 1 月 16 日）

进一步宣传和执行
《文物保护法》，充分发挥
文物在两个文明建设中的作用*

最近，记者在国家文物事业管理局，就进一步宣传和执行《中华人民共和国文物保护法》（下简称《文物保护法》），科学发挥文物在社会主义现代化建设，即两个文物建设中的作用等问题，采访了谢辰生顾问。

谢辰生同志从事文物工作近四十年，在文物保护管理、立法等工作中颇有建树，曾直接参与了许多文物法规的研究、起草工作。如今，他虽已年过六旬，但精神矍铄，思路敏捷，谈笑风生。他用手轻轻地拢了一下满头华发，微笑着对记者说，接受采访不敢当，作为同行，大家一起随便聊聊，介绍一些情况，仅供参考。

谢辰生同志说，当前是我国解放以来最好的时期。同全国各行各业一样，也是我们做好文物工作最有利的时期。但是，我们所面临的是一个新的形势，这就是开放、改革，有许多问题是我们过去不曾遇到过的，要把工作搞上去，打开新局面，就必须研究新情况，解决新问题。现在问题很多，但最根本的还是要进一步宣传和执行文物保护法。首先，应当弄清一些概念，理顺一些关系，才能准确地执行文物保护法，从而在切实做好文物保护工作的前提下，充分发挥文物在两个文明建设中的作用。

在采访中，谢辰生同志主要谈了以下几个问题：

---

* 本文为《中国文物报》专访稿。

一　关于文物概念

"文物"一词，最早见于《左传·桓公二年》："夫德，俭而有度，登降有数，文物以纪之，声明以发之。"之后，又有《后汉书·南匈奴列传》："制衣裳，备文物"的说法。这里主要说的是礼乐典章制度，而以文物指具有历史、艺术价值的古代遗物，则是初唐以后的事情。唐骆宾王集《夕次旧吴》诗中有"文物俄迁谢，英灵有盛衰"的句子，韩愈《题子美坟》诗说："有唐文物盛复全，名书史册俱才贤"，杜牧《樊川集三题宣州开元寺水阁阁下宛溪夹溪居人》诗也说："六朝文物草连空，天淡云闲今古同。"这些，显然已接近今天文物一词的含义。我们今天所说的文物，人们赋予了新的内容。过去曾有人作过种种探讨性的解释。现在，我们从长期文物工作的实践中逐步认识到，文物应该是指人类在社会历史发展过程中所创造的物质文明和精神文明遗存。它的内容已被明确载入文物保护法第二条。我想指出的是，构成文物的特点，一是必须是已成为历史的东西，它是不可能再生产的；二是必须与历史上人类创造或者是与人类活动有关的东西，否则，就不能称其为文物。

二　关于文物的价值和作用

从文物的概念可以看出，文物的内容非常广泛，从经济基础到上层建筑，从社会科学到自然科学，无不涉及。关于它的价值和作用，概括起来讲，大致有以下几点。

（一）文物是向广大人民群众进行爱国主义、历史唯物主义和革命传统教育的生动教材，它在精神文明建设中能够发挥其他教育手段无可替代的作用。人们面对凝聚着先人劳动和智慧结晶的丰富的历史文物，看到先人们在当时那样的社会条件下所表现的创造力，看到他们在科学技术、文化艺术等方面所取得的辉煌成就，看到过去的许多成就都曾在当时居于世界的前列，必然会激起为振兴中华而奋斗的巨大的爱国热情；人们面对凝聚着革命先烈鲜血和汗水结晶的无数革命文物，看到半个多世纪以来，无数革命先辈战斗在硝烟弥漫的战场和白色恐怖笼罩的城乡，看到他们为祖国的解放、人民的幸福而抛头颅、洒热血，必然会感到今天社会主义祖国的来之不易，受到深刻的革命传统教育，唤起人们为继承先烈遗志，实现祖国社会主义现代化建设而奋斗的革命精神。

（二）文物是我们祖国历史发展的重要见证，是未经歪曲的最可靠的实物史料。因此，对于各个学术领域，特别是历史科学研究工作具有重要的科学价值。人们知道，不正是有了"元谋人"、"蓝田人"、"北京人"和半坡村等遍及全国的旧石器时代和新石器时代的文化遗址，才再现了我国原始社会的真实图景吗！不正是安阳殷墟二百多处祭祀坑和殉葬坑中被砍了头的奴隶白骨，以无可辩驳的事实，证明了我国奴隶制社会是确确实实存在的吗！文物不仅起到上述的证史作用，还可以起到补史和纠正文献记载谬误的作用。古代文献往往存在着阶级的偏见，或者时代的局限和认识的局限，只有依靠对历史文物的研究，才能对它进行纠正和补充。恩格斯在《论日耳曼人的古代社会历史》中曾指出："在塔西佗和托勒密以后，关于日耳曼尼亚内地情况和事件的文字史料便中断了。但是我们得到了其他一系列更明了的史料，这就是可以归入我们研究的各个时代的许多古代文物……凡是托勒密的证明中断的地方，出土文物都能够接下加以证明。"这段话充分说明了文物的重要补史作用。至于因考古新发现而纠正了文献记载错误或传说错误的事例，则更是屡见不鲜的。此外，我国历史研究中有许多重大课题，如中华民族共同体的形成、原始社会的解体、阶级社会的产生以及奴隶社会和封建社会的分期等问题，都是不能仅仅依靠文献资料记载所能回答得了的，而必须从考古新发现的研究中去求得进一步的解决。

（三）文物可以为今天文化艺术的创作提供借鉴。在祖国文物中，有大量巧夺天工、绚丽多彩的文化艺术珍品。它们既是丰富人们精神生活、给人以美的享受的人间瑰宝，又是我们今天从事文化艺术创作活动的历史源泉。任何一个国家和民族，都有自己的民族文化艺术传统。要发展有自己特色的民族文化艺术传统，就应当扎根于传统文化之中，不断地进行创新，才会有生命力。我国丰富的历史文物，具有鲜明的民族特色。这里应当特别指出的是，我们的民族文化传统，不是像有些人说的那样"从根本上就是保守的"（百多年来的闭关锁国的历史和没落的封建文化不能代表中华民族的整个历史和文化），恰恰相反，它是开放的，兼容并收的。我们的民族，是一个善于不断地吸收外来文化营养来丰富自己文化的优秀民族。不然，我们怎么会有敦煌、龙门、云冈、大足、麦积山、炳灵寺等数以百计的辉煌的石窟艺术呢？而如果没有这些，我们又怎能真正认识我们的绘画、雕塑艺术的传统呢？这难道不是显而易见的道理吗。而今的许多文物都是经过千百年的风风雨雨才保存下来的，充分发挥它们在发展社会主义民族新文化中的积极作用，的确是一个十分重要的问题。

（四）文物可以为发展今日科学技术提供有益的借鉴。马克思曾高度评价中国的火药、指南针、印刷术是"预告资产阶级行将到来的三大发明"。事实上，我国古代人民创造的科学技术成就，远远超过了三大发明的范围，许多重大科技成果在当时世界上处于遥遥领先的地位。可惜的是，其中一些成果早已湮没失传。今天，我们只有从出土文物中才重睹它们的光彩。例如，球状石墨铸铁工艺是英国人莫洛在1947年才发明的一项高强度铸铁工艺，而在我国河南古代冶铁遗址中，却发现早在西汉时期就有了这种球墨铸铁的标本。通过分析研究证明，我们祖先当时采用的球墨铸铁工艺与现在通常采用的工艺有显著的不同，但是，相距两千年的不同工艺却取得了相同的铸铁效果，足见我们的祖先所取得的成就是多么的了不起！这说明历史文物还是我国丰富的科学技术遗产宝库，运用现代科学理论和方法开发这一宝库，整理、研究、总结和利用这份遗产，对今天发展我国的科学技术很有借鉴作用。

（五）文物还可以在我们今天物质文物建设中发挥积极作用。近年来，我国文物考古工作者运用考古学手段，为考察我国历史上水文变化、沙漠变迁和地震历史等提供了很多的重要资料。如著名的长江葛洲坝工程的建设，在大坝基址选择过程中，通过对战国时期古墓葬的调查考察，了解到现在大坝所处的江心洲的成陆年代，这对大坝基址的确定起了重要的参考作用，得到有关方面领导和专家的高度评价。

（六）文物在我国对外文物交流活动中起着积极而富有成效的作用。新中国成立以来，党和政府十分注意发挥文物在对外文化交流活动中的作用，组织文物到国外举办展览就是重要的形式之一。到目前为止，我国已先后组织了九十六批（次）各种规模和类型的文物展览，在亚、非、欧、美洲的二十五个国家（地区）进行展出，受到各国人民的热烈欢迎，接待观众累计达四千三百多万人次，在政治上产生了巨大而深远的影响，加深了各国人民对中国和中国人民的了解，增进了相互间的友谊，激发了广大海外华侨的思乡爱国之情，吸引了许多外国旅游者来我国观光游览。

以上概略地列举了祖国文物在几个方面的价值和作用，从这里我们可以体会到，进一步宣传和执行《文物保护法》，切实做好文物保护工作，具有多么重要的意义。

三　关于《文物保护法》

作为法律，新中国第一部《文物保护法》于 1982 年 11 月 19 日第五届全国人民代表大会常务委员会第 25 次会议通过。已故著名考古学家夏鼐先生曾精辟地概括道："这个法总结了解放以来这方面的历史经验，它的内容体现了国家保护祖国文化遗产的精神。"

建国三十多年来的历史事实说明，保护文物是我们党和国家的一贯政策。新中国成立之后，随着经济建设的发展，国家颁布了一系列保护文物的法令和办法，这些法令在当时的历史条件下，起到了非常重要的作用，使我们的文物保护管理工作取得了显著的成绩，但是这些法令大都是为解决当时文物保护管理工作中出现的具体问题而颁发的。1961年，国务院颁发了《文物保护管理暂行条例》，虽然比较系统化了，可是就其内容来说，多是侧重保护地上、地下不能够移动的文物，有关考古发掘和流散文物的条文很少，历史文化名城和馆藏文物的保护条文则根本没有涉及，所以还不是一个全面的文物保护法令。

人所共知，在十年动乱时期，林彪、江青反革命集团严重破坏法制，使祖国文物经历了一场浩劫。粉碎"四人帮"以后，党和国家虽然采取了一些措施，使一些地方文物破坏的情况得到逐步制止，但有些地区文物破坏的情况仍在继续发生，有的问题甚至十分严重。重要的原因之一，就是法制不够健全。我们如果不加强法制，制止破坏，迅速改变这种状况，就可能使几千年遗留下来的稀世珍贵遗产在我们这一代人手中毁掉，这是前对不起祖先，后对不起子孙后代的事情。因此，制定一部比较全面的《文物保护法》，是非常必要的。从 1979 年开始，在总结建国以来文物工作中正、反两个方面经验的基础上，结合新情况、新问题，广泛听取各方面的意见，经过三年多的时间，起草了今天这部《中华人民共和国文物保护法》草案。经过众多补充和修改，然后提交全国人大常委会进行审议通过。目前看来，经过四年多的实践证明，这是一部比较好的、比较完善的法律。

但是，当前在一些地方，文物遭到破坏的情况还存在着，有的甚至很严重。文物走私和投机倒把活动十分猖獗，由此而诱发私掘古墓、盗窃文物的事件时有发生。此外，因为文物保护和各项基本建设的关系处理不当，不能严格执法，也造成许多文物遭到破坏。造成这种情况的原因，一是对《文物保护法》宣传不够，二是存在着有法不依、执法不严的状况，甚至存在着个别干部以言代法的情况。因此，必须继续大力宣传《文物保护法》，使保护文物人人有责的思想深入人心。同时要加强法制，真正做到有法可依、有法必依、违法必究、执法必严，在法律面前，人人平等。

四　关于文物保护和利用的关系

文物的保护和利用的关系问题，是一个非常重要的问题。我们一贯认为，保护文物是第一位的，是前提，保不住也就谈不上发挥作用。人们经常考虑如何"古为今用"，那么，假如古之不存，安为今用？因此，只有保护好文物，才能进一步谈利用的问题。我们同时认为，保护不是单纯的、孤立的，保护本身不完全是手段，保护和利用是相辅相成的，不能截然分开，它们的关系是辩证的。概括起来说，保护是发挥文物作用的基础和前提。在保护好文物的前提下，充分发挥文物的作用。在利用的过程中，又不断加强保护。建国三十多年来，对文物工作来说，从来也没有提过一个所谓单纯保护的方针。"古为今用"一直是文物的指导方针，这是众所周知的事情。事实上，发挥文物作用越大，越能扩大影响，越能使人们认识到保护文物的重要性，因而更有利于保护文物。因此，可以说保护和发挥文物作用是互为手段、互为目的的。

现在，有一个需要继续澄清的问题，那就是"古为今用"到底怎么用？干什么用？我们认为，还是要在精神文物建设上下工夫。文物本身就是精神文物和物质文明的遗存，我们文物工作面临的是整个古代社会。这些文物在今天能起到多方面的作用，我前面已经讲了不少，这里着重把文物在精神文明建设中的作用提出来，是要强调文物的社会效益。文物在历史唯物主义、爱国主义和革命传统教育中的作用，在培养人们的高尚品质、道德修养和美的欣赏等方面的潜移默化的作用，看起来都不是眼前的，而是长远的，具有深远的历史意义。正是在这个意义上，我们说保护也是目的，因为保护文物是为了让它世世代代发挥作用。

五 关于文物与旅游事业的关系

关于文物和旅游事业的关系问题，应该是很明确的。它们是相互配合、相互支持、共同为祖国四化建设作贡献的协作关系。众所周知，文物古迹对于旅游事业的发展具有重要作用。世界著名的文物古国，总是以它们具有自己特色的历史文化吸引着广大游人。我国有那么多的文物古迹，是发展旅游事业的有利条件。在开放的旅游区内，文物管理部门应该把配合、支持旅游工作纳入日常工作之列，认真落实，坚持做好。旅游部门应该把保护文物安全作为自己的光荣职责，在服从和执行国家文物保护法规、确保文物安全的前提下开展旅游活动。但是，文物与旅游，毕竟不是同一性质的事业。文物工作作为社会主义文化事业的组成部分，属于意识形态领域的范畴，是以保护、研究和宣传文物为己任的，是精神文明建设的一个重要方面，并不是所有文物都与旅游事业有关系，可以与旅游结合的只是其中的一部分。因此，尽管二者关系非常密切，但终究性质、任务、特点各有侧重，各不相同，不能合二为一，更不能混为一谈。所以，文物与旅游事业的关系，只能是相互配合、相互支持、相互促进、相得益彰的关系。近些年来，我国旅游事业的蓬勃发展，显然同我国具有众多的文物古迹密切相关。万里长城、故宫、秦始皇兵马俑博物馆、中山陵、苏州园林和延安城等等，都已成为举世瞩目的旅游点，为中外游客所神往。不难预料，随着我国文物保护工作的不断加强和旅游事业的持续发展，必将有更多的文物古迹开放为旅游区、点，这无疑将会大大促进我国旅游事业的发展。只要文物部门和旅游部门密切协作、共同努力，就一定会使两个事业为我们社会主义四个现代化作出积极的贡献。

打击文物走私　保护文化遗产[*]

　　最近一个时期，国内外新闻媒介纷纷披露了当前我国发生的盗掘古墓、走私文物的严重情况。如何打击并制止这一犯罪活动，成为人们关心的一件大事。日前，本刊记者走访了国家文物局顾问、文物管理专家谢辰生。

　　谢辰生说，由文物走私和盗墓而引起的后果是十分严重的。第一，禁止本国文物流失，这是世界上一切主权国家的共同政策。在我国，出现如此猖獗的文物走私活动，它有损于我们国家的形象和民族尊严。第二，在文化上、经济上给国家造成了巨大损失，特别是文化上的损失。由于走私文物获利容易而又数字可观，因而直接刺激了盗掘古墓葬、古遗址的违法犯罪活动。古墓葬、古遗址的价值不仅是文物本身，更重要的是和文物相联系的考古学现象。盗掘活动往往把这些现象破坏了。这种科学价值的损失是无法用金钱来计算的。第三，败坏了社会风气。

　　谢辰生说，我国早在汉代就规定了"发冢者诛"，元代也把"发冢"与放火、"掠卖人口、伪造宝钞"同罪发落。

　　在社会主义的新中国，走私文物也和走私黄金、毒品一样，要受到法律的制裁。有关部门在制止这一犯罪活动方面做了不少工作。比如文物部门和公安部门专门召开过两次打击文物走私活动的会议；在全国范围内也依法查处了数以千计的案件。一些公安、海关人员，在破案过程中，为保护国家文物付出了大量心血，有的献出了宝贵的生命。这几

---

　　* 本文为《中国文物报》专访稿。

年，文物管理部门在健全管理制度和加强防范设施方面也做了不少工作，致使许多犯罪分子作案未遂，当场被抓获。

那么，文物走私犯罪活动为什么还未能制止得住呢？原因是多方面的。谢辰生说，文物走私是一种复杂的且是带有国际性的社会现象，我们应当充分看到这场艰巨性和长期性。当前这类活动猖獗的主要原因是，一些不法分子唯利是图，钻我们对外开放的空子，内外勾结，牟取暴利，铤而走险。同时，由于我们对《文物保护法》和《刑法》宣传不够，一些地方出现有法不依、执法不严、以罚代刑、重罪轻判、有罪不判的现象，以致犯罪分子得不到应有的惩处，敢于继续为非作歹。一些被利欲所驱，为走私罪犯所唆使参与盗掘、走私活动的群众，也得不到应有的教育。鉴于当前问题表现的严重性质，必须迅速改变这种情况。从文物部门来说，也存在管理不善的问题。这几年来，文物保护工作方面是有漏洞的。在前一段时间里，在工作的指导思想上，对于保护和"利用"、社会效益和经济效益的关系，存在错误认识。有的地方和单位，不是坚持以保护文物为前提，以社会效益为最高标准，而是把注意力主要集中到"利用"和经济收入方面，忽视了文物的保护和管理，甚至把强调文物保护视为"消极保守"。有的单位丢了文物还不知道，甚至丢了十分珍贵的文物也不报案。其次，文物管理力量单薄，不少省、地、县没有文物管理的专门机构，有的省、区文物管理人员很少，有的由于财力、物力不足，应有的安全防范措施迟迟不能落实。

最近，中央领导同志要求有关部门高度重视当前盗墓、走私文物的犯罪活动，并且采取措施加以制止，对罪大恶极的犯罪分子要依法严厉打击。国务院为此已向全国发出通告，并批准恢复国家文物事业管理局，独立行使职权。这对加强文物保护，打击文物走私犯罪活动有重要作用。作为文物主管部门的国家文物局将采取哪些具体措施来落实呢？谢辰生认为：

第一，要集中力量做好通告的宣传工作，加强群众的法制观念。同时发动群众、依靠群众，与盗墓、走私文物的违法犯罪活动作斗争。

第二，抓紧制定《文物保护法》的实施细则。现在有一种说法，认为对盗墓、走私活动打击不力，是因为无法可依。这是误解。《文物保护法》和《刑法》对打击这些违法犯罪活动有明确的规定。当然，根据《文物保护法》和《刑法》的规定，再进一步具体化，制定一些便于掌握的量刑和惩罚的标准和界限，是完全必要的。目前，文物局正在抓紧和公、检、法有关部门共同研究制定一个文件，争取尽快地发下去，以利于开展打击盗墓、走私文物活动的工作。

第三，整顿内部，健全制度，努力改变当前管理不善的状况。要求各地结合贯彻执行国务院通告，进行一次文物安全防护大检查，加强管理，堵塞漏洞。同时，要加强文物工作人员的职业道德教育，建立、健全岗位责任制，严格奖惩制度，坚决揭露和从重惩处那些内外勾结、监守自盗的犯罪分子。

第四，改善文物保管条件，增添必要的安全防护设施。藏有重要出土文物而保管条件又很差的地方，应严格执行《文物保护法》的有关规定，报经上级人民政府批准，把这些主要文物暂时调到有条件的单位保存。

谢辰生说，只要加强管理防范措施，坚决依法严惩犯罪分子，盗墓、走私文物的犯罪活动是可以制止住的。

就打击文物走私活动答
《文物工作》记者问

问：最近，国内外新闻媒介都披露了当前我国盗掘古墓、走私文物的情况，看来问题是严重的，国内外的反应也很强烈，愤慨、忧虑者多矣，乘机渔利者有之，幸灾乐祸亦有之。众所周知，你是文物管理专家，长期致力于文物保护事业，近年又在抓打击盗掘、走私文物活动方面做了许多工作，对文物工作中的问题有较多的发言权，为了使大家更多地了解这方面的实际情况，有些问题想请你作些具体说明。第一个问题就是请谈谈走私文物的主要原因何在？

答：好的，盗掘古墓、走私文物的活动，古今中外都存在，但都要受到谴责和制裁。我国早在汉代就规定了"发冢者诛"。蒙古族的习惯是不搞厚葬的，但元代就把"发冢"与放火、"掠卖人口、伪造宝钞"同罪。掘祖坟，在中国是最引人愤慨、最不得人心的。在外国，走私文物也像走私黄金、毒品一样要受到法律的严厉制裁。为什么会出现这类犯罪活动，并且屡禁不止呢？原因是多方面的。文物走私是一种复杂的带有国际性的社会现象，我们应当充分认识这场斗争的长期性。当前这类活动日趋猖獗的主要原因是一些不法分子唯利是图，钻我们对外开放的空子，为牟取暴利，内外勾结，铤而走险。同时目前一些地方，由于我们对《文物保护法》、《刑法》宣传不够，因而出现有法不依，执法不严，以罚代刑，重罪轻判，有罪不判的现象，以致犯罪分子得不到应有的惩处，逍遥法外，继续为非作歹。一些被利欲所驱使，为走私罪犯所唆使参与盗掘、走私活动的群众也得不到应有的教育，并且助长他们侥幸心理。对此，许多公安、司法部门的同志都有切身体会，认为当前的严重局面与有法不依、打击不力密切相关，必须迅速改变这种状况。从文物部门来说，也确实存在管理不善的问题。管理不善就给文物走私分子有机可乘，我们不应当忽视或回避这个问题。这几年来，文物安全保护工作方面是有漏洞的。从主观上说，在前一段时间里，在文物工作的指导思想上，对于保护和"利用"、社会效益和经济效益的关系存在着不同意见，有的地方和单位不是坚持以保护文物安全为前提，以社会效益为最高标准，以搞好本职工作为中心，为两个文明建设服务。而是把注意力主要集中到"利用"和经济收入方面，忽视了文物的保护和管理，甚至把强调保护文物视为"消极保守"，对文物保护管理很不重视。有的单位丢了文物还不知道，甚至丢了十分珍贵文物还不报案，问题是严重的。

其次，文物管理力量单薄，现有管理体制不适应文物事业的发展。目前，不少省、区的多数地、县没有文物管理的专门机构，文物属于无人管理状态。有些省、区文物管理人员很少，只能成天忙于"救火"，疲于奔命。有的地方由于财力、物力不足，应有的安全防范措施迟迟不能落实。有的单位领导不重视文物保护，工作人员不负责任，丢失了文物不能及时发现或上报的现象也屡有发生。因此，在加强管理和防范措施方面还有许多工作要做。

问：盗掘、走私文物活动造成了哪些严重的后果？

答：造成的后果是十分严重的。第一，禁止本国文物出口，这是世界上一切主权国家的共同政策。在我们人民掌握政权的社会主义国家里，竟然出现如此猖獗的走私文物活动，影响是很不好的。它有损于我们国家的形象，民族的尊严。第二，在文化上、经济上给国家造成了巨大损失，特别是文化上的损失。由于走私文物而直接刺激盗掘古墓葬、古遗址的违法犯罪活动。古墓葬、古遗址是考古学的研究对象，需要用科学的方法去发掘，它的价值不仅是文物本身，更重要的是和文物相联系的重要考古学现象。盗掘活动往往把这些现象统统破坏了，这种科学价值的损失是无法估量的，是不能用金钱来计算的。第三，败坏了社会风气，影响了社会的秩序。中国文物不仅是中华民族的珍贵文化遗产，而且也是人类文化宝库的重要组成部分。因此，这些犯罪活动不仅为中国人民所深恶痛绝，对于那些国外指使在我国进行走私文物犯罪活动的分子，也必然会受到国际社会公正人士的谴责。

问：盗掘、走私文物活动是最近几年内蔓延开的，在此期间，有关部门对控制这种犯罪活动做了哪些工作？

答：在这方面，无论是文物管理部门，还是公安、司法、工商行政、海关等方面，都做了许多工作。1983 年和 1985 年在杭州和洛阳，文物部门和公安部门联合召开了两次打击文物走私的专门会议。在全国依法查处了数以千计的案件，使大量文物免遭外流和损毁。特别是对许多重大案件的查处，彼此通力合作，排除干扰，克服困难，坚持依法行事，终于圆满结案，在群众中影响很好。更要指出的是，一些公安、海关人员在破案过程中，长途跋涉，日夜兼程，不辞劳苦，为保护祖国文物付出了大量的心血，有的同志还为之献出了宝贵的生命，这是我们永远不能忘记的。文物管理部门这几年在健全管理制度和加强防范措施方面也做了不少工作，各地文物、博物馆的安全条件有了很大的改善，许多犯罪分子作案未遂，当场被抓获。许多文物管理人员为查获文物破坏案件作出了重要贡献。今后只要加强管理防范措施，坚持依法严惩犯罪分子，盗窃，走私文物的犯罪活动是可以逐步制止的。

问：最近，中央领导同志要求各有关部门高度重视当前的盗掘、走私文物的犯罪活动，并且采取措施加以制止，对罪大恶极的犯罪分子要依法严厉打击。国务院对此又向全国发出通告，并且批准恢复国家文物事业管理局，独立行使职权。这都是重大的行政措施，对加强文物保护，打击破坏文物的犯罪活动起着极大的作用。作为文物主管部门的国家文物局准备采取哪些具体措施来贯彻落实？

答：你的意见很对。目前打击盗窃、走私文物活动的工作形势很好。国务院的通告是一项具有法律性质的重要文件，对打击犯罪活动作出了明确规定。贯彻落实通告各项要求，是文物、公安、司法、工商行政和海关等各有关部门的当务之急。这些部门都正在进行具体研究相应措施，并就彼此相互配合，密切协作的问题进行了磋商。文物部门已经为此发了通知，提出了贯彻执行国务院通告的具体意见，要求全国各文化（文物）主管部门结合当地实际情况具体执行。首先是要求各地集中力量做好通告的宣传工作，通过各种形式大力宣传通告的内容，在文物集中的地区做到家喻户晓，人人皆知。

第二，抓紧制定《文物保护法》的实施细则。现在有一种说法，认为对盗掘、走私文物犯罪活动打击不力，是因为无法可依。这是误解，《文物保护法》和《刑法》对打击这些违法犯罪活动有明确的规定。事实上，几年来，全国已经依法判处了不少犯罪分子，有的还判处了死刑，若无法可依，怎么能判处这些犯罪分子？显然，无法可依的说法是不对的。当然，《文物保护法》和《刑法》的规定要进一步具体化，制定一些便于掌握的量刑和惩处的具体标准和界限，是完全必要的。我们正在抓紧和公、检、法有关部门共同研究制定一个文件，争取尽快地发下去，以利于开展打击盗掘、走私文物活动的工作。

第三，整顿内部、健全制度、努力改变当前管理不善的状况，要求各地结合贯彻执行国务院通告，进行一次文物安全防护大检查，加强管理，堵塞漏洞，最大限度地减少给走私分子以可乘之机。同时，要加强文物工作人员的职业道德教育，建立健全岗位责任制，严格奖惩制度，坚决揭露和从重惩处那些内外勾结、监守自盗的犯罪分子。

第四，改善文物保管条件，增添必要的安全防护设施，对分散在各地完全没有保管条件的重要文物，要相对集中。出土文物是国家所有，不是地区所有，部门所有，目前有些重要出土文物保管在条件很差的地方，安全根本没有保证。所以应当严格执行《文物保护法》的有关规定，报请上级人民政府批准，把这些重要文物暂时调到有条件的单位保存。

（原载《文物工作》1987 年第 3 期）

实事求是 艰苦奋斗
保护文物 教育人民[*]

十三大会议期间，记者走访了十三大代表、国家文物局顾问谢辰生和敦煌研究院副院长樊锦诗同志，请他们谈参加党的十三大精神等问题。他们一致表示：十三大是我党历史上一次具有重大意义的胜利的大会，赵紫阳同志的工作报告，是指导我党和全国各族人民建设具有中国特色的社会主义的纲领性文献。全国各条战线、各个部门都要认真学习、努力执行，把各项工作做得更好。

谢辰生同志指出，赵紫阳同志在工作报告中关于社会主义初级阶段的论断，对人们的启发很大，教益很深。这个论断，是我党三十多年来正反两方面的实践经验的总结，是对毛泽东倡导的实事求是思想路线的继承和发展。实事求是，就是坚持马克思主义普遍真理与中国的具体实践相结合。民主革命时期，坚持这个原则，取得了革命的成功，实现了第一次飞跃。今天，又依靠这个原则，开始找到一条建设有中国特色的社会主义道路，开辟了社会主义建设的新阶段，取得了第二次飞跃。同样，在整个社会主义初级阶段，在建设有中国特色的社会主义的全部进程中，只有继续坚持这个原则，才能不断地把建设事业推向前进。主张中国要经过资本主义再到社会主义的机械论和主张超越社会主义初级阶段的空想论，都是违背了中国国情和实事求是路线的。

谢辰生同志接着说，十三大提出的基本路线是完全正确的，一个中

＊ 本文为《中国文物报》专访稿。

心，两个基本点，自力更生，艰苦创业，十分完整、深刻，具有极其重要的指导作用。在这方面敦煌研究院已做了不少尝试性的工作，曾先后同化工部涂料研究所、兰化公司、兰州环保所搞了一些有关文物保护技术方面的联合攻关，今后步子还会迈得更大些。总之，随着科技的发展，文物工作必然会在科学化的基础上出现新的面貌。

谢辰生同志认为，我们一定要把十三大精神与自己的工作相结合，充分发挥文物博物馆工作在两个文明建设中的积极作用。在这方面还是大有可为的。他说，赵紫阳同志的报告指出："封建主义、资本主义腐朽思想和小生产习惯势力在社会上还有广泛影响，并且经常侵袭党的干部和国家公务员队伍。"抵制这种影响的侵蚀提高人民群众的思想道德素质和科学文化素质，就是文物工作贯彻十三大精神的重要任务。报告还特别提出："社会主义社会的根本任务是发展生产力，在初级阶段，为了摆脱贫穷和落后，尤其要把发展生产力作为全部工作的中心，并且以此作为我们考虑一切问题的出发点和检验一切工作的根本标准。"文物工作与发展生产力虽然不是直接关系，但是，人是生产力中最活跃的因素，人对科学技术的发展，起决定性的作用，而人的行为是受人的思想支配的。如果我们不是以社会效益为最高准则，只图眼前的蝇头小利，不是抵制，甚至宣传和传播封建主义、资本主义的腐朽思想，就会腐蚀人们的思想，涣散人们的斗志，这就是对生产力的极大破坏。反之，如果我们把历史文物、革命文物作为生动的教材，通过多种形式向人民群众进行爱国主义、历史唯物主义和革命传统教育，提高人们的民族自尊心和自信心，增长人们的聪明才智，振奋起人们献身于现代化事业的巨大热情和创造精神，就是对生产力发展的很大促进。我们工作的对象主要是文化遗产，对遗产一定要分析，要一分为二，区别优秀遗产还是腐朽遗产。肯定一切、否定一切都是不对的。我们的任务就是要根据十三大的精神，批判地继承和发扬我们中华民族优秀遗产，抵制和克服腐朽遗产对人们的腐蚀和影响，为努力建设社会主义精神文明作出贡献。

429

（原载《中国文物报》1987 年 11 月 27 日）

只能共享，不能共有

去年是中国《文物保护法》公布十周年，也是大陆文物法规和文物市场面临严重冲击的一年。自北京国际拍卖会以后，各地都在跃跃欲试，社会上和舆论界出现要求突破现行法律规定，全面放开文物市场的呼声。为此，笔者近日拜访了全国政协委员、国家文物局原顾问、著名文物专家谢辰生先生，请他谈了对拍卖文物的看法。

一 政府历来重视文物保护

谢先生是中国考古学会常务理事和中国文物学会副会长，谈到拍卖文物，他十分激动地说：中国政府历来重视文物保护，禁止珍贵文物出口是一贯政策。早在 1949 年初，华北人民政府一成立，便立即颁布了"禁止珍贵文物、国画出口令"。1950 年初，政务院颁发的一系列法令中，第一个就是《关于颁布禁止珍贵文物图书出口暂行办法令》。1961 年，国务院颁布《文物保护管理暂行条例》，再次明确禁止珍贵文物出口。1982 年，《中华人民共和国文物保护法》颁布，从此用法律的形式确定了禁止珍贵文物出口的原则。目前国家的政策并没有变，法律规定也没有变，据了解也没有任何一个国家领导人说过要开拍卖珍贵文物这个口，倒是李瑞环在今年全国文物工作会上说："搞文物工作的人，要是满脑门子都是卖文物，就根本不合格！"这是很中肯的批评。因此，海外流传说中国文物政策要调整是没有根据的。

二　国际社会共同的原则

谢老介绍说，不仅仅是中国政府禁止珍贵文物出口，这几乎是国际社会的共同原则。埃及 1983 年颁布《文物保护法》，不仅禁止文物出境，而且取消了国内的文物市场，禁止买卖文物。日本法律规定，国宝是绝对不许出口的。目前，国内一些人把要求全面放开文物市场，向国外出售珍贵文物，作为文物界改革开放的突破口，这是把具有丰富内涵的改革开放政策简单化了。这不仅不是改革开放，恰恰相反，这是对国内、国际情况都不了解，是长期思想封闭的表现。文物是一个国家、一个民族不可替代的历史见证，第三世界强烈呼吁：被掠夺文物归还本国已成历史潮流。在这样的潮流面前，我们却要以国家的名义卖文物，这是有损国家形象和民族尊严的。谢老断言，大陆百分之九十以上的真正文物工作者都反对拍卖珍贵文物。中国文物是整个炎黄子孙的共同珍贵文化遗产，卖文物恐怕港、澳、台同胞及海外华人也都不会赞同。

三　可以共享，不能共有

大陆主张拍卖文物的人中有一种观点认为文物既是属于一个国家的，也是属于世界的。对此，谢先生指出，文物所体现出的文化和科学成果，作为一种精神财富可以是属于全世界的，但具体到每一件文物本身，则只能属于它的国家甚至个人。必须将精神财富与文物所有权严格区分开来。正如一项科学技术全世界都能使用，但具体的产品则是有国别的。即使科技也还有专利的问题。因此，文物只能共享，不能共有。文物共有的观点是极为有害的，如果这种观点成立，过去列强掠夺其他国家的文物，岂不都是合理合法了吗？

四　只出不进不是交流

文物拍卖的支持者认为，拍卖文物有利于文化交流。谢先生则指出，只出不进不能说是真正的交流，况且卖出的文物如果是个人收藏，就只有极少数的人才能看到，这客观上恰恰起了封闭的作用。搞文化宣传和交流，完全可以采取博物馆馆际交换、举办出国展览以及出版专刊等多种形式，也只有这些形式才是面向群众，才能真正起到交流的作用。有人说卖文物的钱可以再买回些流失在外的国内缺少的文物。谢老认为，这些年来严重的文物走私，已将国际市场上中国文物的价格压至低谷，过去价值几万元的一个彩陶罐已跌到几百元。在这种情况下，卖文物根本卖不出好价钱，即使单纯从经济上考虑也是不合算的。笔者问道：不是有人建议卖几个兵马俑吗？据说一个可卖到上亿元人民币。谢先生说，首先是兵马俑根本不能卖，这种意见是和国家法律规定相抵触的。再说一个兵马俑卖一亿元，也是一厢情愿，外面有谁开过这个价？即使第一个卖了这个价钱，第二个、第三个就会降价，物以稀为贵嘛。何况兵马俑是一个整体，没有一个重样的，怎么能拿出几个卖掉。试问，一套茶具若拿出几件卖掉，剩下的还值钱吗？

交谈中，国家文物局局长张德勤走了进来，他有些激动地说："卖文物是卖了国运、卖了尊严、卖了职业道德。文物可以交换，但绝不能卖。兵马俑都可以卖，还保护什么？"

五　好钢用在刀刃上

对于文物经费不足的问题，谢先生也有自己的看法。他说：国家文物局去年的文物经费是 1.2 亿，今年还将增加，几个文物大省由省府拨出的文物经费近年也在增加，陕西、河南去年就分别增加了上百万，北京市文物局仅文物商店的收益一年也在几百万。这些钱若都用在刀刃上，文物经费基本上够用的，问题是现在一些人，一方面叫文物经费不够，一方面又在挥霍文物经费。

（原载《侨报》1993 年）

文物市场必须依法管理，依法经营，坚持两个效益最佳结合

多年来，文物市场问题，一直是文物工作中的热门话题，也是社会各界关注的热点。其所以如此，主要原因之一，是人们认识的差异，包括文物部门内部的分歧，众说纷纭，莫衷一是。一些新闻媒体对各种议论和意见的相继传播，也更助长了这"热门"之热。近来有的重要报刊发表的《要扶植文物个体户》和《开拓培育文物市场》等文章所提出的问题和意见都涉及文物管理工作的政策、法规和对过去文物市场的评价。为了帮助人们了解国家对文物市场管理的方针、政策和法律规定，以及文物市场历史发展的状况，记者就此有关的若干原则性问题采访了从事文物管理工作近半个世纪的老专家谢辰生先生，并摘要发表其答记者问，以供读者参考。

问：文物市场的含义是什么？它是不是近十年改革开放发展的"新生事物"？过去的文物商店是不是只卖外国人？

答：首先要明确的是，文物市场不是市场经济时代的"新事物"。新中国成立以后，国家按法律规定，允许一部分传世的文物作为特殊商品进入市场流通。从事文物经营的文物商店的存在，构成了中国合法的文物市场。文物市场的存在与否，不取决于经济体制，两者没有必然的联系。市场经济体制下可以没有文物市场，计划经济体制下也可以有文物市场。从世界范围来说，埃及是一个实行市场经济的国家，但1983年，埃及的文物保护法中就明确规定禁止文物买卖，不允许文物市场的存在。而实行计划经济的新中国从建国一开始就存在着文物市场。北京

琉璃厂的文物商店始终是既面对外国人又面对国内收藏爱好者。1990年，著名物理学家周培源先生捐赠给无锡市博物馆的一批画，大部分都是建国后从琉璃厂文物商店中买的。不仅在北京，当时在全国各大城市也都有文物商店。它们都是经过合法手续批准，"光明正大"地"从事合法的文物买卖交易"。怎么能对这一众所周知的客观事实却视而不见，说成是"天方夜谭"呢？这倒是真正令人不可思议了。

有的文章说，"倒退十年，即使是文物市场这个名词也是人们无法想象的"，这是完全不符合事实的。不要说倒退十年，就是倒退二十年，文物市场这个名词也是有的。1974 年 12 月国务院批转外贸部、商业部、文物局《关于加强文物商业管理和贯彻执行文物保护政策的意见的通知》中就指出"要加强文物商业市场管理，坚决打击文物走私和投机倒把活动"。1978 年 1 月国务院批准的外贸部、商业部、国家文物局的有关文件再次提出加强文物商业市场管理的问题。1981 年 1 月国务院批转国家文物事业管理局《关于加强文物工作的请示报告》中明确提出，"文物管理部门要与有关部门共同制定文物市场管理办法，取缔黑市，坚决打击走私和投机倒把活动"。以后在 1981 年 7 月、1981 年 10 月、1987 年 5 月、1987 年 11 月国务院、国家文物局又分别发布文件和有关条例，都就文物市场的管理、整顿等提出了要求。上述文件都已收入公开发行的《新中国文物法规选编》，一般不接触文物工作的同志不了解这些情况是可以理解的，如果"从事文物工作多年"却对此一无所知，就实在使人感到惊讶而困惑不解了。

有的文章还说，"90 年代初期，国家文物局开始了大胆的改革；首先是转变指导思想。不再把眼光盯着外国人，而是着眼于国内市场，在外销依旧的情况下，内销放宽，满足国内收藏文物的需要"。这也是不符合实际情况的。从新中国建立以来，我国的文物市场就一直对国人开放的，这在上面已经说过。我国确有一个特殊时期，文物市场只对外国人开放，那是十年动乱那个特殊的时代出现的特殊的畸形现象。在"文化大革命"初期，红卫兵破"四旧"冲击文物商店，商店内的文物岌岌可危，周总理知道后向红卫兵说："不能砸，即使是四旧，还可以卖给外国人，换外汇嘛。"这才把文物商店保护下来，当时的文化部门已被"砸烂"，所以外贸部门接管了文物商店，造成了后来只卖外国人不卖中国人的现象。之后还是周总理发现了问题，他指示吴德同志会同白相国和王冶秋同志研究解决这个问题。在他的关怀下，国务院于1974年颁发了132号文件，明确规定文物商店应由文化部门领导，"由外贸部门领导的文物商店应移交文物部门"，开始纠正这种不正常的情况。粉碎"四人帮"之后，1981年1月，国务院批转国家文物局文件中明确提出了"要恢复和建立面向国内群众的文物销售业务，以丰富人民的文化生活"的要求。1981年7月，国家文物局转发的《文物商店工作条例》的第一条中就说道："将一般不需要国家收藏的文物投放市场，满足国内文物爱好者的需要。"这不是什么大胆改革，而是对"文化大革命"的拨乱反正，是恢复了"文化大革命"前的一贯政策，而且时间是在80年代初期，而不是"90年代初期"。时间相差整整"十年"。十年前就明确了的"指导思想"，怎么会一下子成了十年后的"大胆改革"呢？

问：有的报纸说，内销市场"三级文物可以开拍，二级、一级文物可以定向拍卖"，这是指的谁家收藏的文物？是否包括国有文物收藏单位的文物在内？这个含混不清的提法是否正确，有无法律依据？

答："允许文物拍卖试点。内销的三级文物可以开拍，二级、一级文物可以定向拍卖"，这里所指的是私人收藏的传世文物。国家收藏的文物是绝对不允许拍卖的。《文物保护法》第二十二条规定："全民所有的博物馆、图书馆和其他单位的文物藏品禁止出卖。"违反这条规定的当事人，按照《刑法》规定是要判刑的。这条界限一定要划清楚，如果笼统地说一、二、三级文物可以拍卖，就会造成很大的混乱，为害甚大。

问：近年来，确有些海外收藏的中国文物转回大陆参与拍卖，这是否意味着一百多年来中国文物外流的"灾难史"已经发生了"历史性的转变"？这两者的性质有何异同？

答：这是完全错误的结论。一百多年来中国文物外流的"灾难史"

发生"历史性的转变"是在 1949 年，而不在 90 年代。建国后国家颁布的一系列文物法规，第一个就是颁发《禁止珍贵文物图书出口暂行办法》的命令。文化部门会同海关等有关部门据此采取了有力措施，才从此结束了祖国文物大量外流的历史时代。一直保持到 70 年代末和 80 年代初期都没有再发生过文物大量外流的现象。80 年代中，一些文物走私分子又沉渣泛起，活动猖獗。国务院为此专门发了《通告》，使这些活动一度得到遏止，但由于打击力度不够，主管部门也没有把主要精力放到打击文物犯罪方面来，致使这一问题不但没有根本解决，而且犯罪活动愈演愈烈。据公安部门统计，90 年代初期，盗掘古墓葬、盗窃文物、非法倒卖文物等违法犯罪活动在全国各主要文物分布省份蔓延，达到了高潮，大量珍贵文物和艺术品被走私出境。这几年海关查获的走私文物是触目惊心的。据不完全统计，仅 1997 年全国海关查获的走私文物就有六百多起，缉获文物共计 11200 余件。这些事实表明。90 年代不但不是中国文物外流"灾难史"得到了"历史性的转变"，而是已经发生了"历史性转变"的"灾难史"在新的历史条件下重演。这是令人十分痛心的事。

关于文物回流的问题，首先不能把目前有些境外人士拿文物到国内拍卖与百年文物外流相提并论。因为二者的性质是根本不同的。前者纯属经济现象，后者则主要不是经济现象，而是列强文化侵略和掠夺的政治问题。其次要搞清楚什么情况才能算文物回流。我们看法是，只有外流文物重新回到祖国的怀抱才能算是"回流"。无论是国家还是个人，不管是收购还是其他方式从境外把外流文物收回来，不再复出境外都可以算是回流。几年来，有的文博单位从境外收购了一些比较珍贵的文物回来，这是应当肯定的。如果大家都认为这就是"文物回流"，那么这种回流并非自今日始。从 1950 年周总理批准从香港购回"二希"直到"文化大革命"前夕，一方面坚决制止了珍贵文物出口，一方面通过国家在境外的收购，使许多流散海外的珍贵文物陆续回归祖国。只有这种回流才能与百年文物外流的现象形成鲜明的对照，才是真正的"历史性转变"。少数几个境外人士拿了一些一般文物到国内拍卖，卖不掉还再复出境外，这不能算是文物回流。当然这种现象是值得注意的，但要做出肯定的评价还为时过早。如果具体分析一下有关情况，还是存在一些问题的。据我的了解，前些时候境外人士参与国内拍卖的文物多数是一般文物，其中还有假货，有少数比较好的真正达到珍贵文物标准的是极少数。其中最珍贵的是一册宋吉州本《文苑英华》。此书刻成于 1204 年，为南宋内府藏书，当时共装订为一百册，经历了八百年的沧桑，至今仅存十四册，仍保存了当时原装，其中十三册已入藏北京图书馆，实属国宝级的文物。因此许多专家学者听到唯一流散在海外的这本《文苑英华》要在北京拍卖，都非常高兴，认为这是一次极好机会，因而向有关部门呼吁，建议一定要把它买下来以免再流出境外。但是既未见有像张伯驹先生那样的收藏家，为保护国宝而进行收购，更未见主管部门对专家建议作出积极的反应，最后还是以一百三十万元卖到了印度尼西亚。对于如此重要的国宝已经回到祖国，竟然又听任它再度流往海外，还奢谈什么"文物回流"？

在接受境外人士到国内参加文物拍卖的活动中，一定要严防有人把非法出境的文物再拿回来拍卖。如果接受这种拍卖，就是把他们的非法活动合法化。这不仅违反了我国法律，也违反了国际公约的规定，对此必须保持高度警惕。最后我们回顾一下这几年的文物拍卖情况，究竟卖出去的多，还是买进来的多？大家也是心中有数的。

问：多年来，文物盗掘、走私犯罪活动此起彼落，屡禁不止，其根本原因何在？一些人坚持认为只有全面开放市场，实行文物自由买卖，才能杜绝文物盗掘走私犯罪活动，采用"防堵"是消极态度。这个看法似乎由来已久，究竟有无道理，能否行得通？

答：我对这个问题的回答是否定的。全面开放文物市场实行文物自由买卖不能遏止文物走私。近几年来各地开放了不少文物市场，成立了不少文物拍卖公司，文物走私被遏止了吗？没有！据不完全的统计，1993 年以来公安机关破获的文物案件 4947 起，缴获各类文物 5 万多件，已经走私出境的有多少当无法估计。如果不是公安、海关等部门的密切配合，打击这些犯罪活动，情况会比现在还要严重。有谁能拿出一个具体的令人信服的实例来说明由于这些开放的文物市场遏止了文物黑市和走私活动？倒是据有关部门透露，有一些大的文物走私案与混乱的文物市场有着千丝万缕的联系，事实证明，混乱的文物市场，不但没有遏制文物走私，而且还助长了许多文物犯罪活动。特别是盗掘地下文物活动对古墓葬、古遗址造成严重破坏，为害极大。文物走私活动，不仅我国有，世界其他国家也有，是一个国际性现象。国际社会还为此缔结了禁止文物非法转移的公约。遏制这种犯罪活动，主要是要依靠法律手段，而不是经济手段。

总之，文物市场管理是国家文物管理事业的一个组成部分，只能依法管理，依法经营，坚持两个效益的最佳结合。对当前文物市场问题发表不同意见，提出不同主张，是正常现象，也是每个人的自由。但是，任何意见和主张，都要尊重事实，尊重国家的法律规定，特别是在行动上，一定要限制在法律允许的范围之内。我并不反对开拓培育文物市场，问题是开拓培育什么样的文物市场？采取什么方式开拓培育文物市场？目前文物市场存在的混乱现象，我看也只能依照法律规定进行改革和整顿，使之日趋规范化，才能保证其健康发展。

（原载《中国文物报》1998 年 4 月 19 日）

从"三个代表"来认识名城保护*

　　年已八旬的谢辰生老先生，一直关注着北京历史文化名城的保护问题，并作了认真的思考。采访中他对解决北京城市的发展与保护历史文化遗产之间的矛盾提了几点建议。

　　第一个建议是不要把北京"迎奥"的目标仅仅定位在建设现代化国际大都市上，应更注重发挥北京历史文化名城特色的优势。

　　谢老说，到 2008 年还有七年的时间。七年中，北京想要赶上纽约、阿姆斯特丹那样的现代化水平是很困难的，需要耗费巨大的人力、物力和财力。即便赶上了，也不一定有多大的意义。世界上这样的城市已经不少了，再多一两个也不会有什么影响。而北京的历史文化在全世界却是独一无二的，打历史文化名城这张牌才能扬长避短，显示出北京的优势，才能增强北京的吸引力和感召力。按照这个思路去保护去发展，北京不但前景无限，而且还可以带来可观的经济效益。现在最要紧的是着手做一些历史文化名城保护的调整和细化工作，这要比空洞地说建设现代化国际大都市实在得多。

　　第二个建议是把二十五片历史街区的保护变成城市整体格局的保护。

　　谢老说，历史文化名城的保护与文物的保护是有区别的。保护文物要求的是保护它们全部的真实性、完整性，结构、形式、位置等一般是不能改动的。保护历史文化名城则不同，并不是什么都不能动，重要的

---

　　* 本文为《中国建设报》专访稿。

是保护好城市的整体历史格局和风貌。

北京城在几百年前就有了一套完整的规则设想,随着历史的发展形成了以"里九外七(内城九座城门、外城七座城门)"为外围,以皇宫为中心,南北贯穿中轴线的平面布局,这样完整有序的城市规划在全世界都是领先的,都是独一无二的。几十年前,美国一位著名的城市规划学者就曾作出过这样的评价:"北京可能是人类在地球上建造的最伟大的单体作品……它的设计是这样的光辉灿烂,为我们今天的城市提供了丰富的思想宝库。"

此外,从明清时期发展到现代,北京城内还留下了许许多多的历史印记,就连一个个小胡同的名字都是有讲究的,都蕴含有历史的意义。具有独特风格的北京民居四合院更是中外闻名。外国人过去把北京叫做"Green City(绿色的城)",就是因为四合院里有许多大树。从高处看,北京城里一片绿,这样的生态环境,到现在更显得珍贵。这些都是北京赖以名扬全球的城市特色,一旦失去这些,北京的价值就会大大降低。

现在的北京城,历史布局虽已遭到了一定程度的损毁,但只要以皇城为中心,把南至大栅栏,北至钟鼓楼、什刹海,西至阜成门,东到东四、东单这一片地带保护好,作为一个已经残损但相对完整的城市历史格局,其价值还是不低的。

北京市政府提出要保护二十五片历史街区,这是应该的,但还远远不够。如果只孤立地保护二十五片街区,不过是保护了几个放大了的"文物",并不能反映出历史文化名城的整体格局和风貌,现在最要紧的是把保护北京城整体格局和风貌作为迎奥运的一项重要任务来抓。建议政府尽快召集一些建筑、规划、文物等方面的专家,一起来研讨北京市历史文化名城规划的大政方针,并采取有效的措施将这一规划逐步落实。

第三个建议是大力宣传保护历史遗产对促进发展的重要意义。

谢老说,现在有这么一种倾向,凡是科技含量高的就认为是先进的,反之就是落后的,所以新建的高楼大厦就代表着先进,而低矮陈旧的传统建筑就成了落后的代表。这种观念是错误的。

科技是第一生产力，但并不等于在任何情况下都是先进的标志。特别是对于文化来说，高科技只不过是传播文化的载体和手段，并不能决定文化的先进与否。文化是先进的健康的还是落后的腐朽的，取决于它自身的内容。最先进的手段可以传播最落后、最反动的文化，法轮功利用先进的互联网进行反人类的宣传，就是如此。淫秽物品的泛滥，也常常通过高科技的手段来传播。反过来说，最落后的载体也可以传播最先进的文化。新中国成立之前，共产党的传播方式很落后，但传播的却是最先进的马列主义思想。

从生产力发展的角度来看，也是如此。20世纪以来，高科技的发展突飞猛进，同时也给地球带来了许多麻烦。洪水、沙尘暴、臭氧层破坏、环境污染等等，是人类过度向自然索取，破坏自然界平衡而遭到的报复。摩天大厦、高架桥、高速公路科技含量虽高，但并不一定很适合人类的生存。而我们古代先人经数千年与自然磨合创造出来的一些设施和经费，尽管没有那么高的科技含量，却在人与自然的和谐相处中发挥了有效的作用。科技发展是人类进步的标志，但也不断地暴露出人在大自然面前的无知。人对自然界的认识是有限的，是一个永无止境的过程。只有保护好前人的经验和历史遗产，不断从中汲取营养，人类的认识才能逐渐完善和提高，才不会重蹈违背自然规律的覆辙，才能可持续地发展。这样的保护观念绝不是保守的，而是先进的，是历史发展的必然。

谈到这里，谢老又提起了江泽民总书记强调的"三个代表"的现实意义。谢老认为保护历史文化名城也要从"三个代表"的高度上来认识。城市建设决策的正确与否，都应该以"三个代表"作为衡量的标准，"三个代表"是统一的整体，相互联系，相互促进，归根结底还是不断实现最广大人民的根本利益。

要实现广大人民的根本利益、长远利益，首先要保护我们的民族利益和国家利益，要坚持我们的社会主义制度。历史遗产在这方面可以起到非常重要的作用，它是民族文化的载体，是国家历史的见证，对我们的国家和民族能够产生巨大的凝聚力，因而也是国家综合国力的体现。

过去，帝国主义和霸权主义总想对经济发展相对落后的国家和地区实行精神统治，于是就千方百计地对这些国家、地区实行文化渗透。为了抵制文化侵略，世界上许多发展中国家一直把保护本国、本民族的文化特色和文化遗产作为争取民族独立和解放的重要内容。在世界向全球化发展的今天，我们更要在政治上、经济上独立的同时，保护文化上的独立。保护历史遗产对弘扬本民族文化精神，抵制霸权主义与西方文化的渗透具有不可替代的重要作用。如果把它们都毁光了，我们民族的文化就成了无源之水、无本之木，保护国家和民族的凝聚力也就无从谈起。所以我们应该从"讲政治"的高度来大力宣传保护历史遗产对促进社会发展的重要意义，抵制保护就是保守的错误观念。

（原载《中国建设报》2001 年 12 月 14 日）

又闻绝响：改写
历史的考古新发现[*]

历史的风尘会掩埋一个文明，给后人留下永久的猜测。但偶然的机遇也会揭开历史之谜的面纱，给时人一个绝倒的惊叹。

新中国诞生以来，金缕玉衣、马王堆汉墓、曾侯乙编钟、秦始皇兵马俑……都曾是轰动世界的考古新发现。面对这些重新出世的文物，稍有想象力的人都会生出一个疑问：华夏大地上，还埋藏着多少辉煌的历史遗迹？

为了回答这个疑问，在绝大多数中国人紧紧追赶现代文明的时候，考古工作者和历史学家们却在苦苦追寻着已经消逝的古老文明，追寻着这个文明诞生之前那粗犷苍凉的史前遗迹，愈是遥远，便愈是动心。

于是，他们发现了中国境内比元谋人更古老的人类化石与遗址，证明中国境内也是人类的起源地；发现华夏文明的起源是多元的，辽河、长江流域与黄河流域有着平行发展、相互交融的文化；发现夏文化遗址、世界最古老的人工栽培水稻；发现比蔡伦时代更早的麻纸以及有着七声音阶的远古乐器……这些闻之令人肠热的发现，极大地增强着中华民族的凝聚力、认同感。

于是，那些昨日还为人们熟知的书本上的历史，今日便已有所不同。每一个珍视这部历史的人，都在企盼着新一次的惊喜。更何况考古所能透露出的信息是多方面的，这对那些把古老文化完全视为包袱的人

---

[*] 本文为《人民日报》谢辰生、黄景略专访稿，由周庆撰写。

也是一个提醒：在面向世界、面向未来时，先要明白我们的先人都留下了些什么，以避免"不识黄金，只认干草"的失误。

于是，记者踏进了位于北京沙滩国家文物局的红楼，出现在文物专家谢辰生、黄景略的书斋，记录了他们动人心魄的描述……

一　中国也是人类起源地

中外学者曾说：非洲是人类的起源地，中国猿人是从非洲过来的。

1985年至1986年，四川省巫山县大庙区龙骨坡发现直立人化石。专家们向新闻界透露：时间距今204万年至180万年，地质学上称为更新世早期。

巫山属现在的三峡地区，在更新世早期，那里是一片雨水充沛、气候温暖、森林茂密的盆地。巫山直立人即猿人，就生活在这里。

高岸为谷，深谷为陵。地壳的变动，沧海桑田，盆地渐成高岸。1985年10月13日，考古学家黄万坡在巫山高岸从化石标本中发现巫山人下颌骨和上面的两颗臼齿。1986年10月24日，民工龙文才又在这里挖出一块化石，经考察队杨兴隆等辨认，为人类门齿。尤为可贵的是，在同一文化层还发现了巨猿化石、哺乳动物化石、骨器。直立人与巨猿本属近亲，拥有同一祖先——猿。这一发现说明当地曾是人与猿在进化中分手——"人猿相揖别"的地方。

历史教科书上说，中国境内最早的猿人是元谋人，时间距今170万年左右。现在，巫山人成了中国境内、也是亚洲已发现的最早人类化石。中国的考古学家为人类了解自己的起源作出了新贡献。

这不是一个孤立的发现，进入80年代以来的一系列其他发现，正在把人类在华夏大地上进化的缺环一个个填补、连接起来。

早在北京猿人发现时，就有学者提出中国是人类的起源地之一。但是，由于60年代以来考古工作在东部非洲的坦桑尼亚、肯尼亚等地取得一系列突破，不断发现距今200万年上下的早期人类化石。如编号1470号的人类头盖骨化石，就曾被《吉尼斯世界纪录大全》称为最古老的人类化石。而我们这一方面的工作主动性不够，材料少，再加上周口店遗址的年代经测定比原来推测的要晚，中外一些学者便提出：非洲是人类最早的起源地，中国猿人是从非洲过来的。

可是，与巫山猿人相比，非洲有关遗址在发现人类化石的文化层没有发现巨猿化石，这一点使巫山遗址具有独特的研究价值。这一发现之前，我国的考古工作者已在云南发现距今约 1400 万年至 400 万年的古猿化石多处。在广西、湖北都发现人类近亲巨猿化石。进入 80 年代以来，在辽宁营口金牛山山洞出土据今 30 万年的早期智人较完整的骨架，在安徽和县龙潭洞出土距今 30 万年的完整猿人头盖骨，在湖北郧县出土距今 20 万年的人类带面颅部分的两个头骨，在南京汤山溶洞发现距今 10 万年前人类头骨化石，在广东封开县罗沙岩出土距今 7 万年的人牙化石四颗，在湖北江陵县鸡公山首次发掘出 4 万年前人类在平原活动的遗迹，在海南三亚市落笔洞发现距今 1 万年以上的中年女性牙齿化石五颗，以上都是距今 250 万年至 1 万年的旧石器时代的发现，地域相当辽阔。

我国旧石器时代考古的另一个重要发现，是确认了南方旧石器文化。1973 年在湖北大冶石龙头发现用砾石制作的粗大的砍砸器、大型尖刃器和手斧，长度一般在 10 厘米以上。这是一种与周口店等地发现的北方旧石器不同的石器文化，当时人们无法对它作出解释。80 年代后期，考古工作者相继在陕西汉中，湖北郧县、襄樊，湖南沅水、澧水流域，安徽巢湖、安庆、宣城，广西百色，广东马坝，四川资阳以及江西、江苏、贵州等地发现这类石器，其分布遍及秦岭、淮河以南的广大地区。经对其中部分石器作年代测定，最早的距今 70 万年，最晚的距今 3 万年，即从旧石器时代早期一直延续到晚期。从此人们认识到中国境内还存在南方旧石器文化，它大大丰富了中国旧石器文化的类型。

范文澜在 1964 年版的《中国通史简编》中说，关于中国境内旧石器时代，虽然材料稀少，但可以肯定四五十万年以来，即有人居住并在各个地区创造着自己的文化。时间仅仅过去二十多年，中国境内的旧石器时代遗址已发现近千处，成为世界上发现最多的地区，而且人类活动的时代，也已前移到 204 万年。

在六七十年代，裴文中先生也曾告诉他的学生：三峡、云贵地区地质年代早，应该有更早期的猿人发现。时间仅仅过去二十多年，他的科学预言已被考古实践所证明。

尽管旧石器时代的遗址属于全人类的共同历史（因为那个时代还没有国家），人类的起源地还是一个未曾完全解开的谜，但有了这一系列的考古发现，华夏大地是人类起源地之一的结论，已是无可辩驳的了。那种认为所有现代人都是非洲直立人的后裔，是非洲直立人在进化中扩散到世界各地，并取代了当地居民变为现代人的观点，在中国考古工作的实绩面前，已经显得非常苍白无力。不可想象，巫山人、蓝田人、北京人、大荔人、金牛山人……这些经世代延续、迁徙交融而在华夏大地上顽强地生活了几万、几十万、几百万年的人群，会在虚无缥缈的几个非洲人到来后，统统消失掉。合理的解释只能是：华夏大地从远古时代起就是一块透露着人类曙光、必将孕育出伟大文明的土地。

二　中华民族的摇篮不仅是黄河

一些研究者曾说：中国最早的龙的形象出现在黄河流域，中国最早的文字——殷墟甲骨文也出现在黄河流域。

遥远的东方有一条龙，它的名字叫黄河。黄河是中华民族的母亲河。黄河是中华民族的摇篮。这些赞美与歌颂，并没有错，但我国数以万计新石器时代遗迹告诉我们，中国境内人类从旧石器时代向新石器时代的过渡是多元的，在距今 1 万年至 4000 年这段时间里，华夏文明的星火已遍及如今所有的省、直辖市、自治区。从此开始，属于中华民族自己的文明史拉开了序幕。

以龙为例。龙是华夏民族崇拜的图腾，是掌管雨水之神，是祥瑞、高贵、威猛的化身。其形象至今在我们的生活中随处可见。中州古籍出版社 1991 年出版过一本书《神秘·龙的国度》指出，考古发现龙的最早形象，当推西安半坡仰韶文化遗址出土的陶壶龙纹，距今 6000 多年。

1987 年，河南濮阳西水坡遗址从墓葬中清理出用白色蚌壳摆塑的龙，长 1.78 米。这条龙摆在主人尸骨的东侧，尸骨西侧还有一只用蚌壳摆塑的虎。这条龙出现在黄河流域，时代距今 6000 多年。

1983 年至 1986 年，辽宁喀喇沁左翼蒙古族自治县的东山嘴村及牛河梁村，发掘出女神庙、积石冢群、石墙址等。玉器中有一只猪龙，被视为辽西神秘的文明古国的族徽图腾，时间距今 5000 多年。

1993 年，湖北黄梅县发掘出一条用卵石摆塑的巨龙，长 4.46 米，宽 2.26 米。这一发现在长江流域，距今约 6000 年。

以上龙的实物形象，与后来腾云驾雾的龙相比，还明显带有其他兽的形态，如猪、鳄鱼等，但仔细辨析一下龙的形象的演化，我们不能不承认它们确是后代龙的原型。面对这些新的考古发现，那种认为龙的形象集中在仰韶——龙山文化分布密集、夏商周三族的活动中心，也是传说中黄帝、尧、舜的活动地域，认为龙就是黄河的化身，黄河就是龙，龙文化就是黄河文化，就是华夏文化的缩影的观点，就显得有些褊狭了。辽河、长江流域出土的有关龙的形象的文物，打破了传统有龙文化的范围，再次证明中华民族远古文化是多元的，辽河流域、长江流域的文化与黄河流域的文化是平行发展、交互影响融合的。它们也是华夏文明的发祥地。

真正代表一个文明诞生的，最主要的还是文字。我们现在使用的汉字，应当是汉代以后的称谓。从荀子开始，不少人都说仓颉造字。有的史籍也采用《世本》（此书已亡佚）的说法，说仓颉是黄帝的史官。这些看法在没有得到考古实物证实前，只能看做是传说。

从考古学的角度讲，最早与文字有关的实物是 1983 年在河南省濮阳贾湖遗址出土的一批甲骨，上面载有契刻符号。其中有的符号与安阳殷墟甲骨卜辞中的"目"字极为相似，但时间远到距今约 7000 年。1981 年在湖北省宜昌市杨家湾遗址出土的陶片上，又发现七十四件有刻画符号，有人统计这些符号有七十个左右。有些符号是陶器未烧以前刻上去的，有些符号则是陶器烧成之后刻上去的。有的符号只出现一次，有的符号在不同的陶片上反复出现。这些符号不仅有横、竖、斜等直笔，而且有转折、弯勾笔画，有几个与甲骨文相类似。目前，虽不能断定其为文字，但它们是有意刻画、并代表某种固定意义的，是用以记录某些语言中的概念的，它们已脱离了单纯描绘自然事物的图画阶段，具有抽象符号的意义，时间距今 6000 年左右。

1993 年在江苏省高邮市龙虬庄遗址采集到一片磨光泥质黑陶盆口沿残片，上边有四行八个刻画符号，笔画流利，时代距今 5000 年至 4500 年。

1991 年至 1992 年，山东省邹平县丁公村发掘出一处新石器时代龙山文化遗址，在灰坑 H1235 出土的一件陶片上刻有五竖行十一个符号，一些考古专家认为就是文字。这些符号虽然是陶器烧成后刻上去的，但在这个灰坑出土的一千四百多件陶、石、骨、蚌器及残片中未见任何晚于龙山文化的遗物。刻字陶片所在灰坑的绝对年代约在距今 4200 年至 4100 年间，所以刻划也是当时所为。这十一个符号线条比较流畅，且很熟练，相互之间联系紧密，书写有一定章法，是在表达一定文句的意义，且有一定书体。有专家断定这些字出自一位刻技非常熟练者之手，绝非一般初学或偶然玩弄者所为，因此，可以视为目前所见最早的文字。当然，它们记载的内容尚没有破译。

这些甲骨、陶片上透露出的信息，表明黄河、长江流域都有早期文字流传，表明华夏大地上史前居民们在不同的地域寻觅着一个记录思维与语言的共同工具——文字。

考古学家都把城址的发现作为确定一个文明出现的又一标志。在这一点上，中国的考古工作者们曾十分沮丧。20 世纪 30 年代，梁思永在山东章丘城子崖和安阳后岗发现两段龙山文化时代古墙，但不少人对此有怀疑，不敢肯定就是城址。50 年代郑州商城被发现，还有不少学者摇头不相信。

80 年代以来，从河南淮阳平粮台古城遗址被发现至今，全国已发现三十多处古城遗址。在山东泰沂山脉北侧、渤海南岸连续发现了边线王、城子崖、丁公、田旺四座龙山文化城址，填补了华夏东部地区龙山文化城址的空白。其中，城子崖、田旺不是现代人熟悉的那种城址，而是台城城址。因当时尚无夹板筑墙技术，城市先筑成夯土高台，再将外侧漫坡挖掉，形成陡立的城墙，城墙留有斜坡式门道。这类城址往往选择河崖、台地修筑，城外再开挖壕沟。城子崖城址面积 20 万平方米，田旺城址面积 15 万平方米，时代距今约 4500 年。

1991 年湖南省澧县城头山发掘出屈家岭文化城址，面积约 7.65 万平方米，护城河、夯土城墙、城门都有，城墙最高达 3 米。时间距今约 4700 年，是国内目前所掘时代最早的城址之一。

从黄河下游到长江以南、燕山以北，古城址不断发现，华夏民族的文明时代已霞光满天。

青铜器的出现，是一个民族进入文明时代的又一标志。中国有着举世公认的辉煌的青铜器。80 年代以来，又有难以计数的青铜器出土，其特点有三。

一是时代更早了，出现了新石器时代晚期的小青铜器。

二是青铜器的出土范围大大突破了商人活动的中心地区。1986 年四川省广汉市三星堆祭祀坑出土了大批青铜器，时代距今 3000 多年。其中有铜树两株，形状与扶桑和若木相近。又有三具特大的铜面像，其中一具纵目、阔嘴、大耳，带有明显的蜀人文化特色（"蜀人"这个称谓本来就有大眼的含义），有人认为它们像《华阳国志·蜀志》中蜀人先王蚕丛的形象，有人认为更像《山海经·大荒北经》中的烛龙大神。不论像谁，都与中原文化息息相通。

1989 年江西省干县大洋洲发掘震惊五大洲的大型商墓，出土青铜器四百八十多件，被人誉为"青铜王国"，时间距今 3000 多年。专家评论，其造型之奇特、纹饰之精美、铸工之精巧，为江南商墓之冠。这些青铜器保留有商代中期风格，不同之处是不少青铜器有南方特色，如虎形装饰与虎形鼎在中原少见，中原地区常见的酒器在这里却没发现，乐器完全是南方的，厨刀、弯镰、斧等也是南方的。由此可见，这些青铜器是在当地铸造的，而且铸造工艺娴熟，不仅有浑铸成形的，而且有分铸成形的，有的有焊铸痕迹。在大铜钺上错红铜的青铜器则成为全国迄今发现的最早的错金属实物。这些特点也反映了中国青铜器与外国青铜器的重大区别。

1991 年至 1992 年，西藏拉萨曲贡遗址出土距今 3700 年的一枚铜板，含锡量 12.5%，含铜量 83.6%，是比较标准的青铜器。又经金相观察证实，为铸造青铜组合，冶炼所得。同时发现的形状相同的玉镞，证明它可能是当地所产。

三是湖北铜绿山、江西瑞昌、安徽铜陵、宁夏中卫、河南三门峡等地发现商周时代铜矿遗址、铸铜作坊，有力地回答了某些外国学者曾有的怀疑：中国从商代始突然有那么多的青铜器，其青铜文化是不是从西方传入的？出土实物证明中国境内的青铜器是中国先民们自己制造的。

在中国文明史的开端，在赣、川、藏等地新发现的青铜器，犹如一首首无言的史诗，向世人诉说着那里的先民如何在燃烧的烈火中，锻铸着自己的智慧、勇气与渴望，使之与江南的水、高原的风一样，具有永久的魅力，使之与中原文明一道，写下了华夏文明威严而深沉的一页。

从龙的形象到文字，从城堡到青铜器，这些文明的遗迹远远突破了黄河流域的地理范围，证明了华夏文明的起源也是多元的，在这块古老的土地上，到处都有我们祖先留下的骄傲。

怀疑掩盖不住辉煌

学者们曾怀疑夏朝的存在，曾认为水稻栽培技术从印度、日本传来。

中华各民族的先人们，用文字、城堡、青铜器共同叩开了文明时代的大门，这个辉煌的瞬间，应该如何记录呢？历史学家们为此费尽了脑筋。

这里所说的瞬间只是一个比喻。史书总是把夏朝作为中国文明史的开端。夏朝被认为是存在于公元前 21 世纪至公元前 17 世纪的一个王朝。夏人活动的地域主要在今豫西、晋南一带。20 世纪 20 年代，一些研究远古历史的学者对史书有关夏的记载提出怀疑，并怀疑夏的存在，因为关于夏的实物大家都没有见到。此后，由于考古工作的深入，《史记》有关商朝的记载——《殷本记》渐被新发现所证实，中国的学者以及大多数国外的学者，便从对夏的有关记载的怀疑变为相信，然而，夏文化在哪里？如何辨认它、证明它？仍是一个待解之谜。

如今，中国的考古学家们已经把夏文化视为一个呼之欲出的文化，因为它在时间、地理位置、文化遗存上已被证实，夏人活动的中心地域不外乎豫西的二里头、晋南的东下冯两地或其周围。夏时期分布于长江中下游，尤其是黄河流域的不同面貌的文化，均已被揭示出来。所缺只是文字的证明——如甲骨文记载殷商的存在那样。所以，记者在这里还只能介绍一个沉默的夏朝。

在河南省偃师县的二里头遗址，考古工作者经几十年的发掘、研究，发现其文化可分四期，时间从公元前 2010 年至公元前 1625 年，绵延 385 年。这段时间恰是史书所载夏的大概年代。遗址内有两座大型建筑基址，有大型墓葬，出土了数量巨大的陶器，为数不少的玉器、青铜器、漆器，其中包括礼器、乐器、武器、生产工具、生活用具、饰物、货贝。在大型建筑基址周围，还发现了铸造青铜器和烧制陶器的作坊。建筑基址中一号基址规模较大，居于遗址中心，是用围墙围起来的封闭型建筑，已不再类似原始社会的建筑。这些实物使学术界公认：这里应是一座王都遗址。特别是 1983 年开始发掘的偃师尸乡沟商代早期城址被确认（尸乡沟的称谓只存在于当地老乡的口中，但与《汉书·地理志》班固自注："尸乡，殷汤所都"相符），这也改变了一些学者以二里头为商城的看法。

那么，这一文化遗址的早期文化应属夏文化，这一点已无多大分歧。

中国农业文化的历史源远流长，这个历史究竟有多长？还得考古学来作回答。

稻作是我国原始农业中的主要栽培作物。曾有一种说法：中国的水稻栽培技术来源于印度或日本。1973 年浙江省余姚河姆渡遗址发现大量栽培水稻的遗存，堆积层最厚处有 1 米，时间距今约 7000 年，久矣哉！这是世界上已知最古老的人工栽培稻。

80 年代末，湖南省澧县发现人工栽培水稻，时间距今 8000 年。这些都是在长江中下游地区。这使人们产生一个看法：那里是水稻栽培的发源地。至于中原地区，因只有零星发现，时间距今最早者约 6000 年，故被认为是水稻栽培的传播区。其主要作物应是粟类，即谷子等。

时间到了 1993 年，有关研究人员在整理河南省濡阳县贾湖遗址资料时，在遗址烧土碎块内发现三条隆起的稻壳印痕和秆的长条格状纹路。通过扫描电镜观察和现代稻壳的形态学比较，认为属栽培水稻，时间距今 8000 年。经对同一遗址内的动物、植物遗存分析，其环境与现在的长江流域相似。这一发现证明，中国境内的中原地区与长江中下游地区有着一样久远的水稻栽培史。

我国人工栽培水稻的历史如此久远，已引起外国学者的关注和重视。美国安德沃考古学研究基金会与中国学者联合进行的中国水稻栽培起源地研究项目，由北京大学考古学教授严文明主持，已在江西省东北部的万年县、乐平市开展起来，拟发掘三处洞穴遗址，并对已发掘的万年县仙人洞作采样分析。这些遗址年代大约距今 1 万年至 8000 年。

埋藏在地下的历史遗存，蕴含着涉及古代社会各个方面的极为丰富的信息，它们本已是历史的绝响，但一经考古工作者发掘面世，常常会改写已有的记载，同时也会改变人们许许多多的传统看法。例如，对于中国古代纸的诞生、古代乐器音阶的构成等等。

史书载，东汉流行"蔡侯纸"。蔡侯者，东汉宦官蔡伦也。这位湖南郴州人，曾任主管制造御用器物的尚方令。在他主持下制造的各种宫廷器械，莫不精工。蔡伦造纸因此流芳千古，几成定论。

然而，考古发现不断对这一历史记载作出挑战。

1986 年，甘肃省天水县放马滩西汉初期文景时期墓葬中出土纸质地图。地图置于棺内死者的胸部。纸是由植物纤维制成，薄而软，表面光滑平整，上面用细黑线条绘制着山川、河流、道路等图形，出土时呈黄色，后褪变为浅灰间黄色。这张可用来绘写的纸的残片，与此前发现的"灞桥纸"及居延、扶风、敦煌烽燧发现的粗糙的纸不同，不仅年代更早，而且纸质细致，是现存世界古纸中最重要的标本。

1990 年，甘肃省敦煌市与安西县之间的一个名叫吊吊水的地方，发掘出一处遗址，为汉代邮驿，旧名悬泉置。悬泉置遗址出土 1.5 万多枚简牍与 2650 余件其他遗物。其中帛书、绢之类不去提它，单只讲讲麻纸。这些造于西汉宣帝、元帝时的麻纤维纸数量可观，其中四件用墨写了文字。另外，还有边缘清晰的整张麻纸出土。这一发现表明，木简、帛书、麻纸在当时的重要邮驿被同时使用，纸的制造数量已相当不少，竟被成批地送往边远地区。至此，西汉有纸无纸的悬案已有肯定的答案。

其实，我们完全不必为蔡伦难过。他总结了用麻质纤维造纸的经验，开始用树皮、麻头、破布造纸，功不可没。我们更应该对蔡伦之前的造纸工匠们表示敬意，他们的发明被人类广泛地应用了两千多年，为科学技术和文化的传播，作出了难以估量的贡献。

历史上，一直认为中国先秦时期的乐器有五声音阶，所谓宫、商、角、徵、羽，但怀疑有七声音阶。70 年代随州曾侯乙编钟等乐器的发现，消除了中外学者的这一怀疑。80 年代以来的发现，更把中国乐器七声音阶的出现提前到 7000 多年前。

河南省贾湖遗址出土十六支远古竖吹骨笛，其中最完整、无裂缝的一支用鹰骨制成，上有七孔，第一孔下还有一调音的小孔。1987 年曾由吹奏者、仪表操作者、监测人员同时集体进行了测音工作，知其已具备音阶结构，可吹奏旋律，发音较准。这些骨笛的年代距今约 7000 年。

1980 年青海省民和阳山、1985 年甘肃省兰州永登乐山坪遗址，都出土距今 5000 年至 4000 年前的陶鼓。

1993 年，湖南长沙汉代楚王王后墓出土了三个筑。这种奇特的乐器，过去史书有载，但无实物。

1993 年底，湖南辰溪县修溪乡和火马冲镇出土两枚骨哨，时间距今 6500 年。

这些乐器如今都已进了博物馆，不可能再用来进行演奏，但它们却在无声地鸣奏着一支最古老、最动听的乐曲——华夏民族辉煌文明的交响曲。人们从中仿佛听到了呜咽的笛声、激越的鼓声、悠扬的钟声、苍凉的筑声，感觉到了东方远古先民及其子孙踏碎艰辛、走向明天的脚步声。

据统计，我国古遗址达 95086 处，其中新石器时代至周代的最多。古墓葬达 66360 处，包括清代。化石类 1571 处。每一类遗存，都可写出一部煌煌巨著。其中包括着多少动人的故事，蕴含着多少可贵的信息，可以解开多少历史之谜？都还有待进一步研究。

在采访即将结束的时候，谢辰生、黄景略兴奋之余，又流露出深深的忧虑与不安："这些年来的重大考古新发现是振奋人心的，但其中不少却是劫后余生，是被盗掘后的遗址、古墓的残余，也有的是在基建工程中抢救下来的。可以肯定地说，被破坏的文物远远多于被抢救下来的文物，更令人心痛的是，有的文物虽然抢救下来了，但与之有关的考古学现象却已被完全破坏。"他们呼吁：全社会、特别是各级党政领导同志，都来重视文物保护。已出土的文物、遗址和地下的历史遗存，一旦被毁，其损失无法用经济价值来衡量的。因为它们是不可再生的，是认识国情、历史，进行爱国主义教育最生动的教材，对增强中华民族的凝聚力、建设社会主义的精神文明，有着不可替代的作用。1992 年，中央确定了文物工作"保护为主、抢救第一"的方针，所有文物工作者都应以"责任在身、当仁不让"的精神不折不扣地执行这个方针，特别是文物部门的领导，一定要把自己的主要精力放到这方面来。

让我们珍惜这份无与伦比的宝贵遗产吧，那将不仅是对中华民族，也是对全人类文化事业的莫大贡献。

（原载《人民日报》1994 年 1 月 25 日）

谈保护北京历史
文化遗产和古都风貌[*]

2008 年奥运会将在北京举行，"绿色奥运、人文奥运、科技奥运"是北京申奥提出的三大理念。人文奥运的一个重要指标就是建设现代化国际大都市，同时必须符合保护古都风貌的要求。为落实中央关于保护北京历史文化遗产和古都风貌的指示精神，经北京市有关方面共同研究和通力合作，继 7 月 16 日北京完成第一批二百处保护院落挂牌工作后，9 月 23 日，北京市又启动第二批三百三十九处四合院保护院落的挂牌工作。

北京作为历史悠久的文化古都，又是国家级历史文化名城，在新的历史时期，如何正确处理古城保护与城市发展的关系，也正是当前全国历史文化名城乃至历史文化遗产保护所面临的严峻课题。日前，记者就此采访了国家文物局原顾问、国家历史文化名城专家委员会委员谢辰生。

一　文化遗产不仅仅是一座庙、塔，
需要保护的更多的是历史文化生态环境

保护历史城市，尤其是保护历史文化名城，首先要保护好名城的整体格局和风貌，保存城市的肌理，保护历史街区和文物保护单位是名城保护的有机组成部分，而不能代替名城的整体保护，这已经是历史文化

＊ 本文为《中国文物报》专访稿，由田远新撰写。

遗产保护工作者们的共识。谢辰生先生说，第二次世界大战以后，在欧洲，对恢复战争破坏的城市建设中破坏了大量的历史建筑，至今他们都很后悔。遗憾的是，我们并没有从他们走过的弯路中吸取经验教训。近些年来，在城市建设中普遍做法是拆掉老城区，拓宽马路，盖起新楼房。但是不久人们就发现，这样做的结果是建筑改善了，名城格局却改变了。推土机随意改变着城市的面貌，若干文物建筑可能被保存，但历史环境被破坏，城市的历史联系被割断，城市为历史文化特色在消失。人们意识到，除了保护文物建筑之外，还应该保存一些成片的历史街区，保存历史记忆，保存城市历史的连续性。作为战斗在文物保护第一线近五十年的老文物工作者，谢辰生先生对此深有体会。他告诉记者，对于历史文化名城的保护他也有一个认识过程。他说，以往从事文物保护工作经常认为保护单体文物是非常重要的，关注点总放在一座庙、塔等文物保护单位上，后来随着认识的不断深入，逐渐意识到文化遗产并不仅仅是这些，需要保护的更多的是历史文化环境风貌，一个街区、一个古村落、乃至一座古城，这些往往是历史文化遗产完整性和真实性的集中体现。

二　当务之急是要将中央和市政府
关于北京老城保护的精神尽快付诸实践

“北京古城是一份非常珍贵的文化资源，它不仅仅有‘硬件’，还有‘软件’，它的整体格局和四合院有丰富的文化内涵，蕴含着大量的历史信息。仅清代后期经民国到解放，在这座古城就发生过许多重大的历史事件，保存着许多名人故居。加上老北京丰富的民俗文化都是与古城胡同、四合院有密切联系的。北京古城被外国人誉为是‘人类地球上建造的最伟大的单体作品’，这个‘单体作品’就是指古城的格局风貌，胡同、四合院当然也包括以紫禁城为中心分散在古城各个角落的重要文物古迹。这不仅是中华民族而且也是世界人类的珍贵有形文化遗产，而这个‘单体作品’所蕴含的大量历史信息和丰富的文化内涵则又是一份非常珍贵的无形文化遗产。如果把这些有形和无形的，物质和精神的结合起来，将它们固有的、客观的各种价值运用各种形式和手段展示出来，对于丰富广大人民群众文化生活，进行爱国主义、革命传统教育以及促进中外文化交流，都会起到重要作用。做好这篇文章无疑也可以成为'人文奥运'的一项重要内容。"谢辰生先生语重心长地说。

目前，越来越多的专家开始使用"文态环境保护"这个词。所谓文态环境保护，是指在城市总体规划基础上，以建筑规划布局为主导，以风貌分区的某种建筑风格为基调，综合体现"美的秩序"的文明环境。文态环境不仅包括现代新建区，也包括历史保护区，比如北京的皇城区等。有专家提出，北京的文态环境保护尤需加强，要进一步加强对体现北京古都风貌的历史文态环境的保护力度，突出它们的历史价值、艺术价值、科学价值。

如何做好北京旧城区"文态环境"的保护工作，谢辰生认为，当务之急是要将中央和市政府关于北京老城保护的精神尽快全部付诸实施，例如尽快全部公布四合院名单，名单中的一些很好的四合院正在消失，再拖下去会有更多的重要四合院继续被拆毁，这使人深感忧虑和痛心。

三 要从历史、民族和国家负责的高度，总结过去的经验教训，有错必纠

据了解，在"非典"肆虐时期，在旧城区拆毁四合院的活动的确停止了一段时间，但随着抗击"非典"的斗争取得胜利，在旧城区拆除活动又开始了，谢老强烈呼吁尽快落实四合院和胡同保护的各项措施。否则听任现在这种情况继续发展，名城将会遭到进一步的破坏。当然停下来会有不少需要解决的问题，这应当通过各方协商解决。

北京古城到底应该怎么保护？谢辰生先生提议，可否选一个具有典型意义的地段作为试点。例如，现在争议很大的西长安街民族宫对面那一片旧城街区，是拆掉盖大楼，还是原状保留，进行必要的整

治，作为北京古城展示的一个景区。他说，很多从事历史、文物、考古研究的人都采取后一种方式，而坚决反对拆掉盖大楼。理由是：这一地段是目前保存的唯一能说清辽、金、元、明、清北京古城五个朝代历史沿革发展文化的地段，其他能说明这一历史发展的地段均已被拆毁而荡然无存了。这一地段是辽金都城东北角与元大都西南角交汇的地方，现在的西长安街南侧人行道就是元大都南城墙旧址。明永乐建北京城时才把南城墙南移至现在前三门的位置。这一片街区的布局和胡同走向都是与这些历史变迁密切相关的。他举个例子说，现在的受水河胡同就是元代金口河的河道位置，金口河是元代郭守敬利用辽金都城北护城河拟解决元大都漕运而开通的河道，但未成功，后来河道填平成了胡同，初名臭水河胡同，到民国时期袁良任北平市长时觉得这个名字不好听才改名为受水河胡同。此外，这里还保留着许多历史的印记。因此，这里是一个很有价值的地方，如果能够搞一个集保护、建设、文化、旅游各方面内容的综合性规划，突出它的历史文化内涵，就会建成一个很有特色的社区，其价值和意义是建几个大楼所无法比拟的。主张在这里盖大楼的意见，除了大楼业主看中这个黄金地段之外，有些人很可能是从长安街的现状考虑的，因为目前沿长安街两侧已经是高楼林立了，如果在中间保留这么一块旧街区似乎不太协调。其实从保护古城的角度来看，长安街现状才是最大的不协调，东方广场就是一个最大的败笔。今天我们还是要从对历史、对民族、对国家负责的高度，总结过去的经验教训，纠正失误，而不是要迁就既成事实，继续向失误看齐。这也是我们强烈要求保护这一地段的一个重要理由。

四　保存城市的记忆，保护历史的延续性，保留人类文明民展的脉络，是人类现代文明发展的需要

令人欣慰的是，在各级领导的重视和专家学者的努力下，《北京历史文化名城保护规划》（下简称《保护规划》）于去年公布。位于北京

旧城核心、占地约 6.8 平方公里的明清皇城，此次被划定为最大的一片历史文化保护区。市政府表示，将把这个我国现存唯一保存较好的封建皇城予以整修并申报世界文化遗产。谢老说，对皇城主要是强调保护而不是"改造"。1960 年，陈毅同志在国务院 105 次全体会议上曾对文物保护工程明确指出：一定要保护它的古趣野趣，绝对不能对文物本身进行社会主义改造。四十年前陈老总这句名言至今仍有现实的指导意义。

　　谢老认为，几年来，北京市政府投入大量资金用于修缮文物古迹并取得很大成绩，而且为了迎接奥运会斥巨资修建了一大批现代化的文化设施。谢老认为这些都是必需的，但同时也应看到，由传统的街区胡同四合院组成的古城整体格局和风貌本身就是一种最大的很有价值的"大展品"。运用各种方式全面深入的揭示其丰富的文化内涵，把这个"伟大的单体作品"搞活，使人们在古城区走街串巷的时候能处处感觉到浓郁的历史文化气息，这对国外人士来说，也许比一些豪华的商业大厦乃至现代化的其他文化设施会更有吸引力。因为后者在国外已经司空见惯了，国外有的也许更豪华、更现代化，而一座具有悠久历史的中国古城风貌则是外国人所从未见过的。因此，我们应扬长避短而不要扬短避长，这样做看起来是"保旧"，实际上是"创新"，而且也是符合可持续发展战略要求的。

　　去年出台的这项《保护规划》提出从整体上保护北京旧城。对历史水系、传统中轴线、皇城、旧城"凸"字形城郭、道路及街巷胡同、建筑高度、城市景观线、街道对景、建筑色彩、古树名木等十个方面提出具体要求。引人注目的是，在已确定的北京第一批二十五片历史文化保护区的基础上，又确定了第二批十五片历史文化保护区名单。在共计四十片历史文化保护区中，有三十片位于北京旧城，总占地面积约 1278 公顷，占旧城总面积的 21%；加上文物保护单位保护范围及其建设控制地带，总面积为 2617 公顷，约占旧城总面积的 42%。《保护规划》要求，对历史文化保护区必须以"院落"为基本单位进行保护与更新，危房的改造和更新不得破坏原有的院落布局和胡同肌理。针对该《保护规划》，谢老认为还应当按照加强古城整体保护的要求对规划进行调整和细化。同时，建设对古城区内已拆光完成"危房"的地段，也可以考虑在绿化带适当位置树立标志牌，一面是该地段的原平面图，一面用文字简要说明这一地区的历史沿革，并插一些重要的事件或人物，这样就可以使参观小区的人能从中了解一些历史信息，又可以满足海外游子寻根问祖的需要。

城市是一种历史文化现象，每个时代都在城市建设中留下了自己的痕迹。保存城市的记忆，保护历史的延续性，保留人类文明发展的脉络，是人类现代文明发展的需要。从保护建筑艺术珍品，发展到保护反映普通人生活的一般历史建筑，从保护单体的文物建筑，到保护建筑物周围的历史环境，到保护成片的历史街区，再发展到完整的古城，这是国际历史文化保护工作的发展脉络。在历史文化保护的进程中，人们越来越认识到，城市优秀的历史文化遗产也是城市现代化的必要内容，城市现代化不仅仅意味着高楼大厦、立交桥、高架路，更要求完善的基础设施、良好的生态环境、深厚的历史文化内涵。

（原载《中国文物报》2003 年 11 月 7 日）

加强北京旧城整体保护是关键[*]

——谈《北京城市总体规划（2004~2020）》

一　修编的《总体规划》减轻了旧城压力

记者：国务院 2005 年 1 月 27 日关于《北京城市总体规划（2004~2020）》的批复和这个《总体规划》，与 20 世纪的《北京城市总体规划（1991~2010）》相比，在北京历史文化名城保护工作方面，有没有变化？

谢辰生：变化很大。新规划最大的特点就是城市功能的战略转移，对北京市的空间布局作了大的调整，改变了原来单中心均质发展的状况，提出构建"两轴—两带—多中心"的新城市空间格局，通过对城市空间结构的调整来解决中心城过度聚集带来的诸多问题。这个思路跟过去不一样，过去规划从没有提出过"旧城有机疏散"和"市域战略转移"的思路。在规划中对旧城提出整体保护这更是第一次。

记者：规划中的"两轴"指沿长安街的东西轴和传统中轴线的南北轴。"两带"指包括怀柔、密云、顺义、通州、亦庄、平谷的"东部发展带"和包括延庆、昌平、门头沟、房山、大兴的"西部生态带"。"多中心"是指在北京市城范围内建设多个服务全国、面向世界的城市职能中心，提高城市的核心功能和综合竞争力。其中，包括中关村高科技园区核心区、奥林匹克中心区、中央商务区、海淀山后地区科技创新

---

　　* 本文为《光明日报》专访稿，由宫苏艺撰写。

中心、顺义现代制造业基地、通州综合服务中心、亦庄高新技术产业发展中心和石景山综合服务中心等八大城市职能中心区。这个规划对旧城意味着什么？

谢辰生：把功能疏散了，压力就减轻了。北京中心城又是北京的旧城，过去的规划过多地把功能集中在旧城里，旧城压力太大了，交通也解决不了，光开马路。开马路有什么用呀，开多少条马路也不解决问题。所以只有把功能疏散了，功能也把车带走了。当然，还需要适当疏散人口，加强适合旧城区的基础设施建设，才能提高居民生活质量。

记者：《总体规划》对北京旧城意味着什么？

谢辰生：旧城保护有希望了。如果不改变思路，还走老路，旧城只能走到死胡同里。交通问题怎么解决？原来的旧城不是给你现代化造的，是根据当时情况造的，是抬轿子走马车的。现在那么多汽车怎么办？总不能在旧城区内到处开大马路，那样就会严重破坏古城固有的格局，就与《总体规划》提出的整体保护旧城的原则相违背了。比如旧鼓楼大街再破，它是北京的街，是原来的样子。现在你去看看新修的旧鼓楼大街，就像进了村庄似的，跟乡下村庄当中的那条路一样，非常难看。

二　整体保护旧城才能反映历史文化名城价值

记者：我们应当怎样认识北京这一历史文化名城的价值？

谢辰生：北京是世界上独一无二的历史文化名城，国际上给予了极高的评价，是祖先留给我们的一份珍贵的遗产，保护好并使之传至后代，是我们这一代人的共同责任。美国城市规划专家爱德蒙德·培根在几十年前就对北京城给予了极高的评价。他说："北京可能是人类在地球上建造的最伟大的单本作品。""它的设计是这样的光辉灿烂，为我们今天的城市提供了丰富的思想宝库"。人家是这么认识我们北京的，我们自己对北京就没那么认识，认识不到这个程度。他所说的单体作品，是什么呢，就是根据一个完整规划设计出来的北京城。北京古城是国之瑰宝，是民族瑰宝，也是全人类的瑰宝，对于北京的保护是有国际影响的。我认为保护北京古城是民族利益、国家利益，反映了广大人民群众的根本利益和长远利益。需要说明的是，我们要整体保护历史文化名城主要是指北京的旧城，而不是现在北京管辖的所有地区。

记者：北京过去不是划定了二十五片历史文化保护区吗？

谢辰生：过去是把北京旧城分片来保护，所以有二十五片历史文化保护区。这二十五片历史文化保护区，等于是二十五座文物的扩大品，还是分散的。保护北京旧城不能分散保护，必须整体保护。国务院在批复中指出："加强旧城整体保护、历史文化街区保护、文物保护单位和优秀近现代建筑的保护。"是分三个层次，第一个层次是"旧城整体保护"，这是非常重要的。只保护历史文化街区和文物保护单位还不能全面反映北京历史文化名城的价值。它只是整体保护的有机组成部分，只有整体保护旧城，才能充分反映北京历史文化名城的价值。

记者：关于历史文化保护区也有争论。比如您就反对南池子地区拆旧建新的模式。

谢辰生：我反对南池子模式主要是拆旧建新的比重太大了，而保护的老四合院太少了，新建的也没有反映出原来的建筑特色。其实每个历史文化街区都有自己的特点。比如大栅栏，是商业街，要保护它传统的商业特色。再比如成贤街，有孔庙、国子监，有传统的文化特色。什刹海又有另外的特色。每一个街区形成了自己的特色，保护它的特色才有生命力。

保护历史文化街区离不开旧城的整体保护。现在有人对复建的永定门楼有意见，认为那太小了。其实一点也不小，原来就那么大。为什么感觉小了呢？因为环境变化了，它就显得小了，是周围高楼大厦把它比小了。你在天安门旁边盖摩天大楼，天安门也小了。所以为什么不仅要保护文物本身，还要保护文物的环境和风貌，就是这么个原因。过去我反对盖东方广场。为什么？东方广场那么一个大家伙往那儿一盖，跟天安门不是在争夺中心吗？

再比如西长安街民族文化宫对面那一片旧城街区，是拆掉盖大楼还是原状况保留进行必要的整治，争议很大。我坚决反对拆掉盖大楼。因为这一地段是目前保存的唯一能说清辽、金、元、明、清北京古城五个朝代历史沿革发展变化的地段，其他能说明这一历史发展的地段均已被拆毁而荡然无存了。这一地段是辽金都城东北角与元大都西南角交汇的地方。明永乐建北京城时才把南城城墙移到了现在前门的位置。这一片街区的布局和胡同走向都是与这些历史变迁密切相关的。因此，这里是一个很有价值的地方。如果能够搞一个集保护、建设、文化、旅游各方面内容的综合性规划，突出它的历史文化内涵，其价值和意义是建几个大楼所无法比拟的。主张在这里盖大楼的意见，除了大楼业主看中了这个黄金地段之外，有些人很可能是从长安街的现状考虑的，因为目前沿长安街两侧已经是高楼林立了，如果在中间保留这么一块旧街区似乎不太协调了。其实从保护古城的角度来看，长安街现状才是最大的不协调。因为它腰斩了北京古城，把古城的内外城完全隔离了。这是过去决策失误造成的，是应当纠正的，而不能继续向失误看齐。

三　当务之急就是要"狠抓落实"

记者：国务院批复中强调北京城市规划区内的一切建设活动都必须符合《总体规划》的要求，任何单位和个人不得随意改变。您认为现在应该怎么办？

谢辰生：当务之急就是要"狠抓落实"。

不久前，我们几个老同志曾给北京市领导写信提出了几点意见。一是建议政府采取果断措施，立即制止目前在北京旧城内正在或即将进行的成片拆除四合院的一切建设活动。既不能"推平头、盖大楼"，也不能成片拆除所有老四合院、重新建四合院，而是要最大限度地保存较好的四合院。对现有四合院进行甄别，采取微循环方式逐步改造危房。

我从来没有说过北京旧城一点不能动，而是"有机更新"。要一个一个地看，该保护的就保护，不该保护的就不保护，但不保护的要新盖必须跟古城风貌协调，还盖四合院就行了。现在许多简易楼、筒子楼，要它干啥？还有很多大杂院，把这些乱七八糟的地震棚、小厨房拆了，即刻就还了四合院的本来面貌。这样就好派用场了，价值也出来了。

二是依据宪法及建设部等有关方面的规定，保护私人所有房屋的产权，按照《总体规划》关于推动房屋产权制度改革，明确房屋产权，鼓励居民按规划实施自我改造更新，成为房屋修缮保护的主体要求，制止目前仍在继续强行拆迁私人所有房屋的违法行为，维护公民基本权益。

三是对过去已经批准的危改项目或其他建设项目目前尚未实施的，一律暂停实施，重新经专家论证，进行调整和安排。凡不宜再在旧城区内建设的项目，建议政府采取用地连动、易地赔偿的办法解决，向新城区安排，以避免造成原投资者的经济损失。

记者：今年"两会"期间，政协委员冯骥才提出：北京旧城保护要防规划性破坏。他说，有了规划并不意味着历史文化名城就能避免被破坏。

谢辰生：在旧城开马路就是一种规划性破坏。我们建议根据《总体规划》关于在保持旧城传统街道肌理和尺度前提下，建立并完善符合旧城保护和复兴的综合交通体系的要求，调整旧城原有道路红线规划，停止尚未实施的在旧城区采取开大马路解决交通问题的计划。这方面国际上有不少经验可以借鉴。正如国务院批复中指出的，积极探索适合保护要求的市政基础设施和危旧房改造的模式，改善中心城危旧房地区的市政基础设施条件，稳步推进现有危旧房屋的改造。

还有就是尽快出台《北京历史文化名城保护条例》，为全面落实《总体规划》提供有力的法律支持。

（原载《光明日报》2005 年 3 月 25 日）

历史文化遗存中蕴涵着古都神韵

他是中国文物法规制定的主要参与者和执笔人，从新中国成立之初的文物法令、《古文化遗址及古墓之调查发掘暂行办法》、《关于在基本建设工程中保护历史及革命文物的指示》，到1961年颁布的《文物保护管理暂行条例》、1982颁布的《中华人民共和国文物保护法》等等，都曾经过他的手。如今，已经八十六岁高龄的他，仍在为保护北京城的古都风貌奔走着。他就是著名文物保护专家谢辰生。

一　古都一砖一瓦中蕴涵着丰厚的文化遗存

问：北京城可以说是几经风雨的。一般人们都觉得"文化大革命"对文物的破坏最为严重，但您好像并不认同这种看法？

谢辰生："文化大革命"期间的破坏确实严重，但造反派抄家、横扫"四旧"，就是一阵儿，时间很短。很快，造反派的精气神儿就转入夺权、搞政治去了。由于各地文物破坏比较严重，我们文物工作者曾向中央呼吁，于是中共中央下发了《关于在无产阶级"文化大革命"期间保护文物图书的通知》。这个文件是我起草的，当年对文物保护起了重要作用。中央很重视对文物古迹的保护，周恩来总理从红卫兵一上街，就派一个团的兵把故宫保护起来了，所以故宫在"文化大革命"中任何损坏都没有。另外，红卫兵上街砸文物商店，也是被周总理出来阻止的：不能砸，很多文物是国家的瑰宝。"文化大革命"主要是意识形态的政治斗争。20世纪80年代末到90年代就不同了，是利益的斗争。"文化大革命"是"以阶级斗争为纲",这时候是"以市场经济为纲"。"文化大革命"是政治冲击一切,这时候是经济冲击一切。在这种思维模式指导下,我们在决策上便陷入一个误区,就是在发展旧城保护旧城的时候,采用了以"开发商为主导,项目代危险"的模式。结果是既影响了老百姓的生活,又破坏了古都风貌。从20世纪80年代末以来,北京城拆了多少?!太可惜了!

问:可是,旧城房屋危破的状况与古城巨大的文化价值共有毕竟是我们要面对的现实,这似乎也一直是个矛盾?

谢辰生:古都的文化价值是要有一定载体的,每一条胡同、一砖一瓦都可能蕴涵着丰富的文化遗存。2005年制定的《北京城市总体规划》,第一次提出对北京旧城要整体保护的概念,使人们从根本上达成了共识:只有留住历史文化遗存,才能留住我们的根。因此,我们既要加强文物保护,也要改善人民生活。我为什么高度评价北京市后来出台的《北京旧城房屋修缮与保护技术导则》呢?它提出来的原则既全面、具体,又有可操作性,把文物保护工程和民生建设工程统一了。另外,它是一个整体配套的方案:房屋外观整体都不能动,主要是加强里头的基础设施,提高了人民生活质量。但是又因地制宜,不同宽度的胡同采取不同的方式进行改造和修缮,要保持胡同的肌理和尺度,这样北京胡同的风貌就出来了。这些年消失了的胡同没办法了,没消失的,我们就一定要保护好。现在我们整个北京城的确造成很大的损害,但核心地带还保留着,依稀能看到过去古城的轮廓,如果精心地加以保护,这么坚持下去,仍然有机会申报世界遗产。我对北京城今后的命运很乐观。我是这么想,保护首都风貌和改善人民生活这两大工程,虽然是在北京迎奥运期间步入正轨,并成为人文奥运的一个重要组成部分,但是它将具有一贯性——不是我们因为奥运才这么做,奥运之前我们也这么做,奥运期间我们也这么做,奥运之后我们还这么做。几十年前美国著名的城市规划学者爱德蒙德·培根就有过评价:"北京可能是人类在地球上建造的最伟大的单体作品,它为我们今天城市提供了丰富的思想宝库。"因此,保护北京古都风貌,应当是我们每个北京人的义务。

二 郑振铎先生使我与文保工作结缘

问：您上中学的时候毅然辍学，是为了上延安投身革命，可却与文物工作结下了不解之缘，而且是六十年未断？

谢辰生：我是上高中的时候开始接触一些进步思想，一心要到延安去参加革命，中途道路被封锁走不通了，又回北京找路子，找了半天没找着。那时候我哥哥谢国桢（著名明清史和版本目录学专家）跟郑振铎很熟，我就到他那里去当学徒，吃住都在他家里。几年以后全国解放了，郑振铎先生当了第一任文物局局长，又是文学研究所所长，又是考古研究所所长。他问我愿意干什么？我说我想搞研究、做学者。他说，不行，现在保护文物这个事儿更重要，你不要到研究机关去了，就在文物局干吧。郑振铎把我带到文物局，我就跟文物保护结下了不解之缘。从那会儿一直干到现在。到文物局他让我干的第一件事情，就是制定《文物法令》。我当时不懂啊，他弄好资料给我，手把手教我。

问：与北京城的保护一样，您自己的人生道路也是几经风雨？

谢辰生：在文物界，我一直被冠以"保派"，是因为我对自己的想法坚持得比较厉害，我不管你是谁，我要坚持就坚持。所以我这么个老资格从来没升过官，一直是业务秘书。那时候，一来"运动"我就挨批，反右的时候几乎被打成右派。"文化大革命"期间，我被整得很惨，可以说是家破人亡啊，我的老伴儿就是因为我的关系最后被整死了。如果从个人恩怨说，我可以骂人，可是从历史长河的高度来认识，我就不能骂人。我到今天还常翻翻《资本论》。因为今天常有些人打着马克思主义旗号发表一些谬论，我就翻翻它，看看马克思到底是怎么说。我对共产主义的信念一直不变。

三 仿古、复古不等于弘扬传统文化

问：现在，对有些文物遗址是否需要重建、复建等一直存在争议。

比如圆明园，您是什么意见？

谢辰生：我认为圆明园根本不应该移建，我是坚决反对移建、反对复建的。什么叫做圆明园？你要把古代原来的圆明园和今天遗存的圆明园分清楚。现在圆明园是古代圆明园的遗址，是经过破坏了的。历史上的圆明园价值很高，但是它已经被帝国主义损坏了。从康熙到嘉庆一百年间，圆明园是汇集了全国的能工巧匠建起来的，里面还有许多稀世珍宝，这些价值只有在当时那个历史条件下它才存在！所以说，要恢复是根本不可能的，即使你复建也不是原来的。我们如今最关键的是要保护好现在的这个圆明园。现在的这个圆明园，它的价值是两条：第一，它是国耻纪念碑，通过它使我们永远记住中华民族被帝国主义羞辱的这段历史；第二，真正古代的圆明园就剩这一点儿了，只有这个是真正的圆明园，真的不保护，造些假的干吗？

问：现在有些地方花巨资兴建起一座座"仿古"、"复古"的寺庙，有人认为是弘扬传统文化，也有人认为是封建糟粕沉渣泛起。对此您怎么看？

谢辰生：大搞仿古、复古，不等于弘扬传统文化，但我们也不能一看见寺庙就与封建迷信相提并论。"文化大革命"时也不是把所有的庙都拆毁了，北京的东岳庙不就好好的吗?！有些庙是古建筑，我们保护它是作为古建筑保护的，不是作为宗教来保护的。因此不能因为寺庙与宗教的渊源，就非要把这些古建筑都变成宗教场所。我们尊重个人信仰自由，允许有一些宗教活动。我国的很多古庙名刹已具有博物馆性质，它们不能也不允许被随便利用。现在有些人急功近利打宗教牌，这是歪曲和糟蹋宗教文化！

讲科学，重实效，做好普查工作 *

记者：2005 年 4 月国务院下发了《国务院关于开展第三次全国文物普查的通知》，请您谈谈第三次文物普查的意义。

谢辰生：第三次文物普查是建国以来规模最大、领导规格最高、条件最好的一次普查。首先是国务院专门下发了《国务院关于开展第三次全国文物普查的通知》，并由国务委员陈至立担任领导小组组长，同时还要求各地方政府都要按照国务院统一部署，建立、健全普查工作的机构，加强领导，这是建国五十多年来第一次，是前所未有的。在国务院《通知》中不仅明确提出这次普查的目的和意义，而且对普查的范围、内容、时间安排、组织实施、经费、成果落实等方面都提出了明确而具体的要求。所以说，第三次文物普查无论在组织领导还是人力、物力支持上看，都比前两次有了很大的发展。特别是《通知》把这次普查提高到"是国情国力调查的重要组成部分，是确保国家历史文化遗产安全的重要措施"的高度，这就充分说明了第三次文物普查的重要意义。

记者：您刚才说到第三次文物普查比之前两次有很大发展，请您具体谈谈前两次文物普查的情况和成果。

谢辰生：新中国建立初期，经过三年经济恢复时期，1953 年，我国第一个"五年计划"开始实施，将在全国范围内有计划地开展大规模的基本建设，当时文物局的领导郑振铎、王冶秋预见到在我们这个文明古国大地上进行建设必然会涉及文物保护的问题，因而及时地报请中

---

* 本文为《中国文物报》专访稿，由孙漪娜撰写。

央人民政府政务院颁发了《关于在基本建设工程中保护历史及革命文物的指示》，提出了在基本建设中保护文物的具体要求，从此开展了以配合基本建设进行考古工作为中心的全面文物保护工作，并在很短的时间内就取得了显著的成绩。1955 年，全国农业合作化高潮开始了，这时候全国进行生产建设的范围就不仅仅是点、线的问题了，而是全面开花，在农村广泛开展。针对这一新的形势，国务院又适时地于 1956 年发布了《关于在农业生产建设中保护文物的通知》，在文件中第一次提出了文物普查和建立文物保护单位制度。同时提出要充分发挥广大群众固有的热爱乡土文物的积极性，组织群众性保护文物小组的要求。这与我们今天要求建立公共参与的文物保护新体制是完全一致的。所有这些都是文物保护工作的最基础工作，是适应当时新形势下出现的新情况、新问题而进行的开创性工作，为后来文物事业的发展奠定基础。

当时，文件要求普查与公布文物保护单位是同时进行的。一方面要求省级政府在两个月内将已知的重要文物公布为文物保护单位，并责成县、乡政府树立标志加以保护。同时立即开展文物普查，在普查中新发现的文物及时补充到名单中去。第一次全国文物普查首先是以山西省为试点，然后推广到全国。那个时候我们无论人力、物力都很有限，所以所谓普查，其实是进行初步的调查，整体来说，规模不是很大，在普查广度和深度上都是很不够的。第一次文物普查的成果主要是落实到编印了一本各省、自治区、直辖市文物保护单位名单，共计七千多处。1961年国务院公布《文物保护管理暂行条例》和第一批全国重点文物保护单位名单，这个名单就是从上述名单中挑选出来的。

第二次文物普查是在"文化大革命"结束后，20 世纪 80 年代开始的。1982 年我国颁布了《中华人民共和国文物保护法》，这是在文物战线上对"文化大革命"的拨乱反正。法制上健全了，紧接着为了搞清"文化大革命"期间文物的破坏情况，了解过去普查发现的文物，哪些被毁了，哪些还保存下来，保存状况如何？因此，决定开展第二次全国文物普查。第二次全国文物普查比第一次规模大了，工作也比过去更精密、更科学化了。从 1982 年开始布置文物普查到 1985 年已有大部分省市基本完成，但是经过检查，发现了不少问题，因而又要求他们继续进行普查和复查，这样持续三年才宣告二次文物普查完成。在第二次文物普查中全国经过普查确定的文物点共有四十多万处，当然其中可能有水分，不是很准确，但也不会有很大误差。这个数字比第一次普查成果的七千多处多了几十倍。国务院公布的三至六批的全国重点文物保护单位大都是第二次文物普查的成果。因此，第二次文物普查虽然还有一些不尽如人意的地方，还有不少值得吸取的经验教训，但总的来说，第二次文物普查成果已经远远超过了第一次文物普查，成绩是显著的。

第二次文物普查的成果主要是落实到《中国文物地图集》上，就是要把几十万处文物点分别载入各省、自治区、直辖市的地图集分册。不仅在地图上把文物点一一标明具体位置，而且还有详细的说明和重要文物的照片。这对第三次普查无疑是一个非常重要的参考资料。将来第三次普查完成后，还可以把普查的新成果补充到地图集中去，再出第二版。这不仅是对文物普查工作，而且是对促进整个文物事业发展的一大贡献。

编制地图集是一个系统工程，在编制过程中曾遇到过不少困难。主要负责编制工作的黄景略同志，以及所有参加编写工作的同志，其中很多都是年逾古稀的老人。二十年来他们不求名利，克服各种困难，始终坚持辛勤的工作，这种无私奉献的敬业精神，很值得大家学习。

现在为适应国家经济社会发展的新形势，国务院又决定开展第三次全国文物普查，这就有力地表明，我们的文物保护工作始终和国家建设的发展是密切结合在一起的，在指导思想上是一贯的，几十年来是一脉相承的。正是因为文物工作能对每个历史时期因建设发展而出现的新情况、新问题及时采取有效的应对措施，才使文物工作随着国家建设的发展而与时俱进地不断向前发展。这也是文物工作的一个好传统，今后也还应当继续坚持这个传统。任何隔断历史、藐视历史、否定历史的观点都是不正确的。

记者：您认为在现在的经济建设形势和社会环境中，开展第三次文物普查有哪些"新"特点？又有哪些要特别注意和强调的地方。

谢辰生：我想在新情况下进行文物普查，从建设形势来说，现在在城市、农村进行的建设、改造要比以前规模大多了、速度快多了、方式也大不相同了。以前是主要是建工厂、修铁路，而现在仅仅在城乡进行的房地产开发就不得了，还有正在开展的新农村建设，对文物保护工作都是新的冲击，若不认真对待，对历史文化遗产会造成很严重的破坏。适应这种形势开展的第三次文物普查，是非常必要、非常及时的。我认为应当把对第二次普查结果进行复查作为第三次普查工作的内容，要重点进行对过去没有普查过的空白地区的普查。在普查中要充分运用高新科技手段提高我们的工作质量。比如，我们说第二次文物普查的成果之一是把文物单位落实到了地图上，但是由于当时在技术上的局限，对整个普查成果没有可能进行数字化的存档管理，而现在随着技术的发展，我们有很多高科技的手段都可以用上了，这是第三次文物普查的有利条件之一。有过去两次文物普查的工作基础，有现在这些新手段，两相结合，是能够把我们的成果更好地巩固下来的。我们要通过高科技手段实现资源的数字化管理，可以随时对普查的结果、文物的状况有所掌握，提高我们管理工作的水平。但是我们也应当认识到，高科技手段的应用是这次普查有利条件之一，但它也不可完全代替我们田野现场考察的目测，因此必须把田野现场考察放在第一位，必须把业务能力较强的干部放在第一线，对高科技取得的资料一定要用现场目测进行校正才能准确。只有把二者结合起来，才能发挥高科技手段的优势。

另外，目前我们对于文物的认识也有了很多新的发展。工业遗产、线形遗产等概念不断出现并为大众渐渐熟知，而它们在以前并没有被当作文物进行保护。历史文化名城、名村、名镇等也是随着形势发展而不断扩大的概念——过去没有一个村作为文保单位的，这些也都是对过去对于文物概念认识的扩展，是观念的扩展。原来不觉得它是，现在知道它是了。同时，在进行第三次全国文物普查时可能还会发现一些以前没有认识到的东西，也需要纳入进来——用已经扩展了的观念指导我们的普查，同时在普查中不断拓展自己的认识，提出新的观念。

在这里，我还想谈谈对"文物"这个概念的认识。近几年有人写文章对使用"文物"一词提出质疑，建议用"文化遗产"代替它。我不赞成这个意见。我们从《文物保护法》所定的保护对象的内容来看，就清楚地表明"文物"一词与现在国际上使用的物质文化遗产（tangible culture heritage）内容是完全对等的。文物就是物质文化遗产，是文化遗产的重要组成部分，而不是全部，国务院通知中就是这样规定的。这次《通知》没有使用"文物"一词，而是使用"文化遗产"，是因为文件中包括了非物质文化遗产的内容，并不是要用"文化遗产"来代替"文物"。文化遗产包括文物，但是二者不能画等号。我认为应继续使用"文物"这个词，没有必要改变。

记者：最后，请您谈谈对这次普查的成果有哪些期待。

谢辰生：我想，有国家的高度重视、强大的组织支持、有力的经费保证和先进的技术手段，第三次全国文物普查的成果一定会也应该要超过以往。经过这次普查，应该能够基本摸清我们的家底，普查工作在今后肯定还要继续，还会有大的发展。但是就目前来说，至少通过这一次普查，可以进一步提高科学化管理的水平，并在此基础上逐步形成我们中国特色的完整的科学化文物保护管理体系。我对这次文物普查寄予的希望还不仅仅局限于普查工作本身，我希望普查的过程还能成为我们向领导、向群众宣传文化遗产保护工作的理念和知识的过程，同时，是培养文物工作者、提高我们队伍的过程。

我建议对《总体规划》要大力宣传，特别是国务院的批复精神。这对于全国其他历史文化我城的保护，具有重要的现实指导意义。

最后，我还有个建议，我认为管理也是科学，有质量的普查报告也是科学报告。只要是脚踏实地、认真地进行实地考察，能够准确无误地客观反映文物保护现状的真实情况，正确地作出对文物的价值评估，并提出切实可行的管理意见。这种有质量的普查报告就应当与考古调查、发掘报告、古建修缮报告同等对待，作为干部业绩考核和评定职称的依据，只有这样才能稳定我们的文物普查队伍。

（原载《中国文物报》2007 年 6 月 20 日）

从朝鲜前线寄给
祖国人民的一封信

　　几个月以前，来自祖国各个角落、各个阶层的人们，像是百川入海似地汇成了中国人民志愿部队，走上了捍卫世界和平的斗争的前哨。我也是这些人们中间的一个。胜利使我们不断地前进，距离祖国和你们是越来越远了。但是我们和你们的心却永远是靠得那么紧紧的。正因为我们这样不断地赢得胜利，才距离我们共同的目标是越来越近了。

　　从报纸上和祖国的来信上知道，在祖国各个地方，抗美援朝运动是越来越深入、广泛地开展着。工人、农民、学生、工商界，甚至是各宗教的教徒和年已古稀的老教授，也都参加了抗美援朝的伟大行列。有你们这样广大而坚强的后盾，我们该感到如何的光荣和骄傲啊！

　　今天是旧历上元节，前方还在飘着雪。我们正在积雪未消的森林里坚持着战斗。我现在是在可以听得见我们攻击敌人的炮声的小后方休息。趁这个空隙，倚着一株古老的苍松，坐在铺着草的雪地上，呵冻给你们写这封信。倒的确是怪冷的，但是当我们想起了你们，你们的每一件慰问品，你们慰问信上的每一句话和报上登载着你们每一个行动的消息，我们就感到无限的温暖。你们的千万封慰问信，千万个慰问品，一批批地涌向了前方！你们用"珍贵"、"巨星"等美好的词句来称赞我们，可是我们知道，亲爱的同志们，前方的胜利和后方的支援是不可分的。我们赢得的每一个胜利，又怎能须臾离得开你们？我们也正为你们在生产、文化及各个不同战线上所获得的光辉胜利而欢欣鼓舞。我们谨以你们慰问我们的同样心情来慰问你们！光荣应该属于包括你们和我们都在内的一切爱好和平的人们！光荣应该属于指示着历史方向的人民领袖和导师！

抗美援朝前线的情形，从许多的报道中，你们会早就很熟悉了。现在我们除了向你们答谢以外，能更多告诉你们些什么呢？想一下，还是有的说。就是我们这一个小部分所遭遇的一些事情，一时也说不完。

我们这一小部分，也像整个人民志愿军一样，是来自各方聚在一起的。有新闻工作者、财经工作者、文艺工作者……我自己则原是一个文物工作者，我们有着一个共同点，那就是我们过去都没有参加过军队。但是我们在这新的生活中却过得很紧张、很愉快。

章桂荫，是我们这个单位，也是我们这一批参加志愿军的同志中到前方来的唯一女同志。1947年的秋天，她还在上海圣约翰大学读书的时候，曾被横冲直撞的美国军车撞伤。当时美帝国主义者和他的走狗——国民党反动政府，曾企图用金钱来换取她"息事宁人"的签字，但是她对这充满了侮辱性的要求，毅然地拒绝了。但那时，在黑暗统治的上海，她只能默默地把仇恨的种子埋藏在心里。随着全国的解放，她参加了革命工作。在如火如荼的抗美援朝运动中，久已积压在她内心深处的复仇火焰，像是火山似地爆发了！她不顾自己的多病之身，毅然地签上了参加志愿军的名字。女同志本来是不许到前方来的，但是在她坚决要求下，终于获得了批准，她也像是其他男同志一样地勇敢前进了！

我离开祖国的时候，很多朋友在为我参加志愿军的决心而鼓励我，但也总或多或少地为我从来就赢弱的身子担忧。但是我现在可以愉快地告诉他们，我很健康。我已经很快地就习惯了我所不习惯的一切。我们都在战斗中成长得更坚强了。

不久以前，我路过朝鲜李王曾经住过的遗址。那里现在是一个国立的历史博物馆，里边有一些明代的建筑。可惜这具有历史和艺术价值的文化遗产，就在我们到达的那天下午被敌机炸毁了！这一次轰炸，有九十六位和平居民牺牲了，六十多名受了伤。在火还燃烧的时候，我们几个同志冒火抢救出来一百多轴字画和一些陶瓷器。在那儿我偶然遇见了一个在博物馆里工作的朝鲜青年金增林。在他的屋子里，我发现了一本很难得的考古书——《乐浪》。我写汉字告诉他，这本书在中国是很珍贵的。他很惊讶我也懂得这些！当他获悉了我也是他的"同行"时，他又惊讶中国人民志愿军的组成是这样广泛，真是什么样儿的人都来支援他们哩！

我们见过无数的朝鲜青年，他们都肩负着历史的使命，果敢、热情、不肯放松每一个短暂的时间，紧张地工作着。因为他们晓得：美帝国主义在朝鲜停留一天，每一分钟，每一秒钟，都会带给朝鲜人民以沉重的灾难。在一个刚刚收复的村庄里，我们曾经见到一个朝鲜女青年。她是劳动党员，高中毕业的知识分子。在人民军从这里作战和撤退时，她不幸被美侵略军逮捕了。美军用酷刑和金钱来威逼利诱，要她说出谁是劳动党员。但是，这一切卑鄙无耻的手段，都征服不了她为祖国、为真理而斗争的钢铁意志。她始终保持了劳动党员的高尚品质。很快地，侵略军就败退了，重新获得了自由的她，见到我们时，忘了尚未康复的伤痕的痛苦，连蹦带跳地来和我们握手。尤其是见了我们的女同志，显得格外亲热，手拉着手讲个不完，好像要把她一切的遭遇都倾诉给我们似的，却忘了我们并不懂得朝鲜话。但是，言语不通阻碍不了中朝人民的情感交流。那天晚上，我们就用了不同的语言，在歌唱着同一个歌曲——《世界民主青年进行曲》。敌机在低空盘旋，我们却沉溺在为中朝爱国青年之间的崇高友谊而歌唱的狂欢里！

我们见过无数的朝鲜老年人。他们半生都生活在苦难的年代，"八·一五"才给他们带来了新的希望，几十年来的枷锁被挣脱了。当他们回忆着几十年来被血泪和痛苦堆砌成的往事时，又不禁喜笑颜开地庆幸开始有了幸福和自由的后一代。好日子过得没有多久，美国侵略者又带给了他们以更沉重的灾难。被毁坏了一切，都是老人们一生辛劳的果实啊！强盗们被打跑了，在一片伤心惨目的颓垣断壁中，老人们还在搜寻着自己的已经破碎了的东西。数不尽的苦痛，数不尽的仇恨！他们把一切希望都寄托给了下一代。他们亲自一批批地送着自己的孩子走向了前方。在后方，在他们的已被毁坏得不成样子的家里，操作着一切应该是青年人来做的事。他们见了我们，就好像照顾自己孩子似地来问寒问暖，烧水烧炕。我们感到和在家里一样的温暖。

半个月以前，旧历的除夕，我们又要前进的时候，房东老大爷叫他的小儿子挽留我们说："还是过了年再走吧！"但是他也知道，我们为了追击敌人，又怎能不走？星星已经出来，是我们开始行动的时候了。他在纸上写了两行半通不通的汉字给我们看：

"今番战争胜利来相逢。"

"平安心过来我家寻来望。"

我们明白他是要我们凯旋时再来看他。在他堆着慈祥的微笑的脸上，眼圈突然湿润了。不久以前，他送过他的大孩子走向前方。现在，他又以同样的心情来送我们。湿润的眼表示了惜别，慈祥的微笑表示了希望。他知道我们和他孩子做的是同一件事，所以他把寄托在他孩子身上的希望，也寄托给我们。我们出发了。老大爷、老大娘和孩子们送到我们公路上，还是依依不舍。队伍离开很远了，我们回头还在微茫的暮霭中依稀地看见他们的影子。在路上大家都默不做声，大家想的是一件事：我们不会使老人家失望，我们要和他的孩子，不，是全朝鲜一切年青的孩子站在一起，为实现全朝鲜人民的愿望而斗争。我们一定会胜利的！

前线传来的炮声响得更密了。这是历史的声音！它震撼了侵略者的心，它标志着千百万爱好和平人民的意志。我话说得不少了，但我们想向你们说的话说不完也写不完。其实不说也不要紧，正如你们的一封慰问信上所说的："咱们谁也清楚谁，咱们努力的是一件事！"我们不会辜负朝鲜人民和你们的期望！我们将会前进更前进！严寒与最艰苦的时候已经过去了。我们正以更坚强的信心和斗志，在迎接更伟大、更辉煌的新胜利，迎接即将到来的温暖的春天！

（原载《人民日报》1951 年 3 月 19 日）

后　　记

　　本书选录了谢老在国家文物局工作的六十年间，为促进我国文物事业发展所写的约八十篇文稿及函件，并附有各报刊对他的专访等，时间从文物局的初建到 2009 年。谢老是我国多项重要文物法律、法规和文件的主要执笔人、我国第一部文物法律《中华人民共和国文物保护法》的主要起草人。本书收录了他对《文物保护法》所写的释文及有关的论述多篇，展示了他对我国文物法制工作的开拓性的贡献。谢老的文章以极其鲜明的观点，针对文物工作的各个时期、各个阶段、各种动态、各种倾向及各种焦点问题发表了富有说服力的论述和评论，为文物事业的发展起到了引领的作用。谢老的文章以统观全局的视角，对文物工作现状进行了全面总结和阐述，使人们更加真切地看到我国文物界的全貌。他的文章有着极其珍贵的史料价值，可说是一部新中国文物工作的发展史，反映了我国文物事业的发展进程。透过这些文章，我们会深切地感受到谢老对祖国深深的爱，他为守护我们共同的精神家园、守住我们老祖宗留下的这份珍贵的遗产而呼喊而申诉。他不屈不挠"寸土必争"的精神，渗透笔端，细细读来，我们会为他的拳拳赤子之心而由衷地感动。

　　谢老热爱祖国的文物，胜过他的生命。他已是年近九旬的老者，身患癌症，十年间先后做过六次手术，忍受着常人难以忍受的痛苦。他珍惜着工作的每一刻，几十年如一日地为文物工作忘我的奔走着，时刻关注着，不辞劳苦，不言放弃。

　　谢老是一位值得我们尊敬和赞扬的文物工作的老前辈。2009 年 6

月他被国家文物局推举为"中国文物、博物馆事业杰出人物"、2009 年 7 月又被国家文物局授予"中国文化遗产保护终身成就奖"、2009 年 9 月荣获中共中央组织部"全国离退休干部先进个人"称号。

"中国文化遗产保护终身成就奖"是对谢老杰出贡献的最高赞誉。

"中国文化遗产保护终身成就奖"颁奖词中写道:"他的经历可以说是半部新中国文物保护立法史。几十年来,他辛勤耕耘,一直为文物保护事业奔走呼号,是守望人类共同精神家园的表率;几十年来,他敢说敢为,敢作敢当,冲破无数阻力,保下了无数的珍贵历史遗存,是保护各类文化遗产的先锋。他的民族感情和爱国情怀使无数人动容。他不愧为文物界的泰斗。"

谢老的书早在十二年前就应当面世的,当时的国家文物局党史征集办公室,曾向局领导建议编辑出版《谢辰生文博文集》,并于 1998 年 9 月 8 日得到张文彬局长和马自树副局长的批示同意。为出版此书,我曾被党史征集办公室领导指派负责相关工作。从 1998 年至 2001 年,在谢老的指导下,从最早创刊的《文物参考资料》到《文物》,以至建国以来的各大报刊上搜集他历年来发表的大量文章和讲话。为了更全面收集他的稿件,还从他那里拿来他向中央领导同志反映我国文物工作有关问题的函件手稿复印件,又到全国政协去搜寻他在历次会议上的发言稿和撰写的提案稿等。几经周折,大部分稿件虽已找到并作了初步的分类编排,但谢老对此书的出版却非常低调,对出书的事总是再三婉言推迟。直至 2003 年 1 月,党史征集办公室因已完成《中华人民共和国文物博物馆纪事》等五部书籍的编辑出版工作,加之参加工作的十位编委都年事已高,向局领导申请不再受聘。因而我对此书的相关编辑工作也由此而告一段落。于是,谢老的书就此搁置了下来。

十二年过去了,我国的文物事业进一步发展,谢老的功绩更加显现,这已不只是被他周围的人们所认同,更被整个文物界、全国的文物工作者以至中央领导同志所认可,因而出版谢老专著的呼声也愈来愈高。2008 年在有关领导和谢老周围同志的多次的催促和文物出版社领导的积极推动下,是年 3 月,此书的出版工作提上了日程。此时,大家渴望谢老能自己完成此书的编辑工作，但由于他仍然将精力倾注于文物工作，对出版自己的书并不急切。2009 年下半年，在许多同志的关注下，经原党史征集办公室的领导和同志们商议，并征得谢老的同意，让我担任此书的编辑工作，对此我感到荣耀，更感到责任的重大。同时，请有着多年编辑工作经验的国家文物局原副局长、现任中国文物学会会长彭卿云先生担任主编，并为之作序。至此，这本《谢辰生文博文集》才正式进入了编辑出版程序。

《谢辰生文博文集》的出版虽经过了十余年的历程，可谓姗姗来迟，但它的意义和影响将胜于当年，这是不言而喻的。

在筹划出版《谢辰生文博文集》的十几年中，中央文献研究室副主任金冲及先生早就为此书写了序言。国家文物局单霁翔局长等有关局领导对此书的出版十分关注并给予了大力支持。当年国家文物局党史资料征集办公室的同志对出版此书的付出，也是功不可没的。他们是（以姓氏笔画为序）王醒亚、白浪、白理文、叶淑穗、乔宏立、李亚珍、宋惕冰、季国平、嵇春生、鲁秀芳。文物出版社苏士澍社长为此书的出版倾注了大量的心血，在此亦表示衷心感谢！

叶淑穗

2010 年 1 月